Beihilfe zum Suizid
in der Schweiz

Interdisziplinärer Dialog – Ethik im Gesundheitswesen

Herausgegeben von

DIALOG ETHIK
Interdisziplinäres Institut für Ethik im Gesundheitswesen

Band 6

PETER LANG
Bern · Berlin · Bruxelles · Frankfurt am Main · New York · Oxford · Wien

Christoph Rehmann-Sutter, Alberto Bondolfi,
Johannes Fischer & Margrit Leuthold
(Hrsg.)

Beihilfe zum Suizid in der Schweiz

Beiträge aus Ethik, Recht und Medizin

PETER LANG
Bern · Berlin · Bruxelles · Frankfurt am Main · New York · Oxford · Wien

Bibliografische Information Der Deutschen Bibliothek
Die Deutsche Bibliothek verzeichnet diese Publikation in der Deutschen Nationalbibliografie; detaillierte bibliografische Daten sind im Internet über ‹http://dnb.ddb.de› abrufbar.

Karikaturen: © ANNA (www.annahartmann.net).
Mit freundlicher Genehmigung von Anna Hartmann.

ISBN 3-03910-838-7
ISSN 1424-6449

Hochfeldstrasse 32, Postfach 746, CH-3000 Bern 9
info@peterlang.com, www.peterlang.com, www.peterlang.net

Printed in Germany

Inhaltsverzeichnis

II Erfahrungen

III Perspektiven

Anhang

Einleitung

Die Beihilfe zum Suizid bezeichnet einen rechtlich definierten Tatbestand. Er ist dann gegeben, wenn eine Person einer anderen Hilfe leistet, sich selbst das Leben zu nehmen. Wir haben es dabei immer mit zwei Personen und entsprechend mit zwei Handlungsperspektiven zu tun: erstens ein Mensch, der sich selbst den Tod wünscht, der einen Ausweg aus dem Leben sucht, aus welchen Gründen auch immer, und zweitens eine Person, die dem Sterbewilligen ein Mittel in die Hand gibt, mit dem er die Selbsttötung ausführen kann. Entscheidend dafür, dass es sich um den Tatbestand der Suizidbeihilfe und nicht um eine Tötung handelt, ist, dass die sterbewillige Person die ausschlaggebende, zum Tode führende Handlung *selbst* und *eigenverantwortlich* vornimmt. Das schweizerische Strafrecht behandelt die Beihilfe zum Suizid in Art. 115 StGB abschliessend so, dass diese Handlung genau dann strafbar ist, wenn sie «aus selbstsüchtigen Beweggründen» («poussé par un mobile égoiste») erfolgt. Das heisst umgekehrt, dass sie straflos bleibt, wenn selbstsüchtige Beweggründe fehlen.

Selbstsüchtig sind die Beweggründe, wenn der Täter einen persönlichen Vorteil verfolgt. Diese Vorteile können, gemäss herrschender Lehre der Auslegung, sowohl materielle Vorteile sein (z.B. das Erlangen einer Erbschaft oder das Einsparen von Unterhaltskosten), oder sie können auch ideeller oder affektiver Art sein (z.B. die Befriedigung von Hass, Rachsucht oder Bosheit). Die Beihilfe zum Suizid, wie sie von Sterbehilfeorganisationen in der Schweiz seit einigen Jahren angeboten und durchgeführt wird, bleibt in der Regel mangels selbstsüchtiger Beweggründe straflos. Grundsätzlich steht die Suizidbeihilfe nach Art. 115 StGB aber allen Menschen offen, als ein letzter Freundschaftsdienst. Mit dieser permissiven Haltung unterscheidet sich das Schweizerische Recht von allen umliegenden Staaten in Europa.

Daraus entstehen Fragen, denen dieses Buch gewidmet ist: Zunächst darf man stets hinterfragen, ob es richtig ist, dass die Suizidbeihilfe rechtlich zugelassen ist. Weiter geht es um die vielfältigen Folgeprobleme: Wie soll beispielsweise damit umgegangen werden, dass sterbewillige Menschen aus dem Ausland nicht häufig, aber doch in wachsender Zahl in die Schweiz reisen, um hier die legalen Dienste von Sterbehelfern in Anspruch zu nehmen? Im Zentrum der Debatte steht – neben der Rolle der Gesetze und Institutionen – die Rolle der Medizin. Welche Auswirkungen haben gesetzliche Regelungen zur Suizidbeihilfe und die Praxis des assistierten Suizids auf den Bereich der Medizin?

Der Bereich der Medizin ist mehrfach berührt. Erstens, wenn das tödliche Mittel ein rezeptpflichtiges Arzneimittel ist – heute meistens ein Medikament aus der Familie der Barbiturate –, so muss es von einer Ärztin oder einem Arzt per Rezept verordnet werden. Der Rezeptblock verschafft ihnen – gewollt oder nicht – eine Rolle, die zu ethischer Klärung herausfordert. Lässt sich eine solche Komplizenschaft am selbst gewählten Sterben überhaupt in das medizinische Ethos einbeziehen? Diese Frage ist deshalb brisant, weil die helfende Handlung natürlich im Gegensatz zum Imperativ steht, das Leben der Patientin oder des Patienten zu erhalten und den Organismus nicht zu schädigen. Kann und darf dieser Beistand eine Form sein, Leiden zu lindern?

Zweitens stehen Menschen, die nicht mehr weiterleben wollen, häufig in medizinischer Behandlung und sind schwer krank. Die Frage entsteht, weshalb die Krankheit zum Wunsch führt zu sterben. Könnte an den Umständen, am «Kontext» etwas geändert und verbessert werden, sodass der Sterbewunsch nicht auftritt?

Damit verbunden ist drittens der Fragekomplex um die Rolle von Ärztinnen und Ärzten, von Pflegenden sowie von Heimen und Kliniken. Wie sollen sich Angehörige von Heilberufen verhalten? Darf Suizidbeihilfe auch in Spitälern oder Heimen stattfinden? Wer darf in diesen in welcher Weise mitwirken? Soll den Sterbehilfeorganisationen Zutritt zu diesen Institutionen gewährt werden, sofern das eine Patientin oder ein Patient wünscht? Die Medizin als «Beruf und Betrieb» ist herausgefordert. Es finden gegenwärtig äusserst kontroverse Debatten über diese Fragen statt, in denen sich aber doch gewisse Konsenslinien abzeichnen. Davon geben gegenwärtig eine Reihe von offiziellen Verlautbarungen von damit befassten Organisationen Zeugnis.

Viertens gibt es eine Verbindung zwischen Suizidbeihilfe und Sterbehilfe. Ein Teil der Menschen, welche die Hilfe von Organisationen für einen begleiteten Suizid beanspruchen, möchten sterben, weil sie ein Weiterleben unerträglich oder unwürdig finden. Sie suchen nicht die Selbsttötung, sondern nehmen es in Kauf und akzeptieren es, die zum Tode führende Handlung selbst auszuführen, weil dies eine legale Möglichkeit ist.

Das vorliegende Buch gibt einen breiten Einblick in die relevanten Gesichtspunkte aus der ethischen Debatte um die Beihilfe zum Suizid. Anlass für seine Entstehung war die zeitliche Koinzidenz der Arbeit der zwei grossen medizinischen Ethikkommissionen der Schweiz mit einer landesweiten Rolle und Ausstrahlung: Es ist dies einerseits die Zentrale Ethikkommission (ZEK) der Schweizerischen Akademie der Medizinischen Wissenschaften (SAMW), welche in einem öffentlichen Prozess neue medizinisch-ethische Richtlinien zur Betreuung von Patientinnen und Patienten am Lebensende ausarbeitete. Und es ist dies andererseits die Nationale Ethikkommission im Bereich Humanmedizin (NEK) des Bundes, welche im Rahmen ihres beratenden Auftrages Empfehlungen an den Gesetzgeber und an die Praxis vorbereitete und dazu ebenfalls die Öffentlichkeit in ihre Arbeit einbezog. Die 2005 veröffentlichten Akademie-Richtlinien «Zur Betreuung von Patientinnen und Patienten am Lebensende» beinhalten gegenüber der früheren Fassung eine Lockerung und stellen Ärztinnen und Ärzten die Beteiligung an der Suizidbeihilfe frei, allerdings nicht im Rahmen ihrer ärztlichen Tätigkeit, sondern in persönlicher Verantwortung im Einzelfall. Sie setzen dafür enge Kriterien fest. Ein erster Entwurf wurde bereits im Jahr 2004 zur Vernehmlassung veröffentlicht. Die Nationale Ethikkommission reagierte mit ihrer Arbeit u. a. auf eine Serie von parlamentarischen Vorstössen auf Bundesebene, die eine Änderung und Erweiterung der Sterbehilfegesetzgebung in der Schweiz verlangten. Die Artikel 114 und 115 des Strafgesetzbuches (Verbot der aktiv-direkten Sterbehilfe und Verbot der Beihilfe zum Suizid, wenn eigennützige Motive vorliegen) wurden von verschiedenen Seiten und in verschiedenen Richtungen für revisionsbedürftig angesehen. Die Kommission erhielt vom Bundesrat im Jahr 2003 den Auftrag, «ethische Leitplanken» für eine gesetzliche Neuregelung zu erarbeiten – ein Auftrag, der allerdings bereits ein Jahr später nach veränderter Prioritätensetzung in der neu zusammengesetzten Landesregierung wieder zurückgezogen wurde. Ihre Arbeit am Thema Suizidbeihilfe hatte die Kommission aber schon vorher aus eigenem Entschluss aufgenommen. Die Arbeit konnte im Sommer 2005 mit einer ausführlichen Stellungnahme abgeschlossen werden. Im Jahr 2004 legte sie der Öffentlichkeit bereits einen Entwurf der Empfehlungen in Form von «Zehn Thesen» vor. Diese sind am 14./15. September an einem öffentlichen Symposium vorgestellt worden, das gemeinsam mit der Akademie der Medizinischen Wissenschaften und den beiden universitären Ethikzentren der Schweiz, dem *Ethik-Zentrum der Universität Zürich* und dem *Centre Lémanique d'Ethique* der Universitäten Lausanne und Genf in Zürich veranstaltet wurde.

Aus dem Symposium ist dieses Buch hervorgegangen. Alle Kapitel wurden gegenüber den Vorträgen oder Workshopbeiträgen überarbeitet, erweitert und aktualisiert. Drei Beiträge wurden zusätzlich eingeladen, um das Spektrum der Perspektiven zu ergänzen. Im Anhang finden sich Auszüge aus den wichtigsten Stellungnahmen und Richtlinien. Wie das Symposium, so möchte auch das Buch die ethische Problematik der Suizidbeihilfe möglichst umfassend von verschiedenen Seiten und von unterschiedlichen Standpunkten her beleuchten – im Wissen, dass eine wirklich umfassende Darstellung unmöglich ist und daher die Diskussion offen bleiben muss.

Die Herausgebenden danken der Stadt Zürich, der reformierten und der katholischen Kirche des Kantons Zürich, der Foederatio Medicorum Helveticorum (FMH), der Schweizerischen Akademie der Medizinischen Wissenschaften (SAMW), dem Ethikzentrum der Universität Zürich, dem Centre Lémanique d'Ethique sowie der Nationalen Ethikkommission im Bereich Humanmedizin (NEK) für die finanzielle Unterstützung des Tagungs- und Buchprojektes. Georg Gusewski, Rouven Porz und Franziska Genitsch danken wir für die professionelle Unterstützung bei der Erstellung des Buchmanuskriptes und Dr. theol. Ruth Baumann-Hölzle für die Aufnahme in der Reihe Interdisziplinärer Dialog-Ethik im Gesundheitswesen. Ein ganz besonderer Dank gilt der Zeichnerin ANNA (Anna Regula Hartmann-Algöwer), die mit ihren scharfsichtigen Bild-Interventionen geholfen hat, im Thema den gebührenden Humor nicht zu vergessen.

Christoph Rehmann-Sutter, Alberto Bondolfi,
Margrit Leuthold und Johannes Fischer

I Der Stand der Diskussion

Kapitel 1

Beihilfe zum Suizid: die Ärzteschaft im Spannungsfeld

Margrit Leuthold

«Seitdem es Menschen gibt, bedeutet die Medizin ein Auflehnen gegen Krankheit, Leiden und Tod» – so beginnt der Bericht «Ziele und Aufgaben der Medizin im 21. Jahrhundert» (SAMW 2004), welchen die Schweizerische Akademie der Medizinischen Wissenschaften im Jahr 2004 veröffentlicht hat. Mit dem Aufkommen der medizinischen Wissenschaft, welche in der ersten Hälfte des letzten Jahrhunderts besonders deutlich in Erscheinung getreten ist und in den 70er- und 80er-Jahren die Medizin revolutionierte, wurden grundlegende neue medizinische Möglichkeiten geschaffen. In gewissen Gebieten der Medizin konnten

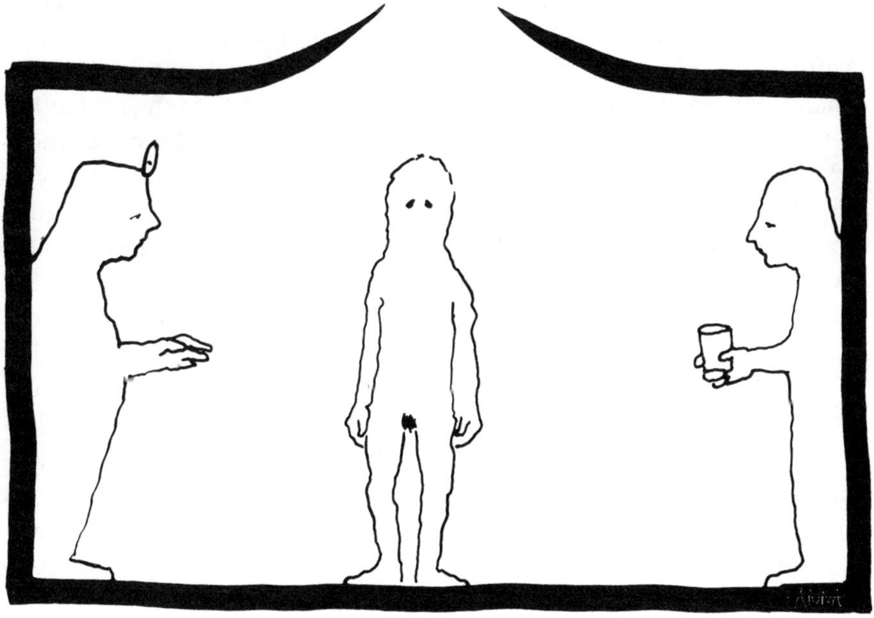

spektakuläre Erfolge verzeichnet werden. Immer wieder gab und gibt es jedoch Situationen, in welchen das betreuende Team akzeptieren muss, dass Patienten trotz Einsatz aller medizinisch verfügbaren Mittel sterben. Dies ist für alle Beteiligten jedes Mal aufs Neue eine schmerzhafte Erfahrung. Wurde vor wenigen Jahrzehnten, im Zuge der technologischen Entwicklungen und im Zeitgeist des Aufbruchs, der Tod primär als Feind der Medizin und als persönliches Versagen des betreuenden Teams verstanden, wird heute Sterben und Tod wieder eher als unausweichliche Tatsache und als immanenter Bestandteil der menschlichen Existenz akzeptiert. Nach Jahrzehnten einer eigentlichen Technologisierung und Fragmentierung der Medizin setzt sich die Einsicht durch, dass das «Leben erhalten um jeden Preis» nicht die Handlungsmaxime sein darf, sondern weniger oft mehr ist. Sterben und Tod sind demzufolge nicht mehr Tabus. Das heutige medizinische Berufsverständnis erachtet es als Pflicht, gegenüber Patientinnen und Patienten ehrlich und offen zu kommunizieren, auch über infauste Prognosen zu sprechen, fehlende kurative medizinische Möglichkeiten und die Aussichten auf den Tod offen zu legen, sofern dies vom Betroffenen gewünscht wird.

Die moderne Medizin bietet eine sich immer noch weiter öffnende Palette von Möglichkeiten: laufend werden Medikamente entwickelt mit spezifischerer Wirksamkeit und höherer Effizienz; diagnostische und chirurgische Verfahren werden verfeinert und neue entwickelt. Damit eröffnen sich immer neue Optionen, die einen echten medizinischen Gewinn darstellen können, aber gleichzeitig auch die Gefahr bieten, eine Art «therapeutischen Übereifer» zu entwickeln, der möglicherweise das Leben eines Patienten verlängert, ohne eine echte Verbesserung der Lebensqualität zu bewirken. Selbstverständlich kann auch eine reine Lebensverlängerung ein sehr erwünschtes und sinnvolles Ziel einer medizinischen Intervention sein. Wesentlich ist, dass der Patient nach Möglichkeit selber entscheiden kann, was für ihn die richtige Option ist.

Die Linderung von Schmerzen und Leiden, Fürsorge, Zuwendung und Verständnis und eine ganzheitliche Begleitung, welche heute unter dem Begriff der palliativen Medizin zusammengefasst werden, haben in den letzten Jahren ihren festen Platz im Gesundheitswesen erhalten. Noch haben jedoch nicht alle schwer kranken Patienten ausreichend Zugang zur Palliativmedizin. Entsprechende Bemühungen sind in der Schweiz aber im Gange.

Patienten mit einer schweren Krankheit, die grosses Leiden verursacht, haben auch bei einer guten palliativmedizinischen Betreuung oft Gedanken an assistierten Suizid oder an aktive Sterbehilfe. Verschiedene Arbeiten haben gezeigt, dass mehr als die Hälfte von Patienten mit HIV (Breitbart et al. 1996) oder Amyotropher (Ganzini et al. 1998) Lateralsklerose und ein Drittel der Krebspatienten (Emanuel et al. 1996) schon an Suizid gedacht haben. Krebspatienten sprechen diesen Todeswunsch oft auch aus. Ärzte und Pflegende müssen sich mit diesen Gedanken und Äusserungen auseinander setzen und adäquat reagieren. Obwohl die Beihilfe zum Suizid, sofern sie nicht aus eigennützigen Motiven erfolgt, in der Schweiz straffrei ist, blieb sie unter Ärzten lange Zeit ein Tabuthema.

Eine 2003 publizierte Studie (Van der Heide et al. 2003), welche in sechs europäischen Ländern (Belgien, Schweden, Dänemark, Niederlande, Italien und die Schweiz) durchgeführt wurde zeigte, dass in der Schweiz bei mehr als der Hälfte der Todesfälle eine medizinische Entscheidung gefällt wurde. Dies waren vor allem Entscheide über Behandlungsabbruch oder über Verzicht auf Behandlungen, die oft mit einer in Kauf genommenen Lebensverkürzung einhergehen. In einem Prozent aller Sterbefälle wurde aktive Sterbehilfe oder Beihilfe zum Suizid geleistet. Diese Daten zeigen deutlich, dass Schweizer Ärztinnen und Ärzte in ihrem Berufsalltag häufig mit Entscheidungen am Lebensende konfrontiert sind und auch bei einer nicht vernachlässigbaren Zahl von Patientinnen und Patienten eine aktive Rolle bei der Lebensbeendigung spielen.

Die medizinisch-ethischen Richtlinien der Schweizerischen Akademie der Medizinischen Wissenschaften, welche in der Standesordnung der FMH verankert und damit für die Schweizer Ärzteschaft verbindlich sind, hielten bis zu ihrer Revision, die 2002 in Angriff genommen wurde, fest, dass die Beihilfe zum Suizid kein Teil der ärztlichen Tätigkeit sei (SAMW 1995). Auf weitere Ausführungen wurde dazumal verzichtet. Ärztinnen und Ärzte, welche sich mit Suizidwünschen konfrontiert sahen, hatten somit keinerlei Hilfestellung, wie mit dieser schwierigen Situation umzugehen sei.

In die Revision der Richtlinien wurden die Ergebnisse der oben erwähnten europäischen Studie einbezogen. Die dort dokumentierte Praxis von medizinischen Entscheidungen am Lebensende wurde überdacht und für einzelne Handlungen wurden klare Leitplanken und Grenzen gesetzt. In Bezug auf die Beihilfe zum Suizid wurde anerkannt, dass ein Arzt in einer solchen Situation vor einem Gewissensentscheid steht, den man respektieren muss, bei dem man ihn aber nicht allein lassen sollte. Eine ausführliche Darstellung der Hintergründe und des Inhaltes der neuen Richtlinien «Betreuung und Behandlung von Patientinnen und Patienten am Lebensende» findet sich im Beitrag von Markus Zimmermann-Acklin. (Auszüge aus den neuen Richtlinien finden sich im Anhang dieses Buches.)

Diese Öffnung der Richtlinien der SAMW ist zweischneidig: Einerseits wird der betreuende Arzt nicht mehr einfach allein gelassen mit diesen schwierigen Fragen und Entscheiden. Andererseits kann er sich aber auch nicht mehr hinter die Richtlinien zurückziehen und muss sich gegenüber seinem Patienten, aber auch sich selber gegenüber erklären und seine eigene Position finden. Im Wissen darum, dass die Richtlinien der SAMW nicht das Mass aller Dinge sind, dienen sie doch als breit anerkannte Richtschnur für Handeln im medizinischen Kontext.

Die Meinungen über die Beurteilung der Beihilfe zum Suizid gehen sowohl in der Ärzteschaft wie auch in der Gesellschaft weit auseinander. Die SAMW kann diese divergenten Überzeugungskonflikte nicht lösen, den einzelnen Ärztinnen und Ärzten aber dabei helfen, die eigene Position zu finden und im klinischen Alltag Handlungshilfen anbieten. Dies hat sie mit ihren Richtlinien versucht.

Jeder Patient entwickelt zu seinem betreuenden Team eine einzigartige Beziehung; damit wird ein Rahmen vorgegeben, in dem mit Gesetzen höchstens Leitplanken gesetzt, nicht jedoch Detailregulierungen vorgenommen werden können. In der therapeutischen Beziehung braucht es einen Gestaltungsspielraum. Was für den einen Menschen richtig ist, mag für den anderen die falsche Option sein. Zudem entwickeln sich immer neue medizinische Möglichkeiten, sodass detailliert geregelte Gesetze rasch veraltet sein würden.

Gerade im Bereich der Sterbehilfe wird jedoch immer wieder von verschiedener Seite eine rechtliche Regelung, die über die Paragraphen 114 und 115 des Strafgesetzbuches (Verbot der aktiven Sterbehilfe und Verbot der Beihilfe zum Suizid aus egoistischen Motiven) hinaus gehen, also auch die passive und die indirekt aktive Sterbehilfe regeln sollen, gefordert. Weil aber die Fragen um das Sterben eines Menschen sehr persönlich und einzigartig sind, steht die SAMW einer generellen Verrechtlichung der Sterbehilfe kritisch gegenüber und erachtet eine Regulierung mit Hilfe von Richtlinien, die jederzeit bei Bedarf geändert werden können, als sinnvolleren Weg. Denn gerade wenn es ums Sterben geht, kann nicht alles juristisch geregelt werden, es braucht einen Handlungsfreiraum, eine Grauzone, um der Persönlichkeit des sterbenden Menschen, seinen Wünschen und seinen besonderen Lebensumständen gerecht werden zu können.

Literatur

Breitbart, W./Rosenfeld, B.D./Passik, S.D. (1996): Interest in physician-assisted suicide among ambulatory HIV-infected patients. In: Am J Psychiatry 153(2): 238–242.

Emanuel, E.J./Fairclough, D.L./Daniels, E.R./Clarridge, B.R. (1996): Euthanasia and physician-assisted suicide: attitudes and experiences of oncology patients, oncologists, and the public. In: Lancet 347(9018): 1805–1810.

Ganzini, L./Johnston, W.S./McFarland, B.H./Tolle, S.W./Lee, M.A. (1998). Attitudes of patients with amyotrophic lateral sclerosis and their care givers toward assisted suicide. In: N Engl J Med. 339(14): 967–973.

SAMW (1995): Medizinisch-ethische Richtlinien für die ärztliche Betreuung sterbender und zerebral schwerst geschädigter Patienten.

SAMW (2004): Ziele und Aufgaben der Medizin zu Beginn des 21. Jahrhunderts.

Van der Heide et al. (2003): End-of-life decision-making in six European countries: descriptive study. In: Lancet 362(9381): 345–350.

Kapitel 2

Die Tätigkeit der Sterbehilfeorganisationen und die Rolle des Arztes

Georg Bosshard

Einleitung

Es gibt zwei grundsätzlich verschiedene Blickwinkel, unter denen die Beihilfe zum Suizid betrachtet werden kann. Zum einen kann sie als eine Form medizinischer Entscheidungen am Lebensende eingeordnet werden (Abb. 1).

Passive Sterbehilfe	Indirekt aktive Sterbehilfe	Terminale Sedation	Ärztliche Suizid-beihilfe	Aktive Sterbehilfe

Abb. 1. Suizidbeihilfe als medizinische Entscheidung am Lebensende

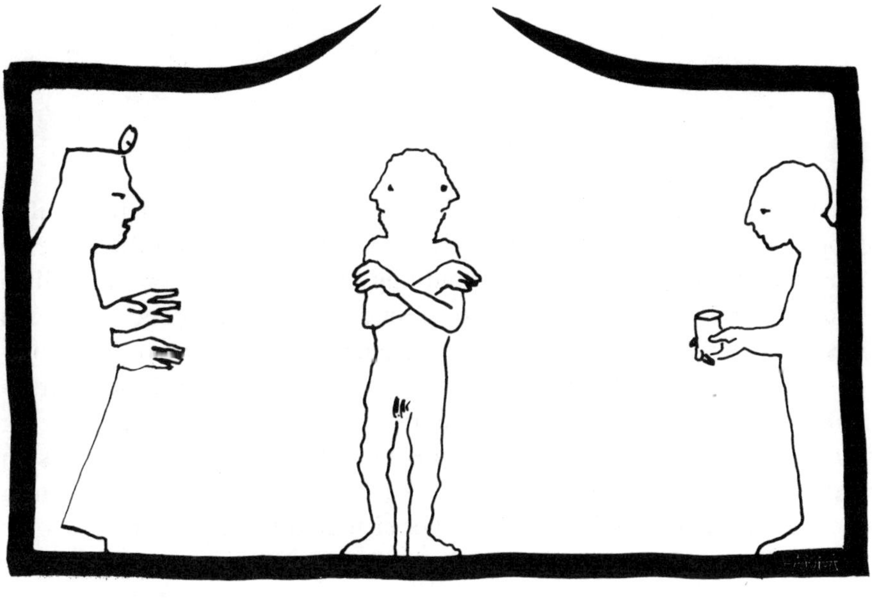

Wie die in der Medizin häufigen passiven und indirekten Formen der Sterbehilfe, führt auch die Suizidbeihilfe zu einem beschleunigten Tod des Patienten (vgl. Van der Heide et al. 2003). In dieser Sichtweise kommt der Ärzteschaft bei der Abklärung der Krankheitsbedingungen und der Prognose von Patienten am Lebensende eine zentrale Rolle zu. Auch die aktive Sterbehilfe kann in den gleichen Kontext gestellt werden, wobei allerdings über die moralische Bewertung derselben ein scharfer Dissens besteht. Während den einen Euthanasie gerade im Kontext der Medizin unter gewissen Umständen akzeptabel erscheint, wird sie von anderen generell abgelehnt (vgl. Arbeitsgruppe Sterbehilfe 1999).

Ganz anders präsentiert sich die Thematik, wenn die Suizidbeihilfe als Sonderform des Suizids eingeordnet wird (Abb. 2).

Abb. 2. Suizidbeihilfe als Sonderform des Suizids

Wenn man in gewissen Fällen die Selbsttötung als einen freien und wohlüberlegten Entscheid anerkennt, kann auch die Beihilfe als eine akzeptable oder gar gebotene Handlung betrachtet werden (vgl. Birnbacher 1990). In dieser Sichtweise sind die Krankheitsbedingungen des Sterbewilligen nicht zwangsläufig ein zentrales Element. Entscheidend ist vielmehr der ausdrückliche Wunsch, die Autonomie des Sterbewilligen. Sowenig dieser zwangsläufig ein Patient sein muss, sowenig muss die in die Beihilfe involvierte Person zwingend ein Arzt sein (vgl. Bosshard et al. 2003b). Auch die Tötung auf Verlangen kann in diesen Kontext gestellt werden, wobei hier die Täterschaft auf eine andere Person übergeht (Fremdtötung statt Selbsttötung).

Anders als in den Niederlanden, wo assistierter Suizid und aktive Sterbehilfe vorwiegend als medizinische Entscheidungen diskutiert werden, hat die Diskussion um den assistierten Suizid in der Schweiz schon immer unter dem Gesichtspunkt beider Konzepte, quasi in deren Fadenkreuz, stattgefunden. Ziel dieses Aufsatzes ist es, die empirische Datenlage in der Schweiz im Hinblick auf dieses Spannungsfeld – Suizidanalogie oder medizinische Entscheidung am Lebensende – zu untersuchen. Folgende Fragen sind dabei relevant:

(1) In welcher medizinischen Situation befand sich der Verstorbene?
(2) Wie hat der beteiligte Arzt bei der Abklärung und Durchführung des assistierten Suizides mitgewirkt?
(3) Welche Veränderungen haben sich in der Schweizer Praxis der Suizidbeihilfe betreffend (1) und (2) im Laufe der letzten Jahre ergeben?

Datenlage

Die bisher einzige Arbeit, welche eine systematische Beantwortung der obigen Fragen erlaubt, ist die medizinische Dissertation «Exit – Beihilfe zum Suizid zwischen 1990 und 2000» (vgl. Ulrich 2002) respektive die Arbeit «748 cases of suicide assisted by a Swiss right-to-die organisation» (vgl. Bosshard et al. 2003b). Im Folgenden werden wir versuchen, mit einer spezifischen Analyse des diesen Publikationen zugrunde liegenden Datensatzes medizinische und nicht-medizinische Merkmale der bestehenden Suizidbeihilfepraxis aufzuzeigen. Wie weit sich diese präsentierten Ergebnisse auch auf die von anderen Schweizer Sterbehilfeorganisationen, wie Dignitas oder Exit ADMD, geleisteten Fälle von Suizidbeihilfe übertragen lassen, ist unklar, da letztere Praktiken bisher noch nie eingehender wissenschaftlich untersucht worden sind.

Zwischen 1990 und 2000 hat Exit bei 331 Personen (172 Frauen und 159 Männer) mit Wohnsitz im Kanton Zürich Suizidbeihilfe geleistet. Diese Fälle wurden im Rahmen der erwähnten Arbeiten aufgrund von Akten im Archiv von Exit und im Institut für Rechtsmedizin Zürich untersucht.

Ein allgemeiner Überblick über die Fälle dieses Untersuchungszeitraums von elf Jahren zeigt, dass Suizidbeihilfe unter der Wohnbevölkerung des Kantons Zürich sich noch anfangs der 90er-Jahre auf wenige Einzelfälle beschränkte, wogegen ab Mitte der 90er-Jahre jährlich etwa 40 Fälle zu verzeichnen waren (Abb. 3). Im Mittel dieser Periode von elf Jahren entspricht das 0.3% aller Sterbefälle und 11% aller Suizide innerhalb der Kantonalzürcher Wohnbevölkerung im gleichen Zeitraum.

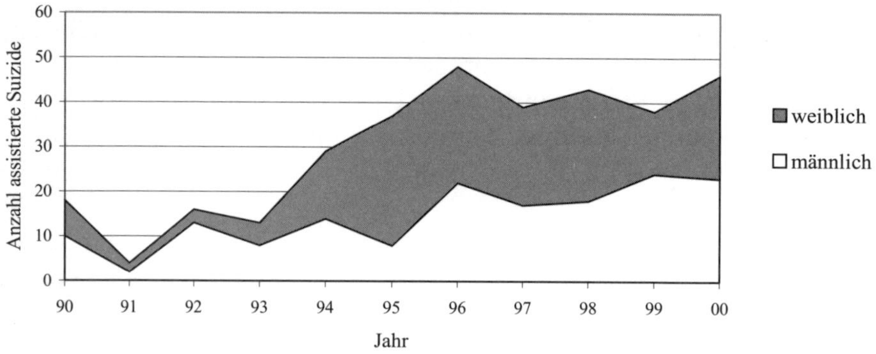

Abb. 3. Geschlechtsverteilung bei 331 Fällen von Suizidbeihilfe unter der Wohnbevölkerung des Kantons Zürich zwischen 1990 und 2000

Medizinische Situation der Verstorbenen

Krebs war die häufigste medizinische Diagnosegruppe, welche im Zusammenhang mit der Suizidbeihilfe genannt wurde (47% aller Fälle). In je 12% aller Fälle lag eine Erkrankung des Herz-/Kreislauf-/Atmungssystems oder des Nervensystems vor, in weiteren 7% eine AIDS-Erkrankung. Ein Vergleich mit den natürlichen Todesfällen der gleichen Diagnosegruppe im Kanton Zürich im gleichen Zeitraum ergab bei Todesfällen im Zusammenhang mit Krebs ein Risiko für einen assistierten Suizid von 0.5%, bei Todesfällen in Zusammenhang mit AIDS ein Risiko von 1.7%, bei den neurologischen Krankheiten ein Risiko von 1.2%. Am höchsten lag das Risiko bei unheilbaren Krankheiten mit fortschreitender Lähmung (Multiple Sklerose: Risiko von 4.5%, Amyotrophe Lateralsklerose: Risiko von 3,4%).

Neben solchen schwerwiegenden somatischen Diagnosen, welche in der Regel unfehlbar zum Tode führen, lag jedoch in 21% der Fälle keine tödliche Krankheit vor. So wurden in 6% aller Fälle rheumatologische Diagnosen wie Osteoporose, Arthrose oder Polyarthritis genannt, in weiteren 4% aller Fälle ein Schmerzsyndrom. In Einzelfällen fanden sich keine eigentlichen medizinischen Diagnosen, sondern lediglich Angaben wie generalisierte Schwäche oder Blindheit. Psychiatrische Diagnosen als Grund für den Sterbewunsch schliesslich wurden in 3% aller Fälle genannt (meist Depression, in einem Fall Schizophrenie). Auffallend war, dass das Durchschnittsalter der Personen ohne tödliche Krankheit deutlich höher lag (80 Jahre bei den Männern und 83 Jahre bei den Frauen) als bei den Personen mit einer infausten somatischen Krankheit (Durchschnittsalter Männer 71 Jahre, Frauen 67 Jahre).

Betreffend des Verlaufs über den Untersuchungszeitraum ergab sich keine wesentliche Veränderung der Verteilung der Diagnosegruppen (Abb. 4).

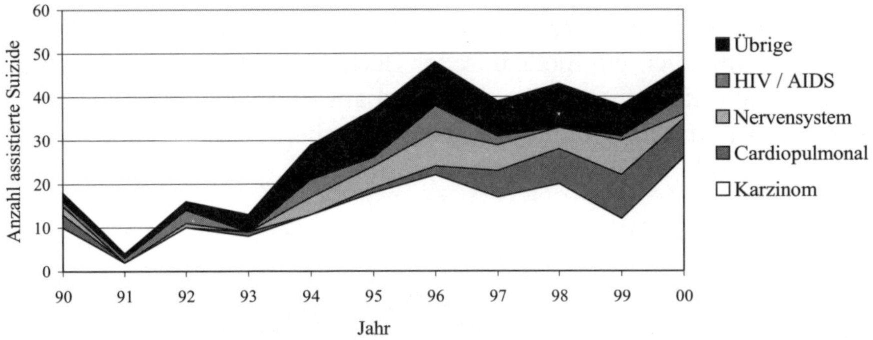

Abb. 4. Medizinische Diagnosegruppen der 331 untersuchten Fälle

Insbesondere zeigte sich der Anteil der nicht unfehlbar zum Tode führenden Diagnosen («Übrige») konstant. Auch der anteilmässig leichte Rückgang der Krebsfälle erwies sich als statistisch nicht signifikant (für alle statistischen Berechnungen vgl. Bosshard et al. 2003b).

Zusammenfassend zeigen unsere Befunde bei der Mehrheit der Fälle, so bei Diagnosen wie Krebs oder andern unfehlbar zum Tode führenden Krankheiten, dass der Krankheitszustand eine wesentliche oder entscheidende Rolle beim Entstehen des Sterbewunsches gespielt haben dürfte. Bei gewissen Diagnosen, so zum Beispiel der amyotrophen Lateralsklerose, verweist das stark erhöhte Risiko zum assistierten Suizid sogar auf einen ziemlich eindeutigen Zusammenhang des Sterbeverlangens mit dem zu erwartenden Endverlauf der Krankheit. In anderen Fällen, insbesondere in der Gruppe der nicht unfehlbar zum Tode führenden Krankheiten, dürften aber tatsächlich andere, nicht-medizinische Motive im Vordergrund gestanden haben. Dies gilt insbesondere für die bei Hochbetagten häufig genannte Diagnosen wie Osteoporose oder Arthrose, welche als Ursache für den Sterbewunsch vorgeschoben wirken mögen.

Mitwirkung des Arztes bei der Abklärung und Durchführung des assistierten Suizides

Noch anfangs der 90er-Jahre fand sich in den von Exit geführten Unterlagen zu den von der Organisation geleisteten Beihilfefällen lediglich in Ausnahmefällen ein medizinischer Bericht. Ab Mitte der 90er-Jahre änderte sich die Situation deutlich, und am Ende der Untersuchungsperiode waren keine Fälle ohne medizinischen Bericht mehr zu verzeichnen (Abb. 5).

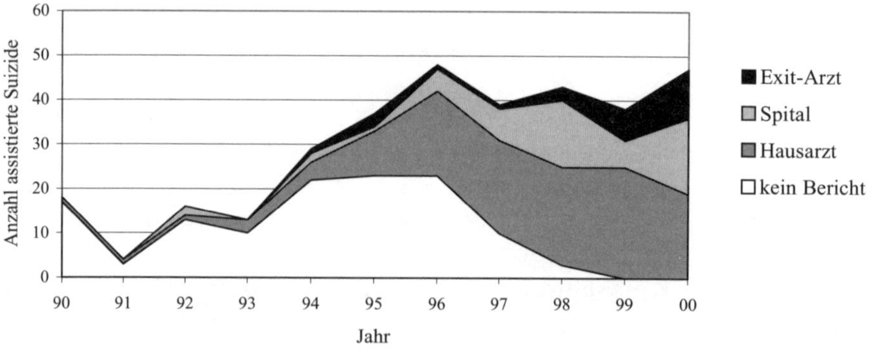

Abb. 5. Ausstellung eines medizinischen Berichtes

In etwa der Hälfte der Fälle wurde ein solcher Bericht vom Hausarzt verfasst, in den übrigen Fällen lag den Akten entweder ein Spitalbericht, oder aber ein von einem Exit nahe stehenden Arzt verfasster Bericht bei. Innerhalb der Fälle, wo überhaupt ein medizinischer Bericht vorlag, war im Untersuchungszeitraum die beschriebene Verteilung der Verfasser in etwa konstant. Art und Umfang dieser Berichte waren sehr unterschiedlich. Oftmals handelte es sich um nicht mehr als eine Diagnoseliste oder einen Austrittsbericht. Nur in wenigen Fällen lag ein eigentliches Zeugnis vor, das spezifisch zum Sterbewunsch des Patienten Stellung nahm. Diese Berichte können also keinesfalls als konstituierendes Element einer ärztlichen Beihilfe angesehen werden.

Anders verhält es sich beim Rezept für die tödliche Dosis Barbiturate. Die fast ausschliesslich verwendeten Substanzen Natriumpentobarbital und Secobarbital unterstehen beide einer verschärften medizinischen Rezeptpflicht. Die angewandten Dosierungen (10, 12 oder 15 g) stehen in eindeutigem und ausschliesslichem Zusammenhang mit einer Lebensbeendigung. Die Rezeptausstellung stellt also in der bestehenden Praxis das eigentlich konstituierende Element der Beihilfe dar. Auch hier ergab sich der Befund, dass anfangs der 90er-Jahre lediglich in Ausnahmefällen ein medizinischer Bericht in den von Exit angelegten Unterlagen zu den von der Organisation geleisteten Beihilfefällen vorlag, wogegen sich am Ende der Untersuchungsperiode der rezeptierende Arzt in fast jedem Fall identifizieren liess. Anders als beim medizinischen Bericht war hier der Hausarzt nur in etwa einem Drittel der Fälle der Urheber des Rezeptes. Vielmehr wurde dieses überwiegend von einem Exit nahe stehenden Arzt ausgestellt, ein Befund, der ebenfalls über den Untersuchungszeitraum hin konstant zu sein scheint (Abb. 6).

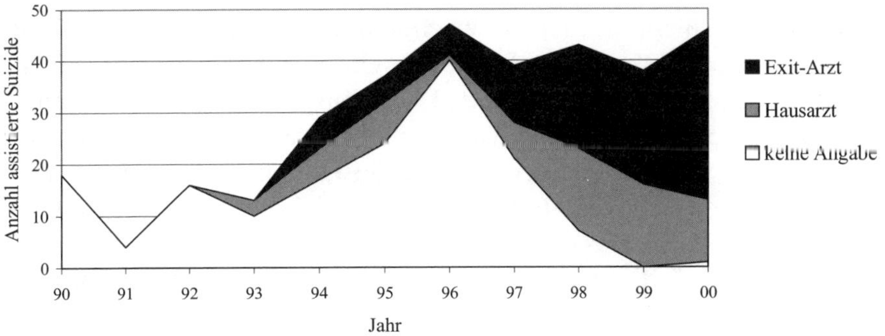

Abb. 6. Rezeptausstellung

Eine entscheidende Erweiterung der Applikationsart fand erstmals im Jahre 1997 statt. Ab dann fanden sich in zunehmender Zahl Fälle, wo die tödliche Substanz nicht geschluckt, sondern via Infusion oder (seltener) Magensonde verabreicht wurde (Abb. 7).

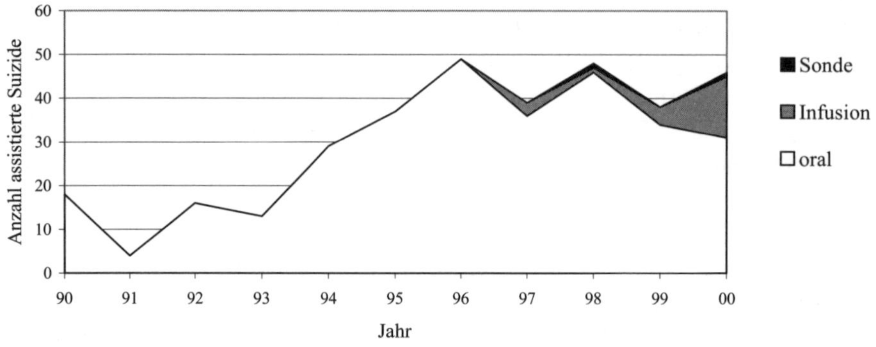

Abb. 7. Applikationsart der tödlichen Substanz

Diese Infusion oder Sonde war in einigen Fällen bereits zuvor aus medizinischen Gründen angelegt worden, in anderen wurde sie explizit zum Zwecke der Suizidbeihilfe gelegt, in der Regel durch einen Sterbehelfer der Organisation. Diese Fälle wurden von den Untersuchungsbehörden als Suizidbeihilfe toleriert, da der letzte Schritt der zum Tode führenden Handlung (Öffnen des Infusionshahns) vom Patienten selber ausgeführt wurde. So wurde ein sicheres Applizieren der Substanz auch bei Patienten mit Schluckschwierigkeiten möglich (vgl. Bosshard et al. 2003a).

Zusammenfassend findet sich auch bei der Abklärung zum und der Durchführung des assistierten Suizides ein Ineinandergreifen von ärztlichen und nicht-ärztlichen Entscheidungen und Handlungen. Deutlich mehr Gewicht wird im Laufe der Untersuchungsperiode auf die Dokumentation der medizinischen Bedingungen gelegt. Ob dies allerdings als Zeichen der Medikalisierung gewertet werden darf, ist zweifelhaft, denn ganz allgemein erfolgte die Dokumentation der einzelnen Fälle gegen Ende der Studienperiode ausführlicher und sorgfältiger, so dass eher eine Professionalisierung der Suizidbeihilfe im Allgemeinen vorliegen dürfte. Auffallend ist die Zurückhaltung der behandelnden Ärzte auch noch am Ende der Studienperiode, durch Ausstellen des Rezeptes entscheidend am Suizid mitzuwirken. Als Schritt zur

Medikalisierung könnte man auch das Einführen von Infusionen bezeichnen. Bemerkenswerterweise hielt sich aber auch hier das Engagement des involvierten Arztes in Grenzen: In aller Regel war der Arzt auch bei den Fällen, wo Infusionen zum Einsatz gelangten, nicht anwesend. Und vermutlich wurde sogar über die Applikationsart oftmals gar nicht vom Arzt, sondern vom Sterbehelfer entschieden.

Zusammenfassung und Ausblick

Ausgangspunkt unserer Analyse war die Frage, wieweit die Praxis der Suizidbeihilfe in der Schweiz einem medikalisierten Modell der «medizinischen Entscheidung am Lebensende», und wieweit einem nicht-medikalisierten Modell, analog dem «normalen», nicht-assistierten Suizid folgt.

Das Ergebnis zeigt, dass sich deutliche Anteile beider Modelle finden lassen. Einer Mehrzahl von Fällen, wo die medizinische Situation eine bedeutsame Rolle beim Zustandekommen des Sterbewunsches gespielt haben dürfte, steht eine Minderzahl von Fällen gegenüber, wo die jeweils genannte medizinische Diagnose eher vorgeschoben wirkt und wo tatsächlich persönliche und soziale Gründe im Vordergrund gestanden haben dürften. Auch bei der Abklärung und Durchführung des assistierten Suizides findet sich ein Ineinandergreifen ärztlicher und nichtärztlicher Aktivitäten.

Bereits bei der Vorabklärung zum assistierten Suizid kommt nicht-ärztlichen Sterbehelfern in der Schweiz eine wichtige Rolle zu. Nicht selten wird das Anliegen eines assistierten Suizids zuerst an diese, und nicht an den betreuenden Arzt, gerichtet. Bereits hier findet eine wichtige Triage statt, da sich in manchen Fällen zeigt, dass der Bittsteller die Bedingungen der Organisation nicht erfüllt oder aus anderen Gründen sein Anliegen nicht weiter verfolgt. Nach der Verschreibung des Barbiturates durch den Arzt wird der Sterbehelfer vollends zum Hauptverantwortlichen. Die Erfahrung aus der Anfangszeit von Exit hat gezeigt, dass manche Sterbewillige ohne persönliche Anleitung Schwierigkeiten hätten, die tödliche Barbituratdosis so einzunehmen, dass sie ihr Ziel sicher erreichen (vgl. Ulrich 2002). In der Zeit nach der Einlösung des Rezeptes in der Apotheke bis zur assistierten

Selbsttötung wird die Substanz in der Regel von der Sterbehilfeorganisation aufbewahrt, was wesentlich sicherer sein dürfte, als wenn sie sich in der Hausapotheke des Sterbewilligen selber befinden würde.

Nicht vergessen werden sollte auch, dass keineswegs alle Verschreibungen schliesslich auch zum Suizid führen. Insofern ist der Entscheidungsprozess auch nach der Verschreibung nicht abgeschlossen. Vielmehr spielt der weitere Krankheitsverlauf eine wesentliche Rolle. Manche der von den Sterbewilligen befürchteten Symptome mögen gar nie eintreffen, so dass für sie kein Anlass besteht, von der verschriebenen Substanz Gebrauch zu machen. Es ist aber auch an Fälle zu denken, in welchen der Sterbewillige, beispielsweise im Rahmen organischer Prozesse wie wachsender Hirnmetastasen, die Urteilsfähigkeit kurzfristig einbüsst, so dass die Indikation zur Beihilfe nicht mehr gegeben ist.

Im Hinblick auf die Zukunft wird es wichtig sein, noch klarer als bisher auseinanderzuhalten, welche Verantwortlichkeiten in diesem Bereich ohne Mitarbeit der Ärzteschaft nicht befriedigend zu regeln sind, und welche ebensogut oder besser von Nicht-Ärzten übernommen werden sollten. Bis heute sind allerdings die Anforderungen an die Persönlichkeit und die Ausbildung der nicht-ärztlichen Sterbehelfer in keiner Art und Weise definiert. Es ist offensichtlich, dass eine klarere gesetzliche Regelung dieser Praxis, sofern eine solche überhaupt wünschenswert erscheint, primär die Rolle der Sterbehelfer betreffen muss. Im Vordergrund steht hier die Frage nach einer allfälligen Registrierungs- und Bewilligungspflicht von Sterbehilfeorganisationen in der Schweiz.

Literatur

Arbeitsgruppe Sterbehilfe (1999): Bericht an das Eidgenössische Justiz- und Polizeidepartement.

Birnbacher, D. (1990): Selbstmord und Selbstmordverhütung aus ethischer Sicht. In: Leist, A. (Hrsg.): Um Leben und Tod. Suhrkamp, Frankfurt am Main, 395–422.

Bosshard, G. et al. (2003a): Assisted suicide bordering on active euthanasia. In: International Journal of Legal Medicine 117: 106–108.

Bosshard, G. et al. (2003b): 748 cases of suicide assisted by a Swiss right-to-die organisation. In: Swiss Medical Weekly 133: 310–317.

Ulrich, E. (2002): Exit – Beihilfe zum Suizid 1990 bis 2000. Medizinische Dissertation, Universität Zürich.

Van der Heide, A. et al. (2003): End-of-life decision-making in six European countries: descriptive study. In: Lancet 362(9381): 345–350.

Chapitre 3

Aide au suicide: la discussion actuelle en Suisse

Alberto Bondolfi

La pratique de l'aide au suicide, comme d'autres comportements liés à la gestion de la fin de vie, suscitent en Suisse, comme ailleurs en Europe et d'une manière plus générale dans tous les pays hautement industrialisés, un large débat avec cependant quelques particularités qui sont l'objet de notre rencontre.

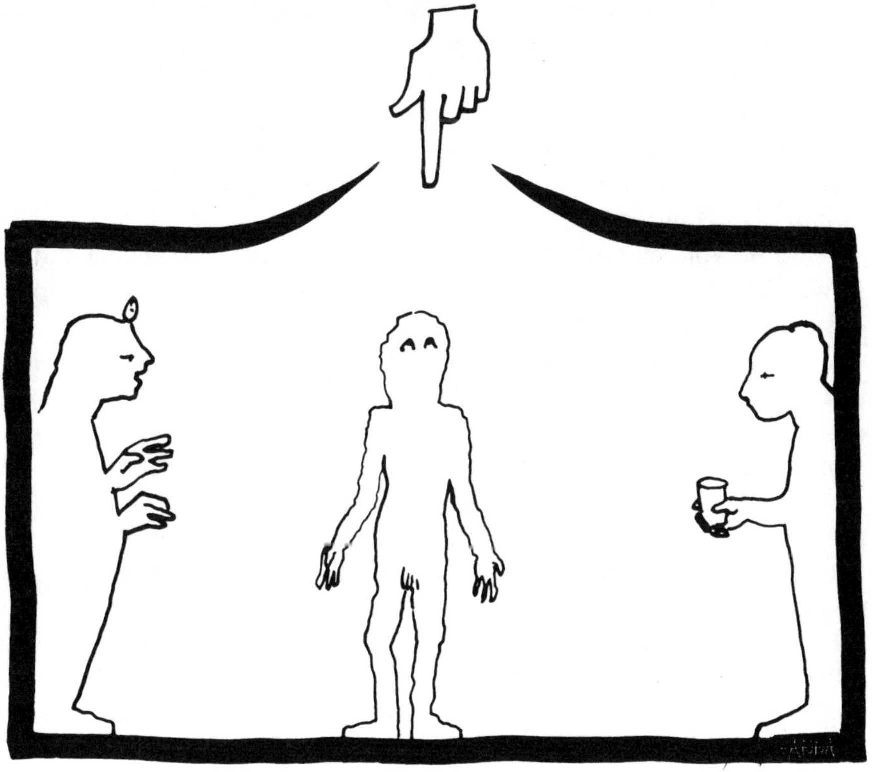

Quels sont les éléments saillants du débat de cette dernière décennie dans notre Pays? (Sur ce sujet, voir Bondolfi 1992, Leone et Privitera 1994, Bondolfi 2000.) Il me semble difficile d'isoler une seule ligne de pensée tout au long de cette période; il me paraît plus pertinent de constater la présence de plusieurs tendances qui se croisent et s'entrecroisent, et établissent un équilibre nouveau et provisoire.

1. Les débuts du débat

Pour bien comprendre les grandes lignes du débat suisse, il faut avant tout connaître la législation helvétique dans le domaine qui nous intéresse. Le Code pénal suisse (CPS), dans sa partie qui touche aux délits contre la vie humaine, sanctionne l'homicide aussi lorsqu'il est demandé par la victime (article 114 CPS, «meurtre sur demande de la victime»), même si la peine prévue est inférieure aux autres formes de meurtre. La Suisse connaît en tout cas un énoncé légal spécifique, contrairement à d'autres Pays européens.

La Suisse ne connaît pas une sévérité particulière par rapport au suicide et envers l'aide prêtée par des tiers aux suicidaires. Elle s'est montrée à cet égard plus tolérante que ses pays voisins. L'article 115 du CPS prévoit, en effet, que celui qui aura aidé une personne à quitter la vie ne sera pas puni, pour autant qu'il n'agisse pas sous l'empire d'un mobile égoïste.

Ces deux dispositions du Code pénal remontent à la fin des années 1930 et reprennent en partie des dispositions cantonales antérieures (pour un examen historique, voir Pedrazzini, 1949). Ce qui est important dans l'interprétation historique de ces dispositions pénales, c'est de reconnaître qu'elles n'étaient pas formulées en vue de gérer des conflits touchant à la sphère médicale ni encore moins pour bien gérer les conflits liés à la fin de vie. Elles touchaient à des pratiques typiques d'une civilisation où l'on se suicidait encore pour des raisons d'honneur.

Ces dernières années ont vu tout de même s'ouvrir un débat sur la gestion des phases terminales de la vie humaine, d'une part, et l'aide au suicide dans ce contexte, d'autre part. Ce débat a lieu soit à travers les médias à large diffusion, soit à un niveau plus politique, c'est-à-dire dans le cadre de commissions spécialisées et de travaux parlementaires et gouvernementaux. C'est sur ce dernier point que je concentrerai mon attention.

Dès 1994, le conseiller national-socialiste Victor Ruffy avait déposé une motion ainsi libellée:

> Devant les différentes formes d'évolution dégradante de maladies incurables, malgré les moyens à disposition pour prolonger la vie, de plus en plus d'êtres humains, dans notre société, souhaitent avoir la possibilité de prendre une part active à leur fin de vie afin de mourir dans la dignité. Le conseil fédéral est prié de soumettre un projet tendant à l'adjonction d'un article 115bis au Code pénal suisse.

Le Conseil fédéral a répondu à cette démarche non pas (comme il l'avait fait auparavant) en affirmant qu'une telle motion contredisait le droit à la vie, mais en proposant de la transformer en un postulat, c'est-à-dire de lui donner une forme moins stricte, ce que le Conseil National approuva en 1996. L'année suivante, le Département de justice et de police chargea un groupe de travail d'analyser la situation et de formuler des propositions.

En mars 1999, le groupe présenta son rapport sous le titre «Assistance au décès» (groupe de travail Assistance au décès 1999). Dans ce rapport sont présentées soit des propositions qui ont fait l'unanimité du groupe que d'autres propositions qui ont seulement recueilli l'accord d'une majorité.

Parmi les premières, voici les plus significatives: les ressources de la médecine palliative doivent non seulement être encouragées, mais exploitées entièrement. Dans ce contexte, le droit à l'arrêt des soins doit pouvoir être garanti. L'euthanasie passive ainsi que l'euthanasie active indirecte doivent non seulement être considérées comme licites, mais leur pratique doit aussi être régie expressément par la loi, même si le groupe renonce à proposer un texte répondant concrètement à cette exigence. Le coût des pratiques médicales correctes dans la phase finale de la vie humaine ne doit en aucun cas constituer un motif ou un argument pour légitimer une euthanasie.

En dehors de cette unanimité sur les points cités, le groupe s'est mis d'accord à la majorité seulement sur une exception devant faire l'objet d'un nouvel alinéa de l'article 114 du Code pénal qui traite du meurtre commis à la demande de la victime:

> Si l'auteur a donné la mort à une personne atteinte dans sa santé d'une manière incurable et se trouvant en phase terminale, cela dans le dessein de mettre fin à des souffrances insupportables et irrémédiables, l'autorité compétente renoncera à le poursuivre, à le renvoyer devant le tribunal ou à lui infliger une peine. (Groupe de travail Assistance au décès 1999: 35)

Une minorité du groupe a rejeté cette proposition, rappelant son inutilité là où les mesures palliatives sont appliquées correctement. Elle a évoqué les risques de se trouver sur une «pente savonneuse» si les interdits moraux et pénaux étaient assouplis.

Le rapport a été commenté dans les médias et par les partis politiques, intensifiant ainsi le débat public déjà en cours depuis quelques années. Le Conseil Fédéral pour sa part examine le rapport et y répond en juillet 2000. Il ne retient pas la proposition formulée par la majorité du groupe mais, devant l'alternative du *status quo*, il affirme qu'il est impératif d'exploiter au maximum les possibilités de la médecine palliative. Pour ce qui est de l'euthanasie passive et active indirecte, le Gouvernement helvétique est d'avis qu'il faut la réglementer par une loi et n'exclut pas la formation d'un groupe d'experts en vue d'une telle tâche. Quant à une possible exception pour le meurtre commis à la demande de la victime, il reste ferme:

> Même formulée de manière très restrictive, une exception à la «punissabilité» de l'euthanasie active directe équivaudrait à un assouplissement de l'interdiction de l'homicide et constituerait la rupture d'un tabou profondément ancré dans notre culture chrétienne.» (Rapport du Conseil Fédéral 2000: 15)

Les médias ont réagi de façon partagée et le débat s'est poursuivi au parlement, par le biais de l'initiative parlementaire, instrument juridique qui permet à une majorité parlementaire de réviser concrètement une loi qui devient ainsi normative également pour le gouvernement.

2. Les suites parlementaires récentes

Ce fut le cas de deux initiatives parlementaires, la première présentée par M. Franco Cavalli, oncologue, président de la Ligue suisse contre le cancer et membre du parti socialiste, et la deuxième par Mme Dorle Vallender, radicale appenzelloise.

Le premier député essaya de reprendre les propositions de la majorité du groupe de travail du Département de justice et de police en les introduisant dans une procédure qui accorderait le privilège de la «non-punissabilité» uniquement aux médecins qui auraient reçu de la part du patient le mandat explicite de mettre fin à leurs jours.

Mme Vallender, au contraire, voulait que l'article 115 actuel, qui prévoit la «non-punissabilité» de l'aide au suicide en l'absence de mobiles égoïstes, soit davantage précisé, afin qu'il ne soit pas utilisable, surtout en psychiatrie.

La commission parlementaire du conseil national approuva à la majorité l'initiative parlementaire de M. Cavalli, rejetant celle de Mme Vallender. Mais les choses se passèrent autrement en assemblée plénière, puisque les deux initiatives furent rejetées, quoique pour des considérations et des argumentations différentes.

Ainsi, après tant de débats, la Suisse est revenue, du moins sur le plan de sa législation, à une situation de *status quo ante*. Les initiatives parlementaires qui ont échoué dans une chambre n'étant pas transmises à l'autre chambre, il n'y aura donc plus de débat parlementaire sur cette problématique dans les prochains temps.

3. Les derniers développements chez les organisations favorables à l'euthanasie

Exit, association qui compte quelques dizaines de milliers de membres en Suisse, n'est pas un unicum helveticum, mais reprend des positions déjà connues, que ce soit dans les pays anglo-saxons, en Allemagne ou aux Pays-Bas.[1] Ses positions ont évolué tout au long de ces dernières années. Si à l'origine elle défendait ouvertement la légitimité et l'opportunité d'un droit à l'«euthanasie active»[2], c'est à dire à une mise à mort directe du patient par un médecin sur simple demande, elle a dû

1 Sur la discussion dans ces pays, voir Allemagne (1986) et aussi Saueracker (1990); pour ce qui est de cette phase historique aux Pays-Bas, voir Blad (1990).

2 Nous utilisons cette expression entre guillemets à cause des différents malentendus qui y sont liés et nous essayerons ensuite d'éviter son emploi.

tempérer sa position pour ne pas s'exposer à une condamnation pour incitation au crime. Ainsi, dans un deuxième temps, elle a surtout défendu le droit de recevoir de l'aide en vue du suicide et a proposé une série de techniques à cet effet.[3]

Tout dernièrement, Exit et des organisations analogues comme Dignitas ont voulu pousser leur pratique dans deux directions: d'une part, en la proposant comme possible également pour les foyers pour personnes âgées et, d'autre part au moins pour Dignitas, en essayant de toucher aussi des personnes qui ne sont pas strictement dans une phase terminale mais qui souffrent particulièrement de leur situation, surtout d'un point de vue psychique.

Ces développements ont fait récemment l'objet de discussions, car la municipalité de Zurich, qui avait interdit aux membres d'Exit et d'organisations analogues de pratiquer l'aide au suicide dans les établissements pour personnes âgées, a dernièrement accordé son autorisation, même si elle l'a fait à certaines conditions très strictes.[4]

La Fédération des homes pour vieillards de la ville de Genève ainsi que la Fédération parallèle du canton de Vaud ont élaborés des directives autorisant une telle pratique, rare mais réelle aussi dans les établissements pour personnes âgées, en évitant de faire du prosélytisme ou de plonger dans l'inquiétude les autres résidents de ces établissements. Ce débat est toujours en cours et je ne sais pas quelles conséquences il va avoir dans les années à venir.[5]

L'Académie suisse des sciences médicales, quant à elle, avait affirmé dans ses directives de 1995 que «l'assistance au suicide n'est pas une activité médicale» (Groupe du travail Assistance au décès 1999). Cet organisme vient de réviser ses directives ainsi que l'article cité. La formulation actuelle, encore en consultation affirme que

> dans ce genre de situation aux confins de la vie et de la mort, le médecin peut se retrouver face à un conflit difficile à gérer. D'une part, l'assistance au suicide ne fait pas partie de l'activité médicale, car le médecin a le devoir d'utili-

3 Voir Exit (1987); dans le même esprit, voir Burky (1986); Kehl (1989).

4 Pour une connaissance directe du dossier, voir www.stzh.ch/mm/sterbehilfe.

5 La littérature est abondante mais on ne peut pas la citer ici in extenso. Voir entre autres: Mazzocato (2001). Cf. aussi le document de l'AVDEMS à l'adresse: www.avdems.ch/files/AS%202004.pdf ainsi qu'à la fin de ce volume.

ser ses compétences médicales dans le but de soigner, soulager et accompagner son patient. D'autre part, il doit tenir compte de la volonté de son patient, ce qui peut signifier que la décision morale et personnelle d'un médecin d'apporter une aide au suicide à un patient mourant, dans certains cas particuliers, doit être respectée.

Entre temps le débat parlementaire continue, même si l'intensité des interventions diminue.

Le 17 juin 2003, le Conseil des Etats adopte la motion de sa Commission des affaires juridiques «Euthanasie et médecine palliative». La motion charge le Conseil fédéral de soumettre des propositions en vue d'une réglementation législative de l'euthanasie active indirecte et de l'euthanasie passive, ainsi que de prendre des mesures pour promouvoir la médecine palliative.

Le 4 juillet 2003, le DFJP a chargé la Commission nationale d'éthique d'examiner dans son ensemble la problématique de l'assistance au décès sous l'angle éthique et juridique, et d'élaborer d'ici à l'été 2004 un rapport et un projet de réglementation légale.

Quelques mois plus tard, le 5 février 2004, le même Département décharge la Commission nationale d'éthique de son mandat, car selon son nouveau Chef celle-ci n'a ni les ressources humaines ni les moyens financiers nécessaires pour s'en acquitter.

Le 10 mars 2004, le Conseil national adopte à son tour la motion de la Commission des affaires juridiques du Conseil des Etats «Euthanasie et médecine palliative».

Le Conseil fédéral examinera les exigences posées par cette motion. Il étudiera la nécessité de réglementer l'euthanasie passive et l'euthanasie active indirecte et le cadre dans lequel cette réglementation devrait être établie. Il inclura dans son analyse les mesures de promotion de la médecine palliative ainsi que le problème du «tourisme du suicide». Ainsi au moins affirme officiellement le Département concerné.

Nous sommes d'avis qu'il y a une relation étroite entre le désir social de suicide pour les malades en phase terminale et les fantasmes collectifs autour de la douleur qui touche ces mêmes personnes. Une meilleure connaissance théorique des mécanismes de la douleur et une meilleure pratique des soins liés à la douleur peuvent contribuer sinon à apaiser le débat du moins à le rendre plus rationnel et à le circonscrire.[6] Pour autant, il ne faut pas croire que les perspectives qu'offre la médecine palliative vont automatiquement enlever toute pertinence au débat sur la mort volontaire et sur l'aide au suicide.[7]

Ce débat, en effet, repose sur une revendication qui fait certes appel à l'impératif moral de combattre la douleur, mais aussi et surtout qui considère que l'autonomie de l'individu ne doit pas être limitée dans son expression par les valeurs communes d'une société. Au fond, il ne s'agit pas seulement d'un débat sur les modalités d'exercice de la médecine en fin de vie, mais d'un débat philosophique et religieux qui se poursuit et qui ne trouvera pas de réponse parfaite par le seul biais de la pratique médicale et du droit.

6 Pour une présentation de la médecine palliative en Suisse, voir surtout Rapin 1989; et le bulletin Info-Kara édité par la Société suisse de médecine palliative et le Centre de documentation en soins palliatifs des IUGG.

7 Sur les reflets éthiques de la médecine palliative, voir Bondolfi (1991), 96–101.

Références

Allemagne (1986): Alternativentwurf eines Gesetzes über Sterbehilfe. Stuttgart.

Blad, J.R. (1990): Ceci n'est pas l'euthanasie. Chronique du débat sur la mort douce aux Pays-Bas. In: Déviance et société, 15(1): 93–121.

Bondolfi, A. (1992): Il *living will* nel dibattito sulla buona morte. In: *KOS* Mensile di cultura e storia delle scienze mediche, naturali e umane 80: 18–25.

Bondolfi, A. (1991): Abschied nehmen ohne Qual: zum Verhältnis zwischen palliativer Medizin und Ethik. In: Malacrida, R./Martignoni, G.: The Season of good byes, Editions Alice, Comano, 96–101.

Bondolfi, A. (2000): Beihilfe zum Suizid: grundsätzliche Überlegungen, rechtliche Regulierung und Detailprobleme. In: Ethik in der Medizin 12: 262–268.

Burky, J.C. (1986): La mort dans la dignité. Editions Réalité sociales, Lausanne.

Exit (1987): Fünf Jahre Exit. Grenchen.

Groupe de travail Assistance au décès (1999): Rapport. www.ofj.admin.ch (voir sous: législation/assistance au décès).

Kehl, R. (1989): Sterbehilfe. Ethische und juristische Grundlagen. Zytglogge Verlag, Berne.

Leone, S./Privitera, S. (1994): Living will. In: Dizionario di bioetica. EDB-ISB, Bologne, 553–556.

Malacrida, R./Martignoni, G. (1991): The Season of good byes, Editions Alice, Comano.

Mazzocato, C. (2001): Demande de suicide médicalement assisté ou d'euthanasie: que peut-elle cacher? In: Revue médicale de la Suisse romande 121: 407–411.

Pedrazzini, A. (1949): L'omicidio del consenziente ed il suicidio nel diritto penale contemporaneo. Tipografia Pedrazzini, Locarno.

Rapin, C.-H. (1989): Fin de vie: nouvelles perspectives pour les soins palliatifs. Payot, Lausanne.

Rapport du Conseil Fédéral (2000): Rapport du Conseil Fédéral donnant suite au postulat Ruffy. Assistance au décès. www.ofj.admin.ch (voir sous: législation/assistance au décès).

Saueracker, L. (1990): Die Bedeutung des Patiententestamentes in der BRD aus ethischer, medizinischer und juristischer Sicht. Lang Verlag, Berne.

Chapitre 4

Les recommandations de la Commission nationale d'éthique pour la médecine humaine (CNE) sur le suicide assisté

Commentaires d'un clinicien et membre de la CNE

Jean-Claude Chevrolet

Introduction

Dix thèses, complétées finalement par deux articles supplémentaires, résultant des travaux de la CNE ont été présentées lors d'un Symposium public, tenu à Zurich les 17 et 18 septembre 2004. Elles sont

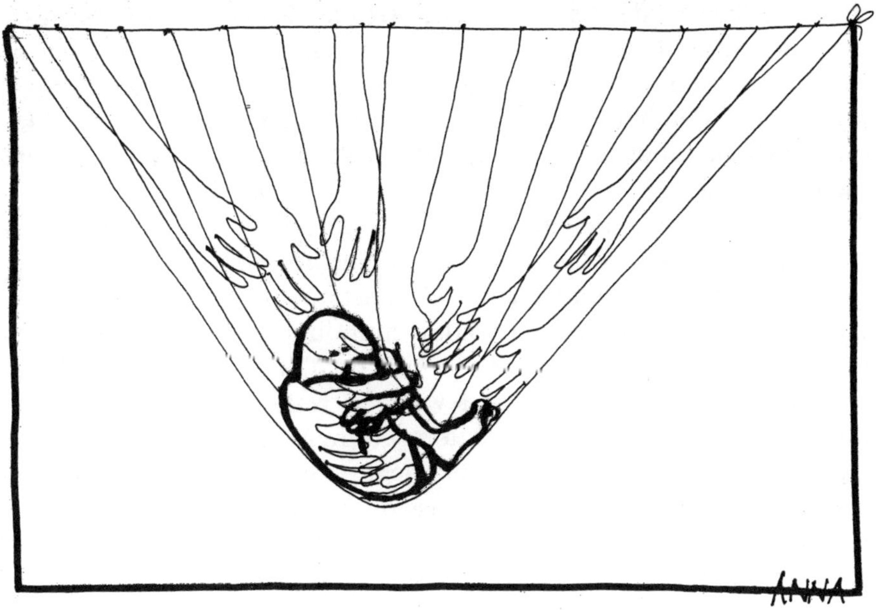

ensuite devenues les douze recommandations de la Commission, adoptées le 27 avril 2005, qui forment la prise de position n° 9/2005 de la CNE. Ces recommandations sont accompagnées d'un texte explicatif très complet, portant sur les aspects historiques, philosophiques, politiques et religieux du suicide ainsi que de l'assistance au suicide. Le Président de la Commission a pensé qu'il serait intéressant non seulement de citer la teneur de ces thèses, mais aussi de les accompagner de commentaires personnels tenus par un praticien hospitalier. De plus, l'expérience d'un membre de la CNE tout au long de ces presque trois années de réflexion au sein d'une Commission très diverse, comprenant des soignants, des philosophes, des médecins, etc. mérite peut-être également d'être rapportée, tant la dynamique de ce groupe a été intéressante et parfois déroutante.

En effet, les débats au sein de la Commission ont été vifs, parce que chaque membre se sentait personnellement interpellé par la douloureuse question du suicide assisté, à des titres divers. En fait, la CNE réalise un heureux mélange de personnes engagées au front dans les soins aux malades, en particulier auprès des patients qui seraient des candidats potentiels au suicide assisté, qu'ils soient médecins ou soignants, et de membres plus tournés vers la réflexion théorique, éthiciens, philosophes ou théologiens. On aurait pu penser que les «praticiens», dans ces débats, auraient pu être plus émotifs, plus sensibles à des arguments tournés vers l'atténuation des souffrances qu'ils ont parfois l'occasion de rencontrer directement, alors que les «théoriciens», protégé par l'ambiance feutrées de leurs cabinets, auraient dû faire montre d'une réflexion plus cérébrale et plus sereine. Cela n'a pas été toujours le cas.

Dans certains des débats, les théoriciens se sont montrés passionnés, en particulier quand il s'agissait de défendre des valeurs auxquels ils tenaient profondément. Cela s'est manifesté dans l'insistance que ces membres ont mise à vouloir introduire en préambule des recommandations de la Commission l'affirmation forte qu'un équilibre entre des valeurs antagonistes devait être respecté. Ce sont les première et quatrième recommandations qui matérialisent cette position. Quant aux cliniciens, s'ils ont âprement défendu la prise de position claire et pragmatique de la Commission sur le suicide assisté en milieu institutionnalisé (hôpitaux et homes – recommandation 8), ils se sont parfois montré très théoriques. Si l'on songe en effet à la recommandation 7 (enfant et adolescents), les cliniciens ont fait front commun avec les membres plus versés dans l'expérience politique ou juridique, donc plus «théoriciens», pour défendre le droit à des mineurs capables de discernement de demander une assistance pour un projet de suicide.

C'est cette dynamique de groupe, enrichissante et fructueuse, qui ne s'est pas construite en un jour, qui fait le charme et surtout la force de la CNE et qui lui permet d'explorer des voies inédites, parfois imprévisibles au tout début des discussions. Cet esprit de groupe explique, à mon sens, pourquoi, malgré des positions initialement très diverses et parfois opposées, la CNE est parvenue à rédiger douze recommandations unanimement acceptées, ou à tout le moins sans opposition, à l'exception de la septième d'entre elles, portant sur l'assistance au suicide chez les mineurs d'âge. Ici, les positions minoritaire et majoritaire étaient si proches quant au nombre des membres qui les défendaient que la Commission a jugé bon de les présenter toutes deux.

Enfin, au cours des débats, toutefois, il est assez rapidement apparu qu'un minimum de rigueur et de régulation procédurale étaient indispensables, même dans une assemblée comme la Commission, assez informelle et dont les membres sont exempts de conflits d'intérêt et empreints de respect mutuel. C'est qui transparaît dans le document final, qui détermine le statut des textes, distinguant clairement ce qui du commentaire, même approuvé par tous, et ce qui est l'essence des travaux de la CNE, matérialisée dans les «recommandations», dont chaque mot a été pesé avant d'être approuvé lors de plusieurs séances plénières.

Les douze recommandations

Après ces considérations d'ordre général, venons en aux recommandations elles-mêmes. Elles sont listées ici dans l'ordre de leur apparition dans le texte. Quelques-unes d'entre elles amènent des commentaires personnels.

Première recommandation. Deux pôles (avis unanime):

> Les questions d'éthique que pose l'assistance au suicide résultent d'un conflit d'exigences morales entre le devoir d'assistance aux personnes tentées par le suicide, d'une part, et le respect dû à l'autodétermination de la personne désirant mettre fin à ses jours d'autre part. Les recommandations, directives et réglementations juridiques éventuelles doivent tenir compte des deux pôles de ce champ de tension.

On comprendra ici que la CNE ne veut pas privilégier une valeur morale, certes fortement ancrée dans notre échelle actuelle des valeurs éthiques, l'autodétermination du candidat au suicide, en la plaçant au-dessus de toute autre considération d'ordre éthique. En particulier, la Commission a voulu attirer l'attention du lecteur sur la liberté de l'accompagnant, qui doit être entière, et sur des valeurs d'éthique sociale protégeant tous les individus. Personne ne peut être contraint à se suicider, mais personne ne peut être obligé de participer à une assistance au suicide.

Deuxième recommandation. Assistance su suicide et meurtre sur demande (avis unanime):

> La participation d'une tierce personne à un suicide doit être, du point de vue éthique, distinguée du meurtre sur demande de la victime.

Sur le plan juridique, l'euthanasie sur la demande d'un malade, est un meurtre «sur demande de la victime» et il est réprimé par la loi (article 114 du Code Pénal suisse – CPS). La Commission a tenu à se limiter au débat sur l'assistance au suicide, pour deux raisons: ce débat est d'actualité, alors que la question de l'euthanasie, même si elle ne manquera pas de ressurgir en Suisse, ne fait plus aujourd'hui l'objet d'interventions très actives, alors que les enjeux éthiques (participation active ou passive de l'accompagnant) posent des questions éthiques assez différentes. Il est vrai, et c'est là une remarque personnelle, qu'il est apparemment choquant qu'un patient encore capable de suicider puisse le faire avec l'aide d'un tiers quand, encore plus affecté par la maladie au point d'être incapable du moindre mouvement, un accompagnant ne peut l'aider que dans l'illégalité.

Troisième recommandation. Impunité de l'assistance au suicide (avis unanime):

> Du point de vue de la CNE-NEK, l'assistance au suicide doit, à juste titre, pour des raisons éthiques, rester non punissable, pour autant qu'elle ne soit pas entreprise pour des motifs égoïstes. La commission recommande de ne pas modifier l'article 115 du Code Pénal suisse actuel.

Ce point est important et tient à cœur à la Commission. En effet, s'il existe des conceptions très diverses dans la société sur l'appréciation morale sur le suicide et sur l'assistance au suicide, qu'il n'appartient pas à la Commission de juger, la CNE estime que la seule façon de sauvegarder le respect d'une personne qui demanderait librement une assistance au suicide est le maintien en l'état de l'article 115 dans le code pénal.

Quatrième recommandation. Une décision toujours liée à une situation personnelle et particulière (avis unanime):

> La décision d'assistance au suicide ne peut être qu'une décision singulière. Considérant la personne et la situation du suicidant; elle ne saurait être une décision découlant seulement de règles et critères généraux.

Cinquième recommandation. Les organisations d'assistance au suicide (avis unanime):

> L'article 115 du CPS protège de facto l'autodétermination de la personne qui prête assistance à un suicidant, du fait qu'il ne la punit pas. Cette position fondamentalement libérale ne doit pas être remise en question. Mais, au vu de la pratique actuelle en matière d'assistance au suicide, il convient de lui apporter des compléments réglant l'activité des organisations spécialisées dans ce domaine.

Ici, la Commission a voulu marquer son inquiétude devant les conditions de la pratique de l'assistance au suicide par des tiers qui ne connaissent pas, ou peu, les suicidants. Il s'agit en quelque sorte de discuter l'introduction d'un certain contrôle de qualité, qui ne peut être qu'inspiré par le législateur et respecté par l'usage de la force publique.

Sixième recommandation. Les maladies psychiques (avis unanime):

> Chez les malades psychiques, les désirs de mort et de suicide sont souvent une expression ou un symptôme de leur affection. C'est pourquoi les suicidants souffrant de maladies psychiques, combinées ou non à des affections somatiques, ont besoin en premier lieu d'un traitement psychiatrique et psychothéra-

> peutique. Lorsque le désir de suicide est l'expression ou le symptôme d'une maladie psychique, il ne peut être question d'assistance au suicide.

Après de longues discussions, la Commission a fini par émettre un avis unanime sur la question du suicide assisté chez les malades psychiques et chez les patients hospitalisés en milieu psychiatrique. Il n'a pas été facile de trouver une voie que la Commission estime juste dans ce domaine très controversé, même si, à l'évidence, il ne concerne que très peu de personnes. Les débats ont été animés dans la Commission, qui cherchait une issue dans un terrain très difficile. Le psychiatre de la Commission a été d'une grande aide en l'espèce, en permettant que les membres puissent finalement s'entendre sur une formulation qui exclut en règle générale l'aide au suicide dans ces maladies, et ne la rende possible que si le désir exprimé de mort n'est pas l'expression de la pathologie psychiatrique, mais plutôt la conséquence de la souffrance qu'elle entraîne. Il est vrai que, si cette nuance apparaît capitale sur un plan théorique, comme notre membre expert l'a fort bien fait remarquer, en pratique, la distinction est extrêmement difficile à établir. Une autre difficulté réside dans le fait que ces malades ne sont pas au terme de leur existence.

Septième recommandation. Les enfants et les adolescents (positions majoritaire et position minoritaire):

Position majoritaire

> Pour les enfants et les adolescents, les règles juridiques et éthiques admises en matière de soins de santé s'appliquent. Une attention toute particulière doit être vouée aux considération de la recommandation 4 (une décision toujours particulière).

Ici, les cliniciens ont argumenté essentiellement sur une exigence de cohérence, par analogie avec la situation qu'ils ont l'habitude de vivre avec les mineurs. En effet, dans la mesure où la règle appliquée à ces personnes consiste à respecter leur volonté au sujet des thérapeutiques, chirurgicales ou médicales, volonté de refuser qu'on leur administre ces traitement, même contre leur intérêt et même s'ils sont vitaux, au nom de leurs droits strictement personnels, on peut imaginer que des mineurs, dans une situation de souffrance impossible à soulager et proche du décès, désirent qu'on les aide à mourir.

Position minoritaire

> Il ne peut être question d'assistance au suicide auprès des enfants et des adolescents.

Les membres en faveur de la position minoritaire ont essentiellement fondé leur argumentation sur le côté immature de l'adolescence, période caractérisée par une instabilité émotionnelle et un caractère facilement influençable. Le risque de permettre l'assistance au suicide dans ces circonstances leur a paru contraire à l'éthique. Il est possible, mais c'est là une réflexion personnelle, que cette position ait pu être prise en raison du caractère humainement insupportable et inacceptable du suicide d'un jeune homme ou d'une jeune fille.

Huitième recommandation. Hôpitaux et établissements médico-sociaux (Avis sans opposition):

> Hôpitaux et établissements médico-sociaux:
>
> a. Institution de long séjour: dans la mesure où un résident demande la suicide assisté et qu'il ne dispose pas d'un lieu de vie autre que ladite institution, il devrait pouvoir accomplir son acte en ce lieu, si cela est possible.
> b. Hôpitaux de soins aigus: chaque institution doit se déterminer clairement quant à l'éventualité d'admettre le suicide assisté. Cette institution doit pouvoir justifier son choix envers les patients.
> c. Institutions psychiatriques: le suicide assisté, dans ces institutions est traité à la recommandation 6.
>
> La décision personnelle du suicidant de mettre fin à ses jours, prise après avoir tout bien considéré, ne doit pas être mise en échec par les règles d'une institution ou la décision personnelle d'un médecin ou d'un groupe d'accompagnement qui refuserait en conscience. Il devrait toujours être possible de solliciter un autre médecin ou d'être transféré dans une autre institution.

Cette position mérite quelques commentaires, tout d'abord parce qu'elle répond à des questions très concrètes et très douloureuses qui se posent déjà dans notre pays. En effet, nous savons que des établissements médico-sociaux ont déjà dû se positionner à ce sujet, puisque certains pensionnaires n'ont plus de domicile personnel et que, par conséquent, ils ne peuvent mettre en oeuvre leur projet suicidaire qu'au sein de l'établissement dans lequel ils vivent. De même, des situations très douloureuses sont survenues dans quelques hôpitaux de soins aigus, dans lesquels de malades en phase terminale de leur affection, soit cancéreuse, soit neuro-dégénérative, ont dû quitter l'hôpital pour accomplir à domicile leur projet suicidaire, souvent sans le soutien des soignants avec qui ils avaient noué des liens forts. C'est pourquoi la Commission ne pouvait, ni ne voulait se dérober devant cette question. Elle a tenté d'émettre une recommandation dont le but était de poser clairement le problème, en interpellant les institutions en cause. Au fond, la CNE prie ces institutions d'engager une réflexion sur ce thème, réflexion qui devrait aboutir à une prise de position qui, quelle qu'elle soit, devrait ouvrir un dialogue avec les patients et la société. Ceci permettrait d'éviter que des pratiques occultes, avec des inégalités de traitement selon les patients, effectuées par des soignants laissés dans la solitude de décisions très difficiles, puissent perdurer. La Commission a eu conscience que cette recommandation n'allait pas strictement dans le sens de la réflexion actuelle de l'Académie suisse des Sciences Médicales, et elle estime qu'un dialogue devrait être engagé entre elle cette autre instance sur ce sujet.

Neuvième recommandation. Professionnels de la santé (avis unanime):

> Les médecins, ainsi que le personnel soignant font face à un conflit d'éthique professionnelle, du fait que leurs professions impliquent un engagement pour la vie et non pour la mort. C'est la raison pour laquelle l'assistance au suicide ne peut guère faire partie de la compréhension que se font de leur mission les membres des professions de la santé. Lorsque les médecins pratiquent néanmoins l'assistance au suicide, il le font de leur propre chef.

C'est ici, toutefois, qu'une cohérence avec la position de l'ASSM est rétablie. La difficulté, à mon sens, demeure, si une institution, par exemple de soins aigus, décidait d'entrer en matière sur l'assistance au suicide dans ses murs. Il conviendrait alors qu'elle mette en route de façon transparente les règles de son application, dans le respect de la conscience de ses membres.

Dixième recommandation. Suicidants en provenance de l'étranger (Avis sans opposition):

> Il n'y a pas de raison morale d'interdire a priori aux suicidants en provenance de l'étranger une assistance au suicide en Suisse. Le principal problème éthique auprès de ce groupe de personnes réside toutefois dans la garantie qu'une véri-

fication suffisante des informations pertinentes soit effectuée, avec la diligence nécessaire. Les conditions émises dans la recommandation 4 doivent être garanties aussi bien à l'égard des suicidants en provenance de l'étranger que ceux résidant en Suisse.

La Commission a voulu être claire, tout en restant dans son champ de compétence. La CNE ne peut nier qu'il existe bel et bien un problème politique, avec le risque d'une certaine atteinte à l'image de la Suisse aux yeux de l'étranger, voire d'un scandale public à l'intérieur du pays même. Toutefois, elle a pensé que, sur le plan purement éthique, il n'y aurait pas de cohérence à permettre l'assistance au suicide aux résidents permanents sur le territoire helvétique et à l'interdire aux étrangers, si les conditions de l'exercice de cette activité demeurent les mêmes. Le débat doit donc se déplacer sur le plan politique.

Onzième recommandation. Risques liés aux changements sociétaux (Avis sans opposition):

> Il convient, à l'avenir de vouer beaucoup d'attention à la prévention du suicide socialement au d'évolutions dans la société qui risquent de pousser des personnes confrontées à des situations-limites à accepter l'offre d'organisations d'assistance au suicide.

Si cette recommandation semble aller de soi sur le plan éthique, elle traduit néanmoins un grand souci de notre Commission. Ce souci pourrait aller véritablement croissant jusqu'à un point intolérable. En effet, non seulement la population suisse vieillit, mais une certaine paupérisation des personnes âgées va croissant.

Douzième recommandation. Besoin d'une réglementation juridique (Avis unanime):

> La situation juridique actuelle doit être complétée par des dispositions qui garantissent que:
> - a. avant une décision d'assistance au suicide, des vérifications suffisantes soient effectuées dans chaque cas;
> - b. personne ne soit obligé d'aider autrui à se suicider;
> - c. aucune assistance au suicide ne soit pratiquée si le désir de suicide est l'expression ou le symptôme d'une maladie psychique (cf. recommandation 6);

- d. aucune assistance au suicide ne soit permise auprès des enfants et des adolescents au cas où la position minoritaire de la recommandation 7 était retenue;
- e. les organisations spécialisées dans l'assistance au suicide soient soumises à la surveillance de l'Etat (cf. recommandation 5).

Cette recommandation reprend, sous une forme synthétique, les différents points sur lesquels la Commission souhaite que les autorités législatives, sous une forme juridique ou une autre, interviennent dans le débat.

Conclusion

Les douze recommandations de la CNE ont ainsi été explicitées et le contexte de leur adoption a été précisé, avec quelques commentaires personnels. Les membres de la Commission encouragent le lecteur à approfondir cette lecture en se plongeant dans le texte complet de la prise de position n° 9/2005 de la CNE. Il est important d'insister encore une fois sur le côté pragmatique des recommandations présentées ici. Nous espérons que le débat va se poursuivre sereinement et s'approfondir, pour le plus grand bénéfice des malades et de leurs soignants.

Kapitel 5

Gesellschaftliche Implikationen der Empfehlungen der Nationalen Ethikkommission

Christoph Rehmann-Sutter

Solange bei der ethischen Diskussion um die Beihilfe zum Suizid der Blick bloss auf dem Individuum ruht, auf seiner Autonomie und seiner Urteilsfähigkeit, können wesentliche Differenzierungen verloren gehen. Welche Art von Praxis die Beihilfe zum Suizid darstellt, kann nur im Bezug auf die verschiedenen Kontexte erschlossen werden: die Lebensgeschichte der Sterbewilligen, ihre aktuelle Lage, die verfügbaren und die verschlossenen Alternativen, die gesellschaftlichen Zugänge, aber auch die Motive der Sterbehelfer, ihre persönlichen, institutionellen und auch ihre politischen Hintergründe usw.

Zunächst ist im Nachdenken über die ethischen Dimensionen der Beihilfe zur Selbsttötung meistens der Bezug zum Individuum aus-

schlaggebend. In mehrfacher Hinsicht: Ein Entscheid, Beihilfe zum Suizid zu leisten, kann nur ethisch sein, wenn er zuverlässig auf dem Willen des Individuums beruht (Harris 2003). Regeln und Institutionen müssen sich daran messen lassen, ob und wie stark sie es möglich machen, den Willen und die Wünsche des Individuums zu respektieren. Und gleichzeitig wird zu Recht auf eine fürsorgliche Verantwortung der anderen hingewiesen, die darin besteht, dem Individuum, das an Suizid denkt, lebenswerte Verhältnisse zu schaffen und ihm zu zeigen, dass den anderen an seinem Weiterleben etwas liegt. Auch die Nationale Ethikkommission hat in ihrer Formulierung der «zwei Pole» deutlich auf diese beiden Aspekte hingewiesen. Fürsorge und Respekt beziehen sich beide auf das Individuum (NEK 2005: Empf. 1). Es gibt aber neben diesem ethischen Primat des Individuums in der Problematik der Suizidhilfe starke Bezüge zu Dritten und zur Gesellschaft. Man muss in der ethischen Analyse auch die Konsequenzen der Suizidhilfe für andere in die Überlegungen einbeziehen, sowohl im Bezug auf eine gesellschaftlich etablierte Praxis als auch im Bezug auf eine Regelung dieser Praxis. Beides, der Akt des Suizids mit Hilfe, als auch die Normen, die ihn begrenzen, hat Implikationen auch für andere.

Wenn sich eine Person das Leben nimmt, hat sie es keineswegs nur mit sich selbst zu tun, auch wenn die anderen in ihrer eigenen Perspektive in diesem Moment vielleicht extrem in den Hintergrund rücken. Ein Mensch, der aus Hoffnungslosigkeit, Aussichtslosigkeit, Verzweiflung oder Leiden (oder einem anderen Grund, der sich nicht auf eine dieser Formeln bringen lässt), nicht mehr weiterleben will, mag sich in diesem Willen unendlich alleine fühlen. Die Einsamkeit mag sogar zum Komplex der Gründe gehören, die zum Sterbewunsch führen. Isolation ist aber unter Umständen, so können wir sagen, «sozial produziert». Das heisst präziser, die Isolation ist hervorgegangen aus einer gescheiterten oder disharmonischen Interaktion zwischen Individuum und Gesellschaft. Der einzige Weg scheint für dieses Individuum aus der Welt hinaus zu führen, weg von den hier Lebenden, ins Nichts oder in ein Unbekanntes. Aber welche Wege in der Welt überhaupt zur Wahl stehen, hängt nicht nur vom Betreffenden selbst ab. Aus der Sicht der Mitmenschen besteht eine Pflicht, weitere Wege offen zu halten und, wo es geht, neue zu eröffnen.

Ich möchte hier einigen dieser gesellschaftlichen Implikationen, die mir besonders wichtig scheinen, nachgehen und sie unter ethischem

Aspekt diskutieren. Der Suizid und der Suizidversuch als gesellschaftliches Phänomen ist ausgesprochen komplex (vgl. Bille-Brahe 2000; Lindner-Braun 1990) und böte natürlich noch sehr viel mehr Ansatzpunkte für ethische Klärung. Ich konzentriere mich auf diejenigen Probleme, die direkt mit den Empfehlungen der NEK verbunden sind und im schweizerischen Kontext mit seinen Spezialitäten im Vordergrund stehen, besonders mit der liberalen strafrechtliche Regelung der Suizidbeihilfe und mit der gesellschaftlich akzeptierten Tätigkeit von Organisationen, die Suizidhilfe anbieten.

Die NEK schlägt vor, die Tätigkeit von Sterbehilfeorganisationen einer *staatlichen Beaufsichtigung* gemäss Sorgfaltskriterien zu unterziehen. Damit werden diese Organisationen aber gleichzeitig auch gesellschaftlich anerkannt und die (sorgfältig ausgeführte) Suizidbeihilfe gewinnt zweifellos an gesellschaftlicher Legitimität. Den sich daraus ableitenden Risiken möchte ich mich zuerst zuwenden (I). Ein zweiter Fragekomplex betrifft die Bedeutung des Suizids im Kontext von «end of life decisions» im Bereich der Medizin. Ich möchte im zweiten Teil die These entwickeln, dass sich die gesellschaftliche Bedeutung des Suizids dadurch verändert. Sie spaltet sich auf in den Suizid als Selbsttötung und den Suizid als Form des assistierten Sterbens unter medikalisierten Verhältnissen (II). Ein Ausblick gilt dem Wandel im Bild und in der kulturellen Bedeutung der Medizin, der mit dem Einbezug von akzeptierten Strategien des assistierten Sterbens verbunden ist (III).

I

Eine der zentralen Forderungen der Nationalen Ethikkommission besteht darin, die Sterbehilfeorganisationen, welche Suizidbeihilfe anbieten und durchführen, unter staatliche Aufsicht zu stellen. Gleichzeitig anerkennt sie die liberale Rechtslage gemäss Art. 115 StGB, welche die Beihilfe zur Selbsttötung nur dann verbietet, wenn sie aus selbstsüchtigen Motiven erfolgt. Gegenstand dieser staatlichen Beaufsichtigung der Sterbehilfeorganisationen soll die Einhaltung von Qualitäts- oder Sorgfaltskriterien sein, die bei der Abklärung vor einer Entscheidung zum assistierten Suizid Berücksichtigungen finden müssen.

Die Empfehlung 11 begründet diese Forderung damit, dass «die Entscheidung zum assistierten Suizid eine an der Person und der Situation des Suizidwilligen orientierte Einzelfallentscheidung» sein muss und nicht zu irgendeiner Form von Routine oder Regelanwendung geraten darf. Die Kriterien werden wie folgt beschrieben:

> Anlässlich dieser Abklärungen müssen nicht nur die Urteilsfähigkeit, die Freiheit von sozialem Druck, der Grund und Hintergrund des Suizidwunsches sowie dessen Konstanz ermittelt und sichergestellt werden, sondern im Sinne der Fürsorge für das Leben auch mögliche andere Perspektiven und Optionen mit dem Suizidwilligen erwogen und geprüft werden. Das ist nur im Rahmen einer eingehenden und länger andauernden Beziehung möglich und nicht auf Grund eines kurzen oder einmaligen Kontaktes mit dem suizidwilligen Menschen.

Die Überlegung dabei ist, dass auch bei einem urteilsfähigen Menschen nicht einfach auf das nachweisbare Bestehen eines Wunsches zum assistierten Sterben abgestellt werden kann. Es muss berücksichtigt werden, wie dieser Wunsch zustande gekommen ist, ob er Ausdruck einer vorübergehenden Krise ist, in welchem Kontext er steht, insbesondere welche Alternativen offen stehen, ob und wie diese geprüft worden sind, ob man diesen Kontext zugunsten der Person verändern könnte usw. Die Kommission hat sich nicht abschliessend zu einem Katalog der Kriterien geäussert, die für die Qualität der Abklärung ausschlaggebend sind. Sie gibt aber an, dass diese von staatlicher Seite kontrolliert werden sollen.

Die Gründe für diesen Vorschlag der staatlichen Aufsicht sind vielfältig und können an dieser Stelle nicht alle diskutiert werden. Im Vordergrund stand die Überzeugung, dass Suizidbeihilfeentscheidungen immer an der Person und an der besonderen Situation orientierte Gewissensentscheidungen sein müssen. Es darf nicht sein, dass sie aus Routine erfolgen oder aus Regeln abgeleitet werden. Eine unsorgfältig geführte Abklärung, die zur Durchführung der Sterbebegleitung führt, ist nicht mehr rückgängig zu machen. Sterbehilfeorganisationen, deren Organisationszweck darin besteht, im Schutz von Art. 115 StGB Beihilfe zum Suizid anzubieten, sind naturgemäss dafür anfällig, die Respektierung des manifest geäusserten Willens zum Sterben von urteilsfähigen Personen über die Fürsorge im Sinn der Lebenserhaltung zu stellen. Menschen können aber aus sehr unterschiedlichen Gründen in eine suizidale Verfassung kommen und diesen Wunsch deutlich und verständlich äussern. Die Tatsache des Bestehens der Sterbehilfeorganisation, die einen sicheren und schmerzfreien Suizid ermöglicht, verändert die Situation, die sich einem suizidalen Menschen präsentiert, ganz wesentlich. Deshalb kann die Gesellschaft nicht einseitig mit Hilfe des Respekts vor der Autonomie die Tätigkeit der Sterbehilfeorganisationen legalisieren, ohne auf der anderen Seite auch ihrer Verantwortung im Sinn der fürsorglichen Verantwortung ernstzunehmen. Ansonsten würde eine vielleicht vorübergehende oder andersweitig abwendbare Suizidalität für viele Betroffene eine Ursache für ihren Tod. Ihr Sterbewille und die Bereitschaft der Organisation, Menschen mit Sterbewillen zur Durchführung ihres Willens zu verhelfen, kämen in eine fatale Verkoppelung.

Es sind also Motive der sozialethischen Verantwortung für Menschen in der Situation von Suizidalität, die die Kommission zu ihrem Vorschlag zur staatlichen Beaufsichtigung bewegten. Diese Strategie hat aber eine Nebenwirkung. Sie hat nämlich unausweichlich zur Folge, dass diejenigen Sterbehilfeorganisationen, die die geforderten Kriterien in ihrer Tätigkeit erfüllen, eine Art von staatlicher *Anerkennung* erhalten. Die Gesellschaft identifiziert sich damit zumindest zu einem Teil mit ihrer Zielsetzung, Menschen zu einem selbstbestimmten Tod von eigener Hand zu verhelfen. Anders ausgedrückt: die Gesellschaft approbiert die organisierte Selbsttötung, wenn sie nur sorgfältig genug praktiziert wird. Die Kontrolle bedeutet auch die Anerkennung im Fall eingehaltener Standards.

Dies kann die Bedeutung (1) des Todes und (2) der Selbsttötung im Rahmen der Gesellschaft verändern. Ich werde auf diese beiden Aspekte gesondert eingehen.

Ad (1) Der Tod wird von einem notwendigen Schicksal, das uns alle schliesslich trifft, das wir aber immer als Übel bewerten und solange als möglich abzuwenden versuchen, zu einer immerhin wählbaren Option zumindest in den Fällen, in denen alle anderen Möglichkeiten noch schlechter sind. Die Gesellschaft akzeptiert, dass das Sterben für die Betroffenen unter den ihnen gegebenen Umständen sogar ein erstrebenswerter Weg sein kann, auch wenn dieselben Individuen ihren Tod unter anderen Umständen mit allen Mitteln vermeiden würden. (Das Britische House of Lords Committee diskutiert ein ähnliches

Argument im Bezug auf die Bedeutungsverschiebung des Todes in der Medizin: 2005, Bd. I, § 102.)

Ad (2) Das Tabu der Selbsttötung wird insofern angetastet, dass über die Verschiedenheit von Umständen, die zum Wunsch nach Selbsttötung führen können, öffentlich gesprochen werden muss. Das Gesetz, welches den Staat zur Ausübung seiner Aufsichtsfunktion ermächtigt und seine Macht gleichzeitig begrenzt, muss im demokratischen Rechtsstaat formuliert, erwogen und beschlossen werden. Das ist nur möglich im Rahmen einer öffentlichen Debatte. – Zudem ist eine Enttabuisierung der Selbsttötung daraus zu erwarten, dass der assistierte Suizid im Fall von unabwendbarem Leiden zu einer Möglichkeit der Sterbehilfe wird. In der Schweiz ist die Tötung auf Verlangen (direkte aktive Sterbehilfe) ausnahmslos verboten. Für Menschen, die aus Gründen unabwendbaren schweren Leidens einen Tod «in Würde» wünschen und nicht bereit sind, dem Schicksal einfach seinen Lauf zu lassen, wird somit ein Weg gewiesen: er führt zur assistierten Selbsttötung. Die Selbsttötung (Tod aus eigener Hand) wird im Recht gegenüber der Tötung auf Verlangen (Tod von fremder Hand) vorgezogen. «Es gibt noch schlechtere Optionen als die Selbsttötung.» – Dies ist die unvermeidliche moralische Botschaft einer derartigen rechtlichen Regelung.

Zum ersten Problem, dass der Tod zu einer wählbaren Option deklariert wird, möchte ich wie folgt Stellung nehmen: Ich glaube, es ist naiv zu meinen, der Tod sei auch bei ganz gewöhnlichen Sterbeverläufen *nie* eine subjektiv wählbare, sogar wünschbare Option. Im Gegenteil, viele Menschen wünschen, sterben zu können, wenn sie wegen Krankheit, Leiden und Schwäche mit ihrem Leben abgeschlossen haben. In diesen Umständen *ist* der Tod nicht das Übel schlechthin, vielleicht sogar gar kein Übel, sondern eine «Erlösung» oder die Möglichkeit weiterzugehen, eine Befreiung, ein Weg. Dieser Wunsch nach dem Tod ist meistens auch ein Wunsch nach einem «guten Tod», einem Tod mit der Möglichkeit, Abschied zu nehmen und ohne zu viel Leiden, Schmerz und Kampf. Er mündet dabei aber nur selten in das Verlangen nach einem aktiven Abkürzen des Lebens. Der Tod als absoluter Feind des Menschen ist aber eine Konstruktion, die einfach nicht für alle Lebenslagen plausibel und glaubwürdig ist. Die Regulierung der Suizidbeihilfe kann deshalb höchstens die Tabuisierung der Unglaubwürdigkeit dieser Konstruktion des «immer bösen Todes» aufbrechen, aber kaum eine gesellschaftliche Umwertung des Todes neu herbeiführen.

Ich sehe im Gegenteil darin sogar eines der wichtigsten ethischen Argumente *für* die staatliche Beaufsichtigung des Sterbehilfewesens. Denn würde sie fehlen, würde die Gesellschaft damit der legalen Existenz einer Dunkelzone zustimmen, in der mit dem Argument der Selbstbestimmung der Tod zum organisierten Lösungsangebot für Verzweifelte, Kranke und Hoffnungslose gemacht werden *kann*, ohne genau genug hinzusehen. (Ich mache damit den existierenden Organisationen nicht den Vorwurf, dies zu tun, stelle nur das Fehlen rechtlicher Schranken fest.)

Die zweite Problematik der öffentlichen Enttabuisierung der Selbsttötung ist, wie bereits angedeutet, differenziert zu betrachten. Der erste Punkt betrifft die Öffentlichkeit der Debatte über Suizid. Selbsttötung als Selbstauslöschung gilt bei vielen Menschen als moralisches Tabu und wird in vielen grossen Religionen und auch von vielen grossen Philosophen verworfen (vgl. die Beiträge von Holderegger, Gantke und Steinvorth in Brudermüller 2003, auch die Hintergrundkapitel in NEK 2005). Eine öffentliche Debatte über die rechtliche Anerkennung von Suizid mit Hilfe anderer bewegt sich daher in einem heiklen Bereich, der viele Menschen beunruhigt. Eine Debatte muss mit Sorgfalt und Rücksicht geführt werden. – Der zweite Punkt betrifft eine mögliche gesellschaftliche Neubewertung des Suizids selbst. Das wäre immerhin riskant, wie es Wolfgang Gantke (2003: 54) ausdrückt: «Eine öffentliche Unterstützung individueller Selbstmordneigungen als Ausweg aus unüberwindbar scheinenden Krisensituationen wäre für jede Gesellschaft im wahrsten Sinne des Wortes ‹selbstmörderisch›...».

Für die Beurteilung dieser beiden Punkte scheint es mir aber wichtig, die Besonderheit der Suizide zu berücksichtigen, die im Rahmen der organisierten Suizidbeihilfe die Regel sind. Es geht nicht um Suizid *per se*, weil es den Menschen, die assistiert sterben wollen, typischerweise nicht darum geht, sich selbst das Leben zu nehmen, also Selbstmord zu begehen. Dieser Differenz möchte ich mich nun zuwenden.

Georg Bosshard et al. (2003) haben die Akten der grössten Schweizer Sterbehilfeorganisation «Exit Deutsche Schweiz» zwischen 1990 und 2000 systematisch ausgewertet und konnten dabei Akten über alle 748 Fälle von Suizidbeihilfe untersuchen, die von dieser Organisation in diesem Zeitraum vorgenommen wurden. Von einem Subset der Fälle, nämlich von den 331 Sterbebegleitungen, die Exit im Kanton Zürich durchgeführt hat, wurden die medizinischen Diagnosen erhoben. Von diesen Zürcher Fällen hatten 78,9% eine diagnostizierte tödliche Krankheit (davon 47,7% Krebs, 11,8% kardiovaskuläre/respiratorische Krankheiten, und 12,4% neurologische Krankheiten, vor allem multiple Sklerose und amyotrophe Lateralsklerose). Von den übrigen 21,8% der Fälle ohne Diagnose einer tödlichen Krankheit waren 20 Fälle mit Krankheiten des Muskel- und Skelettsystems (5 Polyarthritis, 8 Osteoporose, 7 Arthrose), 13 Fälle mit chronischem Schmerzsyndrom und Diagnosen wie Blindheit oder «allgemeine Schwäche». Der Sterbewunsch wurde in 9 Fällen mit psychischen Krankheiten in Verbindung gebracht (8 Depression, 1 Psychose). – Diese Ergebnisse sind bemerkenswert und einmalig, weil sie auf einer 10-jährigen Erfahrung beruhen und die Praxis der bekanntesten und grössten Sterbehilfeorganisation in der Schweiz lückenlos erfassen. Sie zeigen m.E. mit überwältigender Deutlichkeit Eines: Die Menschen, welche assistierten Suizid begehen und dafür die Hilfe einer Sterbehilfeorganisation in Anspruch nehmen, sind fast alle schwer krank. Die meisten leiden an einer tödlich verlaufenden Krankheit, andere an sehr schmerzhaften oder unheilvoll progredienten Krankheiten.

Aus diesem Befund ist es plausibel anzunehmen, dass es offensichtlich vor allem schwere, entweder tödlich verlaufende, schmerzvolle oder zunehmend behindernde *Krankheiten* sind, welche die Hoffnungslosigkeit und die Leiden hervorrufen, die für die Menschen zu einem Motiv zum assistierten Suizid werden. – Es besteht hingegen aus diesen Daten kein Grund zur Annahme, dass die Betroffenen den Tod erst im allerletzten Moment, d.h. im terminalen Stadium der Krankheit suchen. Das Schweizer Recht verlangt auch nicht das Vorliegen eines terminalen Stadiums, in dem der Tod sowieso nahe ist (anders die novellierten ethischen Richtlinien der SAMW zur Betreuung am

Lebensende von 2005 und der vom Britischen House of Lords Committee 2005 diskutierte Gesetzesentwurf von Lord Joffe). Die Studie lässt auch keine Aussagen zu über die Motivationslage bei denjenigen Menschen, die um assistierten Suizid *nachgefragt* haben. Denn in den untersuchten Akten erscheinen die abgewiesenen Personen nicht. Wir wissen aus den genannten Zahlen nur über die Fälle Bescheid, bei denen eine Sterbebegleitung durchgeführt wurde.

Die psychologische Suizidforschung hat folgende Variablen gefunden, die mit suizidalem Verhalten assoziiert sind: Impulsivität, dichotomes Denken («schwarz-weiss-Denken»), kognitive Rigidität und Einengung, Hoffnungslosigkeit, Defizite im Problemlösen, über-verallgemeinerndes autobiographisches Gedächtnis und einseitige Beurteilung der Zukunft (Williams/Pollock 2000). Diese Variablen mögen beim einen oder anderen der Klienten für Suizidbeihilfe auch zutreffen, typisch für sie scheinen sie aber nicht, wenn man davon ausgeht, dass es das akute oder das erwartete Leiden an einer physischen Krankheit Hauptmotive für assistierte Suizide sind. Daniel Hell (2004) fasst die Ergebnisse der Suizidforschung etwas anders zusammen, nämlich so, dass Hoffungslosigkeit ein Hauptmotiv zur Selbsttötung sei.

> Andere Motive können Verzweiflung, Einengung des Erlebens, Bedrohtheitsgefühle, Isolation, Scham oder narzisstische Wut sein. Ein Teil der Suizidhandlungen lässt sich als Versuch verstehen, ein bedrohtes Selbstwertgefühl durch eine autonome Tat zu retten oder einen beschämenden antizipierten Untergang durch entschlossenes Handeln zu vermeiden.

Die assistierten Suizide gehören aber wahrscheinlich eher nicht zu diesem Teil. Denn der Suizid *mit Hilfe* hat eher nicht den Charakter jener emphatisch «autonomen Tat», die ein bedrohtes Selbstwertgefühl retten könnte. (Eine Ausnahme könnte der im Film von Alejandro Amenabar von 2004 *Mar adentro* gezeigte Tetraplegiker Ramón Sampedro sein, der sich aus Gründen seiner Lähmung anders als mit Hilfe überhaupt nichts hätte antun können. Für ihn war das Saugen aus dem Strohhalm tatsächlich eine emphatisch autonome Tat, so autonom, wie er überhaupt noch handeln konnte.) Der assistierte Suizid ist auch nicht ein typischer Fall jenes «entschlossenen Handelns», mit dem ein beschämender erwarteter Untergang vermieden werden könnte. Was aber stimmt, ist, dass ein als unerträglich, vielleicht auch beschämend erwarteter Untergang durch Krankheit durch einen rascheren *Tod* vermieden werden kann.

Deshalb scheint es mir wichtig, das Tun dieser Menschen nicht undifferenziert in die Handlungskategorie Selbsttötung zu stellen. Es sind nicht Menschen, die «Hand an sich legen wollen», «sich selbst etwas antun wollen» oder «ihrem Leben selbst ein Ende bereiten wollen». Es sind typischerweise Menschen, die sterben wollen, und nicht Menschen, die die Selbsttötung suchen. Sie ziehen den Tod dem weiteren Leben vor, weil es ihnen nur noch schlechtere Alternativen bietet. Sie sind für das Erreichen dieses Todes auf Hilfe angewiesen, suchen diese Hilfe und erhalten sie in der Form der Beihilfe zum Suizid gemäss Art. 115 StGB, also nicht als Tötung auf Verlangen, sondern in der Form einer menschlichen Begleitung und eines tödlichen Mittels, das sie selbst anwenden müssen. Es sind nicht die Menschen, die in die Isolation gehen, die Einsamkeit suchen und sich dort das Leben nehmen. Es sind auch nicht die, welche sich für andere sichtbar Gewalt antun. Sie suchen einfach Hilfe zum Sterben. Sie suchen die Hilfe anderer Menschen, die dazu Kompetenzen, Fähigkeiten und Mittel haben. Ihr Handeln muss deshalb aus dem Handeln derer, die «sich umbringen», herausgehoben werden. Es ist speziell und kann nur adäquat verstanden werden, wenn man dieses Spezielle berücksichtigt.

Für die Ethik möchte ich diese Beobachtung so festhalten: Assistierter Suizid ist psychologisch, moralisch und ethisch gesehen *nicht dieselbe Praxis*, wie der paradigmatische Suizid («Selbstmord»), obwohl sie klar unter die rechtliche Definition der Selbsttötung fällt und es ganz wesentlich ist, dass sie darunter fällt und nicht unter die Definition der Tötung auf Verlangen. Ein Teil der Menschen, die die Hilfe von Organisationen für einen begleiteten Suizid beanspruchen, möchten einfach sterben, weil sie das Weiterleben unerträglich oder unwürdig empfinden. Sie wünschen nicht, «sich umzubringen», benützen aber diesen Ausweg, den das Recht offenlässt, weil Tötung auf Verlangen verboten ist. Diese Menschen suchen einen Weg, um in Würde zu sterben. Sie suchen nicht den Selbstmord, sind aber bereit und auch willig, den entscheidenden Schritt der Tötungshandlung selbst vorzunehmen.

Der Suizid, um den es in den Sterbehilfeorganisationen vor allem geht, steht im Kontext von «end of life decisions» und steht *durch die Krankheit der Individuen* in einem starken Bezug zum Bereich der Medizin. Dies hat nun aber eine wichtige Konsequenz für die ethische Bedeutung des Suizids. Die gesellschaftliche Bedeutung des Suizids verändert sich in dem Sinn, dass sie sich ausdifferenziert. Sie spaltet sich auf in den *Suizid als Selbsttötung* und den *Suizid als Form des assistierten Sterbens* unter medikalisierten Verhältnissen. Daher sind auch die im Abschnitt I diskutierten Fragen (2) der Öffentlichkeit der Suiziddebatte und der sozialen Risiken aus einer Neubewertung des Suizids mit dem Hinweis auf diese Ausdifferenzierung der Selbsttötung als «Weg, um in Würde zu sterben» und der Selbsttötung «als Sich-selbst-Töten» zu beantworten.

Die Risiken verschwinden durch diese Ausdifferenzierung nicht; sie können aber präziser benannt werden: Es geht in *dieser* Suiziddebatte um den Umgang mit Kranken und um die Ausweglosigkeit oder die Hoffnungslosigkeit, die sich aus dem Verlauf von Krankheiten und aus den gesellschaftlichen Verhältnissen des Umgehens mit Krankheiten ergeben. Eine rücksichtvolle Debatte muss deshalb nicht einfach nur diskret genug geführt werden, um auf die Gefühle und auf eine mögliche latente Suizidalität von Betroffenen Rücksicht zu nehmen. Das muss sie auch. Aber sie muss vor allem so geführt werden, dass darin das Risiko Beachtung findet, dass der begleitete Suizid zu einem gesellschaftlich normalisierten und anerkannten Ausweg aus einer *krankheitsbedingten Krisensituation* werden könnte. Es wäre nämlich ein aus gewissen gesundheitsökonomischen Blickwinkeln durchaus attraktiver Ausweg, indem er nämlich den Betroffenen aktuelles und noch befürchtetes Leiden zu ersparen verspricht und zudem für das Gesundheitswesen weitaus weniger aufwändig ist, weil er Pflege, Behandlung und damit Kosten spart. Das Risiko betrifft also vor allem den Bereich der Medizin und ihre gesellschaftliche Einbindung.

III

Die Empfehlungen der NEK rufen nicht dazu auf, Suizidbeihilfe in der Medizin gleichsam unter der Hand zu normalisieren. Sie empfehlen zwar (Empf. 8), die Beihilfe zum Suizid für Menschen in Institutionen der Langzeitpflege zu ermöglichen, wenn sie über keinen anderen Lebensort mehr verfügen. Und sie rufen die Spitäler und Heime dazu auf festzulegen, ob sie für ihre Patientinnen und Patienten die Möglichkeit des assistierten Suizids zulassen wollen oder nicht. Dies soll aber nicht so erfolgen, dass Suizidbeihilfe zu einem in irgendeiner Weise normalen Angebot im Spital oder Heim wird. Die Suizidbeihilfe gehört «nicht [...] zum Auftrag der Angehörigen von Heilberufen» (Empf. 9). Entsprechend haben auch die SAMW und der Berufsverband der Krankenpflege (SBK 2005) in ihren Richtlinien daran festgehalten, dass die Beihilfe zum Suizid nicht Teil des Auftrags von Ärztinnen, Ärzten und Pflegenden ist. Eine Entscheidung, sich in einem Einzelfall an der Durchführung eines Suizidprojektes helfend oder ermöglichend zu beteiligen, obliegt der persönlichen Verantwortung und dem Gewissen des oder der Einzelnen als Mitmensch und geschieht nicht in Ausübung einer beruflichen Pflicht.

Aber auch in dieser eingeschränkten und vorsichtigen Form ausserhalb beruflicher Pflichten kann allein die tolerierte Möglichkeit des assistierten Sterbens und ihre zeitweise Wirklichkeit schon das Bild der Medizin verändern. Sowohl der Wertehintergrund als auch die kulturelle Bedeutung der Medizin können betroffen sein.

Bevor man sich aber auf diese eher abstrakt-philosophischen Themen einlässt, sollte das Hauptproblem diskutiert werden, das viel alltäglicher ist. Das Gesundheitswesen (nicht nur der Schweiz) ist einem akuten und zunehmenden Kostendruck ausgesetzt. Es ist eine überproportionale Kostensteigerung des Gesundheitswesens zu beobachten, verursacht durch die stete Vermehrung des Könnens in der Spitzenmedizin, aber auch wegen demographischen Entwicklungen wie dem Älterwerden der Bevölkerung. Diese Entwicklung führte zum rapiden Anwachsen der Krankenkassenprämien bereits bis über die Grenzen der Belastbarkeit vieler Haushalte hinaus. Auf der anderen Seite sind Sparmassnahmen nötig geworden, die allgemein unter Titeln wie Rationalisierung, Rationierung, Pflegenotstand usw. kontrovers diskutiert werden. In dieser angespannten ökonomischen Lage von Medizin und Pflege ist die Einführung von Möglichkeiten zum assistierten Suizid, wenn auch nur im Fall schwerer Krankheiten und hoffnungsloser Prognose, mit ernstzunehmenden Risiken verbunden. Weil Suizid ein billigerer und weniger aufwändiger Weg ist, der zudem von vielen Betroffenen sogar selbst gewünscht wird, ist das Bestehen dieser Risiken evident. Der Umgang mit der Beihilfe zum Suizid wird im Gesundheitswesen auch zu einer Gerechtigkeitsfrage.

Ich glaube nicht, dass man diesen Risiken einfach dadurch wirksam begegnen kann, dass man auf die Freiwilligkeit pocht und Schranken aufstellt gegen irgendwelche Druckversuche, so subtil sie auch sein mögen. Das ist zwar eminent wichtig, kann aber der Perspektive der Betroffenen und ihrer spezifischen Vulnerabilität noch nicht gerecht werden. Denn das Problem kann sich gerade darin verbergen, dass das Gesundheitswesen so stark und zentral auf die Autonomie der Patientinnen und Patienten abstellt. Sobald die Patientin oder der Patient den Rationierungsentscheid selbst fällen, wenn sie freiwillig auf Behandlungen verzichten oder die Behandlungszeit abkürzen wollen, gibt es in einer autonomiezentrierten Medizin eigentlich keine Möglichkeiten mehr, Ungerechtigkeiten aufzuspüren, die in dem autonomen Willen vorwegnehmend akzeptiert werden. Es ist ohne weiteres vorstellbar, dass Patientinnen oder Patienten, die viel Pflege, aufwändige Behandlungen und erhebliche Ressourcen des Gesundheitswesens brauchen, dafür Schuldgefühle entwickeln. Diese Schuldgefühle können zu einem der ausschlaggebenden Faktoren für einer Entscheidung zum assistieren Suizid werden, der dann einen «altruistischen» Charakter annimmt. Eine Patientin könnte denken: «Ich will nicht so viel für mich beanspruchen; andere brauchen die Ressourcen dringender; ich gehe lieber früher.» In einem erklärenden Gespräch wird diese Patientin den altruistischen Teil ihrer Beweggründe vielleicht nicht herausstreichen, wenn sie weiss, dass die anderen diesen Grossmut nicht akzeptieren würden. (Ramón im Film *Mar adentro* ist das Gegenteil davon: seine Motive sind hochgradig egozentrisch. Er benützt alle Menschen um ihn herum zur Erreichung seines einzigen Ziels, dem Tod.)

Der *altruistische Suizid* in der Medizin im Kontext der Mittelknappheit bleibt eine offene Frage, die weiterer ethischer Untersuchungen bedarf. Gibt es ihn? Wie oft? Aus welchen Beweggründen? Dazu sollten die Erfahrungen der Beteiligten aus allen Perspektiven, insbesondere auch aus der Perspektive der Patientinnen und Patienten selbst sorgfältig erfasst und ausgewertet werden. Einerseits entsteht das Risiko, dass die Gesellschaft darüber hinwegsieht und damit den Altruismus von Betroffenen stillschweigend ausnützt, um ein gesellschaftliches Problem auf Kosten des Individuums zu lösen.

Andererseits ist aber auch diese Überlegung der Patientin, die ja einen zutiefst tugendvollen Charakter hat, ernst zunehmen. Es ist für mich nicht klar, dass ein altruistischer Suizid in jedem Fall zurückgewiesen werden müsste. Auch hier geht es zuerst um Respekt. Man dürfte jemanden nicht zum Weiterleben zwingen, weil der Wunsch nach Lebensbeendigung auch altruistische Motive hat.

Einen solchen Altruismus müsste man aber gewiss gleichzeitig in einer gesellschaftskritischen Perspektive problematisieren. Wie entsteht diese Motivation? Welchen Gender-Aspekt hat sie? Es könnte sein, dass in den gegenwärtigen gesellschaftlichen Verhältnissen eher Frauen zu altruistischen Suiziden neigen, ähnlich wie bei der Lebend-Organspende vor allem Frauen bereit sind, Organe zu spenden. Gibt es zusätzlich einen Aspekt der Alters-Diskriminierung? Wie gehen Individuen mit gesellschaftlichen Vorurteilen gegen das Leiden, das Schwachsein und die Abhängigkeit um?

Konkret stellen sich für Angehörige von Heilberufen Probleme mit Rollenkonflikten. Ihre erlernte Aufgabe, mit der sie sich meistens primär identifizieren, betrifft das Heilen und Lindern, so weit es möglich ist. Ärzte und Ärztinnen sind nicht oder relativ schlecht darauf vorbereitet, wenn es darum geht, das Sterben ihrer Patienten zu begleiten. Das Sterben gehört in seiner ganzen existenziellen Komplexität nicht zum Gegenstandsbereich der Medizin. Es findet dort statt, wo die Medizin mit ihrem Latein am Ende ist, wie man sagt, d.h. wo ihre Macht endet. Der Konflikt wird dann akut, wenn z.B. eine Patientin die therapeutischen Angebote (z.B. eine Chemotherapie, Operationen) ausschlägt und stattdessen Unterstützung zu einem begleiteten Sterben sucht. Es verlangt ein grosses Mass an sozialer Kompetenz und menschlichem Einfühlungsvermögen, dass die Ärztin dies in ihre professionellen Ziele einbeziehen kann. Die Bewegung zur Palliativmedizin zielt darauf ab, diese Lücken zu füllen.

Es hat auch Rückwirkungen auf das Verständnis dieser professionellen Ziele der Medizin. Die Medizin muss Grenzen des sie stützenden Ideals der Gesundheit als «normale Funktionsfähigkeit» anerkennen: Es gibt menschliche Situationen, in denen normale oder immerhin umständehalber optimale Funktion für das Individuum nicht das Beste ist. Das Sterben gehört zum Leben dazu und die Medizin kann sich beim Sterben nicht aus der Verantwortung ziehen. Der Tod ist noch ein äusserster Teil des Lebens, für das die Medizin Sorge trägt.

Ich würde nicht sagen, die Medizin gebe damit ihre Ideale und ihre Ambition des Heilens preis. Es ist eher der Fall, dass sich diese Ideale und Ambitionen verändern. Der Einbezug des Sterbens als Teil des Lebens, das Bedürfnis der Patienten und Patientinnen, über die

Art und Weise ihres Sterben in Würde mitzubestimmen, die Tatsache, dass für einzelne Menschen im Fall schwerer Krankheit die Vorstellung von Leben und Sterben in Würde nicht damit übereinstimmt, was nach medizinischen Kriterien optimal wäre, all dies trägt dazu bei, dass die Medizin im Bezug auf Mitmenschlichkeit und Fürsorge *höhere* Ansprüche stellt.

Im Ganzen denke ich, dass die Gesellschaft besser daran tut, den heiklen Bereich der Suizidbeihilfe aus dem Tabubereich herauszunehmen und ihn, wenn er schon legal ist, auch nach transparenten Kriterien zu kontrollieren. Damit wird ihm zweifellos ein in ganz bestimmten Grenzen, die durch diese Kriterien gesetzt sind, gesellschaftlich akzeptierter Status zuerkannt. Wesentlich scheint mir, sich über diese Grenzen sorgfältig und kritisch Gedanken zu machen. Es braucht dazu auch eine sozialwissenschaftliche und ethische Begleitung der Praxis der Sterbebegleitung, die für die Machtverhältnisse in Medizin und Gesellschaft aufmerksam ist und die Erfahrungen von Betroffenen einbezieht.

Literatur

Amenabar, Alejandro (2004): Mar adentro. Film (Regie), Spanien.

Bille-Brahe, Unni (2000): Sociology and Suicidal Behaviour. In: Keith Hawton/Kess van Heeringen (eds.): The International Handbook of Suicide and Attempted Suicide. Chichester, 193–207.

Bosshard, Georg/Ulrich, Esther/Bär, Walter (2003): 748 cases of suicide assisted by a Swiss right-to-die organisation. In: Swiss Medical Weekly 133: 310–317.

Brudermüller, Gerd/Marx, Wolfgang/Schüttauf, Konrad (Hrsg.) (2003): Suizid und Sterbehilfe. Königshausen & Neumann, Würzburg.

Gantke, Wolfgang (2003): Selbstmord – ein Tabu auch in aussereuropäischen Religionen? In: Brudermüller et al.: 35–56.

Harris, John (2003): Consent and end of life decisions. J Med Ethics 29: 10–15.

Hell, Daniel (2004). Meist nur bedingt freier Entscheid zur Selbsttötung. Ergebnisse der Suizidforschung und ihre Bedeutung für die Bewertung der Suizidbeihilfe. Soziale Medizin 31(4): 7–9.

Holderegger, Adrian (2003): Der Suizid – Ein Recht auf den freigewählten Tod? In: Brudermüller et al.: 9–34.

House of Lords Select Committee on the Assisted Dying for the Terminally Ill Bill (2005): Assisted Dying for the Terminally Ill Bill. 2 vols. The Stationary Office, Norwich.

Lindner-Braun, Christa (1990): Soziologie des Selbstmords. Westdeutscher Verlag, Opladen.
Nationale Ethikkommission im Bereich Humanmedizin NEK (2005): «Beihilfe zum Suizid». Stellungnahme Nr. 9 (im Volltext abrufbar unter www.nek-cne.ch; die Empfehlungen daraus sind hier im Anhang abgedruckt).
Schweizer Berufsverband der Pflegefachfrauen und Pflegefachmänner SBK-ASI (Mai 2005): Ethische Standpunkte 1: Beihilfe zum Suizid ist nicht Teil des pflegerischen Auftrags. Bern (abgedruckt im Anhang dieses Buches).
SAMW (2005): Betreuung von Patientinnen und Patienten am Lebensende. Medizinisch-ethische Richtlinien. Schweizerische Ärztezeitung 86: 171–182 (abrufbar unter www.samw.ch; ein Auszug ist hier im Anhang abgedruckt).
Steinvorth, Ulrich (2003): Über den Selbstmord. In: Brudermüller et al.: 57–67.
Williams, J./Mark G./Pollock, Leslie R. (2002): The Psychology of Suicidal Behaviour. In: Keith Hawton, Kess vn Heeringen (eds.): The International Handbook of Suicide and Attempted Suicide. Wiley, Chichester, 79–93.

Kapitel 6

Die Richtlinien der SAMW: Kernaussagen und Regelung der ärztlichen Suizidbegleitung

Markus Zimmermann-Acklin

Aufgrund der zunehmenden Wertschätzung, die der Selbstbestimmung der Patienten und der palliativen Betreuung entgegen gebracht werden, auch aufgrund der wachsenden Sensibilität für die unterschiedlichen Herausforderungen bei zerebral schwerst geschädigten Langzeitpatienten (wie Terry Schiavo) einerseits und Patienten in der letzten Lebensphase andererseits, hat sich die Schweizerische Akademie der Medizinischen Wissenschaften im Jahr 2002 dazu entschlossen, die *Richtlinien für die ärztliche Betreuung sterbender und zerebral schwerst geschädigter Patienten* – sie lagen damals in der vierten überarbeiteten Fassung von 1995 vor – neu und in zwei getrennten Richtlinien zu

erstellen (vgl. Zimmermann-Acklin 2005b). Im Jahr 2004 wurden zunächst die Richtlinien zur *Behandlung und Betreuung zerebral schwerstgeschädigter Langzeitpatienten*, etwas später dann die neuen Richtlinien zur *Betreuung von Patientinnen und Patienten am Lebensende* in definitiver Fassung veröffentlicht (vgl. SAMW 2004b und 2005).

Abgesehen von der stark überarbeiteten Regelung der Entscheidfindung bei entscheidungsunfähigen Patienten am Lebensende stiess dabei vor allem die Neuregelung der ärztlichen Beihilfe zum Suizid auf grosse öffentliche Aufmerksamkeit. Erwartungsgemäss war das Echo auf die leichte Öffnung bzw. zurückhaltende Regelung der ärztlichen Suizidbeihilfe ambivalent: Während auf der einen Seite eine kompromisslose moralische Verurteilung der ärztlichen Beihilfe zum Suizid gefordert wurde, erwartete man auf der anderen Seite eine eindeutige moralische Billigung und praktische Regelung derselben. Aufgrund dieser auch in ärztlichen Kreisen bestehenden Spaltung hinsichtlich der Beteiligung von Ärzten an der Suizidbeihilfe hat sich die SAMW dazu entschieden, sich einer moralischen Bewertung der Beihilfe grundsätzlich zu enthalten, mit Blick auf die bestehende Praxis gleichzeitig aber einige Minimalanforderungen zu formulieren (vgl. Weiss 2005).

Wie diese Regelung im Kontext der gesamten Richtlinien zu verstehen ist, soll in vier Schritten erläutert werden: Im Anschluss an Bemerkungen zum Anliegen, Ziel und den Schwerpunkten folgen zweitens einige Hinweise zum Entstehungsprozess der Richtlinien, drittens wird ein kurzer Überblick über die wichtigsten inhaltlichen Aussagen geboten, bevor im vierten Punkt die Regelung der ärztlichen Beihilfe zum Suizid erläutert wird. Abschliessend erfolgt eine persönliche Einschätzung der gegenwärtigen Bestrebungen, die umstrittene Praxis der Suizidbeihilfe auf kantonaler und eidgenössischer Ebene auch gesetzlich neu zu regeln (vgl. zum Folgenden SAMW 2005).

1. Zentrales Anliegen, Ziel und Schwerpunkte

Das zentrale Anliegen der Richtlinien besteht darin, Aufgaben, darüber hinausreichende Möglichkeiten, aber auch Grenzen der Betreuung von Patientinnen und Patienten am Lebensende aufzuzeigen. Im

Sinne der «palliative care» besteht das Hauptziel aller vorgeschlagenen Massnahmen in der Linderung von Leiden und der Erhaltung der bestmöglichen Lebensqualität der Patienten sowie der Unterstützung der Angehörigen.

Bei aller Klarheit in Bezug auf das zentrale Anliegen und das dabei angestrebte Ziel werden durch die Richtlinien eine Reihe schwieriger und teilweise auch umstrittener Themenbereiche geregelt. Drei Schwerpunkte werden gesetzt:

1. Es wird eine *klare Abgrenzung des Geltungsbereichs* vorgenommen, insofern lediglich von Patientinnen und Patienten in der letzten Lebensphase, hingegen nicht von schwer leidenden Menschen mit infauster Prognose, die womöglich noch Jahre zu leben haben, die Rede ist.
2. Bei allen Entscheidungen am Lebensende wird der *Selbstbestimmung des Patienten* besonderes Gewicht beigelegt.
3. Die Vorstellung einer *rechtzeitig einsetzenden und umfassenden palliativen Betreuung* zieht sich schliesslich wie ein roter Faden durch die gesamten Richtlinien. Der palliativen (von lateinisch «pallium», der Mantel, sinngemäss: den Mantel umlegen) geht es im Unterschied zur kurativen Begleitung nicht um Heilung, sondern um Linderung und Erhaltung der bestmöglichen Lebensqualität eines schwer leidenden oder sterbenden Patienten, wobei neben körperlichen Symptomen auch psychische, geistige bzw. geistliche (spirituelle) und soziale Aspekte berücksichtigt werden.

2. Entstehungsprozess

Im Jahr 2002 beauftragte die Zentrale Ethikkommission (ZEK) der SAMW eine interdisziplinar zusammengesetzte Subkommission mit der Neuerarbeitung der Richtlinien. In der Kommission war die Pflege durch zwei, die Ärzteschaft durch sieben Expertinnen bzw. Experten, die Bereiche Recht, Psychologie, Seelsorge und Ethik durch jeweils eine Fachperson vertreten. Im Unterschied zu den Richtlinien von 1995, die sich mit dem Geltungsbereich, den eigentlichen Richtlinien und einem kurzen Kommentar aus drei Teilen zusammensetzten, wurde der Text neu in vier Teile gegliedert: Einer Präambel mit Angaben zum Anliegen und den hauptsächlichen Zielen folgen die eigentlichen Richtlinien, ein Kommentarteil und Empfehlungen an Institutionen.

Mitte 2003 wurden externe Experten beigezogen und es fand eine erste schriftliche Vorvernehmlassung statt, bei der Vertreterinnen und Vertreter der Pflege (SBK), der Ärzteschaft (FMH), darüber hinaus Spezialisten der Palliativmedizin, der Rechtsphilosophie und der Allgemeinmedizin zum Textentwurf Stellung nehmen konnten.

Im Herbst 2003 folgte eine intensive Debatte und Überarbeitung der Richtlinienvorlage in der ZEK, dem Vorstand und dem Senat der Akademie. Im Februar 2004 wurden die Richtlinien an einer Medienkonferenz vorgestellt und zur Vernehmlassung veröffentlicht. Das Medienecho war erwartungsgemäss gross, wobei in der Berichterstattung die neue Regelung der Beihilfe zum Suizid im Vordergrund stand. Bis Sommer 2004 sind über 150 schriftliche Stellungnahmen bei der SAMW eingegangen, welche insbesondere die Regelungen zur Patientenautonomie und die Beihilfe zum Suizid betrafen. Die bedingte Öffnung hinsichtlich der Beurteilung der ärztlichen Beihilfe zum Suizid wurde von den kantonalen Ärztegesellschaften, den medizinischen Fachgesellschaften, kantonalen Behörden inklusive Kantonsärzte mehrheitlich, aber auch von der Caritas Schweiz und dem Schweizerischen Evangelischen Kirchenbund begrüsst. Kritisch zur Neuregelung äusserten sich vor allem einzelne Ärztinnen und Ärzte, andere Einzelpersonen und kirchliche Kreise wie die Vereinigung katholischer Ärzte und die Schweizerische Bischofskonferenz.

Die Eingaben haben in den umstrittenen Punkten zu einer gründlichen Überarbeitung der Richtlinien sowohl durch die Subkommission als auch die ZEK geführt (vgl. SAMW 2005 im Vergleich zur Vernehmlassungsvorlage von 2004). Der definitive Text wurde schliesslich vom Vorstand einstimmig und vom Senat der SAMW mit nur einer Gegenstimme verabschiedet.

3. Inhaltliche Schwerpunkte

Bestimmung des Geltungsbereichs

In den Richtlinien sind mit Patientinnen und Patienten am Lebensende Kranke gemeint, bei welchen der Arzt aufgrund klinischer Anzeichen zur Überzeugung gekommen ist, dass ein Prozess begonnen hat, der erfahrungsgemäss innerhalb von Tagen oder einigen Wochen zum Tod führt. Trotz der nicht zu umgehenden Ungenauigkeit dieser Angabe ist damit zumindest klargestellt, dass Patienten am Lebensende von Patienten mit unheilbaren, progressiv verlaufenden Krankheiten zu unterscheiden sind, insofern sich der Krankheitsverlauf bei den Zweitgenannten über Monate oder Jahre erstrecken kann. Diese Beschränkung hat sich zum einen daraus ergeben, dass Richtlinien zur Entscheidungsfindung bei zerebral schwerstgeschädigten Langzeitpatienten neu separat formuliert wurden; zum andern war sie aber auch notwendig, um die Ausführungen zur Suizidbeihilfe eindeutig auf Situationen am Lebensende zu beschränken und damit die zu Recht umstrittenen Fälle von Suizidbegleitung bei schwer (psychisch) kranken Menschen oder Menschen mit schweren Behinderungen von Anfang an aus dem Geltungsbereich auszuschliessen (vgl. Bosshard et al. 2003 und 2005).

Im Kommentar wird zudem hervorgehoben, dass der Eintritt der Sterbephase nicht selten mit ärztlichen Entscheidungen zum Behandlungsabbruch oder -verzicht einhergeht und eine Abgrenzung damit letztlich stets mit gewissen Unschärfen verbunden bleibt.

Entscheidfindung bei nicht urteilsfähigen Patienten

Die Richtlinien legen den Ausführungen zur Entscheidfindung am Lebensende das Autonomieprinzip zugrunde, d. h. jeder Patient hat das Recht auf Selbstbestimmung, die Respektierung des Patientenwillens ist entsprechend zentral für das ärztliche Handeln.

Schwierig werden Entscheidungen besonders dann, wenn ein Sterbender nicht mehr in der Lage ist, seinen aktuellen Willen zu äussern. Für diese häufig anzutreffende Situation geben die Richtlinien folgende Orientierungspunkte an: Ist es dem Patienten nicht mehr möglich, seinen Willen zu äussern, muss sein mutmasslicher Wille eruiert werden. Das Behandlungsteam soll daher abklären, ob eine Patientenverfügung vorliegt, eine Vertretungsperson in medizinischen Angelegenheiten (Vertrauensperson) bevollmächtigt wurde oder ob der Sterbende sich gegenüber seinen Angehörigen oder Bekannten zu einem früheren Zeitpunkt klar geäussert hat. Patientenverfügungen sind zu befolgen, soweit sie auf die konkrete Situation zutreffen und keine Anhaltspunkte dafür vorliegen, dass sie dem derzeitigen Willen des Patienten nicht mehr entsprechen.

Grundsätzlich ist es möglich, dass ein Patient rechtzeitig eine Vertretungsperson in medizinischen Angelegenheiten bestimmt, welche an seiner Stelle die Zustimmung zu medizinischen, pflegerischen und therapeutischen Massnahmen erteilen soll, falls er selbst nicht mehr dazu in der Lage ist. Richtschnur bleibt auch für die Vertrauensperson stets der mutmassliche Wille des Sterbenden.

Liegen weder eine Verfügung noch andere Anhaltspunkte vor, gilt als letztes Entscheidungskriterium das wohlverstandene Interesse des Patienten («the best interest of the patient»). Unter Handeln im wohlverstandenen Interesse des Patienten wird die Durchführung von medizinisch oder pflegerisch indizierten Massnahmen verstanden, denen ein hypothetischer vernünftiger Patient in einer entsprechenden Situation voraussichtlich zustimmen würde.

In Konfliktsituationen sollen alle Möglichkeiten der Vermittlung inklusive Ethikkonsilien ausgeschöpft werden, so dass nur bei einer definitiv nicht zu erzielenden Einigung die Vormundschaftsbehörde einzubeziehen ist.

Umsetzung der palliativen Betreuung

Patientinnen und Patienten in der letzten Lebensphase haben gemäss Richtlinien ein Anrecht auf eine gute palliative Betreuung. Diese umfasst alle medizinischen Behandlungen, pflegerische Interventionen sowie die psychische, soziale und seelsorgerliche Unterstützung von Patienten und Angehörigen, welche darauf abzielen, Leiden zu lindern und die bestmögliche Lebensqualität des Patienten zu gewährleisten. Wichtig ist, dass palliativmedizinische Massnahmen erstens rechtzeitig eingesetzt und zweitens von den Institutionen auch die dazu nötigen finanziellen und personellen Ressourcen zur Verfügung gestellt werden. Entscheidungen über Behandlung und Betreuung sollen, wenn immer möglich, vom Betreuungsteam und den Angehörigen mitgetragen werden. Es wird zudem empfohlen, sich bei den Entscheidungen zum Behandlungsabbruch oder -verzicht zugrunde liegenden Kriterien auf die Prognose, den voraussichtlichen Behandlungserfolg im Sinne der Lebensqualität sowie die Belastung durch die vorgeschlagene Therapie zu stützen.

Beurteilung der indirekten Sterbehilfe

Der Arzt bzw. die Ärztin sind dazu verpflichtet, Schmerzen und Leiden zu lindern, auch wenn dies in einzelnen Fällen zu einer Beeinflussung – einer Verkürzung oder Verlängerung – der Lebensdauer des Betroffenen führen sollte. Soweit der in den Richtlinien festgehaltene ethische Grundsatz. In besonders schwierigen Situationen, beispielsweise bei therapierefraktären Symptomen, kann gelegentlich auch eine palliative Sedierung notwendig werden: Dabei ist zu beachten, dass nur soweit sediert wird, wie es zur Linderung der Schmerzen nötig ist (vgl. Neuenschwander 2005).

Schliesslich wird im Kommentar darauf hingewiesen, dass der lebensverkürzende Effekt zentral wirkender Substanzen lange Zeit überschätzt worden ist. Eine gute und rechtzeitig begonnene palliative Betreuung wirkt sich in der Regel sogar lebensverlängernd aus. Das heisst nicht, dass Schmerzmittel und Sedativa auch missbräuchlich eingesetzt werden können, um den Tod herbeizuführen. Ob es sich um eine Schmerz- und Symptomlinderung in palliativer Absicht oder um eine absichtliche Lebensbeendigung handelt, ist in der Regel bereits an der Dosierung bzw. Dosissteigerung der Medikamente erkennbar.

Empfehlungen zuhanden der zuständigen Gesundheitsbehörden

Am Ende der Richtlinien werden zwei Empfehlungen an die Gesundheitsbehörden gerichtet. Die Umsetzung der medizinisch-ethischen Richtlinien in den medizinischen Alltag erfordert zwar einerseits das

Interesse und die Bereitschaft der Ärztinnen und Ärzte, der Pflegenden und aller anderen Mitglieder der Behandlungsteams, ihr Handeln an diesen Vorgaben auszurichten. Andererseits ist klar, dass dies nur dann möglich ist, wenn durch die Institutionen auch die dazu nötigen Ressourcen zur Verfügung gestellt werden.

In diesem Sinne empfiehlt die Akademie den zuständigen Gesundheitsbehörden, trotz der bestehenden Beschränktheit der Ressourcen mit ihrer Politik zu gewährleisten, dass alle Patientinnen und Patienten am Lebensende eine palliative Betreuung im Sinne der Richtlinien erhalten können. Daneben wird weiterhin hervorgehoben, dass die Inhalte der palliativen Medizin, Pflege und Begleitung in die Aus-, Weiter- und Fortbildung der beteiligten Berufsgruppen integriert werden sollten.

4. Regelung der ärztlichen Beihilfe zum Suizid

Die Gewichtung der Patientenautonomie hat schliesslich auch zu einer gewissen Öffnung in der Bewertung der ärztlichen Suizidbeihilfe-Praxis beigetragen. Auch wenn sich die Richtlinien einer grundsätzlichen ethischen Bewertung enthalten, wird anerkannt, dass sich ein Arzt in einem Einzelfall aufgrund eines Gewissensentscheids zu einer Suizidbegleitung entschliessen kann.

Im Einzelnen wird in den Richtlinien folgendermassen argumentiert (Zitate sind kursiv wiedergegeben):

– *Gemäss Art. 115 des Strafgesetzbuches ist die Beihilfe zum Suizid straflos, wenn sie ohne selbstsüchtige Beweggründe erfolgt. Dies gilt für alle Personen.*

Ausgangspunkt dieser Regelung ist also die gesetzliche Vorgabe der Straflosigkeit der Beihilfe zum Suizid in der Schweiz, die unter Einhaltung der genannten Bedingung (Ausschluss selbstsüchtiger Beweggründe) selbstverständlich auch für Ärztinnen und Ärzte gilt.

– *Die Rolle des Arztes besteht bei Patienten am Lebensende darin, Symptome zu lindern und den Patienten zu begleiten. Es ist nicht seine Aufgabe, von sich aus Suizidbeihilfe anzubieten, sondern er ist im Gegenteil dazu verpflichtet, allfälligen Suizidwünschen zugrunde liegende Leiden nach Möglichkeit zu lindern.*

Gleichzeitig wird also deutlich hervorgehoben, dass die ärztlichen Aufgaben die Suizidbeihilfe nicht mit einschliessen und im Gegenteil oftmals gerade darin bestehen, alles zu unternehmen, um die Leiden und Schmerzen zu lindern, die allfälligen Suizidwünschen zugrunde liegen.

– *Trotzdem kann am Lebensende in einer für den Betroffenen unerträglichen Situation der Wunsch nach Suizidbeihilfe entstehen und dauerhaft bestehen bleiben. In dieser Grenzsituation kann für den Arzt ein schwer lösbarer Konflikt entstehen. Auf der einen Seite ist die Beihilfe zum Suizid nicht Teil der ärztlichen Tätigkeit, weil sie den Zielen der Medizin widerspricht. Auf der anderen Seite ist die Achtung des Patientenwillens grundlegend für die Arzt-Patienten-Beziehung. Diese Dilemmasituation erfordert eine persönliche Gewissensentscheidung des Arztes. Die Entscheidung, im Einzelfall Beihilfe zum Suizid zu leisten, ist als solche zu respektieren.*

In extremen Einzelfällen oder Grenzsituationen kann ein Arzt vor eine schwierige Gewissensentscheidung gestellt werden: Einerseits widerspricht die Beihilfe den Zielen der Medizin, andererseits möchte ein Arzt seinen unter Umständen über längere Zeit begleiteten Patienten mit seinem beständigen Wunsch nicht im Stich (bzw. einer Sterbehilfegesellschaft und deren Sterbehelfer über-)lassen. Die SAMW enthält sich eines grundsätzlichen moralischen Urteils gegenüber der ärztlichen Beihilfe zum Suizid, unterstreicht hingegen, dass sie auch die zugunsten einer Beihilfe gefällten Gewissensentscheide anerkennt bzw. respektiert.

– *In jedem Fall hat der Arzt das Recht, Suizidbeihilfe abzulehnen. Entschliesst er sich zu einer Beihilfe zum Suizid, trägt er die Verantwortung für die Prüfung der folgenden Voraussetzungen: Die Erkrankung des Patienten rechtfertigt die Annahme, dass das Lebensende nahe ist. Alternative Möglichkeiten der Hilfestellung wurden erörtert und soweit gewünscht auch eingesetzt. Der Patient ist urteilsfähig, sein Wunsch ist wohlerwogen, ohne äusseren Druck entstanden und dauerhaft. Dies wurde von einer unabhängigen Drittperson überprüft, wobei diese nicht zwingend ein Arzt sein muss. Der letzte Akt der zum Tode führenden Handlung muss in jedem Fall durch den Patienten selbst durchgeführt werden.*

Entscheidet sich eine Ärztin zugunsten einer Beihilfe, hat sie demgemäss eine Reihe von Minimalbedingungen einzuhalten: Der Sterbewillige ist im Sterben, er ist über alternative Möglichkeiten wie beispielsweise die palliative Sedierung informiert, der Sterbewunsch ist echt und die gesamte Situation wurde zudem von einer unabhängigen Person überprüft. Mit diesen Anforderungen möchte die SAMW positiv auf die bestehende und ungeregelte Praxis der ärztlichen Suizidbeihilfe einwirken, gleichzeitig aber verhindern, durch eine Aufstellung eines zu detaillierten Kriterienkatalogs gleichsam Standardsituationen zu beschreiben, welche die ärztlichen Gewissensentscheide gleichsam vorspuren und damit die Ausnahmesituation zur Regel machen könnten.

Im Kommentar wird u. a. darauf hingewiesen, dass im Umgang mit dem Wunsch nach Beihilfe zum Suizid in Pflegeheimen auch die *Richtlinien und Empfehlungen zur Behandlung und Betreuung von älteren, pflegebedürftigen Menschen* zu beachten sind (SAMW 2004a). In diesen Richtlinien wird gefordert, dass sich das Personal von Langzeiteinrichtungen zu keinem Zeitpunkt an der Durchführung einer Beihilfe zum Suizid beteiligen soll. Dort heisst es:

> Ältere, pflegebedürftige Personen stehen in einem besonderen Abhängigkeitsverhältnis zum Personal der Institution; dieses Verhältnis kann beim Personal zu Interessenkonflikten führen. Aus diesem Grund und aus Rücksichtnahme auf die übrigen Bewohner der Institution soll das Personal einer Institution der Langzeitpflege zu keinem Zeitpunkt an der Durchführung eines Suizids mitwirken. (SAMW 2004a: 1460)

Hinsichtlich der Beurteilung des Suizids als menschlicher Möglichkeit und erstrecht hinsichtlich der moralischen Bewertung einer möglichen ärztlichen oder pflegerischen Beihilfe gehen die Meinungen auch bei den Angehörigen der Behandlungsteams stark auseinander (vgl. Zimmermann-Acklin 2004b). Weitgehende Einigkeit hingegen besteht darin, gegenwärtigen Tendenzen in Richtung einer «Medikalisierung des Sterbens» entgegenzutreten. Eine grosse Mehrheit der Ärztinnen und Ärzte lehnt es ab, von der Gesellschaft die Rolle von Experten für einen schnellen und selbst herbeigeführten Tod zu erhalten. Auch wenn es in Einzelfällen dazu kommen kann, dass sich ein Arzt oder eine Ärztin dazu entschliesst, im Sinne des Respekts vor der Entscheidung eines sterbewilligen Patienten am Lebensende Beihilfe zu leisten, wird zurecht und im Sinne der Richtlinien betont, dass die Suizidbeihilfe nicht zu den Aufgaben eines Arztes gehört.

5. Schlussbemerkung

Bislang haben die regelmässig überarbeiteten berufsethischen Richtlinien der SAMW einen wesentlichen Beitrag dazu geleistet, dass auf eine womöglich detaillierte rechtliche Regelung der Suizidbeihilfe im Besonderen und der Sterbehilfe im Allgemeinen verzichtet werden konnte. Angesichts der jüngeren Entwicklungen insbesondere im Bereich des so genannten «Suizidtourismus» und der Gründung neuer Sterbehilfegesellschaften, die in der Begleitung Suizidwilliger sehr umstrittene Methoden einsetzen, ist es jedoch fraglich, ob es auch in Zukunft dabei bleiben kann (vgl. Bosshard et al. 2002; Zimmermann-Acklin 2004a und 2005a).

Was meines Erachtens für die vom Bundesrat geplante gesetzliche Regelung der passiven und indirekten aktiven Sterbehilfe zu beachten ist, sollte auch für mögliche kantonale Gesetze und eine mögliche eidgenössische Regelung der Beihilfe zum Suizid als Richtschnur gelten: Falls neue Gesetzeswerke realisiert werden, sollten diese *so allgemein wie möglich* und *nur so konkret wie unbedingt nötig* gestaltet werden, um *erstens* die im Bereich der Arzt-Patient-Beziehung dringend nötige ärztliche Entscheidungsbefugnis nicht zu Ungunsten der Sterbenden einzuschränken, um *zweitens* die nötigen Massnahmen zur Verhinderung von Missbrauch bzw. zur Sicherung einer qualitativ hoch stehenden (d.h. menschlich würdigen) Behandlung bis zum Ende zu gewährleisten, und um nicht zuletzt *drittens* eine gesellschaftliche Etablierung der Beihilfe zum Suizid als Standardausweg aus schwierigen Lebenssituationen zu verhindern.

Literatur

Bosshard, G./Fischer, S./Bär, W. (2002): Open Regulation and Practice in Assisted Dying. How Switzerland Compares With the Netherlands and Oregon. In: Swiss Medical Weekly 132: 527–534.

Bosshard, G./Ulrich, E./Bär, W. (2003): 748 Cases of Suicide Assisted by a Swiss Right-to-Die Organisation. In: Swiss Medical Weekly 133: 310–317.

Bosshard, G./Kiesewetter, M./Rippe, K.P./Schwarzenegger, C. (2005): Gutachten Suizidbeihilfe bei Menschen mit psychischen Störungen unter besonderer Berück-

sichtigung der Urteilsfähigkeit vom 18. April 2004. In: Schweizerische Juristen-Zeitung 101: 53–62 und 81–91.
Neuenschwander, H. (2005): Palliative versus terminale Sedation. In: Schweiz Med Forum 5: 241–245.
SAMW (2004a): Behandlung und Betreuung von älteren pflegebedürftigen Menschen. Medizinisch-ethische Richtlinien und Empfehlungen. In: Schweizerische Ärztezeitung 85(27): 1450–1462.
SAMW (2004b): Behandlung und Betreuung von zerebral schwerst geschädigten Langzeitpatienten. In: Schweizerische Ärztezeitung 85(02): 50–54.
SAMW (2005): Betreuung von Patientinnen und Patienten am Lebensende. Medizinisch-ethische Richtlinien. In: Schweizerische Ärztezeitung 86(03): 172–176 (die zur Vernehmlassung veröffentlichte Vorfassung ist 2004 erschienen. In: Schweizerische Ärztezeitung 85(06): 288–291).
Weiss, Ph. (2005): Die ärztliche Beihilfe zum Suizid. In: Schweiz Med Forum 5: 222–225.
Zimmermann-Acklin, M. (2004a): Der gute Tod. Zur Sterbehilfe in Europa. In: Aus Politik und Zeitgeschichte (Beilage zur Wochenzeitung «Das Parlament»). B 23–24, 31–38.
Ders. (2004b): Tod aus Liebe? Zur Problematik der Sterbehilfe aus individualethischer Perspektive. In: Trappe, T. (Hrsg.) (2004): Liebe und Tod. Brennpunkte menschlichen Daseins. Schwabe-Verlag, Basel, 103–125.
Ders. (2005a): Autonomie versus Lebensschutz. Zur rechtlichen Regelung der Sterbehilfe zwischen individual- und sozialethischer Perspektive. In: Richli, P. (Hrsg.) (2005): Wo bleibt die Gerechtigkeit? Antworten aus Theologie, Philosophie und Rechtswissenschaft. Schulthess, Zürich/Basel/Genf, 183–199.
Ders. (2005b): Die neuen medizinisch-ethischen Richtlinien zur Betreuung von Patientinnen und Patienten in der letzten Lebensphase. In: SAMW (Hrsg.) (2005): Jahresbericht 2004. SAMW, Basel, 124–129.

Kapitel 7

Den Tod nicht zuteilen. Die Haltung der deutschen Ärzteschaft zur Sterbehilfe und zum assistierten Suizid

Jörg-Dietrich Hoppe

In der deutschen *Ärzteschaft* gibt es überwiegend die Meinung, dass es keinen wirklichen Unterschied zwischen Euthanasie (aktive Sterbehilfe) im Sinne der Tötung auf Verlangen und einem ärztlich assistierten Suizid gibt. Entscheidend für die Beurteilung dieser Frage ist zum einen der Wunsch zu sterben und zum anderen die Bereitschaft, einen Menschen zu einem festgelegten Zeitpunkt zu töten bzw. zum Tode zu verhelfen. Ich darf deshalb die Frage stellen: Würden Suizidwillige nicht überwiegend die Tötung bevorzugen, wenn sie nicht durch die gesetzliche Bestimmung daran gehindert wären?

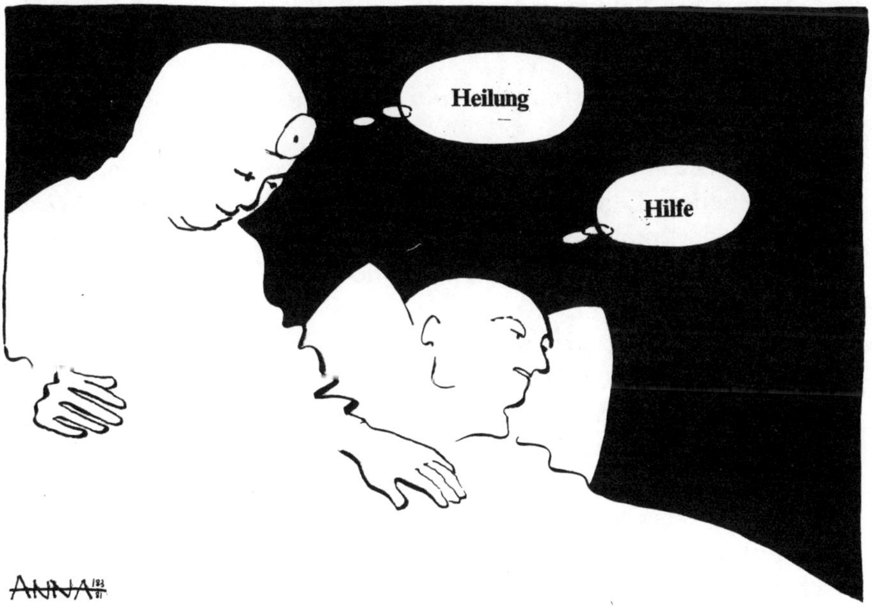

Wir als Ärztinnen und Ärzte in Deutschland sehen also überwiegend die Problematik in der Frage, ob jemand das Recht für sich in Anspruch nehmen kann, getötet zu werden. Folgerichtig heisst es dann auch in unserer Präambel zu den Grundsätzen der Bundesärztekammer zur ärztlichen Sterbebegleitung:

> Aktive Sterbehilfe ist unzulässig und mit Strafe bedroht, auch dann, wenn sie auf Verlangen des Patienten geschieht. Die Mitwirkung des Arztes bei der Selbsttötung widerspricht dem ärztlichen Ethos und kann strafbar sein.

Zur Begründung darf ich auf den Eid des Hippokrates hinweisen, der zwar in der zweiten Hälfte des 4. Jahrhunderts vor Christus formuliert wurde, auf den aber über die Jahrhunderte hinweg die Eidesformeln für Ärztinnen und Ärzte im abendländischen Raum basieren, auch das jetzt gültige Genfer Gelöbnis des Weltärztebundes:

> [...] ich will weder irgendjemanden ein tödliches Medikament mitgeben, wenn ich darum gebeten werde, noch will ich in dieser Hinsicht einen Rat erteilen. Ebenso will ich keiner Frau ein abtreibendes Mittel geben. In Reinheit und Heiligkeit will ich mein Leben und meine Kunst bewahren...

Die Ärzteschaft in der Bundesrepublik Deutschland lehnt – und zwar mit weit überwiegender Mehrheit – Euthanasie im Sinne einer aktiven Sterbehilfe durch Tötung und auch den ärztlich assistierten Suizid strikt ab. Unter anderem aus folgenden Gründen:

1. Die Gefahr des Missbrauchs, wie in den Niederlanden schon evident, ist übergross.
2. Der ärztliche Auftrag besteht darin, Gesundheit zu erhalten, Krankheit zu heilen, Leiden zu lindern, Trost zu spenden, nicht aber zu töten. Es darf nicht dazu kommen, dass Patienten sich fragen müssen, ob ihr Arzt ihnen helfen will oder einen vermeintlich «guten Tod» erwägt.
3. Eine Abschaffung oder auch nur eine Relativierung des Tötungsverbotes würde unweigerlich auf eine schiefe Ebene führen. Ein Nachgeben beim Wunsch nach aktiver Sterbehilfe bzw. ärztlich assistierten Suizid würde nämlich schnell eine kontinuierliche Absenkung der Kriterienmesslatte und eine Desensibilisierung des Gewissens, gerade auch bei Ärztinnen und Ärzte und Pflegekräften zur Folge haben. Die Neigung, lebensbedrohlich erkrankte Menschen aufzugeben, würde zunehmen.

Ganz unerträglich wäre die Situation für schwer erkrankte Patientinnen und Patienten, die für andere als Last erscheinen und dies auch spüren, gleichwohl sich aber nicht den Tod wünschen, etwa weil bei ihnen bis zum letzten Atemzug die Hoffnung überwiegt. Sie würden möglicherweise verglichen mit den Sterbewilligen, immer wieder mit deren Entscheidung konfrontiert und damit in eine Erpressungssituation gebracht.

Entscheidungsunfähige, schwer behinderte oder schwerstkranke Menschen würden möglicherweise überhaupt nicht mehr nach ihrem Willen befragt. Deshalb stimme ich Jan Ross zu, der in der Frankfurter Allgemeinen Zeitung am 10.08.1996 formulierte:

> Eine Freigabe der Euthanasie würde unseren Begriff der Menschenwürde wesentlich verändern. Wer meint, dass getötet werden darf, wer getötet werden will, wird leicht zu dem Schluss kommen, dass nur der nicht getötet werden darf, der nicht getötet werden will.

Und in jüngster Zeit hat hierzu Frank Schirrmacher (2004) zu bedenken gegeben, dass sich unter Kostengesichtspunkten ganz neue Diskussionen entwickeln würden, etwa unter der Überschrift «Kosten des Lebens – Kosten des Sterbens». Er meint, jedes menschliche Leben werde den Punkt erreichen, bei dem es nicht mehr vom Geburtsdatum her, sondern vom imaginären Sterbedatum her definiert wird. Es könne sich leicht eine Pflicht zum Sterben, sozusagen zum Sterben fürs Vaterland, entwickeln, etwa mit der Begründung, die Gemeinschaft finanziell entlasten zu müssen.

Deshalb meine ich: Jeder hat das Recht auf einen würdigen Tod – niemand aber hat das Recht, getötet zu werden. Und niemand hat das Recht, gesellschaftliche Probleme, welcher Art auch immer, durch Euthanasie lösen zu wollen. Schon gar nicht in Frage kommt das Ansinnen so genannter Sterbehilfeorganisationen, dass Töten auf Verlangen zur Berufsaufgabe von Ärztinnen und Ärzten zu machen.

Deshalb engagieren wir uns als Ärztinnen und Ärzte in der Bundesrepublik Deutschland intensiv in der Förderung der Palliativmedizin und des Hospizwesens, um auf diesem Wege die Alternative zur Tötung auf Verlangen oder zum ärztlich assistierten Suizid aufzuzeigen. Viele Menschen sind sich gar nicht bewusst, was die Palliativmedizin heute zu leisten imstande ist, gerade im Bereich der Schmerzbekämpfung.

Natürlich beachten wir die Prinzipien der Patientenautonomie. Deshalb ist in Deutschland eine erhebliche Intensivierung der Diskussion um die Bedeutung von Patientenverfügungen eingetreten, bei der wir uns selbstverständlich einbringen. Hier sind wir der Meinung, dass Patientenverfügungen umso bindender sind, je zeitnäher und situationsangepasster sie formuliert wurden. Wir machen darauf aufmerksam, dass in gesunden Tagen formulierte Verfügungen psychologisch gesehen einen ganz anderen Hintergrund haben können, weil die Verfasser solcher Verfügungen sich selbst zu diesem Zeitpunkt nicht so sehr als das wirkliche Subjekt, sondern mehr als ein Objekt sehen, also diese Verfügungen in einer gewissen Distanz zu sich selbst verfassen.

Zusammengefasst:

Unsere Grundsätze zur ärztlichen Sterbebegleitung, welche die ärztlichen Pflichten bei Sterbenden, das Verhalten bei Patienten mit infauster Prognose, die Behandlung bei sonstiger lebensbedrohender Schädigung und die Ermittlung des Patientenwillens sowie Patientenverfügungen und Vorsorgevollmacht beinhalten, sollen die Botschaft vermitteln: Wir Ärztinnen und Ärzte wollen den Tod zulassen, wenn die Zeit gekommen ist, wir wollen ihn aber nicht zuteilen.

Literatur

Schirrmacher, F. (2004): Das Methusalem-Komplott. Karl Blessing Verlag, München.

II Erfahrungen

Kapitel 8

Ergebnisse der Suizidforschung

Daniel Hell

Suizidforschung ist eine relativ junge Disziplin. Sie entstand im 20. Jahrhundert. Sie hat aber bereits gut abgestützte Untersuchungsergebnisse zu den Voraussetzungen, zur Entwicklung und zur Auslösung von Suizidalität vorzuweisen. So liegen heute epidemiologische Befunde, neurobiochemische Ergebnisse sowie klinisch-phänomenologische und tiefenpsychologisch-psychodynamische Beschreibungen des Suizidgeschehens vor (vgl. Wolfersdorf 1994, 2004).

Vor diesem Hintergrund sollen vier Fragen in der nötigen Kürze behandelt werden:

1. Wie kann eine suizidale Handlung verstanden werden?
2. Was erhöht das Suizidrisiko?
3. Was kann für suizidale Menschen getan werden?
4. Was kann die Suizidforschung zur Frage des assistierten Suizides beitragen?

Wie kann eine suizidale Handlung verstanden werden?

Suizidalität lässt sich heute als komplexes und meist durch mehrere Umstände bedingtes Verhalten verstehen, das grundsätzlich bei allen Menschen möglich ist. Suizidalität ist keine Krankheit an sich, steht aber erfahrungsgemäss meist mit einer psychischen Erkrankung oder einer belastenden Lebenssituation, z.B. als Folge einer chronisch behindernden Krankheit wie amyotrophe Lateralsklerose, in Zusammenhang. Bei vollzogenen Suiziden gilt es, die Selbsttötung als eine letzte Lebensäusserung zu respektieren. Hinter ihr steht oft der Entscheid, eine menschliche Tragik zu beenden.

Im deutschen Sprachraum hat sich für Suizid der neutrale Begriff der Selbsttötung durchgesetzt: Selbstmord ist diffamierend, Freitod idealisierend. In der aktuellen Diskussion wird der Suizid häufig in Zusammenhang mit einem autonomen Entscheidungswillen gebracht. Die Berücksichtigung der Autonomie eines Menschen hat – auch in der Nationalen Ethikkommission der Schweiz – zu Recht einen hohen Stellenwert, auch wenn völlig autonome Entscheide zum Suizid – so genannte Bilanz- oder rationale Suizide – eher selten sind. Suizidales Verhalten kann der vordringliche Ausdruck eines Autonomiebestrebens sein. Meist ist aber die Freiheit der Entscheidung nur bedingt vorhanden. Auch wenn man es ablehnt, die Willensfreiheit wie manche moderne Neurowissenschaftler zur Fiktion zu erklären, ist doch kein Mensch ganz frei. Jeder steht in Abhängigkeit (vgl. Bieri 2001). Neben sozialen Einflüssen sind alle Menschen auch von inneren Stimmungen abhängig. Insbesondere Schmerzen und Bedrücktheit beeinflussen das Denken und das Entscheiden. Dabei gibt es auch bei Gesunden ganz unterschiedliche Freiheitsgrade. Bei psychisch Kranken können depressive Niedergeschlagenheit, unrealistische oder übertriebene Ängste, illusionäre oder gar wahnhafte Verkennungen die Entscheidungsfreiheit sehr weitgehend herabsetzen (vgl. Haenel 1998, Hell 2004).

Die Suizidforschung hat auch gezeigt, dass Suizidalität selten konstant auftritt. Viel häufiger ist sie fluktuierend. Auch geht den Suizidhandlungen öfters ein ambivalentes Abwägen voraus. Misslingen Suizidversuche, so werden sie nur in einer kleinen Minderheit der Fälle umgehend wiederholt. Meist vermischen sich Todeswünsche mit unerfüllten, aber aufrecht erhaltenen Erwartungen an das Leben (vgl. Wolfersdorf 2004).

Nach übereinstimmenden Ergebnissen der Suizidforschung ist Hoffnungslosigkeit ein Hauptmotiv zur Selbsttötung. Andere Motive können Verzweiflung, Einengung des Erlebens, Bedrohtheitsgefühle, Isolation, Scham oder narzisstische Wut sein. Ein Teil der Suizidhandlungen lässt sich als Versuch verstehen, ein bedrohtes Selbstwertgefühl durch eine autonome Tat zu retten oder einen beschämenden antizipierten Untergang durch entschlossenes Handeln zu vermeiden (vgl. Hell 2004).

Was erhöht das Suizidrisiko?

Der Grossteil der durch Suizid sterbenden Menschen leidet zum Zeitpunkt ihrer Handlung an einer psychischen Erkrankung, am häufigsten an Depressionen, gefolgt von Alkoholabhängigkeit und Psychosen. Auch Angst- und Persönlichkeitsstörungen erhöhen die Suizidrate. Insgesamt wird das Suizidrisiko durch eine psychische Störung um mindestens das Zehnfache erhöht.

In psychiatrischen Autopsiestudien konnte retrospektiv bei 40% bis 50% aller Suizide für den Zeitpunkt des Suizids durch Befragung von Ärzten, Angehörigen und Aktenstudium eine ausgeprägte depressive Verstimmung nachgewiesen werden. Gleichzeitig wurde in etwa 40% aller Fälle eine Suchterkrankung diagnostiziert, wobei Alkoholabhängigkeit etwa bei einem Fünftel aller Suizide eine Rolle spielte. Bei 10% aller Suizide lag eine Psychose aus dem schizophrenen Formenkreis vor (vgl. Bronisch 1999).

Im Gegensatz zu den Suiziden, bei denen bei bis zu 90% der Fälle psychische Störungen in der Vorgeschichte gefunden werden, ist bei Suizidversuchen der Zusammenhang mit psychischen Erkrankungen nicht immer so deutlich. Vor allem bei einmaligen und appellativen Suizidversuchen ist das auslösende Moment oft eine vorübergehende Krisensituation. Hingegen liegt bei 25% bis 50% aller Suizidversuche (insbesondere bei älteren Menschen) eine schwere körperliche Erkrankung vor, welche oft mit chronischen Schmerzen und Hoffnungslosigkeit verbunden ist (vgl. Haston, van Heeringen 2000).

Mehr als 90% der psychisch kranken Menschen, die wegen Suizidversuchen behandelt wurden, sind noch 10 Jahre später am Leben. Sie bedauern in der Regel nicht, dass sie gerettet wurden oder überlebt haben (vgl. Ernst 1998).

Was kann für suizidale Menschen getan werden?

Menschen in einer suizidalen Krise benötigen zuerst und vor allem Verständnis und Einfühlung. Sie brauchen Menschen, die zuhören und verstehen, dass es keine fixen Erklärungen für Suizidhandlungen gibt. Es ist für sie meist hilfreich, wenn ihr Tun nicht gewertet wird. Sie sind auf einen persönlichen Zugang zu ihrer besonderen Problematik angewiesen, ohne dass ein solcher erzwungen werden kann (vgl. Michel 2003). Am besten dokumentiert ist, dass vielen psychisch kranken suizidalen Menschen durch eine psychiatrische oder psychotherapeutische Behandlung ihrer zu Grunde liegenden Störung geholfen werden kann. Prophylaktisch haben Massnahmen, die das Wissen um psychische Störungen und ihre Behandlungen, insbesondere von Depressionen, fördern, einen deutlichen Rückgang der Suizidrate in der Bevölkerung zur Folge.

In der beispielhaften Gotland-Studie wurden Hausärzten während zwei Semestern Seminare zum Erkennen und Behandeln von Depressionen angeboten. Da man Bedenken hatte, dass Hausärzte das

Suizidrisiko unterschätzen könnten, wenn sie Depressionen vermehrt selber behandeln, verfolgte man genau die Entwicklung der Suizidraten und anderer Parameter. Es zeigte sich in dieser Studie, dass Depressionen erstens mehr erkannt wurden als vor den Seminarien, dass zweitens wegen adäquater ambulanter Behandlung der Depressionen weniger Hospitalisationen nötig waren und dass drittens signifikant weniger Suizide vorkamen (vgl. Rutz et al. 1989).

(Wissenschaftlich wird bei der Suizidprävention eine primäre, sekundäre und tertiäre Form unterschieden. Darauf geht die Stellungnahme der NEK zur Beihilfe zum Suizid näher ein. Hier muss diese Differenzierung aus Platzgründen wegfallen.)

Für eine erfolgreiche Suizidprävention gilt es, drei Ebenen von Defiziten anzugehen:

1. Diagnostische Defizite (Erkennung von Suizidalität)
2. Therapeutische Defizite (professionelle Betreuung von suizidalen Personen)
3. Forschungsdefizite

Auf allen drei Ebenen braucht es zusätzliche Anstrengungen, um Suizide zu vermindern (vgl. Bopp und Gutzwiller 2003). Dabei sind auch die Medien zu sensibilisieren. Sensationelle Medienberichterstattungen über Suizide führen nachgewiesenermassen zu einem unmittelbaren Anstieg der Selbsttötungen. Im Zusammenhang mit prophylaktischen Massnahmen zur Suizidverhinderung kommt deshalb den Medien eine besondere Aufgabe zu, meines Erachtens auch dann, wenn über assistierten Suizid berichtet wird.

Welche Konsequenzen für die Bewertung des assistierten Suizids ergeben sich aus der Suizidforschung?

Die Suizidforschung verweist unmissverständlich darauf, dass die Suizidalität ein Lebensproblem ist. Der Tod soll dazu verhelfen, Probleme des Lebens zu beseitigen. Auch hier gibt es Ausnahmen. Vor allem im hohen Alter ist mitunter ein Mensch auch einfach lebensmüde. Er hat genug erlebt. Im Vordergrund des Suizidgeschehens stehen aber schwer bewältigbare Lebensprobleme, die oft durch eine psychische Erkrankung bedingt sind. Diese rufen primär nach einer Lösung im Leben.

Wenn sich in der Schweiz 1'400 Menschen jährlich das Leben nehmen, so versteckt sich hinter dieser Zahl eine grosse, nicht quantifizierbare menschliche Tragik. Besonders schwer hinzunehmen sind jene Suizide, die vermeidbar scheinen, weil sie z.B. infolge einer behandelbaren, aber nicht behandelten psychischen Störung erfolgt sind. Solche gilt es in Zukunft noch besser zu vermeiden.

Es bleiben aber immer medizinisch unlösbare Probleme, die einen Menschen in den Tod treiben können. Hier stellt sich die Frage, ob und wie Menschen Unterstützung zur Selbsttötung finden sollen. Meines Erachtens darf ein allfälliges Hilfsangebot zur Selbsttötung die bedingte Autonomie des Suizidwilligen nicht weiter einschränken. Der Wunsch nach Beihilfe zur eigenen suizidalen Handlung zeigt ja auch auf, dass ein Mensch auf andere angewiesen ist. Diese Angewiesenheit kann ausgenutzt werden – willentlich oder unwillentlich im Triumph einer technisch machbaren Lösung. Es kann ihr aber auch in schmerzlicher Übernahme von Mitverantwortung begegnet werden. Ein solches Mitverantworten kann nie Angelegenheit einer Organisation oder Institution sein. Wirkliche Antwort auf Angewiesenheit setzt immer eine persönliche Beziehung und eine höchst persönliche Entscheidung voraus.

Zusammenfassung

Die Suizidforschung hat im 20. Jahrhundert breit abgestützte Ergebnisse zu Voraussetzung, Entwicklung und Auslösung von Suizidalität geliefert. Suizidalität lässt sich heute als komplexes und meist durch mehrere Umstände bedingtes Verhalten verstehen. Sie ist keine Krankheit an sich, steht aber erfahrungsgemäss meist mit einer psychischen Erkrankung oder einer krankheitsbedingten, belastenden Lebenssituation in Zusammenhang.

Am häufigsten leiden an Suizid sterbende Menschen zum Zeitpunkt ihrer Handlung an Depressionen, gefolgt von Alkoholabhängigkeit und Psychosen. Auch Angst- und Persönlichkeitsstörungen erhöhen die Suizidrate. Insgesamt wird das Suizidrisiko durch eine psychische Störung um mindestens das Zehnfache erhöht.

Menschen in einer suizidalen Krise benötigen zuerst und vor allem Verständnis und Einfühlung. Vielen kann zusätzlich durch eine psychiatrische oder psychotherapeutische Behandlung ihrer zu Grunde liegenden psychischen Erkrankung geholfen werden. Eine gezielte Prophylaxe durch Aufklärung (Gotland-Studie) hat einen deutlichen Rückgang der Suizidrate in der Bevölkerung zur Folge. Umgekehrt führen Medienberichterstattungen über Suizide zu einem Anstieg der Selbsttötungen. Die Diskussion des assistierten Suizids hat auch diesen Hintergrund zu beachten.

Literatur

Beautrais (2000): Risk factors for suicide and attempted suicide among young people. Natural Health and Medical Research Council, Canberra.

Bieri, P. (2001): Das Handwerk der Freiheit. Hanser, München.

Bopp, M./Gutzwiller, F. (2003): Epidemiologie und Prävention des Suizids. In: Peter, H./Mösli, P. (Hrsg.): Suizid? Aus dem Schatten eines Tabus. TVZ, Zürich.

Bronisch, T. (1999): Der Suizid. München.

Ernst, K. (1995): Praktische Klinikpsychiatrie. 3. Aufl. Kohlhauser, Stuttgart.

Haenel, T. (1989): Suizidhandlungen. Neue Aspekte der Suizidologie. Springer, Berlin.

Haston, K./van Heeringen, K. (Hrsg.) (2000): The international handbook of suicide and attempted suicide. Clickerter.

Hell, D. (2004): Welchen Sinn macht Depression? 10. Aufl., Rowohlt, Reinbek bei Hamburg.

Hell, D. (2004): Beschämte Scham bei depressiven Menschen. Existenzanalyse 2: 39–43.

Michel, K. (2003): Was brauchen suizidale Menschen? In: Peter, H./Mösli, P. (Hrsg.): Suizid? Aus dem Schatten eines Tabus. TVZ, Zürich.

Rutz, W./von Knorring, L./Walinder, J. (1989): Frequency of suicide on Gotland after systematic postgraduate education of general practitioners. In: Acta Psychiatrica Scandinavia 80: 151–154.

Wolfersdorf, M. (1994): Suizidologie als moderne Wissenschaft. In: Suizidprophylaxe 2: 47–53.

Wolfersdorf, M. (2004): Suicidalität. In: Berger, M. (Hrsg.): Psychische Erkrankungen. Urban und Fischer, München.

Kapitel 9

Perspektive und Erfahrungen von Ärztinnen und Ärzten[1]

Daniel Grob

1. Einleitung

Klinisch tätige Ärztinnen und Ärzte sind eine sehr heterogene Berufsgruppe, sie behandeln auch sehr verschiedene Gruppen von Patientinnen und Patienten: von Neugeborenen bis zu Kindern, Erwachsenen, alten und hochbetagten Menschen. Sie arbeiten in Operationssälen, Privatpraxen, Bettenstationen – entsprechend verschieden sind ihre

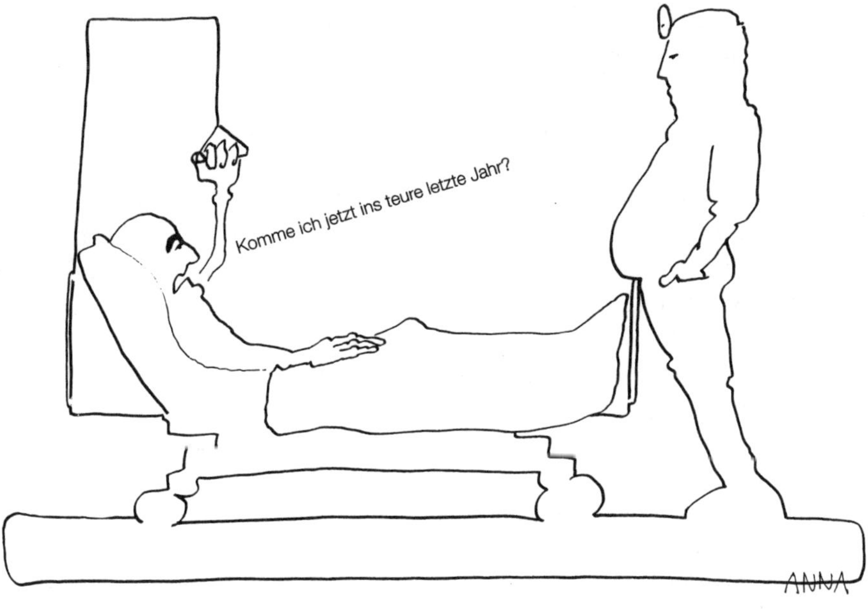

1 Aus Gründen besserer Lesbarkeit wird vorwiegend die männliche Form verwendet – weibliche Personen sind generell eingeschlossen.

Aufgaben und damit auch ihre Erfahrungen im Kontext von Sterben, Tod, Leiden und auch Suizid.

Die hier geschilderten Erfahrungen sind damit nicht ohne weiteres übertragbar auf Erfahrungen anderer Ärztinnen und Ärzte im Kontakt mit ihren jeweiligen Patienten.

Die vorliegenden Ausführungen kommen aus der Optik eines Geriaters – eines Altersmediziners, der in einem Akutspital der Stadt Zürich mehrheitlich über-80-jährige Menschen mit Krankheiten und Unfallfolgen betreut. Es ist damit die Sicht eines Mediziners, der Menschen behandelt und begleitet, die zeitlich am Ende eines langen gelebten Lebens stehen.

2. Grundlagen

Im Jahre 2003 starben 3'809 Einwohner der Stadt Zürich. Die höchste Anzahl an Verstorbenen fand sich in der Altersgruppe der über 90-jährigen Menschen – drei Viertel aller Menschen starben über 70-jährig, 60% über 80-jährig. Sterben ist damit ein Altersphänomen geworden.

Die meisten Menschen wünschen sich ein friedliches Sterben zu Hause in der gewohnten Umgebung und im Kreise der Angehörigen. Die aktuelle Realität sieht anders aus: Im Jahre 2003 starben nur 17% der Einwohner der Stadt Zürich zu Hause, 34% in den Spitälern, 38% in Alters- und Pflegeheimen und die übrigen andernorts resp. im Freien. Damit starben drei von vier Menschen in der Stadt Zürich in einer Institution (Spital, Pflegeheim, Altersheim), (vgl. Statistik Zürich).

Spitäler und Heime sind damit besonders gefordert, sich mit dem Sterben ihrer Patientinnen und Patienten zu befassen.

Die Strategiekommission Geriatrie/Empowerment des Gesundheits- und Umweltdepartementes der Stadt Zürich hat in internen Richtlinien (vgl. Gesundheits- und Umweltdepartment der Stadt Zürich 2003) festgehalten, dass Patienten, bei denen der Sterbeprozess bereits eingesetzt hat, nicht mehr in städtische Pflegezentren verlegt werden sollen, sondern im Spital verbleiben können, auch wenn sie nicht mehr im engeren, versicherungsrechtlichen Sinne spitalbedürftig sind. Diese faire, patientengerechte Regelung verhindert, dass sterbende Patienten aus dem Spital in Pflegeheime verlegt werden, was eine unnötige Belastung nicht nur für diese Patienten und deren Angehörige, sondern auch für die Teams in den Pflegezentren darstellen würde.

In Bezug auf die Problematik des assistierten Suizids bestehen in der Stadt Zürich ebenfalls klare stadträtliche Vorgaben (vgl. Beschluss des Stadtrates Zürich): In einem seit 1. Januar 2001 geltenden Stadtratsbeschlusses wurde festgehalten, dass es den Bewohnerinnen und Bewohnern städtischer Altersheime und Pflegezentren nicht verwehrt ist, in diesen Institutionen Suizid unter Beihilfe einer Sterbeorganisation zu begehen, wobei der jeweiligen Institution aber aufgrund ihrer Schutzpflichten die vorgängige Durchführung gewisser Abklärungen auferlegt werden. Zudem besteht für das Personal der Institutionen ein Mitwirkungsverbot. Hingegen wird es den Sterbehilfeorganisationen verwehrt, in den städtischen Akutspitälern tätig zu werden, wobei aber das Besuchsrecht der Patientinnen und Patienten nicht tangiert wird.

Im Spital geäusserte Sterbewünsche von hochbetagten Menschen sind häufig. Sie sind sehr ernst zu nehmen, dürfen aber keinesfalls a priori als Wunsch für einen assistierten Suizid missverstanden werden. Ärztliche Aufgabe ist es zunächst, die hinter solchen geäusserten Sterbewünschen liegenden Motive zu ergründen. Das folgende Einzelbeispiel mag diese Problematik illustrieren:

3. «Herr Doktor, ich möchte sterben»

Ein 87-jähriger Patient wurde der Klinik für Akutgeriatrie Anfangs Februar 2005 zugewiesen, nachdem er bereits sieben Wochen in einer chirurgischen Klinik hospitalisiert war. Es musste ihm dort ein Teil seines rechten Fusses entfernt werden wegen einer infizierten Wunde. Die Operationswunde heilte in der Folge wegen Infektionen und Durchblutungsstörungen sehr schlecht.

Die breite medizinische Abklärung in den ersten zwei Wochen nach Aufnahme ergab weitere gravierende Gesundheitsprobleme: Der Patient litt an einer Durchblutungsstörung beider Beine sowie an einer Erkrankung der Herzkranzgefässe, welche die Ursache einer sehr schlechten Herzfunktion war (die Herzleistung war lediglich noch ein Drittel eines gesunden Herzens). Weitere Probleme betrafen eine Schwäche der Nierenfunktion, eine schwere Ernährungsstörung mit Kachexie sowie ein Problem mit seiner Harnblase und Prostata, welches die Einlage eines Blasenkatheters nötig machte. Zudem war der Patient bei Eintritt – nach bereits 7-wöchiger Spitalbehandlung in einer chirurgischen Klinik – depressiv.

Damit waren insbesondere die Fusswunde, die Durchblutungs-Störungen an den Beinen und die schwere Herzerkrankung mit sehr schlechter Herzleistung medizinisch problematisch. Keine dieser Erkrankungen liess eine vernünftige Prognose bezüglich Überleben zu: Niemand wusste zu Beginn mit einiger Sicherheit, wie lange der Patient mit diesen Erkrankungen noch leben konnte und wie hoch die Chancen einer Rehabilitation waren. Aus rehabilitativer Sicht waren die Depression und die schwere Ernährungsstörung kritisch.

Aus subjektiver Sicht des Patienten standen zu Beginn der Hospitalisation eine ausgeprägte Spitalmüdigkeit (immerhin war er vorgängig schon fast zwei Monate in einer chirurgischen Klinik), Schwäche und Appetitmangel im Vordergrund. Für ihn war sein funktioneller Zustand essentiell: Entweder ein zukünftiges Leben in möglichst guter Selbständigkeit oder dann Sterben. Was er nicht wollte, war ein Überleben um jeden Preis und das damit verbundene Risiko, längerdauernd pflegebedürftig zu sein.

Der Patient sprach zu diesem Zeitpunkt von Suizidabsichten, er wolle sterben, sofern nicht eine Besserung seines Zustandes und damit die Rückkehr nach Hause ermöglicht werden könnte.

Dieser Wunsch nach Suizid war aus der Sicht der behandelnden Ärzte insoweit nachvollziehbar, als die damalige Situation keine schnelle Problemlösung absehbar machte und der Patient, der sich funktionelle Selbständigkeit wünschte, seine aktuelle Situation mit den unsicheren Perspektiven realisierte. Der Suizidwunsch war aber nach Meinung der behandelnden Ärzte ohne Zweifel auch Ausdruck der damals vorliegenden Depression.

Sie nahmen den Suizidwunsch als Aufforderung zum Gespräch auf und beriefen eine Familienkonferenz ein, was im weiteren Verlauf noch zwei mal geschah.

So wurde mit dem Patienten vereinbart, dass die medizinischen Grundlagen für eine Rückkehr nach Hause angegangen würden – d.h.

es wurde eine antidepressive medikamentöse Behandlung etabliert, die Herzbehandlung unter Beizug eines Kardiologen optimiert sowie eine Ernährungssonde eingelegt, um die schwere Unterernährung anzugehen. Zudem wurde die Wundbehandlung optimiert mit Vakuum-Verbänden. Die Wunden bedurften im weiteren Verlauf noch zweier chirurgischer Interventionen.

Die antidepressive Behandlung zeigte nach circa drei Wochen Wirkung, indem der Patient sich deutlich wohler fühlte, optimistischer und gesprächiger war. Er konnte so auch in recht guter psychischer Verfassung seinen Geburtstag feiern – einen Sterbewunsch äusserte er nicht mehr.

Leider war dann der Verlauf trotz vorübergehender Verbesserung des Zustandes nicht den Erwartungen entsprechend. Es kamen Komplikationen mit der Blase hinzu, zudem begann sich auch eine kritische Durchblutung des anderen Fusses abzuzeichnen.

Der Patient und das Behandlungsteam realisierten, dass eine Rehabilitation nach Hause zusehends unwahrscheinlicher wurde. In dieser Situation und nach vielen Gesprächen entschied der Patient, der immer urteilsfähig war, auf Abbruch seiner künstlichen Ernährung – er ass und trank lediglich noch das, was er grad mochte (es waren einige Hundert Kilokalorien pro Tag, was aus medizinischer Sicht natürlich ungenügend war im Hinblick auf eine erfolgsversprechende Rehabilitation). Er lehnte dann später auch jegliche medikamentöse Therapie ab (was sich absehbar negativ auf seine Herzfunktion auswirkte) und äusserte erneut den Wunsch, sterben zu wollen. Auch dies wurde im Rahmen seiner Familie wieder besprochen und seinem Wunsch nach Reduktionen der Therapie entsprochen.

Knapp zwei Wochen nach diesem letzten Familiengespräch verstarb der Patient friedlich und ohne wesentliches Leiden.

4. Vom ärztlichen Umgang mit Sterbewünschen im Spital

Sterbewünsche bei hochbetagten Patienten im Spital sind häufig. Es ist zunächst Aufgabe des Arztes, die hinter den geäusserten Sterbewünschen liegenden, sehr vielgestaltigen Motive zu ergründen:

Sterbewünsche sind oft Ausdruck einer tief empfundenen Lebensmüdigkeit in der Situation des «gelebten Lebens» bei sehr alten Menschen, die oft bereits fast alle Freunde und Bekannten verloren haben und manchmal – gerade im hohen Alter – auch schon die eigenen Kinder. Diese Menschen haben im Verlaufe ihres langen Lebens viele Hochs und Tiefs erlebt und sind jetzt, in der Situation von akuter Erkrankung oder Unfall, konfrontiert mit der eigenen Gebrechlichkeit und vielleicht mit der Aussicht, nicht mehr ganz gesund und damit vielleicht auch längerfristig pflegebedürftig zu werden.

Sterbewünsche können auch Ausdruck einer Depression sein. Depressionen im Alter sind sehr häufig und werden nicht selten von den behandelnden Ärzten verkannt. Auch Angehörige depressiver alter Menschen neigen gerne dazu, depressives Verhalten (z.B. Rückzug aus dem gesellschaftlichen Leben, Antriebslosigkeit) als unabwendbares Zeichen des Alters zu sehen.

Manchmal sind Sterbewünsche aber auch eine Art von «Kokettieren mit dem Tod»: Die Beschäftigung mit dem Tod ist in hohem Alter etwas sehr normales – der geäusserte Sterbewunsch ist in diesem Kontext die Aufforderung des Patienten, mit ihm über Tod und Sterben zu reden.

Sterbe- oder Suizidwünsche können in diesem Kontext auch eine versteckte Testfrage an den Arzt sein: Steht er mir bei oder lässt er mich fallen? Habe ich in ihm einen Verbündeten, der zu mir steht und den zukünftigen, vielleicht schwierigen Weg mit mir geht?

Der Umgang mit geäusserten Sterbewünschen kann schwierig sein. Ärztinnen und Ärzte sind gehalten, das Gespräch mit dem Patienten über Tod und Sterben aufzunehmen, da im Spital immer auch Entscheidungen bezüglich weiterer Abklärungen und Behandlungen anstehen.

Solche Entscheidungen bei geriatrischen Patientinnen und Patienten, insbesondere im Kontext geäusserter Sterbewünsche, sind kaum je Einzelentscheide am Krankenbett – es sind zeit- und kommunikationsintensive Entscheidungsprozesse mit dem behandelnden Team und oft auch den Angehörigen.

Es sind verschiedene Voraussetzungen nötig, damit solche Prozesse patientengerecht ablaufen: Klärung der Urteilsfähigkeit, Kenntnis der Gesundheitsprobleme des Patienten, Klärung der Prognose, Kommunikation mit Angehörigen, Kenntnis der bestehenden medizinisch-ethischen Richtlinien, genügend Zeit und die Vermeidung ökonomischer Entscheidungskriterien am Patientenbett. Auf diese Voraussetzungen soll in der Folge kurz detaillierter eingegangen werden.

Zunächst geht es um die Klärung der Frage, ob der Patient im jeweiligen Zustand urteilsfähig ist (bei Urteilsunfähigkeit z. B. wegen kognitiver Beeinträchtigung oder eines passageren Verwirrtheitszustandes ist auf den mutmasslichen Willen abzustellen. Dieser muss über Angehörige, vorliegende Patientenverfügungen u. a. eruiert werden.). Urteilsfähigkeit bezieht sich immer auf eine bestimmte zu beurteilende Situation: Ein Patient kann sehr wohl bezüglich einer medizinischen Massnahme urteilsfähig sein, urteilsunfähig aber z. B. bezüglich komplexen Fragen um die Verwaltung seines Vermögens.

Grundlage jedes Entscheides ist zudem die Kenntnis des Patienten und seiner Gesundheitsprobleme – sowohl der vordergründigen, aktuellen weiteren Probleme wie auch der oft versteckten rehabilitationshemmenden Faktoren (wie Depression, Malnutrition u.a.). Dies setzt v. a. zu Beginn einer Hospitalisation Diagnose-Prozeduren voraus: Viel über den Patienten zu wissen, um dann vielleicht nur wenig zu tun – dies aber rational und begründet. Die häufig auch von Ärzten gehörte Ansicht, dass man einen bestimmten Befund bei einem alten Menschen nicht weiter abklären solle, da er keine «therapeutischen Konsequenzen» habe, greift in der Regel zu kurz und birgt Unlogik: Erst wenn ein Befund und seine Relevanz in Bezug auf die Lebens-Prognose geklärt ist, kann über entsprechende Konsequenzen rational entschieden werden. Solche sind oft keineswegs nur «rein medizinischer» Art – eine Diagnose hat meist auch grosse sozialmedizinische Konsequenzen.

Kranke Menschen erwarten eine Prognose vom betreuenden Arzt. Ist die Krankheit heilbar? Führt sie zum Tode, und wenn ja, wann? Oder führt die Krankheit vielleicht zu einer zukünftigen Behinderung?

Die Fähigkeit von Ärztinnen, Ärzten und Pflegenden, eine Prognose zum Überleben eines kranken, alten Menschen zu stellen, wird im

Allgemeinen stark überschätzt. Wie verschiedene Studien (vgl. Finne-Sovery 1998), aber auch die Alltagserfahrung zeigen, tendieren Fachleute dazu, die Eintrittswahrscheinlichkeit des Sterbens bei hochbetagten Menschen zu überschätzen: eine sogenannte «terminale Prognose» wird bei hochbetagten kranken Menschen zu oft gestellt – die Menschen leben trotzdem weiter.

In einer Situation, in welcher die alten Menschen nicht an klar lebenslimitierenden Erkrankungen leiden und in welcher die Prognosefähigkeit der Fachleute trotz allen Mitteln schlecht ist, geht es bei einer akuten Erkrankung primär darum, diese zu diagnostizieren und zu behandeln.

Eine zu diesem Zeitpunkt nicht selten von Angehörigen am Krankenbett angesprochene Sterbehilfe-Problematik kommt verfrüht und sollte sinnvollerweise erst dann geführt werden, wenn der erkrankte Mensch erkennbar Zeichen des Beginns des Sterbeprozesses zeigt. Ein zu frühes Sistieren einer medizinischen Behandlung zu Gunsten einer rein symptomorientierten («palliativen») Behandlung kann sich verheerend auf den weiteren Erkrankungsverlauf auswirken und zu langer Leidenszeit in schlechter Lebensqualität führen.

In der Frage der Behandlung alter, kranker Menschen hat die moderne Medizin sehr viel zu bieten: Studien zeigen, dass eine altersgerechte Medizin einerseits die Behinderungsrate senken und andererseits die Mortalität vermindern kann. Die moderne Medizin ist dank nicht-invasiver Diagnose-Methoden und moderner Behandlungsverfahren sehr altersgerecht geworden.

Natürlich sind in der altersmedizinischen Spitalpraxis Abwägungen an der Tagesordnung, welche die Wahl der geeigneten Abklärungs- und Behandlungsmethoden betreffen: Welche Behandlung kann bei alten, gebrechlichen Patienten mit guten Aussichten auf Erfolg noch durchgeführt werden und welche nicht? Ziel jeder Behandlung ist die Verbesserung der Lebensqualität, damit die Verringerung der Behinderung und die Verbesserung der Autonomie: Alte Patientinnen und Patienten möchten in aller Regel möglichst rasch wieder nach Hause in die gewohnte Umgebung zurückkehren.

«Kenntnis des Patienten» heisst aber auch, sich als Arzt hineinzubegeben in die Kommunikation mit dem Patienten – sich auseinanderzusetzen mit seinem bisherigen Leben, seinen Zukunftsvorstellungen, seinen Wünschen, seinen Ängsten und Freuden – auch dies gehört zu einem Diagnoseprozess und verhindert, dass unbedarft in Fallen gestolpert wird (wie im obigen Fall der zu Beginn der Hospitalisation geäusserte Suizidwunsch: ein unmittelbares Aufnehmen dieses Wunsches wäre auch retrospektiv als Behandlungsfehler zu werten; der spontane Suizidwunsch ergab sich aus der zugrunde liegenden Depression und dem Klinikwechsel mit Wechsel aller Bezugspersonen).

In diese Kommunikationen sind auch die Angehörigen einzubeziehen (so dies der Patient nicht ablehnt): Nicht selten manifestieren sich verdeckte innerfamiliäre Konflikte in Situationen, in denen ein Familienmitglied schwer und chronisch krank wird. Äusserungen von Angehörigen sind sehr ernst zu nehmen, aber auch kritisch zu hinterfragen, da sich in Einzelfällen auch Motive hinter solchen Äusserungen verbergen können, die nicht vom Behandlungsteam getragen werden können (z.B. krude ökonomische Motive).

Die medizinisch-ethischen Entscheidungsgrundlagen, ausgeführt in den medizinisch-ethischen Richtlinien der Schweizerischen Akademie der Medizinischen Wissenschaften SAMW sind im weiteren zu berücksichtigen. Hier sind besonders die «medizinisch-ethischen Richtlinien und Empfehlungen zur Behandlung und Betreuung von älteren pflegebedürftigen Menschen» und die «medizinisch-ethischen Richtlinien für die Betreuung von Patienten am Lebensende» (vgl. Beitrag Zimmermann-Acklin) zu erwähnen.

Der Faktor Zeit ist heute wohl einer der kritischsten. Entscheidungsprozesse unter Einbezug vieler Faktoren, wie oben skizziert, sind nun mal zeitintensiv. Es ist eine Frage menschlicher Würde, diesen schwer kranken Menschen am Ende eines langen, gelebten Lebens auch die entsprechende Zeit für Entscheidungen einzuräumen, insbesondere, wenn der aktuelle Zustand instabil ist. Auch für alte, kranke Menschen gilt, dass ein einmal getroffener Entscheid, v.a. wenn er weitreichend ist, wieder rückgängig gemacht werden kann: Was für Menschen heute gilt, darf übermorgen wieder anders sein!

Zeit ist Geld – diese ökonomische Maxime hat in hohem Ausmass in den Spitälern Einzug gehalten – begründet wohl in den etablierten ökonomischen «Anreizsystemen» (wie z.B. Fallkostenpauschalen).

Ökonomische Überlegungen dürfen aber aus klinischer Sicht auf einer «Mikro-Ebene» keine Rolle spielen. Der Arzt am Krankenbett muss frei von ökonomischen Überlegungen entscheiden und handeln. Ökonomische Überlegungen gehören auf die Makroebene Spital – Gesundheitsdepartement – Kanton. Hier sind ökonomische Rahmenbedingungen festzulegen, die sich dann in Praxi manifestieren in Globalbudgets, Fallkostenpauschalen, Löhnen und Einkaufsverhalten bei Verbrauchsmaterialien und Medikamenten etc. Diese Rahmenbedingungen gelten dann für alle Patienten und setzen den Rahmen, innerhalb welchem der Arzt frei entscheiden kann.

Die Anwendung ökonomischer Kriterien bei Einzel-Entscheidungen am Patientenbett sind deshalb in der Klinik für Akutgeriatrie in Zürich auch explizit untersagt, da sie ein hohes Potential für Willkür und damit Ungerechtigkeit in sich bergen und die Ärzte an die Grenzen ihres ökonomischen Sachverstandes führen; gesundheitsökonomische Diskussionen sind gerade bei alten Menschen äusserst komplex im Hinblick auf die vielschichtigen Finanzierungsströme im Gesundheits- und Sozialwesen und den verschiedenen Sichtweisen (privatwirtschaftliche des Patienten, betriebswirtschaftliche des Spitals oder der Krankenkasse, gesamtwirtschaftliche der öffentlichen Hand).

Aufgrund der demografischen Entwicklung ist absehbar, dass Mediziner bei der Behandlung ihrer polymorbiden, hochbetagten chronisch kranken Menschen noch vermehrt mit solchen Entscheidprozessen resp. Entscheidketten konfrontiert werden. Im Hintergrund solcher Entscheide muss immer das Wohl des Patienten stehen, seine Autonomie und die ethischen Grundlagen der Fürsorge und Gerechtigkeit.

5. Fazit: «Immer einen Schritt hinter dem Patienten gehen»

In unserer altersmedizinischen Klinik liegt der Alterdurchschnitt der behandelten Patientinnen und Patienten bei rund 84 Jahren. Alle hier behandelten Patienten stehen im weiteren Sinne «am Lebensende». Die Variabilität der patientenbezogenen Problemstellungen ist extrem gross – alte Menschen haben im Laufe ihres langen Lebens oft verschiedene Grunderkrankungen erworben, welche in der Behandlung der aktuellen akuten Erkrankung oder Unfalls eine tragende Rolle spielen. Sie haben verschiedene Erziehungen genossen, besitzen verschiedene Wertkonstrukte und haben im Laufe ihres langen Lebens auch oft schwerwiegende Verluste und psychische Traumen erlitten. Allein die Tatsache, mit über 80 Jahren noch am Leben zu sein, ein Leben mit Hochs und Tiefs bewältigt zu haben, nötigt unseren Respekt.

Der Arzt darf damit schwer kranken, alten Menschen nicht durch frühzeitige, auf unklaren Grundlagen stehende Entscheide zur Behandlungsverweigerung oder Therapieabbruch «den Teppich unter den Füssen wegziehen». Sie haben Anspruch auf eine geeignete, sach- und situationsgerechte medizinische Behandlung – auch dann, wenn sie selber den Todeseintritt oder einen Suizidwunsch thematisieren. Der Arzt darf aber alte, schwerkranke Menschen in aussichtslosen Situationen auch nicht mit allen zur Verfügung stehenden Mitteln am Leben erhalten, wenn sie dies nicht wünschen.

Die Floskel «Wir können nichts mehr für den Patienten tun» ist nie korrekt. Man kann vielleicht nichts mehr tun in Bezug auf Verlängerung seines Lebens, aber man kann aus der Sicht der palliativen Medizin immer viel tun, um Leiden zu vermindern, Komfort zu verbessern und Kommunikation zu ermöglichen.

In die Praxis umgesetzt heisst dies, dass der behandelnde Arzt immer «einen Schritt hinter dem Patienten geht» – insbesondere in den Situationen, in denen er keine genauere Prognose bezüglich seines Überlebens stellen kann. Dies wird auch in der Klinik für Akutgeriatrie in Zürich so gelebt: Es ist ärztlich-geriatrische Pflicht, den Patienten sorgfältig abzuklären, zu behandeln und zu begleiten, Besserungstendenzen zu unterstützen, aber auch Sorge zu tragen für einen guten Tod, wenn die Lebenslinie des Patienten entsprechend verläuft. Der Arzt ist in diesen Situationen kritischer, wohlwollend-unterstützender Begleiter des Patienten und nicht «Entscheider» über Leben und Tod. Dies setzt einerseits eine gewisse ärztliche Bescheidenheit voraus, die in der Weiterbildung gelernt werden kann, andererseits aber auch ein administrativ-ökonomisches Akutspital-Milieu, welches solche oft zeit- und kommunikationsintensive, patientengerechte Begleitungen zulässt.

Literatur

Beschluss des Stadtrates Zürich vom 25. Oktober 2000. Wunsch nach Suizid unter Beihilfe von Sterbehilfeorganisationen in den Einrichtungen des Gesundheits- und Umweltdepartementes. Stadtrat Zürich.

Finne Sovery, U.H./Tilvis, R.S. (1998): How accurate is the terminal prognosis in the minimum data set? In: J Am Geriatr Soc. 46(8): 1023–1024.

Gesundheits- und Umweltdepartement der Stadt Zürich – Strategisches Feld Geriatrie/Empowerment. Indikatoren für die Zuweisung von Patientinnen und Patienten aus dem Akutspital in eine Institution des Geriatrienetzes. Juli 2003.

SAMW (2004): Behandlung und Betreuung von älteren pflegebedürftigen Menschen. Medizinisch-ethische Richtlinien und Empfehlungen. In: Schweizerische Ärztezeitung 85(27): 1450–1462.

SAMW (2005): Betreuung von Patientinnen und Patienten am Lebensende. Medizinisch-ethische Richtlinien. In: Schweizerische Ärztezeitung 86(03): 172–176 (die zur Vernehmlassung veröffentlichte Vorfassung ist 2004 erschienen. In: Schweizerische Ärztezeitung 85(06): 288–291).

Statistik Stadt Zürich (2004): Statistisches Jahrbuch der Stadt Zürich. 99. Jahrgang. Präsidialdepartment der Stadt Zürich.

Kapitel 10
Beihilfe zum Suizid und die ärztliche Rolle

Philipp Weiss

Das schweizerische Strafrecht belegt die Beihilfe zum Suizid nicht mit einer Strafe, sofern selbstsüchtige Beweggründe fehlen (StGB § 115). Dieser Paragraph wurde nicht im Hinblick auf die Ärzteschaft verfasst, sondern galt und gilt allgemein. Ohne diesen Paragraphen wäre jedoch die aktuelle Diskussion einer Rolle der Ärzteschaft bei der Beihilfe zum Selbstmord nicht aufgekommen. In den «medizinisch-ethischen Richtlinien für die ärztliche Betreuung sterbender und zerebral schwerst geschädigter Patienten» der SAMW von 1995 hiess es einfach und ohne Erläuterung: «Die Beihilfe zum Suizid ist kein Teil der ärztlichen Tätigkeit.» Bereits in der ersten Sitzung der Subkommis-

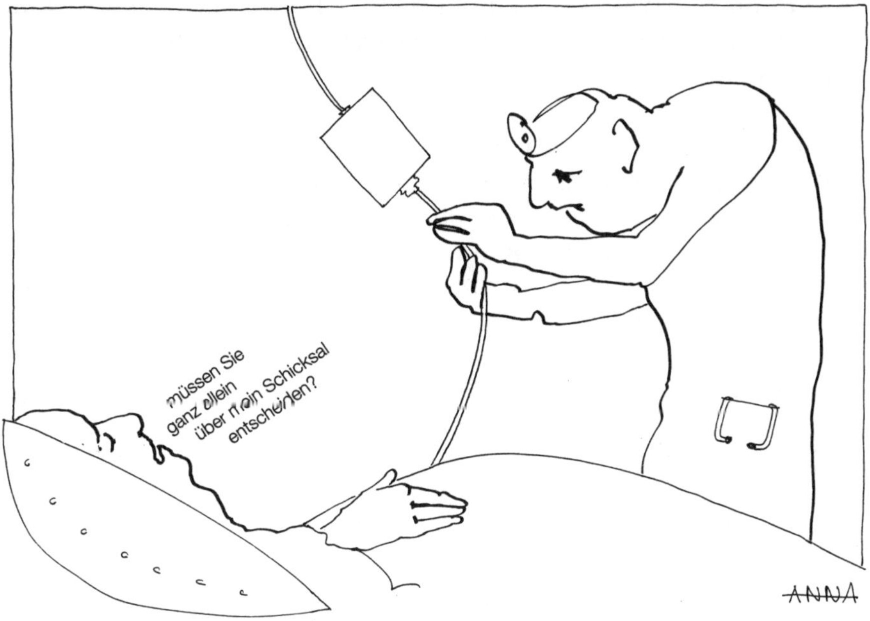

sion, deren Aufgabe die Überarbeitung der Richtlinien von 1995 war, wurde allen klar, dass dieser Punkt zum schwierigsten und in der Öffentlichkeit am meisten beachteten Teil der Arbeit werden würde. Ich möchte hier meinen Eindruck der Diskussion innerhalb der Subkommission aus persönlicher Sicht wiedergeben und bin mir durchaus bewusst, dass andere Mitglieder andere Schwerpunkte setzen könnten.

Wir hatten uns zu entscheiden, entweder diesen Satz so zu belassen oder auf das Thema näher einzugehen, und damit zu signalisieren, dass die SAMW wahrnimmt, dass Ärzte in Folge ihrer Berufsausübung mit dieser Frage konfrontiert werden können. Der Entscheid, das Thema aufzugreifen, erfolgte nach intensiver Diskussion und unter Berücksichtigung des engen Geltungsbereiches nur für die Betreuung von Patienten am Lebensende. Schon die scheinbar banale Definition dieses Geltungsbereiches war schwierig und auch jetzt nicht frei von einem logischen Zirkelschluss:

> Die Richtlinien betreffen die Betreuung von Patienten am Lebensende. Damit sind Kranke gemeint, bei welchen der Arzt aufgrund klinischer Anzeichen zur Überzeugung gekommen ist, dass ein Prozess begonnen hat, der erfahrungsgemäss innerhalb von Tagen oder einigen Wochen zum Tod führt.

Es wird allen erfahrenen Ärzten sofort klar, dass medizinische Entscheide selbst gelegentlich dazu führen, dass aus einem chronisch Kranken ein Sterbender wird. Als Beispiel sei der Verzicht auf eine Dialyse genannt. Die Schwierigkeit, objektive, messbare Kriterien für den Beginn des Sterbeprozesses zu nennen kontrastiert mit der klinischen Wirklichkeit, in der Patienten, Ärzte, Pflegeteam und die Angehörigen den Eintritt in diese Phase durchaus spüren und erkennen, wenn auch nicht immer gleichzeitig. Suizidbeihilfe in einem anderen Kontext, z.B. bei chronischen Erkrankungen, psychischen Leiden etc. wollten wir keinesfalls innerhalb dieser Richtlinien behandeln; eine Extrapolation wäre unzulässig.

Wir mussten uns mit der Frage auseinandersetzen, warum gerade der Arzt von der Gesellschaft hier angesprochen, ja manchmal fast in die Pflicht genommen wird. Warum gibt es keine Richtlinien für Schusswaffenverkäufer, die fordern, den Suizidwilligen den richtigen Umgang mit der Waffe für einen sicheren und schnellen Tod zu lehren? Warum gibt es keine Suizidberatung in der Apotheke? Ist wirklich im Zeitalter des Internet mit raffinierten Suchmaschinen die Kenntnis einer rasch und sanft tötenden Substanz und der richtigen Dosis alleinige Kompetenz, alleiniges Wissen der Ärzte? Ich habe innert weniger Minuten eine 116-seitige Anleitung zum Suizid mit genauer Beschreibung und kritischer Beleuchtung der verschiedensten Methoden im Internet gefunden! Die «Fachkenntnis» kann man sich also wohl beschaffen, oder von einem Helfer (Organisation) beschaffen lassen. Es bleiben zwei Motive übrig: einerseits verfügen wir Ärzte über Privileg und Monopol der Rezeptur und können so die tödliche Substanz legal und einfach zur Verfügung stellen, andererseits – und das unterscheidet uns vom Waffenhändler und wohl auch vom Apotheker – stehen wir in einer Beziehung zum Patienten, haben seinen Leidensweg mitverfolgt, an seinen Niederlagen gegen die Krankheit teilgenommen. Die Bereitschaft zum Verständnis für den Suizidwunsch wird bei uns höher eingeschätzt. Es wird an unser Mitleid appelliert, wir sollen den Patienten nicht «im Stich lassen», seinen Wunsch respektieren. Die Subkommission setzte sich mit diesen Gedanken eingehend auseinander und erkannte, dass aus berufsethischer Sicht die Situation viel komplexer ist. Das oberste Ziel in der Medizin ist immer noch «primum nil nocere», dies kommt sogar vor dem Heilungsauftrag. Der Arzt hat die Aufgabe, zu heilen, zu lindern, zu begleiten, aber nicht zu töten oder auch «nur» Beihilfe zum Suizid zu leisten, er sollte ganz im Gegenteil dafür sorgen, dass ein Wunsch nach Suizid gar nicht entsteht. Wenn die SAMW die Beihilfe zum Suizid in die ärztliche Tätigkeit eingliedern wollte, bereiten sie einer Neuausrichtung unseres Berufes und einem Wegfall der wichtigsten ethischen Schranke unserer Tätigkeit den Weg. Die Erfahrungen in den Niederlanden haben erkennen lassen, dass der Weg vom ärztlich assistierten Suizid zur Euthanasie auch ohne Einwilligung des Patienten im Alltag beschritten wird.

Die Subkommission befasste sich auch mit einigen praktischen Aspekten: Im Fall eines technisch nicht perfekten Versuchs mit einer intravenösen Methode: darf der Arzt/Helfer bei Verstopfen der Infusion nach zwar bereits sedierender aber nicht tödlicher Dosis die Infusion spülen, neu stecken, dem Patienten einen Plastiksack über den Kopf ziehen etc.? Die Versuchung ist gross, das Werk zu Ende zu bringen. Und rasch ist der Wechsel zur aktiven Sterbehilfe, zur Tötung vollzogen. Auch die Sorge um das Vertrauen der Menschen in den Berufsstand des Arztes, in unsere oberste Maxime «primum nil nocere», bewog die Subkommission, nach wie vor die Suizidbeihilfe als ausserhalb der ärztlichen Tätigkeit liegend zu deklarieren, weil sie den Zielen der ärztlichen Tätigkeit diametral widerspricht.

Dennoch kann sich im Einzelfall auch ein Arzt als Mensch gegenüber seinem sterbenden und leidenden Patienten zur Suizidbeihilfe bereit erklären. Für diesen Fall hat die SAMW gewisse Anforderungen formuliert, die höhere Hürden setzen, als gemäss StGB §115 einem Laien gesetzt würden. Damit sollen Bedingungen geschaffen werden, die verhindern, dass «einfach ein Rezept» ausgestellt wird. Logiker mögen einwenden: Wenn die SAMW als berufsethische Richtliniengeberin Voraussetzungen zur Prüfung vor Suizidbeihilfe formuliert, kann sie nicht behaupten, die selbe Tätigkeit liege ausserhalb des ärztlichen Tätigkeitsbereiches, da sie ja gerade dann nicht die Kompetenz zur Formulierung irgendwelcher Anforderungen an deren Ausführung hätte. Die Richtlinien bilden hier eben genau das Dilemma ab, vor das sich der einzelne Arzt gestellt sieht: befähigt durch Wissen und Rezeptblock steht ihm als Mitmensch die Möglichkeit offen, dem Wunsch nach Suizidbeihilfe zu entsprechen, weil er die Patientenautonomie in einem aktuellen, speziellen Fall und einem bestehenden Arzt-Patienten-Verhältnis achtet, auch wenn der Patientenwunsch der generellen Ausrichtung des Berufsstandes widerspricht. Grossen Wert legten wir aber sowohl in der Diskussion als auch dann in der Ausformulierung darauf, dass es keinen Anspruch auf Suizidbeihilfe gibt. Ein Arzt, der Suizidbeihilfe aus innerer Überzeugung nicht leisten will, verdient unseren Respekt und derjenige, der diesem Wunsch seines todkranken Patienten nach kritischer Prüfung entspricht, verdient nicht unsere Verachtung.

Im Nachhinein kamen mir so manche Gedanken. Ich frage mich auch jetzt noch, ob ich selbst je einem solchen Ansinnen eines Patienten nachkommen könnte, habe ein Solches auch bereits vor Jahren einmal abgelehnt. Zu tief sitzt bei mir die Hemmung davor, am Tode eines Menschen mit schuldig zu sein, auch wenn dieser es gewünscht und als Erlösung betrachtet hätte. Ich habe in diesem Jahr meine beiden Eltern verloren, meine 76-jährige Mutter, die bis zuletzt mutig um ihr Leben kämpfte aber ihr Schicksal akzeptierte, das Risiko einer gefährlichen Operation auf sich nahm, mit tragischem Ausgang; meinen 88-jährigen Vater der anfänglich gerne und dankbar die moderne Medizin annahm, dann die Grenzen erkannte und in grosser Weisheit entschied, der Natur ihren Lauf zu lassen. Beide waren gut betreut, mit offenen Worten informiert worden und haben autonome Entscheidungen getroffen. Suizid war nie ein Thema.

Ich denke, dass neben Angst vor Leiden auch das Bedürfnis oder auch die Illusion wichtig wurde, alles, auch den eigenen Tod zu kontrollieren zu können. Viele von uns sind nicht mehr fähig oder willens, ein Schicksal auf sich zu kommen zu lassen, uns ihm zu fügen. Inwieweit uns die moderne Medizin mit immer mehr «Machbarkeit» in diese Richtung drängt, sei dahingestellt. Auch ein vielleicht falsch verstandenes Ideal von Patientenautonomie spielt eine Rolle. Jedoch: von der Natur, zu der Krankheit und Tod eben gehören, sind wir nie autonom.

Eine grosse Sorge gilt der politischen Entwicklung im Gesundheitssystem, dem Spardruck, den Äusserungen hochrangiger Politiker, man müsse vor allem Kosten am Lebensende sparen (wobei diese Phase retrospektiv definiert zu werden pflegt…). Da wird ein gesellschaftlicher Druck aufgebaut, der vielleicht unsere Patienten in der letzten Lebensphase dazu bringt, den Ausweg in den Suizid zu suchen oder sich auch nur auf diesen Weg drängen zu lassen, um den Angehörigen, der Gesellschaft, der Krankenkasse nicht zur Last zu fallen. Damit wäre dann wieder der ursprüngliche Sinn des §115 StGB angesprochen: Bei unehrenhaftem Verhalten, Insolvenz etc. soll der Ausweg in den Suizid als «ehrenhafte» Alternative erleichtert werden, indem eventuelle Helfer straffrei bleiben. Suizid schwerkranker und teurer Patienten als Ehrenpflicht, mit Beihilfe unseres Berufsstandes? Nein Danke!

Kapitel 11

Perspektiven von Pflegenden zur Beihilfe zum Suizid

Elisabeth Spichiger

Bei der Beihilfe zum Suizid geht es heute in erster Linie darum, einer suizidwilligen Patientin[1] das Mittel zum Zweck – meist eine hohe Barbituratdosis – zu beschaffen und dafür zu sorgen, dass sie dieses einnehmen oder sich verabreichen kann. Das Verschreiben von Medikamenten liegt in der Verantwortung der Ärzte, entsprechend fokussieren sich Diskussionen und Publikationen auf die *ärztliche* Beihilfe zum Suizid. Eine mögliche Rolle von Pflegenden wird seltener themati-

1 Um das Lesen zu erleichtern, wird entweder die männliche oder weibliche Form gebraucht, gemeint sind immer beide Geschlechter.

siert, obwohl suizidwillige Patienten oft intensive pflegerische Betreuung benötigen und Pflegende damit sehr nahe am Geschehen sind. In diesem Beitrag geht es darum, Beihilfe zum Suizid aus der Perspektive von Pflegenden zu beleuchten.

Internationale Studien zeigen, dass Pflegende ebenso unterschiedliche Ansichten bezüglich Beihilfe zum Suizid vertreten wie Angehörige anderer Berufsgruppen im Gesundheitswesen. Persönliche und berufliche Wertvorstellungen sowie Gesellschaft, Religion und juristische Regeln prägen die Haltung von Pflegenden (vgl. Asch et al. 1997; Ganzini et al. 2003; Norberg, Hirschfeld 1995). In einer Umfrage bei amerikanischen Pflegenden, die auf Intensivstationen arbeiteten, gaben 129 von 852 (16%) an, dass sie sich schon an Beihilfe zum Suizid oder aktiver Euthanasie beteiligt hätten (vgl. Asch 1997). Untersuchungen aus der Schweiz zur Sichtweise und Erfahrung von Pflegenden sind mir keine bekannt.

Ausgehend von den juristischen und ethischen Rahmenbedingungen und meiner persönlichen Sicht erläutere ich nachfolgend primär, wie ich als Pflegende die neuen medizinisch-ethischen Richtlinien der SAMW zur Betreuung von Patientinnen und Patienten am Lebensende bezüglich Suizidbeihilfe verstehe, gehe kurz auf die Haltung des Schweizer Berufsverbands der Pflegefachfrauen und Pflegefachmänner (SBK) zur Beihilfe zum Suizid ein und diskutiere Argumente, welche gegen eine Suizidbeihilfe durch Pflegende sprechen.

Gesetzliche Rahmenbedingungen und ethische Verantwortung

Wenn wir die gesetzliche Seite betrachten, gilt für Pflegende, was für alle Personen in der Schweiz gilt: Beihilfe zum Suizid ist nur strafbar, wenn diese Beihilfe aus egoistischen Gründen erfolgt (Artikel 115 StGB). Wie andere Personen können Pflegende in ihrem privaten Umfeld mit dem Wunsch nach Beihilfe zum Suizid eines Angehörigen oder einer Freundin konfrontiert werden. Sie müssen sich auf Grund ihrer Wertvorstellungen und ihrer Beziehung zum Suizidwilligen für oder gegen eine Beihilfe entscheiden, ohne strafrechtliche Konsequenzen fürchten zu müssen, solange sie kein egoistisches Motiv verfolgen. Pflegende können aber zusätzlich – wie Ärzte und andere Mitarbeiter im Gesundheitswesen – mit dem Wunsch nach Suizidbeihilfe von Patientinnen oder Heimbewohnerinnen konfrontiert werden und müssen als Berufsleute ethisch vertretbare Entscheide treffen und persönlich die Verantwortung für diese Entscheide übernehmen. Pflegende können unethisches Handeln nicht mit der Begründung rechtfertigen, sie hätten Anweisungen vorgesetzter Ärzte befolgt. Sie sind für ihr Tun verantwortlich, auch wenn sie delegierte Aufgaben ausführen (vgl. Steppe 2003, 1993).

Persönliche Sicht

Für mich ist es heute unvorstellbar, als Pflegende einem Patienten oder als Angehörige einem Familienmitglied bei der Selbsttötung zu helfen. Ich glaube, dass wir Menschen nicht selber den Zeitpunkt unseres Todes bestimmen sollen. Für mich sind Menschen nicht absolut unabhängige Individuen, die für sich jeden Entscheid treffen können. Vielmehr sehe ich jeden Menschen auch als Angehörigen einer Familie, einer Gruppe oder einer Gesellschaft und damit eingebunden in ein Miteinander, in ein Netz von Abhängigkeiten von und Verantwortlichkeiten für andere. Folglich widerspricht ein Verständnis von Autonomie, welches Menschen den Entscheid über den Zeitpunkt ihres eigenen Todes zubilligt, meinen persönlichen Wertvorstellungen.

Als Pflegende sehe ich meine Aufgabe in der Betreuung von Patienten am Lebensende darin, eine ausgezeichnete palliative Pflege zu gewährleisten, damit Betroffene möglichst gut ihr Leben bis zum Tod weiterführen können. Das heisst zum Beispiel, dass ich Patientinnen und ihren Angehörigen sorgende Zuwendung, Anteilnahme und Respekt entgegenbringe, sie als Personen mit eigener Lebens- und Krankheitserfahrung wahrnehme, die nötige pflegerische Unterstützung gewährleiste und mich für eine optimale Symptombehandlung einsetze. Beihilfe zum Suizid verstehe ich nicht als Teil meiner Aufgabe.

Die neuen SAMW-Richtlinien

Was bedeuten die neuen medizinisch-ethischen Richtlinien der SAMW zur Betreuung von Patientinnen und Patienten am Lebensende (vgl. Schweizerische Akademie der Medizinischen Wissenschaften 2005), speziell die Aussagen zur Beihilfe zum Suizid, für Pflegende?

Weshalb kann ich als Pflegende, die persönlich Beihilfe zum Suizid ablehnt, trotzdem als Mitglied der Subgruppe der Zentralen Ethikkommission der SAMW, welche die neuen Richtlinien erarbeitet hat, «ja» sagen zu Richtlinien, welche Suizidbeihilfe nicht in jedem Fall ausschliessen?

Es ist mir bewusst, dass Autonomie unterschiedlich verstanden wird. Nicht alle Menschen teilen meine Wertmassstäbe, für manche beinhaltet das Recht auf Selbstbestimmung auch das Recht, ihr Leben zu einem selbst gewählten Zeitpunkt zu beenden. Ich teile diese Ansicht nicht, respektiere sie jedoch.

Meine Erfahrung lehrt mich zudem, dass die Betreuung von Menschen am Lebensende immer wieder sehr komplexe ethische Fragen aufwirft. Solche im Praxisalltag auftauchenden Fragen sind meist wesentlich vielschichtiger als jede theoretische Auseinandersetzung, die sich mit definierten ethischen Grundsätzen befasst. Während theoretische Diskussionen sich darauf beschränken können, Fragen, Probleme und Lösungsansätze aufzuzeigen, ist es in der Praxis unumgänglich, schwierige Fragen zu beantworten, Entscheide zu treffen und zu handeln. Entsprechend geht es meist nicht darum, die beste Lösung für ein Problem zu finden. Vielmehr gilt es, mögliche Wege zu suchen, für jede Alternative Vor- und Nachteile sorgfältig abzuwägen und schliesslich die am wenigsten schlechte Möglichkeit zu wählen.

Es ist deshalb für mich gut nachvollziehbar, dass sich für einen Arzt eine schwer lösbare Konfliktsituation ergeben kann, wenn sein Verständnis von Autonomie auch das Recht des Patienten, den Zeitpunkt seines Todes zu wählen umfasst. Er kann dann das Selbstbestimmungsrecht einer suizidwilligen Patientin nur respektieren, wenn er Beihilfe leistet. Damit handelt er jedoch im direkten Widerspruch zu den Zielen der Medizin, Leben zu erhalten und nie einem Patienten Schaden zuzufügen. Ich akzeptiere deshalb, dass ein Arzt in einem Einzelfall nach reiflicher Überlegung und nach einer sorgfältigen Prüfung der in den Richtlinien verlangten Voraussetzungen persönlich zum Schluss kommen kann, dass in einer bestimmten Situation Beihilfe zum Suizid der am wenigsten schlechte Weg sei.

Damit wird auch klar, wie ich als Pflegende die neuen Richtlinien der SAMW bezüglich Suizidbeihilfe verstehe: Beihilfe zum Suizid ist grundsätzlich nicht Teil der ärztlichen Tätigkeit. Die Richtlinien weichen jedoch der Realität nicht aus und anerkennen, dass ein Arzt während der Betreuung eines Patienten am Lebensende mit einem sehr schwierig zu lösenden Dilemma konfrontiert werden kann, und sie zeichnen einen Weg vor, um in einer Einzelsituation zu einer persönlichen, ethisch vertretbaren Entscheidung zu kommen. Die Richtlinien sind also kein Freipass zur ärztlichen Suizidbeihilfe. Falls in einem Einzelfall eine Beihilfe doch in Betracht gezogen wird, soll der Arzt sorgfältig abklären, ob die Voraussetzungen dazu erfüllt sind, er soll eine Drittperson beiziehen und die Entscheidfindung dokumentieren.

Die Haltung des SBK

Der SBK hat 2001 in einer gemeinsamen Erklärung mit der Verbindung der Schweizer Ärztinnen und Ärzte FMH zur Pflege und Behandlung in der Endphase des Lebens festgehalten, dass die Beihilfe zur Selbsttötung nicht Teil des medizinischen und pflegerischen Auftrags ist (vgl. Schweizer Berufsverband der Krankenschwestern und Krankenpfleger [SBK], Verbindung der Schweizer Ärztinnen und Ärzte [FMH] 2001). Begründet wird die Ablehnung damit, dass Suizidwünsche verschwinden können, wenn eine optimale palliative Betreuung angeboten wird. Zudem sei der Wunsch zu sterben häufig nicht konstant und die Frage der Selbstbestimmung sehr heikel, besonders bei Menschen in Situationen von grosser Abhängigkeit. In seinen ethischen Richtlinien (vgl. Schweizer Berufsverband der Pflegefachfrauen und Pflegefachmänner 2003) und in der Vernehmlassung zu den neuen Richtlinien der SAMW hat der SBK seine ablehnende Haltung gegenüber der Suizidbeihilfe durch Pflegende beibehalten. Dafür unterstützt der SBK den Ausbau des palliativen Angebots, um allen Menschen am Lebensende eine bestmögliche Betreuung zu gewährleisten.

Argumente gegen eine Beihilfe zum Suizid durch Pflegende

Weitere Publikationen zum Thema Beihilfe zum Suizid durch Pflegende sind mir nicht bekannt. Die folgenden Ausführungen basieren deshalb auf Gesprächen mit Pflegenden, die sich einheitlich ablehnend zur Suizidbeihilfe äusserten. Welche Argumente sprechen nun aus der Sicht dieser Gesprächspartnerinnen gegen eine Beihilfe zum Suizid durch Pflegende? Ich gehe auf fünf Punkte ein.

– Ein «Nein» zur Suizidbeihilfe bietet Sicherheit. Wenn gelegentlich eine Patientin äussert, dass sie Hilfe zum Sterben möchte, ist allen Beteiligten klar, dass diesem Wunsch keine entsprechende Tat folgen wird. Solange Suizidbeihilfe tabu ist, nehmen einfühlsame Pflegende solche Aussagen als Hilferuf wahr und suchen nach Möglichkeiten, das Leiden der Kranken zu lindern. Die Frage, ob sie auf einen solchen Wunsch eingehen sollen, muss gar nicht gestellt werden, weil die Antwort von vornherein feststeht. Die klare Regelung bietet Schutz für die Pflegenden – und möglicherweise auch für momentan verzweifelte Patienten, die ihre Gefühle ausdrücken können im Wissen, dass keine konkreten Schritte zur Beihilfe zur Selbsttötung folgen werden.

– Bei den Suiziden, von denen hier hauptsächlich die Rede ist, geht es wie gesagt meist darum, dass sich eine Patientin mit einer hohen Barbituratdosis das Leben nimmt. Beihilfe leisten bedeutet für einen Arzt in erster Linie, das Rezept für das Barbiturat auszustellen. Was bedeutet Beihilfe leisten für eine Pflegende? Löst sie das Rezept ein? Unterstützt sie die Patientin beim Aufsitzen und reicht ihr das Wasser, damit sie die Tabletten schlucken kann? Bereitet sie das Barbiturat in gelöster Form so vor, dass die Patientin es sich via Magensonde verabreichen kann? Steckt sie den Venenkatheter, damit die Patientin sich das Barbiturat injizieren kann? Oder bereitet sie die Spritze und den Perfusor vor, so dass die Patientin per Knopfdruck die Injektion der tödlichen Dosis auslösen kann? Und was geschieht, wenn eine Patientin aus körperlichen Gründen nicht mehr fähig ist zum Knopfdruck?

Die Richtlinien der SAMW verlangen, dass die Patientin in jedem Fall den letzten Akt der zum Tode führenden Handlung selber durchführen muss. Die Handlungen von Pflegenden, wenn sie Beihilfe zum Suizid leisten, werden immer sehr nahe bei diesem letzten Akt sein. Pflegende befürchten deshalb, dass die Grenze unscharf wird, sich verwischt. Sie sehen die Gefahr eines schleichenden Übergangs von der Beihilfe zum Suizid zur strafbaren und in den Richtlinien strikte abgelehnten Tötung auf Verlangen.

- Eine weitere Schwierigkeit sehen Pflegende in der Zusammenarbeit mit Ärzten. In ihrer täglichen Arbeit sind die Pflegenden für die korrekte Durchführung einer vom Arzt verordneten medikamentösen Therapie zuständig – es besteht eine klare Hierarchie: die Pflegende hat die Anordnung des Arztes auszuführen. Wenn es um Beihilfe zum Suizid geht, gilt diese Regelung nicht. Ebenso wie jeder Arzt hat jede Pflegende das Recht, Beihilfe zum Suizid abzulehnen. Das Prinzip ist klar, im Alltag besteht jedoch das Potential für Loyalitätskonflikte und Druckversuche, wenn an gewohnten Hierarchien festgehalten und Beihilfe zum Suizid durch Pflegende nicht generell abgelehnt wird. Somit riskieren Pflegende, welche mit den einschlägigen ethischen Grundsätzen nicht sehr vertraut sind oder denen es an Durchsetzungsvermögen fehlt, zu Handlungen gebracht zu werden, die sie nicht mit ihrem Gewissen vereinbaren können.

- Im Weiteren erwähnen die Richtlinien der SAMW zur Behandlung und Betreuung von älteren, pflegebedürftigen Menschen die Möglichkeit, dass eine Institution der Langzeitpflege die Beihilfe zum Suizid durch eine Sterbehilfeorganisation zulässt (vgl. Schweizerische Akademie der Medizinischen Wissenschaften 2004). Obwohl empfohlen wird, dass das Personal einer Institution an der Durchführung eines Suizids nicht mitwirken soll, wirft diese Situation Fragen für Pflegende auf. Wie wird der Suizid einer Bewohnerin konkret ablaufen? Werden die Mitarbeiter der Sterbehilfeorganisation bleiben bis zum Tod der Bewohnerin? Werden sie die ganze Betreuung übernehmen? Was heisst Betreuung in dieser Situation? Sollen Pflegemassnahmen wie Mundpflege, Intimpflege und Wäschewechsel bei Inkontinenz weitergeführt werden? Was geschieht, wenn der Tod sich verzögert? Sollen Pflegende dann intervenieren und wie?

– Schliesslich arbeiten Ärzte – im Gegensatz zu Pflegenden – eher als Einzelpersonen. Entsprechend beschränken sich die neuen Richtlinien darauf festzuhalten, dass Ärzte in Vorgesetztenfunktion ihren Mitarbeitern die Beihilfe zum Suizid verbieten, diese aber nicht von ihnen verlangen können. Wie (interdisziplinäre) Betreuungsteams mit Wünschen zur Suizidbeihilfe umgehen sollen, wird nicht thematisiert.

Sehr viele Pflegende arbeiten jedoch in einer Institution, sei es im Pflegeheim, im Spital oder in der spitalexternen Pflege als Mitglied eines Teams. Das Leisten von Suizidbeihilfe in diesem Kontext scheint äusserst problematisch. Ein Konsens aller Teammitglieder dürfte schwierig zu erreichen sein, und jeder Versuch, einen Konsens zu erreichen, wäre sehr heikel, da sich Mitglieder mit abweichender Meinung einem starken Gruppendruck ausgesetzt sehen könnten. Sollte eine einzelne Pflegende Beihilfe leisten, könnte durch eine solche Handlung das Vertrauen der anderen Teammitglieder grundsätzlich erschüttert werden. Eine Ablehnung jeglicher Beihilfe zum Suizid scheint deshalb für viele Pflegende der einzige gangbare Weg.

Es lässt sich in diesem Punkt natürlich argumentieren, dass eigenständig arbeitende Pflegende die Richtlinien der SAMW analog zu Ärzten anwenden können. Entscheiden sie sich in einer Dilemmasituation zur Beihilfe zum Suizid, ist dieser persönliche Gewissensentscheid zu respektieren, wenn die in den SAMW-Richtlinien festgehaltenen Bedingungen erfüllt sind (das Lebensende der Patientin ist nahe, alternative Möglichkeiten der Hilfestellung wurden soweit erwünscht ausgeschöpft und eine unabhängige Drittperson hat bestätigt, dass die Patientin urteilsfähig, ihr Wunsch wohlerwogen, ohne äusseren Druck entstanden und dauerhaft ist). In dieser Situation sollte die Pflegende ihren Entscheidungsprozess ebenfalls dokumentieren, und sie muss dafür besorgt sein, dass der nichtnatürliche Todesfall den Untersuchungsbehörden gemeldet wird.

Zusammenfassend lässt sich sagen, dass sowohl der SBK als auch meine Gesprächspartnerinnen und ich selbst Beihilfe zum Suizid durch Pflegende ablehnen. Alle begrüssen jedoch die Richtlinien der SAMW zur Betreuung von Patientinnen und Patienten am Lebensende und unterstützen insbesondere die konsequente Forderung nach einer guten palliativen Betreuung.

Literatur

Asch, D. A. (1997): The role of critical care nurses in euthanasia and assisted suicide. In: The New England Journal of Medicine 334: 1374–1379.

Asch, D. A. et al. (1997): The limits of suffering: Critical care nurses' views of hospital care at the end of life. In: Social Science & Medicine 45: 1661–1668.

Ganzini, L. et al. (2003): Nurses' experiences with hospice patients who refuse food and fluids to hasten death. In: The New England Journal of Medicine 349: 359–365.

Norberg, A./Hirschfeld, M. (1995): Ethische Entscheidungen im Zusammenhang mit der Ernährung schwer dementer Patienten – Ein Vergleich zwischen Israel und Schweden. In: Pflege 8: 5–13.

Schweizer Berufsverband der Krankenschwestern und Krankenpfleger (SBK), Verbindung der Schweizer Ärztinnen und Ärzte (FMH) (2001): Pflege und Behandlung in der Endphase des Lebens. In: Schweizerische Ärztezeitung 82: 255–257.

Schweizer Berufsverband der Pflegefachfrauen und Pflegefachmänner (2003): Ethik in der Pflegepraxis. Schweizer Berufsverband der Pflegefachfrauen und Pflegefachmänner, Bern.

SAMW (2004): Behandlung und Betreuung von älteren pflegebedürftigen Menschen. Medizinisch-ethische Richtlinien und Empfehlungen. In: Schweizerische Ärztezeitung 85(27): 1450–1462.

SAMW (2005): Betreuung von Patientinnen und Patienten am Lebensende. Medizinisch-ethische Richtlinien. In: Schweizerische Ärztezeitung 86(03): 172–176 (die zur Vernehmlassung veröffentlichte Vorfassung ist 2004 erschienen. In: Schweizerische Ärztezeitung 85(06): 288–291).

Steppe, H. (2003): «Die Vielfalt sehen, statt das Chaos zu befürchten» Ausgewählte Werke. Huber, Bern.

Steppe, H. (Hrsg.) (1993): Krankenpflege im Nationalsozialismus (7. Aufl.). Mabuse, Frankfurt am Main.

Chapitre 12

Soulager: un dilemme pour les infirmières

Catherine Panchaud

Il est bien difficile d'aller à contre-courant

Il est malaisé, aujourd'hui, d'affirmer que l'assistance au suicide ne fait pas partie de la mission des soins infirmiers. Plus la discussion dépasse le cercle de la santé publique, plus le thème devient public et médiatique et plus il apparaît presque «politiquement incorrect» de poser une limite.

Pourtant la déontologie professionnelle sert à cela et si elle édicte des règles de comportement pour un groupe professionnel donné, c'est à la fois pour protéger les «clients» et l'intégrité (l'honneur) de ses

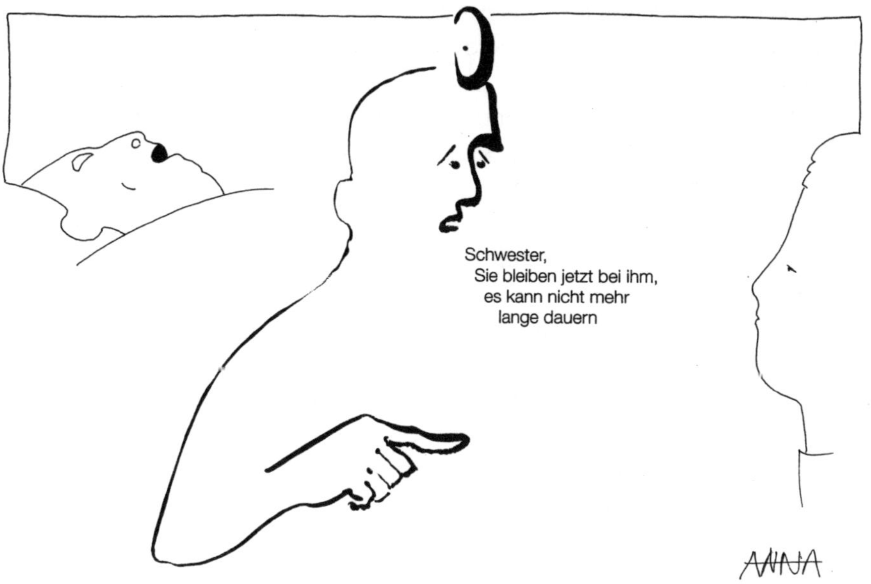

membres. La déontologie est d'autant plus importante lorsque clients et professionnels sont engagés dans une relation qui peut induire une dépendance et, partant, l'abus de pouvoir.

L'assistance au suicide est précisément un exemple où la déontologie pose un interdit alors que la loi suisse ne le pose pas. Le temps est-il venu, au nom de l'évolution de la société, du libre arbitre, de la dignité, des limites de la science, de lever cet interdit?

Soulager la souffrance, mais comment?

L'assistance au suicide, comme le prolongement de la vie, comme l'euthanasie nous confrontent, infirmières et infirmiers, à des interrogations et à des paradoxes que je souhaite brièvement esquisser ici.

Jusqu'où va le devoir de soulager la souffrance?

Nous avons pour mission de prévenir la maladie, restaurer la santé, soulager la souffrance physique et morale (cf. CII 2000). Soulager mais qu'est-ce à dire lorsque les moyens utilisés restent sans effets et que le patient, et ses proches, descendent dans l'enfer de la souffrance jour après jour? N'est-il pas alors de notre devoir d'aider cette personne à échapper à cette vie? N'est-ce pas cela soulager?

Il y a quelques années «faire le bien, ne pas faire de mal» étaient les principes éthiques dominants pour les professionnels du domaine de la santé. Ces dernières années on est devenu (enfin) beaucoup plus sensible aux droits des patients et au respect de leur autonomie. L'information du patient concernant sa santé, la prise en compte de son avis quant aux examens, traitements, participation à la recherche ou à l'enseignement, sont devenues pratiques courantes. Dès lors n'est-il pas justifié que le patient puisse aussi décider du moment de la fin de sa vie et que nous respections ce choix?

Le suicide un problème de santé publique en Suisse

L'OFSP vient de lancer un appel à la prévention: on compte actuellement 4 suicides par jour en Suisse. Le suicide dans notre pays est une des causes de décès les plus fréquentes, dépassant les accidents cardio-vasculaires. Et le suicide touche surtout les personnes jeunes, entre 15 et 40 ans.

Dans les services de soins et à domicile, les infirmières soignent des patients âgés, qui même très confus décident un beau jour de ne plus se nourrir. Elles prennent soin d'adolescentes qui ne s'alimentent plus. Dans les services de psychiatrie, des personnes profondément déprimées n'ont plus qu'un seul objectif: abréger leurs jours.

La demande du patient cancéreux en fin de vie est-elle plus justifiée que la demande de ces patients en pleine dépression psychotique, hospitalisés depuis des mois et sans espoir? Accepter le refus de s'alimenter d'un patient très âgé, est-il un suicide assisté? Ce qui est acceptable pour un vieillard de 90 ans, l'est-il encore pour un adolescent de 15 ans en pleine crise d'anorexie?

Quel est le rôle des professionnels des soins? Prévenir? Sauver? Assister? Respecter la volonté du patient? Et jusqu'où?

C'est dire si la question du suicide se pose de manière multiple, complexe et quasi quotidienne aux professionnels de la santé.

Le suicide est une violence

Le suicide ou le désir de mort confronte aussi les soignants aux souffrances qu'il provoque chez les proches, les amis et chez eux-mêmes. Même une mort choisie, en toute lucidité, par une personne en fin de vie qui désire abréger son agonie et l'éviter à ses proches, peut laisser dans son sillage un questionnement douloureux: «Aurions-nous dû…; Aurions nous pu…; Aurais-je ce courage…» sans parler des sentiments ambivalents: douleur de la perte et soulagement de la libération «La vie maintenant va pouvoir reprendre…le deuil se vivre».

Ce qui distingue l'assistance au suicide de la mort donnée par compassion ou de l'euthanasie active directe est si ténu que cette différence n'est pas toujours claire ni pour les professionnels ni pour le public.

Assister à une longue agonie, comme soignant ou comme proche, provoque des sentiments conflictuels. Assister impuissant à la souffrance physique et morale, à la déchéance peut être vécu comme insupportable, un supplice imposé ou un reproche permanent. La tentation de délivrer soi-même la personne par compassion peut devenir forte. Les passages à l'acte sont heureusement très rares, mais le risque existe surtout lorsque ces sentiments sont vécus dans l'isolement et la solitude.

Pour les infirmières et les infirmiers, la problématique de l'assistance au suicide ne peut pas se poser «simplement» en terme d'y être favorable ou pas. Que leurs sentiments et leur position de vie les rapprochent ou les éloignent de cette pratique, les soignants doivent être à même de distinguer la conduite professionnelle à adopter.

Vers une prise en compte de la demande d'assistance au suicide dans le respect de la déontologie

En 2001, l'ASI et la FMH (cf. ASI & FMH 2001) rédigeaient une déclaration commune dans laquelle ils lançaient un appel pour un développement intensif des soins palliatifs en Suisse. Tant la FMH que l'ASI déclaraient à cette occasion leur conviction que l'assistance au suicide, pas plus que l'euthanasie sous ses différentes formes, ne pouvaient faire partie de la mission de la médecine ou des soins infirmiers.

Cette position reposait sur les déclarations de l'ASSM dans ses directives sur les soins et l'accompagnement des personnes en fin de vie (cf. ASSM 1995). Lors de la révision de ces directives en 2004, l'ASI a pris part à la consultation et, tout en reconnaissant la nécessité d'un assouplissement, elle a réaffirmé que l'assistance au suicide ne fait pas partie de la mission des soins infirmiers.

De plus en plus les directives de l'ASSM traitent de sujets qui concernent autant les médecins que les infirmières, si ce n'est toute l'équipe multiprofessionnelle. Cette tendance se manifeste par une collaboration accrue entre l'ASI et l'ASSM, comme par exemple pour les directives concernant «Le traitement et la prise en charge des personnes âgées en situation de dépendance» (cf. ASSM 2004) dont l'ASI recommande la mise en œuvre et le respect à ses membres (cf. ASSM, 2005). Cependant toutes les directives édictées par l'ASSM ne peuvent s'adresser par analogie, aux membres de la profession infirmière. Aussi la Commission d'éthique de l'ASI a décidé de publier un document qui signifierait clairement le rôle des infirmières dans le cas où elles seraient confrontées à une demande d'assistance au suicide dans l'exercice de leur fonction.

Suite à une loi passée en Oregon qui autorise le suicide médicalement assisté (Medically assisted suicide), les infirmières de cet état ont défini leur rôle, en accord avec la position de leur Association nationale (l'assistance au suicide est incompatible avec l'intégrité professionnelle). Leur document précise l'attitude professionnelle à adopter quelle que soit la position personnelle de la professionnelle (cf. ONA 1995).

Inspirée par ce travail, la commission d'éthique de l'ASI vient tout juste d'élaborer le document «Position éthique 1» (voir annexes). Son but est de donner un bref aperçu des dimensions du problème et de définir quel est le comportement à adopter du point de vue professionnel.

Ces recommandations complètent le document de référence «L'éthique dans la pratique des soins» (cf. ASI 2004).

Il est apparu important que, quelque soit leur conviction, les soignants soient au clair sur le comportement professionnel à adopter et qu'ils puissent dire quelles sont les limites qu'ils ne sont pas en droit de dépasser. Toute confusion avec les directives de l'ASSM, dans la pratique quotidienne, doit être évitée.

Récemment, j'ai eu l'occasion de participer à la rédaction d'un document semblable pour une maison de soins palliatifs. Il s'agissait de définir pour le personnel tout entier et pour les patients qui le demanderaient, si oui ou non une assistance au suicide pouvait avoir lieu dans l'institution. Nous avons alors mesuré, comme nous l'avions ressenti au sein de la commission d'éthique, la difficulté à mettre une limite et à dire «nous n'irons pas au delà de…». En effet, respecter la volonté du patient, le soutenir dans une recherche de solution et lui dire «mais nous n'allons pas vous laisser le faire ici...» ou lui dire «je vous comprends mais moi je ne vais pas vous aider...», suscite un malaise, un goût de: «on se lave les mains..., on joue à Ponce Pilate».

Il est juste de se rappeler que le suicide reste le choix de l'autre, le devoir d'assistance lors d'un suicide ne peut être imposé à quiconque, ni juridiquement ni par pression psychologique et que, mettre des limites n'est pas toujours le choix le plus facile.

Refuser l'assistance au suicide n'est pas assimilable à un abandon, à une non-réponse. Dans un contexte de soins hospitaliers, il y a aussi d'autres souhaits auxquels il n'est pas possible d'accéder.

Répondre c'est:
- écouter et croire le patient lorsqu'il dit souhaiter mourir;
- parler de la mort avec le patient, de sa mort et des morts vécues;
- chercher à comprendre avec lui ce à quoi il souhaite «mettre fin» par son suicide: sa vie toute entière ou ses souffrances, sa dépendance, sa solitude, son dégoût de lui-même, de ce qu'il voit comme indigne? notre impuissance de soignants à faire quelque chose? à tenir avec lui dans sa souffrance?
- parler de sa vie aussi, l'évoquer, en remonter le cours.

Répondre c'est aussi:
- Prendre soin de la souffrance des proches;
- de l'équipe
- de ses propres sentiments et de son ambivalence.

Et plus pratiquement, c'est:
- Mettre en œuvre les connaissances les plus récentes, son expérience et ses ressources pour apaiser la douleur, soulager l'inconfort quotidien, maintenir la dignité, apaiser.
- Se rapprocher et surtout rester, ne pas fuir, garder le contact, offrir de la tendresse et de la vie jusqu'au bout, en un mot, «donner naissance à la mort» (cf. Gadri, 2002).

Position éthique 1: L'assistance au suicide ne fait pas partie de la mission des soins infirmiers!

Références

ASI (2004): L'éthique dans la pratique des soins. SBK, Bern.

ASI & FMH (2001): Les soins dans la période terminale de la vie: déclaration commune. SBK-ASI, Bern.

ASSM (1995): Directives médico-éthiques sur l'accompagnement médical des patients en fin de vie ou souffrant de troubles cérébraux extrêmes. ASSM, Bâle.

ASSM (2004): Traitement et prise en charge des personnes âgées en situation de dépendance. ASSM, Bâle.

ASSM (2005): Prise en charge des patientes et patients en fin de vie. ASSM, Bâle.

Conseil international des infirmières (2000): Code déontologique du CII pour la profession infirmière. CII, Genève.

Gadri, A. (2002): Donner Naissance à la mort. Coédition. Rive-Neuve – Ouverture, Lausanne.

Oregon Nurses Association (1995): ONA provides Guidance on Nurses'dilemma. ONA, Oregon.

Kapitel 13

Suizidwunsch und Palliative Care

Heike Gudat Keller

Allgemeines

Palliativmedizin (englisch umfassender *Palliative Care*) umschreibt die ärztliche Betreuung, Pflege und Begleitung von Menschen, welche mit den heutigen medizinischen Möglichkeiten nicht mehr geheilt werden können. Bei ihnen steht die Lebensqualität mit grösstmöglicher Autonomie, optimaler Symptomkontrolle (Behandlung von Schmerzen, Atemnot, Übelkeit, Depression etc.) und einem Sterben in Würde am Ort der Wahl im Vordergrund.

Patienten[1] mit chronischer oder unheilbarer Krankheit setzen sich eingehend und oft schon frühzeitig mit ihrer Erkrankung auseinander. In ihrer Monate bis Jahre dauernden Krankheitszeit ziehen sie immer wieder Bilanz aus einer Reihe lebenswichtiger Fragen:

Welche Beschwerden und Sorgen habe ich?
Wie beeinflussen sie meine Lebensqualität und die meiner Angehörigen?
Wie sehen meine Prognose und meine Zukunft aus?
Welche Möglichkeiten bietet mir die Medizin bei einer erneuten Verschlechterung?
Welche Ausstiegsszenarios habe ich?

Auch im Falle einer Krankheit wollen Patienten – sehr zu Recht – als mündige Partner in Entscheidungs- und Handlungsprozesse eingebunden werden. Gerade in Zeiten von Krankheit und Schwäche wollen sie die Kontrolle über sich selber behalten und sich vor Bevormundung und schadvoller Fremdbestimmung schützen. Zudem erleben viele Menschen nicht nur ihre Krankheit, sondern auch das Machtgefälle im medizinischen Umfeld als empfindlichen Angriff auf ihre Selbstbestimmung (Wissensvorsprung der Behandelnden, unsorgfältige Kommunikation, Spitalhierarchie), der medizinischen Technologie fühlen sie sich ausgeliefert. Schriftliche Patientenverfügungen sind dabei eine wichtige Möglichkeit, den eigenen Willen über die eigene Entscheidungsfähigkeit hinaus durchzusetzen.

Für manche Patienten ist die Vorstellung über unerträgliche Beschwerden oder einen Kontrollverlust in der letzten Lebensphase so beängstigend, dass sie den Zeitpunkt ihres Todes mitbestimmen wollen. In vertraulichen Gesprächen mit Palliativpatienten spielen sporadische oder wiederkehrende suizidale Ideen eine wichtige Rolle. Meistens ändern sich die Pläne bezüglich einer vorzeitigen Lebensbeendigung im Verlauf einer Erkrankung jedoch (Morita et al. 2004, Ganzini et al. 2003, Sullivan et al. 1997). Nur die wenigsten Patienten setzen den Suizid auch um. Ein ernsthafter Suizidversuch darf nicht als leichtfertiger Umgang mit dem eigenen Leben verstanden werden, sondern ist Ausdruck einer sorgfältigen, wiederholten Bilanz in einer

1 Der besseren Lesbarkeit wegen bezieht sich die männliche Form auf beide Geschlechter.

belastendenden, vielschichtigen, instabilen Krankheitssituation. Anders als Patienten mit hoher Beschwerdelast scheinen sich die Patienten mit ausgeprägtem Autonomiebedürfnis nur schwer durch eine optimale Palliative Care vom Suizidgedanken abbringen zu lassen (Morita et al. 2004, Tolle et al. 2004).

Wie häufig äussern Palliativpatienten Sterbewünsche?

Im Verlauf ihrer Erkrankung äussern viele Palliativpatienten irgendwann oder wiederholt einen Sterbewunsch. Dies kann von einer scheinbar salopp hingeworfenen Bemerkung bis zu ganz vertraulich geäusserten, konkreten Vorstellungen reichen, wie das eigene Leben selber oder mit fremder Hilfe vorzeitig beendet werden soll.

Laut einer Befragung von 284 japanischen Familien (Morita et al. 2004) äusserte einer von fünf Palliativpatienten (21 %) gegenüber seiner Familie *irgendwann oder wiederholt* einen Sterbewunsch, die Hälfte dieser Patienten wünschte, den Tod aktiv zu beschleunigen (10 % des Kollektivs). Es handelt sich wohlgemerkt um Patienten, welche in palliativmedizinischen Zentrumskliniken betreut wurden. Rund die Hälfte der Patienten äusserte den Sterbewunsch nur gegenüber der Familie, nicht aber gegenüber den behandelnden Ärzten.

Diese Ergebnisse decken sich mit anderen Untersuchungen (Louhivuori et al. 1979, Bolund 1985, Ripamonti et al. 1999). Sie bestätigen, wie häufig bei Palliativpatienten Überlegungen zu einer aktiven Rolle im eigenen Sterbeprozess sind und wie ausserordentlich wichtig ein differenzierter Umgang der Behandelnden mit diesem Thema ist. Dass sich suizidgefährdete Patienten nur gegenüber Familienangehörigen oder aber gegenüber dem professionellen Behandlungsteam öffnen, kann verschiedene Gründe haben. Wir erleben im Klinikalltag auf Seiten des Patienten Angst, die Familie zu enttäuschen, sich undankbar zu zeigen oder ein Tabu zu brechen, Angst vor Repressionen oder Gegenmassnahmen durch die Behandelnden, ungenügende kommunikative Fähigkeiten des Behandlungsteams und anderes mehr.

Patienten mit ungenügender palliativer Versorgung und/oder hoher Beschwerdelast sind vulnerabler für suizidale Gedanken (Bolund

1985, Breitbart 1987, Massie et al. 1994, Sullivan et al. 1997). Menschen, welche wegen unerträglicher körperlicher oder psychischer Beschwerden wie Schmerzen, Atemnot, Tumormüdigkeit oder Depression ernsthafte Suizidpläne hegen, kommen unter angemessener palliativer Behandlung häufig vom Sterbewunsch ab (Sullivan et al. 1997, You et al. 2004, McNeill et al. 2004). Leider bestehen auch in hoch stehenden Gesundheitssystemen immer noch empfindliche Lücken in der palliativmedizinischen Versorgung. Dies gilt besonders für Nicht-Tumorpatienten. So stellt die adäquate *Schmerztherapie* für viele Ärzte trotz internationaler Richtlinien immer noch eine Herausforderung dar. Laut neueren Untersuchungen sind bis zu einem Drittel der Tumorpatienten ungenügend gegen Schmerzen behandelt (You et al. 2004, McNeill 2003). Die symptomatische Behandlung einer zunehmenden *Atemnot* ist anspruchsvoll und mündet besonders häufig in eine palliative Sedation. Vielen Ärzten ist dabei der Umgang mit den richtigen (oft hohen) Opiatdosen und Sedativa nicht geläufig. Eine *Depression* stellt einen wichtigen behandelbaren Risikofaktor bei Suizidalität dar. Ihre Abgrenzung zur *Fatigue* (schwere Müdigkeit bei vielen konsumierenden Erkrankungen) kann jedoch schwierig sein. Gegen die Fatigue, welche erheblichen Einfluss auf die Lebensqualität hat, fehlen trotz intensiver Forschung griffige Therapien.

Doch auch unter optimaler Palliation kann die Last der physischen und psychischen Beschwerden unerträglich werden und zu einer vermehrten Auseinandersetzung mit suizidalen Gedanken führen. Besonders erwähnenswert sind hier Menschen mit Amyotropher Lateralsklerose (ALS). Bei ALS führt eine fortschreitende, spastische Muskellähmung zu Tetraparese, schmerzhafter Spastik, Atemnot und Schluckstörungen. Die weitreichenden funktionellen Verluste führen innert Monaten bis Jahren zu einer anspruchsvollen, kompletten Pflegeabhängigkeit und münden mit den heutigen apparativen Möglichkeiten oft in eine künstliche Beatmung oder Sondenernährung. Der schrittweise Ausbau pflegerischer und apparativer Überlebenshilfen macht es für Patienten und Betreuer schwierig, den richtigen Moment für den «Ausstieg» zu finden, bisweilen wird von einem «dissoziierten Sterben» gesprochen. Menschen mit ALS sind oft jung, über Internet und Selbsthilfegruppen bestens über ihre Erkrankung informiert, setzen sich frühzeitig mit der eigenen (aktiven?) Rolle im Sterbeprozess auseinander, verfügen über detaillierte Patientenverfügungen und sind häufig Mitglied einer Sterbehilfeorganisation. Bei Menschen mit ALS sind Gespräche über eine aktive Einflussnahme auf den Sterbeprozess *die Regel* und wegen der dauernden Ambivalenz zwischen Lebenswillen und vitalen Funktionseinbussen besonders anspruchsvoll.

Fazit: Auch in gut betreuten Palliativsituationen sind Gespräche über Sterbewillen oder eine Beschleunigung des Sterbens häufig. Eine hohe physische und/oder psychische Beschwerdelast erhöht das suizidale Risiko. Angehörige müssen – einmal mehr – als wichtige Informationsquelle eingebunden und in der Auseinandersetzung mit diesem Thema aktiv begleitet werden. Behandlungsteams und darunter besonders die Ärzte müssen hohe kommunikative Fähigkeiten aufweisen, um die Patienten in diesem wechselhaften Prozess zu unterstützen; oben genannte Untersuchungen lassen vermuten, dass diesbezüglich Nachholbedarf besteht.

Häufigkeit des vollzogenen Suizids in Palliativsituationen

Gemessen an der hohen Zahl an Patienten, die im Verlauf einer schweren Erkrankung suizidale Ideen äussern, ist die Zahl der wirklich vollzogenen assistierten Suizide gering. Allerdings lassen sich genaue Zahlen aus methodologischen Gründen und wegen hoher Dunkelziffern nur schwer eruieren.

Vermutlich ist die Suizidrate bei Patienten mit ernsthafter somatischer Erkrankung etwas häufiger als bei der Normalbevölkerung (Bolund 1985, Breitbart et al. 1987, Massie et al. 1994). Zwei Untersuchungen an rund 72'000 bzw. 18'000 Patienten, welche über mehrere Jahre an palliativmedizinischen Zentren betreut wurden, sprechen jedoch von erstaunlich niedrigen Suizidzahlen (0.029% bzw. 0.027%) (Grzybowska, Finlay 1997, Ripamonti et al. 1999).

Wegen ungenügender statistischer Erfassung lassen sich für die Schweiz nicht einmal für Tumorpatienten sicheren Zahlen erheben. Gemäss Bundesamt für Statistik sterben in der Schweiz jährlich rund 16'000 Menschen an einem Tumor, im Jahr 2003 wählten rund 1'300

Menschen den Freitod, darunter 90 Menschen den assistierten Suizid. Ein Grossteil der Patienten, welche den assistierten Suizid wählten, litt an einem fortgeschrittenen Tumor, bei den 1'300 Suiziden ist der Anteil unheilbar kranker Menschen unbekannt. Daneben dürfte eine relevante Dunkelziffer für Palliativpatienten bestehen, welche sich in der Grauzone von palliativer Sedation, indirekter aktiver oder sogar (illegaler) aktiver Sterbehilfe befanden.

Gründe für einen Sterbewunsch

Der Wunsch nach vorzeitiger Beendigung des Lebens ist ein mehrdimensionales Phänomen. Bei Palliativpatienten bestehen folgende, oft koexistierende Probleme als Riskofaktoren für eine erhöhte Suizidalität:

Physische Probleme: Schmerzen, Atemnot, Übelkeit, generelles Unwohlsein, Müdigkeit

Psychische Probleme: Angst, Depression, Verwirrtheit, vorbestehende psychische Erkrankung

Soziale Probleme: Auseinanderbrechen des Versorgungsnetzes, Vereinsamung, finanzielle Sorgen

Existenzielle Probleme: Hoffnungslosigkeit, fehlende Zukunft, Kontroll- und Autonomieverlust, Gefühl der eigenen Nutzlosigkeit und Gefühl, anderen zur Last zu fallen

Für viele Menschen unserer Gesellschaft ist eine individualisierte Lebensgestaltung selbstverständlich geworden. Entsprechend äussern auch kranke Menschen ihr Recht auf Selbstbestimmung. Wie verschiedene Studien belegen, ist gerade die Autonomie bei vielen schwer kranken Menschen massgebend für eine ausreichende Lebensqualität (Levi et al. 1991, Haverkate et al. 2000, Filiberti et al. 2001, Ganzini et al. 2003, Morita et al. 2004).

So fiel in neueren Untersuchungen verschiedener westlich orientierter Länder auf, dass bis zu einem Drittel der Patienten mit Sterbewunsch keine relevanten physischen Beschwerden wie beispielsweise Schmerzen aufwies, finanziell abgesichert und sozial gut aufgehoben war (Haverkate et al. 2000, Morita et al. 2004, Tolle et al. 2004). Bei diesen Patienten spielten existenzielle Gründe wie Autonomieverlust und das Gefühl von Nutzlosigkeit und zur Last zu fallen eine dominante Rolle. In Oregon fällt sechs Jahre nach Einführung des «Oregon Death with Dignity Act» auf, dass die 171 Patienten, welche den ärztlich assistierten Suizid wählten, überdurchschnittlich jung und gebildet, palliativ gut versorgt und finanziell abgesichert waren, jedoch stark unter dem Autonomieverlust und dem Gefühl litten, ihren Angehörigen zur Last zu fallen (Tolle et al. 2004). Auch Morita et al. (2004) bestätigen, dass sterbewillige Palliativpatienten mit besonders hohem Kontrollbedürfnis mit konventioneller Palliative Care nur schwer von ihren Suizidplänen abgehalten werden können («Some patients with a strong wish to control the time of death might not receive benefit from conventional palliative care.»).

Dies wirft ethische Fragen auf. Denn wenn sich Kranke als nutzlos oder als Last für ihre Umgebung sehen, kommen Wechselbeziehung zwischen Individuum und Gesellschaft zum Tragen, und es kann nicht mehr von einer «individuellen» Angelegenheit gesprochen werden (falsch verstandene Autonomie). Die Haltung der Gesellschaft – wie sie Kranke integriert, schützt und stützt – spielt eine wesentliche Rolle. So sind auch die Befürchtungen derjenigen zu verstehen, welche einen zunehmenden gesellschaftlichen Druck gegenüber chronisch und schwer kranken Menschen erkennen (moralische Obliegenheit zur ökonomischen Lösung). Angesichts der Verknappung finanzieller Ressourcen im Gesundheitswesen könnte der Individualismus durch den Druck einer liberalisierten Gesellschaft ins Gegenteil verkehrt werden, indem die Gesellschaft eine stille, saubere Lösung fordert.

Wie ändert sich der Sterbewunsch im Verlauf einer Erkrankung?

Hierzu ist die Datenlage dürftig. Für die Schweiz existieren keine entsprechenden Untersuchungen. Im Hospiz in Arlesheim werden folgende Erfahrungen gemacht:

- Ein grosser Teil der Palliativpatienten äussert den Wunsch zu sterben in Krisensituationen. Unter angemessener Behandlung verschwindet der Sterbewunsch jedoch wieder – *Hilferuf nach besserer Behandlung.*
- Bei einem Teil der Patienten besteht der Sterbewunsch andauernd sowohl in stabilen Phasen wie auch unter Verschlechterungen/Komplikationen – *Bilanz gefestigt, hat abgeschlossen.*
- Ein Teil der Patienten spricht sich in der stabilen, symptomarmen Phase für eine rein palliative Therapie aus, ändert aber seine Meinung unter Verschlechterung (erneuter Wunsch nach Antibiotika, Operation etc.) – *Ambivalenz zwischen Lebenswillen und der Einsicht, sterben zu müssen.*
- Sehr wenige Patienten entziehen sich der Entscheidung und überlassen sie dem behandelnden Team.

Im Klinikalltag des Hospiz in Arlesheim stellen Gespräche über einen Sterbewunsch für das Behandlungsteam immer wieder eine Herausforderung dar. Suizidale Ideen sind ein wichtiges Signal für die Behandelnden. Die Interpretation kann jedoch ausserordentlich schwierig sein. Manchmal können Sterbewünsche eines Patienten erst im Verlauf der Krankheit richtig eingeordnet werden, bei einigen wenigen Patienten bleibt die Interpretation der Teammitglieder bis zuletzt kontrovers. In erster Linie werden suizidale Äusserungen als Hilferuf zur besseren Symptomkontrolle verstanden. Bleibt der Wunsch, das Leben vorzeitig zu beenden, glaubhaft bestehen, nehmen Gespräche über mögliche Ausstiegsszenarien grossen Raum ein. Dabei scheint es wichtig, den Betroffenen alternative palliativmedizinische Wege aufzuzeigen, die sie vor unerträglichem physischen, psychischem und existenziellem Leiden bewahren und deren Zeitpunkt sie möglichst selbstständig mitbestimmen können. Für viele Patienten stellt die so genannte palliative Sedation eine gute Alternative dar: Dabei kann mittels Sedativa für eine begrenze Zeit oder dauerhaft ein mehr oder weniger tiefer Schlaf erreicht werden. Die Patienten bestimmen den Beginn der Sedation massgeblich mit. Während der Sedation erhalten die Patienten Flüssigkeit, je nach Situation und Patientenwunsch wird von kalorischer Ernährung abgesehen. Unter den bisher 750 im Hospiz in Arlesheim behandelten Palliativpatienten äusserten mehrere Patienten wiederholt ernsthafte suizidale Absichten. Eine einzige Patientin wählte den assistierten Suizid über eine Sterbehilfeorganisation, die übrigen Patienten entschieden sich für eine palliative Sedation oder liessen den vorzeitigen Sterbewunsch unter angemessener Palliation fallen.

Bisher ist die Forschung über die longitudinale Entwicklung bei suizidgefährdeten Palliativpatienten ungenügend. Wegen der geringen Zahl von Patienten, welche den Suizid wirklich vollziehen, sind prospektive Studien sehr schwierig. Die qualitative Patientenerfassung muss detailliert sein, um die Mehrdimensionalität der Patientenentscheidung interpretieren zu können. Die unsichere Datenlage schwächt indirekt die Verbindlichkeit von Patientenverfügungen und erschwert eine objektive Diskussion über den assistierten Suizid.

Nötige Liberalisierung oder Gefahr des Dammbruchs?

In den vergangenen Jahren hat in der Schweiz und in anderen europäischen Ländern eine Liberalisierung bezüglich assistiertem Freitod (Schweiz, Holland, Belgien, Skandinavien) und gegenüber der aktiven Sterbehilfe (Holland, Belgien) stattgefunden. Diese Liberalisierung darf nicht zum Qualitätsverlust der Palliative Care führen oder kostenintensive, aber indizierte palliative Behandlungen in Frage stellen.

Beispiel:

Ein Patient mit starken, therapieresistenten Schmerzen, konsekutivem sozialem Rückzug und Depression äussert wiederholt suizidale Absichten wegen Schmerzkrisen und dem Gefühl von Vereinsamung und Hoffnungslosigkeit. Gefahr: die ungenügende Schmerzbehandlung wird nicht erkannt, der Patient wird als «schwierig» erlebt, der wiederhol-

te Sterbewunsch wird als dauerhaft erkannt, der Patient suizidiert sich. Richtiger wäre: Fachgerechte Schmerztherapie möglicherweise unter Einholen einer Zweitmeinung, ev. Reflexion des Patienten-Arzt-Verhältnisses, Verbesserung des sozialen Netzes. Dies erfordert Fachwissen, kostet Geld und braucht Geduld.

Ein weiterer Aspekt ist, dass die Schritte zwischen der erlaubten indirekten Sterbehilfe, dem assistierten Suizid und der aktiven Sterbehilfe (Tötung eines Menschen) bei unreflektiertem Handeln nah beieinander liegen können. Rein technisch bestehen oft nur geringfügige Unterschiede in der Durchführung.

Beispiele:

- *Die Indikation zur palliativen Sedation erfolgt zu früh, der Patient kann nicht mehr entscheiden, während der Sedation wird nicht ernährt (palliative Sedation versus «slow euthanasia»).*
- *Ein praktisch gelähmter Patient kann die Trinklösung zur Ausführung des Suizids nun doch nicht mehr selber einnehmen, seine Hand wird «mit einem bisschen Hilfe» zum Mund geführt oder die Klemme zur Magensonde für ihn geöffnet (assistierter Suizid versus illegale aktive Sterbehilfe).*
- *Medikamentenkombinationen werden leicht überdosiert, die Wirkung nachlässig kontrolliert (erlaubte indirekte aktive Sterbehilfe versus Fahrlässigkeit).*
- *Bei einem komatösen Patienten wird die Ernährung in Absprache zwischen Angehörigen und Behandlungsteam reduziert oder eingestellt (passive Sterbehilfe versus «slow euthanasia»).*

Palliative Care als Alternative – Status quo in der Schweiz

In der allgemeinen Öffentlichkeit hat das Bewusstsein für die Anliegen der Palliative Care zugenommen. Die ambulanten und stationären palliativmedizinischen Angebote wurden in den vergangenen Jahren in der Schweiz kontinuierlich ausgebaut. Allerdings unterscheidet sich die Dichte der Angebote regional beträchtlich, und der Zugang aller bedürftigen Patienten zu einer angemessenen Palliative Care ist bei weitem noch nicht erreicht. Dennoch lassen erste nationale Qualitätssicherungsprojekte auf dringend nötige Qualitätsstandards in Palliative Care hoffen, ein erster universitärer Lehrstuhl für Palliative Care wurde in Bern eingerichtet.

Schlussfolgerungen

Auch unter optimaler Palliative Care äussern bis zu 20% der Patienten sporadisch oder andauernd einen Sterbewunsch, rund die Hälfte dieser Patienten will den Tod aktiv beschleunigen. Vollzogen wird ein (assistierter) Suizid jedoch in sehr viel weniger Fällen. Suizidwünsche bei Palliativpatienten müssen in erster Linie als Hilferuf nach einer besseren Palliation verstanden werden. Gespräche über einen aktiven Sterbewunsch erfordern hohe kommunikative Fähigkeiten der Behandelnden.

Neben körperlichen Beschwerden scheinen existenzielle Probleme wie Autonomieverlust und Gefühl, andern zur Last zu fallen, wichtige Risikofaktoren für einen Suizid zu sein. Hier ist die Gesellschaft gefordert, Kranke glaubhaft zu schützen und zu unterstützen.

Die Möglichkeit des assistierten Suizids birgt Gefahren und Chancen. Es ist eine Güterabwägung zwischen dem Recht einiger Weniger gegenüber der Missbrauchsgefahr gegenüber Vielen. Die suboptimale palliativmedizinische Versorgung in der Schweiz stellt diesbezüglich ein Problem dar. Eine offene Diskussion über die Sterbehilfe kann aber auch eine Chance für die Palliative Care sein, indem sie zur Verbesserung der heutigen Versorgungssituation anspornt.

Literatur

Bolund, C. (1985): Suicide and cancer: demographic and social characteristics of cancer patients who committed suicide in Sweden. In: Journal of Psychosocial Oncology 3: 17–30.

Breitbart, W. (1987): Suicide in cancer patients. In: Oncology 1: 49–54.

Filiberti, A. et al. (2001): Characteristics of terminal cancer patients who committed suicide during a hame palliative care program. In: Journal of Pain and Symptom Management 22: 544–553.

Ganzini, L. et al. (2003): Oregon physicians' perceptions of patients who requested assisted suicide and their families. In: Journal of Palliative Medicine 6: 381–390.

Grzybowska, P./Finlay, I. (1997): The incidence of suicide in palliative care patients. In: Palliative Medicine 11: 313–316.

Haverkate, I. et al. (2000): Refused and granted requests for euthanasia and assisted suicide in the Netherlands: interview study with structured questionnaire. In: British Medical Journal 321: 865–866.

Levi, F. et al. (1991): Suicide risk among incident cases of cancer in the Swiss Canton of Vaud. In: Annals of Oncology 48: 44–47.

Louhivuori, K. et al. (1979): Risk of suicide among cancer patients. In: American Journal of Epidemiology 109: 59–65.

Massie, M. J. et al. (1994): Depression and suicide in patients with cancer. In: Journal of Pain and Symptom Management 9: 325–340.

McNeill, J. A. et al. (2004): The hidden error of mismanaged pain: a system approach. In: Journal of Pain and Symptom Management 28: 47–58.

Morita, T. et al. (2004): Desire for death and requests to hasten death of japanese terminally ill cancer patients receiving specialized inpatient palliative care. In: Journal of Pain and Symptom Management 27(1): 44–52.

Ripamonti, C. et al. (1999): Suicide among patients with cancer cared for at home by palliative-care teams. In: Lancet 914: 1877–1878.

Sullivan, M. et al. (1997): Pain and the choice to hasten death in patients with painful metastatic cancer. In: Journal of Palliative Care 13: 18–28.

Tolle, S. W. et al. (2004): Characteristics and proportion of dying Oregonians who personally consider physician-assisted suicide. In: The Journal of Clinical Ethics 15: 11–118.

You, V. et al. (2004): Pain management in cancer patients with bone metastases remains a challenge (Letter). In: Journal of Pain and Symptom Management 27: 1–3.

Ausführliche Literatur bei der Verfasserin.

Kapitel 14

Suizidprävention und Suizidhilfe aus Patientensicht

Martin Eichhorn

Zusammenfassend können wir also sagen: Von aussen betrachtet ist der Wille kausal determiniert, von innen betrachtet ist der Wille frei. Mit der Feststellung dieses Sachverhaltes erledigt sich das Problem der Willensfreiheit. Es ist nur dadurch entstanden, dass man nicht darauf geachtet hat, den Standpunkt der Betrachtung ausdrücklich festzulegen und einzuhalten. Wir haben hier ein Musterbeispiel für ein Scheinproblem.

(Max Planck: Göttinger Abschiedsvorlesung «Scheinprobleme der Wissenschaft» 1958)

Suizidprävention und Beihilfe zum Suizid scheinen auf den ersten Blick krasse Gegensätze zu sein. Ich möchte dies einerseits bestätigen, ande-

rerseits aber zeigen, dass die Option eines Suizides auch einen suizidpräventiven Aspekt haben kann.

Ich nehme bewusst die Perspektive von Patientinnen und Patienten ein und schreibe als Vertreter von IPSILON. IPSILON ist eine Initiative zur Prävention von Suizid in der Schweiz, die im Dezember 2003 gegründet wurde. IPSILON hat das Ziel, verschiedene Organisationen und Institutionen, die sich in ihrer täglichen Arbeit mit Suizid konfrontiert sehen, zu koordinieren. IPSILON soll nationales Sprachrohr und Bezugspunkt für das Anliegen der Suizidprävention werden.

In der Schweiz nehmen sich jährlich etwa 1'000 Männer und 350 Frauen das Leben. 10% davon sind assistierte Suizide. Vorsichtig geschätzt, versuchen sich pro Jahr mehr als 20'000 Menschen in unserem Land das Leben zu nehmen. Das in der Schweiz jeder 30. Mann und jede 100. Frau durch Suizid sterben, viele davon zwischen dem 20. und 50. Lebensjahr, ist kein unbeeinflussbares Naturgesetz. Präventionsprogramme wie die Gotlandstudie in Schweden oder das Nürnberger Bündnis gegen Depression zeigen, dass suizidales Verhalten und das damit verbundene Leiden reduziert werden kann. Es besteht also ein grosser Handlungsbedarf. IPSILON hat sich klar dem Ziel Suizidprävention verschrieben. Wir möchten, dass Menschen in suizidalen Krisen niederschwellig Hilfe offen steht. Und wir möchten diese Menschen und ihr Umfeld ermutigen, diese Hilfe auch anzunehmen. Somit steht die Beihilfe zum Suizid in Gegensatz zu unseren Zielen. Bei Menschen in suizidalen Krisen steht für uns nicht Sterbehilfe zur Debatte, sondern Lebenshilfe. In der akuten Krisensituation ist das konkret auch Überlebenshilfe.

Hier möchte ich unterstreichen, dass ich über die Beihilfe zum Suizid und nicht über die Sterbehilfe spreche. Die Beihilfe zum Suizid kann zwar im Rahmen der Sterbehilfe stattfinden. In der Schweiz ist dies jedoch selten der Fall. Zwar sind Sterbehilfeentscheide häufig. In der Deutsch-Schweiz spielen sie bei 7 von 10 erwarteten Todesfällen eine Rolle (van der Heide et al. 2003). Die assistierten Suizide machen hier nur einen Anteil von knapp einem halben Prozent aus. Im Gegensatz dazu müssen die assistierten Suizide in Zusammenhang mit den Suiziden als häufig angesehen werden; hier sind sie für 10% aller Suizide verantwortlich.

Die Sterbedefinition (SAMW 1995) der Schweizerischen Akademie der Medizinischen Wissenschaft besagt, dass sterbende Menschen

Personen sind, bei denen eine Fachperson aufgrund der klinischen Anzeichen zur Überzeugung kommt, dass die Krankheit oder die traumatische Schädigung nicht umkehrbar ist und trotz Behandlung in absehbarer Zeit zum Tode führen wird. Assistierte Suizide werden in der Schweiz aber auch bei Menschen, die weder am sterben sind, noch an einer tödlichen Krankheit leiden, durchgeführt. In Situationen also, in denen nicht von Sterbehilfe gesprochen werden kann. Exit (Ulrich 2002, Bosshard et al. 2003) gibt in internen Checklisten an, dass bei 5% keine hoffnungslosen Fälle vorliegen und Dignitas assistierte im Jahr 2002 beim Suizid eines französischen Geschwisterpaares, 31 und 29 Jahre alt, die beide an Schizophrenie erkrankt waren (Minelli 2003). Die Grenze zwischen assistiertem Suizid als Sterbehilfemassnahme und assistiertem Suizid als eindeutige Selbsttötungbeihilfe ist nicht immer eindeutig, lässt sich in der Regel aber klar ziehen.

Was kann ich nun aus Patientensicht hierzu sagen? Als ich die Einladung zur Tagung annahm, habe ich zurückgefragt, ob ich als Psychiater der richtige Referierende bin. Ich hatte das Glück, bisher weder im Rahmen einer psychiatrischen Störung suizidal geworden, noch im Rahmen einer schweren körperlichen Krankheit in eine schwere Krise gekommen zu sein, in der ich mir die Frage nach dem Leben-Wollen gestellt hätte. Wie wahrscheinlich alle, bin auch ich ein Mensch, der Krisen hinter sich hat, in denen ich mir die Sinnfrage gestellt habe. Und die Sinnfrage in Krisensituationen, kann auch mit Suizidgedanken einhergehen. Suizidgedanken sind so häufig – die deutliche Mehrheit aller Menschen kennt sie –, dass man eigentlich von einem normalen Phänomen sprechen muss. Ich versuche mich also als Mensch mit Krisenerfahrung in die Patientenperspektive einzufühlen. In einen Patienten, der durch ein schweres Leiden weder ein noch aus weiss und nur noch sterben will. Was wünsche ich mir nun als Mensch in einer Krise von der Suizidprävention?

Und was wünsche ich mir als Mensch, mit einer schweren körperlichen Krankheit von den Sterbehilfeorganisationen? Ich möchte als Mensch wahrgenommen werden und ich möchte von beiden Seiten nicht auf einzelne Teilaspekte meiner Existenz reduziert werden. Ich möchte auf keinen Fall meine menschliche Würde verlieren.

Der Titel des Symposiums hiess «Die Moderne Medizin und die Beihilfe zum Suizid in der Schweiz». Ich versuche nun bewusst pointiert zu formulieren. Von der modernen Medizin möchte ich nicht zu einem biologischen Objekt reduziert werden, nicht auf die Frage: biologische Funktionen JA oder NEIN. Von Sterbehilfeorganisationen möchte ich nicht zu einem juristischen Objekt reduziert werden, nicht auf die Frage: Urteilfähigkeit JA oder NEIN. Ich möchte auch nicht aufgerieben werden zwischen den verschiedenen Denkschemata der Medizin und der Jurisprudenz, die in der Diskussion, um die es heute geht, immer wieder zu Miss- und Unverständnis führen.

Medizin	*Jurisprudenz*
Empirisch	Dogmatisch
Induktiv	Deduktiv
Sucht Schwerpunkte	Sucht Grenzwerte
Fliessende Grenzen	Starre Grenzen
Wahrscheinlichkeiten	Beweise
Regeln	Gesetze

Tabelle modifiziert nach Dittmann et al. 1990.

Es gibt Schwierigkeiten, wenn in der Medizin induktiv und vor empirischem Hintergrund von der Möglichkeit einer neuen Lebensperspektive ausgegangen wird und andererseits deduktiv von der bisherigen Lebensgeschichte das Vorliegen eines Bilanzsuizids postuliert wird. Es ist auch schwierig, wenn die Frage nach der Urteilfähigkeit juristisch eine Ja/Nein-Antwort verlangt, die medizinische Beurteilung der gleichen Frage aber einen unscharfen Bereich in einem Kontinuum zwischen voller Urteilfähigkeit und gänzlich fehlender Urteilfähigkeit umreisst.

Gerade in der Frage des «Rechts auf den Suizid» wird immer wieder auf die Frage des Freien Willens und der Urteilsfähigkeit verwiesen. Ich habe in meiner Arbeit mit depressiven Menschen, die klar den Suizid wünschten, niemanden kennen gelernt, bei dem man von gänzlich fehlender Urteilfähigkeit hätte sprechen können; eher im Gegenteil. Eine paar Tage, Wochen oder Monate später wollten sie aber genau so urteilfähig oder urteilsunfähig leben, wie sie zuvor sterben wollten.

Ich möchte als Patient als Mensch wahrgenommen werden, nicht reduziert werden auf einzelne Aspekte und ich möchte, dass sorgfältig mit meiner Menschenwürde umgegangen wird. So möchte ich auch selber bestimmen, was hoffnungslos bedeutet. Aus Sicht der Suizidprävention heisst das, dass eine psychische Störung in Betracht gezogen und mit mir Behandlungsmöglichkeiten diskutiert werden sollten. Wir wissen, dass körperliche Leiden mit einem stark erhöhten Suizidrisiko verbunden sind. Vor allem der Zeitpunkt der Diagnosestellung ist eine Zeit, in der Suizidgedanken fast normal sind. Ich möchte aber in der Suizidprävention nicht beim störungszentrierten Denken stecken bleiben. Genau so wichtig ist, dass das in mir Vorhandene, Positive, «Nicht durcheinander Geratene» nicht vergessen geht. Dass mit mir die Lebenshilfe bzw. Überlebenshilfe besprochen wird. Dass ich dabei unterstützt werde, andere Perspektiven zu entwickeln und meine persönlichen Fähigkeiten und Eigenschaften wieder wahrnehmen und einsetzen zu können.

Ich möchte, dass mir nicht nur die Perspektive des Sterbens, sondern auch die Perspektive des lebenswerten Lebens gegeben wird. Man bedenke, dass etwa 4 von 5 Suizidversuche einmalige Ereignisse im Leben eines Menschen sind. Wenn Jean Améry (2001) schreibt, dass die Option des Suizides bedeute, im Schraubstock der Zwänge noch frei zu sein, begreife ich, dass er von einem heiligen Recht des Menschen zum Suizid spricht. Als Patient wünsche ich mir, dass meine mir nahe stehenden oder mich behandelnden Menschen, sich nicht damit begnügen, mir dieses «Heilige Recht» zu lassen, sondern sich auch die Frage stellen, wie sie den Schraubstock der Zwänge lösen können. Hier ist die Palliativmedizin gefragt.

Ein Mensch befindet sich nicht in Stein gemeisselt, in einem starren körperlichen und seelischen Zustand. Niemand fühlt sich nach dem Verlust eines geliebten Menschen gleich wie in einer frisch verliebten Phase. Eine alte Dame überlebte ihre schwere suizidale Krise, nachdem klar wurde, dass sie aus ihrer Wohnung im 4. Stock ohne Lift nicht mehr aus dem Haus kam. Die Hilfe beim Organisieren einer Parterrewohnung gab ihr eine neue Perspektive.

Ich möchte nicht zu wissenschaftlich werden, aber doch auf eine wissenschaftliche Arbeit hinweisen (Lavery et al. 2001), in der HIV-erkrankte Menschen danach gefragt wurden, wie es zum Wunsch nach Sterbehilfe und assistiertem Suizid kam. In dieser Studie wurde nicht gezählt und gerechnet, sondern es wurden Menschen direkt zum Thema befragt. Diese Menschen erzählten Geschichten, sie erzählten, dass ihr Wunsch nach assistiertem Suizid damit zu tun hatte, dass sie in ihren körperlichen Funktionen massiv eingeschränkt oder sozial isoliert waren. Der Sterbewunsch war nicht mit dem objektiven Schweregrad der HIV-Erkrankung gekoppelt. Der Verlust der Kontrolle über Körperfunktionen und die soziale Isolation erlebten die Erzählenden als Verlust ihrer Persönlichkeit. Sie schilderten den assistierten Suizid als Werkzeug oder Weg, diesen Persönlichkeitsverlust zu beschränken oder zu kontrollieren.

Ich habe zu Beginn gesagt, dass Suizidprävention und Beihilfe zum Suizid krasse Gegensätze seien. Die erwähnte Studie macht aber auch deutlich, dass die Möglichkeit eines Suizides für einen Menschen auch ein Mittel sein kann, sein eigenes Leiden besser kontrollieren zu können. Die Option des Suizides kann somit auch suizidprophylaktisch wirken. Sie kann den Menschen ein Stück Würde geben. In der Arbeit auf einer psychiatrischen Akutabteilung würde ich nie in Betracht ziehen, einem suizidalen Menschen seine Suizidalität auszureden. Ich versuche sie als Möglichkeit, das Leben in der Krise noch kontrollieren zu können, ernst zu nehmen. Die Suizidalität verschwindet von alleine, wenn die Menschen wieder andere Möglichkeiten haben, das Leben sinnvoll zu erleben.

Zusammenfassend: Wenn ich versuche, mich in die Rolle des Menschen in einer schweren Krisensituation hinein zu versetzen, möchte ich weder auf ein biologisches noch auf ein juristisches Objekt reduziert werden. Ich möchte, dass sorgfältig mit meiner Menschenwürde umgegangen wird. Dass heisst auch, dass mir Zeit gelassen wird für die Entscheidung über Leben und Tod. Vielleicht sehe ich morgen wieder eine Perspektive, der Tod ist irreversibel.

Literatur

Améry, J. (2001): Hand an sich legen. Diskurs über den Freitod. Klett-Cotta.

Bosshard, G./Ulrich, E./Bär, W. (2003): 748 cases of suicide assisted by a Swiss right-to-die organisation. In: Swiss Med Wkly 133(21–22): 310–317.

Dittmann, V./Reimer, C./Heinrichs, W. (1990): Psychiatrische Sachverständige und Juristen – ein problematisches Verhältnis? In: Klose, W./Oehmichen, M. (Hrsg.): Rechtsmedizinische Forschungsergebnisse. Festschrift zum 70. Lebensjahr für Otto Pribilla. Schmidt-Römhild, Lübeck, 267–283.

Lavery, J.V./Boyle, J./Dickens, B.M./Maclean, H./Singer, P.A. (2001): Origins of the desire for euthanasia and assisted suicide in people with HIV-1 or AIDS: a qualitative study. In: Lancet 358(9279): 362–367.

Minelli, L. (2003): Dignitas: Unsere Arbeit vom 1. Januar 2002 bis zum 31. Dezember 2002. Dignitas, Forch.

SAMW (1995): Zentrale Ethikkommission der Schweizerischen Akademie der Medizinischen Wissenschaften. Medizinisch-ethische Richtlinien für die ärztliche Betreuung sterbender und zerebral schwerst geschädigter Patienten. Schweizerische Akademie der Medizinischen Wissenschaften, Basel.

Ulrich, E. (2002): «Exit»; Beihilfe zum Suizid zwischen 1990 und 2000 (Dissertation). Universität Zürich.

Van der Heide et al. (2003): End-of-life decision-making in six European countries: descriptive study. In: Lancet 362(9381): 345–50.

Kapitel 15

Ethische Fragen in der Praxis von EXIT

Andreas Blum

Vorbemerkung

Die Schweiz kennt im Kontext unseres Themas bekanntlich eine sehr liberale gesetzliche Regelung. Je grösser aber der vom Recht tolerierte Freiraum des Handelns, desto grösser die *Verantwortung* der Akteure. Freiheit hat – wie Macht – ihr Korrelat immer in der Verantwortung. Das gilt für den Einzelnen genauso wie für eine Organisation. Dieses Prinzip ist Prämisse *und* Axiom der Tätigkeit von EXIT.

1 Rechtsordnung und ethisch verantwortetes Handeln

Das Schweizerische Strafgesetzbuch (StGB) regelt die Beihilfe zum Suizid nur gerade in zwei Paragraphen: die – strafbare – aktive Sterbehilfe (Tötung auf Verlangen) in Art. 114; die – straflose – Beihilfe zum Suizid in Art. 115. Dieser Artikel knüpft die Straflosigkeit an eine einzige Bedingung: sie darf nicht «aus selbstsüchtigen Beweggründen» erfolgen. Mit anderen Worten: Der Spielraum des erlaubten Handelns ist sehr gross – zu gross jedenfalls, um uns von der Frage dispensieren zu können, ob die Respektierung von Recht und Gesetz allein genügt, um unser Tun auch ethisch legitimieren zu können.

Gesetzesnormen markieren die Grenze zwischen Recht und Rechtswidrigkeit, und diese Zäsur muss im Interesse der Rechtssicherheit klar und eindeutig zu ziehen sein. Wesentlich schwerer dagegen fällt die ethische Grenzziehung. Längst nicht alles, was rechtens ist, kann auch moralisch legitimiert werden. Mit anderen Worten: Die Respektierung der Rechtsordnung ist eine Selbstverständlichkeit – ethisch verantwortetes Handeln bleibt eine permanente Herausforderung.

Das wiederum heisst: Wenn wir unsere Verantwortung ernst nehmen, müssen wir die ethische Komponente unseres Handelns stärker und vor allem strenger gewichten als das von Recht und Gesetz Geforderte. Das gilt in ganz besonderer Weise für unser Thema.

2 Theorie und Praxis

Hält die Praxis in unserem Land diesem hohen Anspruch stand? Für EXIT darf ich – ohne jede pharisäerhafte Attitüde – sagen, dass wir weit über das hinausgehen, was das Gesetz verlangt. Wir haben, in Wahrnehmung unserer Verantwortung, sehr strenge Voraussetzungen und Kriterien definiert, die erfüllt sein müssen, bevor wir einen Menschen auf dessen ausdrücklichen Wunsch in den Tod begleiten: Er muss urteilsfähig und sein Todeswunsch dauerhaft sein, die Lebens-Situation hoffnungslos, das Leiden unerträglich und/oder die Behinderung unzumutbar.

Wir lehnen es auch ab – von absoluten Ausnahmefällen abgesehen – kurzfristig auf Hilferufe zu reagieren. Die Begleitung eines Suizidwilligen durch EXIT ist in aller Regel der letzte Akt in einem längeren Prozess der Begleitung.

Wenn zurzeit die Rede ist von geplanten Gesetzesvorlagen auf kantonaler Ebene, mit dem Ziel, Sterbe- und Freitodhilfe-Organisationen einem Bewilligungsverfahren zu unterstellen, kommt das für uns nicht überraschend. Es wäre auch nicht korrekt, hier von behördlichem Übereifer zu sprechen, ist es doch ein offenes Geheimnis, dass in letzter Zeit wiederholt Grenzüberschreitungen vorgekommen sind, die eine Reaktion von Justiz und Politik geradezu provozierten.

So fällt denn die Antwort auf die gestellte Frage eher skeptisch aus: Wer die liberale gesetzliche Regelung in unserem Land als Freipass missbraucht, wird dem ethischen Anspruch an sein Tun nicht gerecht, agiert kontraproduktiv und schadet damit der Sache, für die wir einstehen.

3 Recht auf den eigenen Tod?

Rechtsphilosophisch *und* ethisch gleichermassen interessant ist die Frage, ob sich der ganze Bereich rund um die Sterbe- und Freitodhilfe nicht überhaupt der staatlichen Rechtsetzung entziehe.

Dazu hier nur soviel: Die in unserem Lande feststellbare Zurückhaltung des Staates darf sicher dahingehend interpretiert werden, dass nach geltender Rechtsauffassung eine strafrechtlich Norm – mit dem Argument des Schutzes des Lebens als höchstes Rechtsgut – sich nur dann aufdrängt, wenn Dritte involviert sind – sei es als Akteure oder aber als Betroffene.

Wie auch immer: Im Dilemma zwischen dem grundrechtlich geschützten Recht auf Leben, bei gleichzeitiger Nicht-Anerkennung eines Rechts auf den eigenen Tod einerseits, und den Prinzipien der Autonomie und Menschenwürde andererseits stehen wir klar im Lager der «Autonomisten».

Dieses Dilemma beinhaltet darüber hinaus einen Widerspruch. Ich möchte ihn so umschreiben: Wie kann man sagen, der Mensch habe ein Recht auf Leben, also auf etwas, das ihm zugekommen ist durch einen Akt der Fremdbestimmung; ein Recht auf den eigenen Tod – als Akt der Selbstbestimmung, der freien persönlichen Gewissensentscheidung und damit als Ausdruck seiner Menschenwürde – dagegen nicht? Recht auf Leben und Recht auf ein selbstbestimmtes Sterben gehören für uns untrennbar zusammen.

4 Das Credo von EXIT

EXIT tritt ein für das Recht des Menschen auf seinen eigenen Tod. Der betroffene Mensch – und nur er allein! – soll darüber entscheiden können, wann er in einem Weiterleben keinen Sinn mehr zu erkennen vermag und deshalb in Ruhe und Frieden aus dieser Welt gehen möchte. Die Verantwortung für diese Entscheidung liegt bei ihm – aber *nicht nur*. Indem wir als Organisation ihm dabei helfen, sind wir in diese Verantwortung eingebunden.

Diese Mit-Verantwortung können wir aber nur dann glaubwürdig begründen, wenn wir *vor* dem Entscheid des sterbewilligen Menschen in keiner Weise, weder direkt noch indirekt, Einfluss nehmen. Das einzige ethisch legitimierbare Motiv eines assistierten Suizids ist die Respektierung des autonom artikulierten Willens eines schwer leidenden Menschen.

Die zentralen Begriffe für EXIT sind die Menschenwürde und das Selbstbestimmungsrecht. Menschenwürde verstehen wir dabei als eine Qualität, die dem Menschen immanent ist, die ihm zukommt aufgrund der Einzigartigkeit seines Mensch-seins. Im Kontext unseres Themas könnte man sagen: Die Würde des Menschen ist dann bedroht, wenn er in der Phase des Verfalls seiner körperlichen und/oder geistigen Kräfte zum manipulierten Objekt ärztlicher Fremdbestimmung wird. Selbstbestimmung verstehen wir als die Fähigkeit, frei – eben: selbst bestimmt – zu entscheiden und sich dabei über die Konsequenzen dieser Entscheide im Klaren zu sein.

Die Frage des Verfügungsrechts über das eigene Leben bleibt immer ein Gewissensentscheid des betroffenen Menschen – er ist Ausdruck seiner Autonomie und damit seiner Würde. Wenn wir aber akzeptieren, dass die Antwort auf die existenzielle Frage des eigenen Todes ein Gewissensentscheid des Einzelnen ist, folgt daraus zwangsläufig, dass es auf diese Frage viele Antworten und nicht eine allgemeingültige Antwort gibt, aber auch, dass – in Respektierung dieses Gewissensentscheids – niemand das Recht hat, in dieser Frage über einen Dritten zu verfügen. Mit anderen Worten: *Alle* Antworten, *alle* Überzeugungen sind *von allen* zu respektieren – unter dem selbstverständlichen Vorbehalt, dass sie nicht gegen die Freiheit, Autonomie und Würde eines Dritten gerichtet sind. Toleranz ist die ethisch geforderte Grundhaltung.

Ein Beispiel: Wer argumentiert, das Leben als Geschenk und Leihgabe Gottes entziehe sich grundsätzlich der Verfügungsgewalt des Einzelnen, muss mit der Toleranz Andersdenkender rechnen dürfen; gleichzeitig aber schuldet er diese Toleranz all jenen, die diese Frage nicht aus dem Glauben beantworten können und sich gemäss *ihrem* Gewissen anders entscheiden.

5 Urteilsfähigkeit und Patientenwille

Die Urteilsfähigkeit ist die «Conditio sine qua non» eines von EXIT begleiteten Suizids. Urteilsfähig ist, wer zur autonomen Willensentscheidung fähig ist und sich über die Konsequenzen seines Handelns Rechenschaft zu geben vermag. Selbstbestimmt handeln kann nur, wer urteilsfähig ist. Einen zentralen Stellenwert hat für EXIT die Patientenverfügung, vor allem deshalb, weil sie das einzige Instrument ist, um Einfluss auf ärztliches Handeln zu nehmen. Sie ist dann von besonderer Bedeutung, wenn die Urteilsfähigkeit des betroffenen Menschen nicht mehr gegeben ist.

Für EXIT ist die Patientenverfügung rechtsverbindlich. Solange nicht überzeugende Indizien vorliegen, dass der Patient, wäre er noch urteilsfähig, seine in der PV formulierte Haltung nicht aufrechterhalten würde, ist der Arzt an sie gebunden. Das Ende der Autonomie eines Kranken – nehmen wir den Fall eines Koma-Patienten – begründet *nicht* eine einseitige Kompetenz des Arztes, sich über einen im Zustand der Urteilsfähigkeit artikulierten Willen eines Menschen hinwegzusetzen.

Ausserhalb jeder Diskussion steht der Primat des Patientenwillens bei vorhandener Urteilsfähigkeit. Jeder ärztliche Eingriff bedarf der Zustimmung, jede ärztliche Behandlung – insbesondere dann, wenn sie vom Betroffenen als sinnlose Verlängerung des Leidens bzw. der Verhinderung des Sterbens empfunden wird – kann vom Patienten ohne Begründung abgelehnt werden, selbst wenn sie aus Sicht des Arztes notwendig sein mag.

Eine künstliche Ernährung zum Beispiel *gegen* den Willen des betroffenen Menschen ist als Nötigung und Körperverletzung zu qualifizieren; sie muss – oder realistischer: müsste – sowohl strafrechtliche wie auch zivilrechtliche Konsequenzen haben.

6 Der ärztliche Ethik-Vorbehalt

Von vielen Ärzten wird noch immer argumentiert, im Zweifelsfall am besten zu wissen, was im vermeintlichen Interesse eines nicht mehr urteilsfähigen Patienten liege und sie deshalb berechtigt, ja verpflichtet seien, einen in der Patientenverfügung formulierten Willen gegebenenfalls *nicht* zu respektieren. EXIT lehnt diesen Ethik-Vorbehalt ab, selbst wenn er im Sinne einer gut gemeinten Fürsorglichkeit ins Spiel gebracht wird. Wir lehnen ihn deshalb ab, weil dieser Vorbehalt einen Akt paternalistischer Bevormundung rechtfertigen soll, in Wirklichkeit aber einen krassen Verstoss gegen die Patientenautonomie darstellt.

Wir stellen überhaupt und grundsätzlich in Abrede, dass der Arzt als «letzte Instanz» darüber entscheiden soll, was zu tun bzw. zu unterlassen sei. Die «letzte Instanz» ist für uns in jedem Fall der betroffene Mensch. Selbstverständlich hat auch ein Arzt das Recht, seinem Gewissen zu folgen. Das kann im konkreten Fall bedeuten, dass er sich ausserstande erklärt, einem Patientenwillen Folge zu leisten. Ich habe «selbstverständlich» gesagt, weil wir ja nicht auf der Respektierung der autonomen Willensentscheidung eines sterbewilligen Menschen bestehen und diese Respektierung gleichzeitig dem Arzt verweigern können – das wäre unredlich, ja schizophren. Allerdings – und dieser Nachsatz ist uns wichtig – verlangen wir in diesem Fall vom betreffenden Arzt, dass er den Patienten an einen Kollegen überweist, der seine ethischen Skrupel nicht über den Willen des sterbewilligen Patienten stellt.

Sterbenden im und bis zum Tod beizustehen und dabei den Willen dieser Menschen zu respektieren, selbst wenn dieser Wille nicht kongruent ist mit dem eigenen Selbstverständnis, müsste nach Auffassung von EXIT genauso Teil der ärztlichen Tätigkeit sein wie die Rettung von Menschenleben oder die Linderung von Schmerzen.

EXIT begrüsst es deshalb ausdrücklich, dass in den Richtlinien der SAMW der erratische Satz – «Beihilfe zum Suizid ist kein Teil der ärztlichen Tätigkeit» – relativiert, wenn nicht sogar wegfallen soll. Damit würde eine Maxime aufgegeben, die in der Vergangenheit viele Ärzte in ihrer Gewissensnot allein gelassen hat. Im Zusammenhang mit dieser Überprüfung vorschnell die Gefahr eines «Dammbruchs» mit unabsehbaren Konsequenzen an die Wand zu malen, ist Stimmungsmache, unverantwortliche Polemik.

7 Urteilsfähigkeit und psychisch Kranke

Wie schwer die Entscheidung «Urteilsfähigkeit versus Urteils*un*fähigkeit» fallen kann, zeigt sich exemplarisch an der Problematik psychisch kranker Menschen. Soviel dürfte unbestritten sein: So unsinnig die Auffassung ist, psychisch Kranke seien generell *nicht* urteilsfähig, so problematisch wäre der Umkehrschluss, psychisch Kranke seien *in jedem Fall* urteilsfähig.

EXIT hat in dieser Frage 1999 ein Moratorium beschlossen. Das heisst: EXIT begleitet heute psychisch Kranke *nicht.* Damit ist das Problem aber nicht gelöst, und wir können den Fragen nicht länger ausweichen: Ist es – vor dem Hintergrund unserer «Philosophie» – zu verantworten, psychisch kranke Menschen a priori von unserem Hilfsangebot auszuschliessen? – Ist es vertretbar, zwischen psychisch und somatisch Kranken so kategorisch zu differenzieren, wenn wir bedenken, dass ein Mensch in seinem Kranksein praktisch immer sowohl physisch wie auch psychisch betroffen ist? – Und nicht zuletzt: Bedeutet dieses Moratorium in seiner absoluten Form nicht eine ethisch fragwürdige Diskriminierung psychisch kranker Menschen?

In dieser schwierigen Situation hat EXIT ein wissenschaftliches Gutachten in Auftrag gegeben. Dieses Gutachten liegt inzwischen vor.

Es kommt – nicht überraschend – zum Schluss, dass bei «Menschen mit psychischen Störungen» – so der etwas euphemistisch anmutende Begriff in der neuen Terminologie – der Suizidwunsch zwar meistens in einem kausalen Zusammenhang stehe mit der psychischen Krankheit, dass daneben aber durchaus Fälle denkbar seien, wo der Wunsch eines Menschen mit einer psychischen Störung, aus diesem Leben zu gehen, als Willensentscheidung eines urteilsfähigen Menschen zu qualifizieren und deshalb zu respektieren sei.

Die gleichen Fragen stellen sich – mutatis mutandis – bei Alzheimer-Patienten: Wann und wie lange können, dürfen wir helfen, und wann ist die Grenze überschritten, wo nur noch die Respektierung des in der Patientenverfügung formulierten Willens ein subjektiv als sinnlos empfundenes Weiter-«leben» beenden kann?

Der Vorstand von EXIT wird noch in diesem Jahr einen Grundsatzentscheid fällen: Beibehaltung, Lockerung oder gar Aufhebung des Moratoriums. Wie auch immer dieser Entscheid ausfällt: Im Zweifelsfall kann es auch in Zukunft nur eine Antwort geben – Nein!

Kapitel 16

Beihilfe zum Suizid: Gibt es eine spezifische Sensibilität in Deutschland? Konsequenzen für die Medizinethik

Eckhard Nagel, Carmen Hurrle, Mirjam Thanner

Die Ängste vor einer menschenunwürdigen Praxis der gewaltsamen Lebensverlängerung durch die moderne Medizin, die häufige Forderung des Rechts, den Zeitpunkt des Todes selber zu bestimmen (zunehmende Patientenautonomie) und die Praxis der Euthanasie in den Niederlanden und Belgien führen derzeit zu einer verstärkten Auseinandersetzung mit Sterbehilfe in Politik und Gesellschaft.

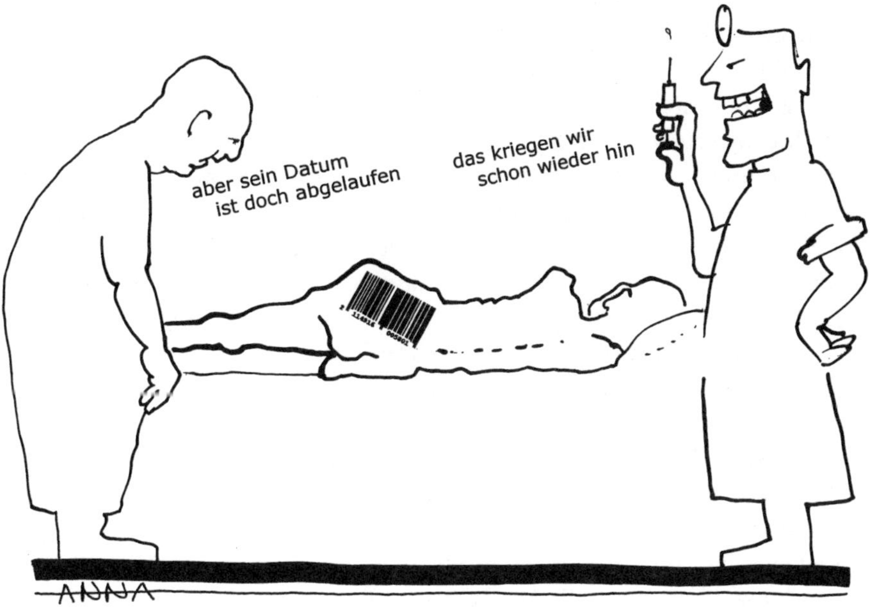

Im Umfeld des Problemkreises Sterben und Sterbenlassen wird eine Reihe von Begrifflichkeiten medizinischer und juristischer Prägung verwendet.

Sind in der medizinischen Literatur die Ausdrücke Therapiebegrenzung, Therapiereduktion und Therapieabbruch gebräuchlich, sprechen Juristen gemeinhin von aktiver, passiver oder indirekter Sterbehilfe, von Tötung auf Verlangen oder Beihilfe zum Suizid. Neben Übersetzungsschwierigkeiten, die sich bei fächerübergreifender Thematik häufig einstellen, und Bedeutungsverschiebungen als Folge der historischen Vorbelastung Deutschlands durch den Nationalsozialismus, tritt auch die Schwierigkeit einer klaren Einordnung bereits innerhalb des Fachgebietes. Als Beispiel aus dem medizinischen Bereich kann dazu der Abbruch einer begonnenen künstlichen Ernährung genannt werden. Wird diese als Bestandteil der Basispflege verstanden, kann sie dem Patienten auf keinen Fall in Analogie zu anderen therapeutischen Maßnahmen vorenthalten werden, sondern stellt eine obligate Versorgung dar, wie z.B. auch die Körperpflege oder menschliche Zuwendung (vgl. Grundsätze der Bundesärztekammer zur ärztlichen Sterbebegleitung 1998). Ist sie jedoch als therapeutische Intervention einzustufen, bestehen gegenüber einem Abbruch keine grundsätzlichen medizinethischen Bedenken.

Gerade aufgrund dieser aufgezeigten Problematik erscheint eine Standortbestimmung als Grundlage einer fruchtbaren Diskussion unerlässlich.

Sollen intensivtherapeutische Maßnahmen nicht eskalieren, wird von *Therapiebegrenzung (withholding)* gesprochen. Es handelt sich dabei um eine Vereinbarung, z.B. keine (erneute) Reanimation, Dialyse, Beatmung oder Therapie mit Blut(komponenten) vorzunehmen. Als beeinflussende Faktoren, Therapiebegrenzung zu akzeptieren, haben sich eine «ungünstige Prognose» oder eine «intolerable Lebensqualität im Falle des Überlebens» herausgestellt. Die Beurteilung der Lebensqualität eines Kranken bleibt jedoch problematisch – insbesondere stellt sich die Frage, wer die Lebensqualität des Behandelten bewerten darf.

Therapiebegrenzung kann keinesfalls alleine, sondern nur als Teil jeweils erforderlicher Hilfen für den Patienten gesehen werden. Sie kommt vor allem in der (Prä-)Finalphase des Lebens oder auch in einer früheren Phase einer Erkrankung mit infauster Prognose in Betracht. Sie ist Teil der ärztlichen Sterbebegleitung. Dieser Begriff wurde im Jahre 1996 durch die Deutsche Gesellschaft für Chirurgie definiert und enthält folgende Bereiche: Menschliche Zuwendung zum Patienten, Linderung von Beschwerden während des Sterbevorgangs und spezifische, individuelle Therapiemaßnahmen der Erkrankung (Fortführung bis zum Tode, evtl. sogar voller Therapieeinsatz oder Therapiebegrenzung) (Pichlmayr 1996).

Während die Therapiebegrenzung zukünftige Maßnahmen auf den Prüfstein stellt, sind es bei der *Therapiereduktion (withdrawal)* bereits begonnene Interventionen. Dabei lassen sich drei Stufen unterscheiden, die von der deutschen Ärzteschaft auch jeweils unterschiedlich beurteilt werden. Akzeptiert wird die Rücknahme begonnener intensivtherapeutischer Maßnahmen ebenso wie eine Reduktion auf eine rein unterstützende Therapie (Basisbetreuung, limited care) bei entsprechender Indikationsstellung. Ein kompletter Therapieabbruch wird allerdings von der deutschen Ärzteschaft nicht toleriert: Gemäß den Grundsätzen der Bundesärztekammer zur ärztlichen Sterbebegleitung von 1998 hat der Arzt in jedem Fall für eine Basisbetreuung zu sorgen. Dazu gehören u. a. eine menschenwürdige Unterbringung, Zuwendung und Körperpflege, das Lindern von Schmerzen, Atemnot und Übelkeit sowie das Stillen von Hunger und Durst (vgl. Grundsätze der Bundesärztekammer zur ärztlichen Sterbebegleitung 1998).

Durch Therapiebegrenzung oder Therapiereduktion/-abbruch beim Sterbenden können Ärzte *passive Sterbehilfe* gewähren. Sie nehmen dabei von Maßnahmen Abstand, die nur das menschliche Sterben verlängern, den Patienten aber nicht heilen. Es ist allerdings zu bedenken, dass innerhalb eines hoch entwickelten medizinischen Systems das Sterben letztlich immer(!) durch einen Behandlungsverzicht ermöglicht wird. So ist diese Form der Sterbehilfe auch juristisch nicht strafbar.

Umgekehrt wird auch die Ablehnung einer lebensrettenden medizinischen Maßnahme durch den aufgeklärten und urteilsfähigen Kranken oder dessen gesetzlichen Vertreter nicht als eine Form des Suizids angesehen, denn jeder Mensch hat zwar ein Lebensrecht, eine Lebenspflicht kann aber nur im Selbstanspruch des Einzelnen bestehen. Abgesehen von den international häufig gegebenen Ausnahmeregelungen für Kinder können sich in Deutschland bezüglich dieser Problematik auch für zwangsinternierte Personen gemäß § 101 Strafvollzugsgesetz Besonderheiten ergeben.

Ebenfalls nicht strafbar ist die so genannte *indirekte Sterbehilfe*, bei der die primäre Absicht in der Regel in der Linderung von Leiden besteht. Sie ist dann unbeabsichtigte Nebenwirkung einer sinnvollen therapeutischen Maßnahme, z.B. Morphiumgabe zur Schmerzlinderung, die leider gleichzeitig den Eintritt des Todes beschleunigen kann. Dieser Begriff ist an sich allerdings missverständlich. Letztendlich kann fast jede ärztliche Maßnahme im schlimmsten Falle zum Tode führen, auch wenn dies nicht beabsichtigt ist und gleichfalls nicht als indirekte Sterbehilfe verstanden wird.

Aktive Sterbehilfe wird auch als «Mitleidstötung»oder «Euthanasie» bezeichnet – wobei letzterer Begriff in der internationalen Literatur zwar üblich ist und mit Bezug auf das griechische Ursprungswort eu = angenehm, schön, gut und thanatos = der Tod, als angenehmer, schöner Tod gebraucht wird, gerade in Deutschland aber aufgrund der nationalsozialistischen Vergangenheit nicht unbelastet verwendet werden kann. Aktive Sterbehilfe stellt eine «Tötung auf Verlangen» dar und ist gemäß §216 des Deutschen Strafgesetzbuches strafbar.

Der Übergang zwischen der nicht strafbaren passiven und der strafbaren aktiven Sterbehilfe ist fließend und zeigt die Schwierigkeiten einer Binnenabgrenzung innerhalb des juristischen Sprachgebrauchs auf: Während von der Mehrheit der Bevölkerung das Abstellen der künstlichen Beatmung als aktive Sterbehilfe angesehen wird, wird die Beendigung der künstlichen Ernährung häufig als passive Sterbehilfe verstanden. Tatsächlich handelt es sich bei beiden Sachverhalten um passive Sterbehilfe. Maßgeblich für die Einordnung als aktive oder passive Sterbehilfe ist, trotz der Abgrenzungsproblematik und oft auch entgegen der gefühlsmäßigen Einschätzung der Ärzte, nicht die Frage nach einem Tun oder Unterlassen, sondern die dahinter stehende Intention. Aktive Sterbehilfe ist das absichtliche Eingreifen zur Beschleunigung des Todeseintritts auf ausdrücklichen Wunsch des Patienten, wobei die Maßnahme auch das Leben eines Gesunden beenden würde.

Die deutsche Ärzteschaft lehnt die aktive Sterbehilfe aus medizinethischer Perspektive strikt ab. Sind Maßnahmen zur Lebensverlängerung nicht mehr angebracht, gilt mit dem Grundsatz der Basisbetreuung das Recht eines jeden Patienten auf ein menschenwürdiges Dasein. Die Palliativmedizin ist die Lehre und Behandlung von Patienten mit nicht heilbaren, weit fortgeschrittenen Erkrankungen und begrenzter Lebenserwartung. Ihr Hauptziel ist die Verbesserung der Lebensqualität, im Gegensatz zur kurativen Medizin, die eine Heilung des Patienten anstrebt (vgl. Vollmann 2004).

Die empirischen Daten über die Einstellung der deutschen Bevölkerung zur Tötung auf Verlangen variieren laut Vollmann erheblich in Abhängigkeit von Art und Umfeld der Fragestellung, Gruppe der Befragten, Zeitpunkt der Befragung und Auftraggeber der Untersuchung. Im Jahr 2000 befürworteten 81% der Bevölkerung in einer Forsa-Umfrage im Auftrag der Gesellschaft für Humanes Sterben die Tötung auf Verlangen. Bei einer Emnid-Umfrage im Auftrag der Deutschen Hospiz Stiftung befürworteten im selben Jahr jedoch nur 35,4% (1997 noch 41,2%) der Befragten eine aktive Beendigung des Lebens von unheilbar Kranken auf deren Wunsch. Hier bezog sich die Tötungssituation auf Verlangen aber, im Gegensatz zur Ersteren, auf die Befragten selbst, und zwar nachdem sie über palliative Behandlungsmöglichkeiten informiert worden waren (vgl. Vollmann 2004). Grundsätzlich scheint sich die Einstellung der Bevölkerung aber in Richtung auf mehr Selbstbestimmung des Individuums und mehr Toleranz hin zu bewegen.

Von der aktiven Sterbehilfe zu unterscheiden ist die *Beihilfe zur Selbsttötung* («Assisted Suicide»). Häufig wird in diesem Zusammenhang im Deutschen auch vom Selbstmord gesprochen, welcher etwas Negatives zu suggerieren scheint («Mord»). Auch das scheinbar neutrale, im Französischen entstandene Kunstwort des 17. Jahrhunderts «Suizid» bedeutet übersetzt nichts anderes als Selbst«schlachtung». So erklärt die eine Seite der Bevölkerung auch den Suizid zum schlimmsten aller Verbrechen entsprechend Dantes Vision des fünften Höllenkreises, wo die Selbstmörder auf stachelige Bäume verbannt werden. Die andere Sicht spricht demgegenüber vom «Freitod» und dem höchsten Erweis von Selbstbestimmung und Autonomie des Individuums. Letztendlich geht es bei der Diskussion um die Frage, ob die Grundfreiheit des Lebens und Sterbens höher als die ärztliche Verpflichtung zum gesundheitlichen Wohl des Kranken wiegt (vgl. Radnitzky 2004, Schüttauf 2003, Vollmann 2004).

Im medizinischen Zusammenhang sind ärztliche Maßnahmen, welche mit der Beihilfe zur Lebensbeendigung in Verbindung gebracht werden, jene, die darauf ausgerichtet sind, dem Patienten die Selbsttötung zu ermöglichen oder zu erleichtern. Die «Tötung auf Verlangen» wird nach dem deutschen §216 StGB als milder zu beurteilender Fall der vorsätzlichen Tötung verfolgt. Liegt die Entscheidung und der Ablauf der Tötung in den Händen des Patienten, besteht also eine «bloße

Suizidteilnahme», sind entsprechende Maßnahmen in der Regel juristisch nicht strafbar (ähnlich der Schweiz, wenn selbstsüchtige Beweggründe ausgeschlossen sind), kann mit Hinweis auf unterlassene Hilfeleistung bzw. Garantenpflicht der Ärzteschaft (§323c StGB, §13 Abs. 2 StGB) jedoch strafrechtlich verfolgt werden (vgl. Schüttauf 2003). In den bundesdeutschen Fällen «Wittig» bzw. «Hackethal» der 80er-Jahre des 20. Jahrhunderts blieben die unterlassene Hilfeleistung nach einem Suizidversuch bzw. die Suizidhilfe auch straffrei (vgl. Schüttauf 2003, Roxin 1999, Wolfslast/Conrads 2003). Standesrechtlich wird jedoch ein derartiges Verhalten nicht akzeptiert. Ebenfalls als widersprüchlich zum ärztlichen Behandlungsauftrag und dem Hippokratischen Eid wird die bloße Herausgabe einer Anleitung zur Selbsttötung gesehen. Da allerdings Selbsttötung nicht im Gegensatz zum geltenden Recht steht, ist auch sie in Deutschland juristisch nicht strafbar.

Als Besonderheit der deutschen Diskussion zum assistierten Suizid kann gesehen werden, dass Erkenntnisse und Erfahrungen des Auslands bisher nur wenig einbezogen wurden und eine öffentliche Thematisierung weitgehend ausblieb. Die Öffentlichkeit beschäftigt sich vor allem mit der Frage nach der Relevanz des Patientenwillens bei entscheidungsunfähigen Patienten, der Bedeutung von Patientenverfügungen und des Kriteriums der Todesnähe (vgl. Nationaler Ethikrat 2003 und 2004, Enquetekommission des Deutschen Bundestages 2004). Diese Zurückhaltung bezüglich einer öffentlichen Debatte zu Fragen des assistierten Suizids ist allerdings gerade im Kontext der historischen Erfahrung mit der Vernichtung von psychisch kranken Patienten und geistig behinderten Menschen unter der Bezeichnung «Euthanasie» durch Ärzte im Nationalsozialismus nachvollziehbar: Gerade im Wissen um die systematische Vernichtung von menschlichem Leben, das von den Nazis als «unwert» eingestuft wurde, möchte soweit wie eben nur möglich eine Fremdbewertung der verbliebenen Lebensqualität von Schwerstkranken vermieden werden.

Im Falle einer gesetzlichen Freigabe der aktiven Sterbehilfe in Deutschland würde als Voraussetzungen einzig der eindeutige Wille eines Todkranken, das sichere ärztliche Urteil und die garantierte Abwesenheit jeglicher Fremdbestimmung den Verdacht vermeiden können, wir hätten unsere düstere politische Vergangenheit vergessen. Die Anerkennung des Willens des Patienten – seine Autonomie – sollte Richtschnur für jedes ärztliches Handeln sein (vgl. Grundsätze des Bundesärztekammer zur ärztlichen Sterbebegleitung 1998). Intensivmedizinische Entscheidungen über Therapie(-begrenzung) sind vom informed consent – der aufgeklärten Zustimmung – des Patienten abhängig. Durch vorwegnehmende, zukunftswirksame Verfügungen können persönliche Behandlungswünsche für bestimmte medizinische Situationen festgelegt werden. Eine Form der Willensbekundung stellt die Patientenverfügung dar. Darunter versteht man eine Willenserklärung, die eine entscheidungsfähige Person vorsorglich für eine Situation trifft, in der eine Entscheidung über eine medizinische Maßnahme notwendig wird, die Person selbst aber nicht mehr entscheidungsfähig ist. Eine Patientenverfügung kann festhalten, welche Maßnahmen in bestimmten Situationen zu ergreifen oder zu unterlassen sind. Sie kann auch lediglich Gesichtspunkte benennen, die andere (z.B. Ärzte, Pflegekräfte, Angehörige, gesetzliche Vertreter, Bevollmächtigte) bei der Ermittlung des mutmaßlichen Willens berücksichtigen sollen (Nationaler Ethikrat 2005). Liegt keine Vorausverfügung vor, entscheidet der «mutmaßliche» Wille des Patienten. Außenstehende (vor allem Familienangehörige) müssen versuchen, Wertüberzeugungen und Lebenseinstellungen des Patienten mit den anstehenden Behandlungsentscheidungen in Verbindung zu bringen; eigene Interessen und Emotionen müssen zurückgestellt werden.

Angesichts der nationalsozialistischen Vergangenheit Deutschlands ist eher eine breite Diskussion über die ärztlich assistierte Suizidhilfe als über die aktive Sterbehilfe zu erwarten. Im Zuge der anstehenden Diskussion darf nicht vergessen werden, dass es primär gilt, Schmerzen und Leiden zu lindern, die bestmögliche Lebensqualität der Patienten sowie Unterstützung der Angehörigen zu gewährleisten, Selbstbestimmung und Persönlichkeit des Sterbenden zu achten, zwecklosen diagnostischen und therapeutischen Aktivismus zu vermeiden und, vor allem, Sterbende nicht alleine zu lassen, sondern ihnen bis zum Schluss beizustehen.

Literatur

Enquetekommission des Deutschen Bundestages «Ethik und Recht der modernen Medizin» (2004): Zwischenbericht Patientenverfügung. BT-Drs. 15/3760.

Grundsätze der Bundesärztekammer zur Sterbebegleitung (1998). In: Deutsches Ärzteblatt 39: C1690–1691.

Nationaler Ethikrat (2003): Dokumentation der Veranstaltung des Nationalen Ethikrates vom 11.6.2003 zum Thema «Zwischen Fürsorge und Selbstbestimmung – Über die Grenzen von Patientenautonomie und Patientenverfügung» in Münster, www.ethikrat.org.

Nationaler Ethikrat (2004): Dokumentation der Veranstaltung des Nationalen Ethikrates vom 31.3.2004 zum Thema «Wie wir sterben» in Augsburg, www.ethikrat.org.

Nationaler Ethikrat (2005): Patientenverfügung – Ein Instrument der Selbstbestimmung, Stellungnahme. Berlin.

Pichlmayr, R. (1996): Leitlinie zum Umfang und zur Begrenzung der ärztlichen Behandlungspflicht in der Chirurgie. Deutsche Gesellschaft für Chirurgie. In: Langenbecks Archiv für Chirurgie 113(suppl.): 682–693.

Radnitzky, G. (2004): Freitod und letzte Hilfe – Das Recht auf sich selbst ernst genommen. In: Aufklärung und Kritik 2: 125–129.

Roxin, C. (1999): Zur strafrechtlichen Beurteilung der Sterbehilfe, München.

Schüttauf, K. (2003): Suizid im Recht. In: Brudermüller, G./Marx, W./Schüttauf, K. (Hrsg.): Suizid und Sterbehilfe. Königshausen & Neumann, Würzburg, 81–100.

Vollmann, J. (2004): Sterbebegleitung. Gesundheitsberichterstattung des Bundes/Robert Koch-Institut, Berlin/Bonn.

Wolfslast, G./Conrads, C. (2001): Textsammlung Sterbehilfe. Springer Verlag, Heidelberg.

Chapitre 17

Implications éthiques de la fin de vie, le point de vue français

Sadek Beloucif

Introduction

La question de la mort est par essence difficile et éminemment personnelle. Si chacun de nous a la certitude de devoir un jour aller vers ce «grand passage», les progrès de la médecine et de la technique font que nous pouvons tous craindre un jour d'être dépossédés de notre mort, ou du moins de ne pouvoir partir tranquillement, sans souffrance et entouré des siens. On estime actuellement que 70% des français meurent à l'hôpital, et les 10% en moyenne de lits de réanimation

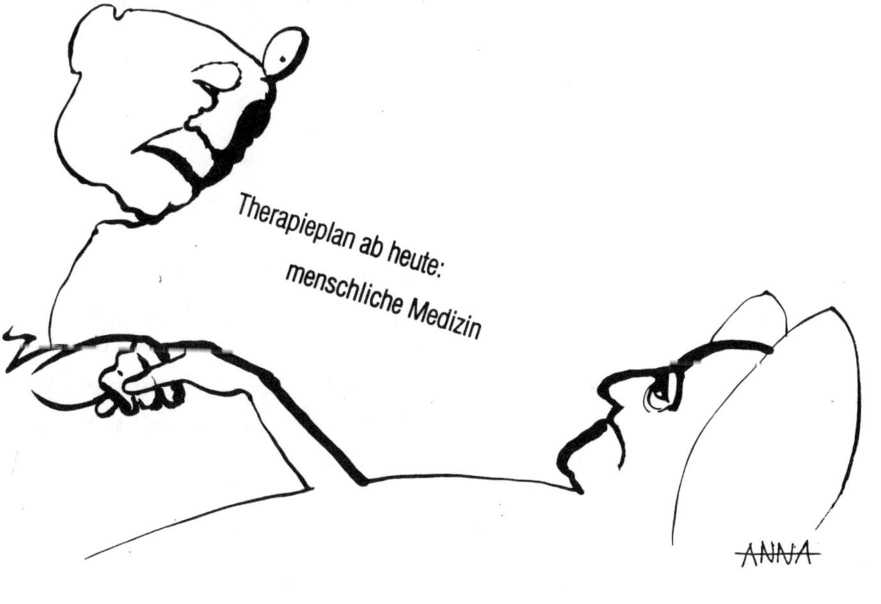

étant le lieu de la moitié des décès hospitaliers. Parmi ces décès hospitaliers en réanimation, près de la moitié ont pu être précédés d'une phase de limitation ou de retrait des thérapeutiques actives. Si tous ces chiffres peuvent être vécus comme trop froids, techniques ou humainement dangereux, la communauté médicale peut se réjouir de voir maintenant une attention accrue à ces questions.

La question de la fin de vie en réanimation fait l'objet d'une place de plus en plus importante pour les soignants. L'intérêt sur le sujet a pu en son temps être stimulé avec la publication en 2000 de l'avis n° 63 du Comité consultatif national d'éthique sur fin de vie, arrêt de vie et euthanasie (CCNE 2000), mais la difficulté de la question est telle qu'elle est débattue depuis de temps immémoriaux. La technologie moderne a réintroduit le fait que la mort (et le mourir) étaient plus un processus qu'un événement. Avec un fort pourcentage de décès survenant à l'hôpital, la médicalisation de la mort peut entraîner des tensions au sein de la population entre trois éléments clefs: la vie (avec sa signification et sa valeur), la dignité et la solidarité (ou l'empathie). Les progrès de la réanimation repoussent les limites de la mort, mais ces traitements ont également parfois pour conséquence de prolonger la vie de personnes atteintes de séquelles redoutables qui entravent la qualité de leur existence. Ces circonstances extrêmes, aux limites de la vie et des possibilités thérapeutiques, expliquent les débats et controverses suscités sur ce sujet.

I. Les termes du débat

Alors qu'un consensus sur ces questions difficiles serait pourtant nécessaire au sein de la population, une attention particulière devrait être exercée pour essayer de lutter contre différentes hypocrisies telles que baser des opinions sur le coût pour la société (les trois derniers jours de vie d'un patient à l'Hôpital correspondent à l'équivalent des dépenses de santé des 30 années précédentes). L'environnement et la prise en charge des personnes en fin de vie se sont améliorés avec le temps puisque les requêtes d'euthanasie ne sont maintenant plus isolées et s'associent à la question de l'accompagnement des personnes en fin de vie. Les évolutions sont également assez rapides dans le milieu soignant. Ainsi, l'enquête Lataréa développée par Ferrand et al. en 2001 indiquait que l'âge des patients était, dans 34% des cas, un facteur pouvant conduire à un processus de limitation ou d'arrêt des traitements (Ferrand et al. 2001), alors que ce pourcentage tombe deux ans plus tard à 0,8% pour les médecins dans l'étude Ressenti du même investigateur principal (Ferrand et al. 2003).

Une autre difficulté est représentée par une approche utilitaire (ou utilitariste) de la théorie du double effet. Appliquée aux antalgiques, elle est parfois simplement prise comme un prétexte pour terminer une vie par administration de doses inappropriées de morphiniques. La plus grande implication des soignants tentant d'améliorer le soin et l'accompagnement s'est accompagnée d'une réévaluation de la théorie du double effet. On sait maintenant qu'il n'est pas nécessaire d'invoquer cette théorie lorsque l'on prescrit de la morphine à des fins palliatives, point conforté par une récente méta-analyse sur le sujet. Ces auteurs précisent même:

> Exagérer leur implication perpétue un mythe qu'un contrôle satisfaisant des symptômes en fin de vie est inévitablement associé à une mort hâtée. Le résultat peut être une défiance envers l'utilisation de médicaments pouvant assurer un confort et une insuffisance à pouvoir fournir un soulagement adéquat à un groupe de patients très vulnérables. (Sykes et Thorns 2003)

Il existe donc une nouvelle attention sur le soin aux mourants, d'abord et maintenant vu comme un processus (le mourir) et non comme un fait, alors que l'euthanasie n'est pas considérée comme un acte médical. Cette attention s'accompagne d'une discussion sur le rôle des autorités de justice et des autorités publiques pour déterminer si cette question doit être laissée sur une base individuelle ou discutée à l'échelon national. Dans cette optique, la notion de «transgression» avec son élément émotionnel doit être envisagée à la lumière de la distinction entre la justice et l'autonomie d'une part et la distinction entre la justice et la distribution juste des ressources (équité) d'autre part.

Les avancées éthiques indiscutables incluent l'amélioration du soin et de la communication avec le patient. Les décisions médicales sur le sujet devront également voir plus d'attention portée à la distinction entre la «sédation palliative» et la «sédation terminale» en utilisant des nouvelles molécules, de même qu'une clarification de la distinction entre restriction et retrait des traitements est souhaitable. Dans cette situation (comme dans d'autres) le concept de proportionnalité adéquate (quelle justice dans la distribution des ressources médicales?) peut aider à résoudre des questions telles que celles du caractère «adéquat» de la nutrition artificielle et de l'hydratation. Ces discussions en fait ne peuvent faire l'impasse sur l'importance de la reconnaissance de la «dimension spirituelle» de la vie au sens large (ce qui inclut la religion) au moment de la fin de vie. Cette terminologie semble plus appropriée (ou plus neutre...) que celles par exemple de «sacralité de la vie» ou de «révérence pour la vie», bien qu'il puisse être parfois difficile d'apprécier quand et comment la profession médicale devrait décider de ne pas effectuer d'acharnement. La possibilité d'obtenir un consensus est essentielle. Même si le vrai sens d'une vie «sacrée» reste inconnu, l'importance de pouvoir garantir que la vie ne soit pas *profanée* est unanime. Quelles que soient les cultures, les religions ou les croyances, le souci de voir un risque de profanation de la vie est un facteur unificateur face aux difficiles questions de la fin de vie et de l'euthanasie.

Avant d'envisager le cadre juridique français, il convient de s'entendre sur le mot «euthanasie», puis d'envisager la notion «d'exception», très débattue depuis l'avis du CCNE (2000).

L'absence de définition claire de l'euthanasie favorise la manipulation de certains résultats d'enquête, notamment par les médias. L'amalgame entre des actes parfaitement licites (abstention de thérapeutiques dénuées d'espoir raisonnable, parfois dénommée «euthanasie passive») et des actes qui ne le sont pas, tend à accréditer l'idée que l'euthanasie serait répandue, alors qu'il est impossible de quantifier un phénomène non préalablement défini avec précision.

«L'espace de débat sur l'euthanasie» initié par le Ministère de la justice français avant les débats parlementaires ne fournit pas de définition formelle mais indiquait:

> La notion d'euthanasie est susceptible de recouvrir des réalités très différentes:
> - l'arrêt des soins en fin de vie;
> - l'abstention volontaire par le corps médical de mettre en place des traitements dont la lourdeur paraît disproportionnée par rapport aux résultats qu'on peut en attendre;
> - le «suicide assisté». Un tiers, à la «demande» de l'intéressé et pour soulager ses souffrances, provoque la mort du malade;

- le droit à l'interruption de vie. Une personne en bonne santé anticipe les conditions dans lesquelles elle souhaite qu'il soit mis fin à sa vie (par exemple en cas de maladie très grave).

La première proposition ne correspond pas à l'euthanasie et ne nécessite pas de disposition législative particulière. On peut simplement noter que «les soins» sont probablement compris dans un sens étroit (celui de thérapeutiques actives destinées à prolonger la vie), alors que, dans leur sens habituel et large, les soins sont toujours poursuivis jusqu'à la fin (soins d'accompagnement, de prise en charge de la douleur, de l'anxiété voire de la dépression, d'hygiène et de confort de vie). L'arrêt de traitements curatifs n'est en effet pas synonyme d'abandon médical, mais de changement d'orientation de l'activité, vers des soins palliatifs.

De même, la seconde proposition n'est pas non plus de l'euthanasie, mais plutôt une prescription de l'article 37 du décret n° 95-1000 du 6 septembre 1995 portant Code de déontologie médicale, son non-respect pouvant s'apparenter à de «l'acharnement thérapeutique» ou à de «l'obstination déraisonnable».

La réponse à ces deux propositions rejoint l'avis du CCNE (2000) qui précisait:

> On ne cachera pas que, dans ces divers cas, la décision médicale de ne pas entreprendre une réanimation, de ne pas la prolonger ou de mettre en œuvre une sédation profonde – que certains qualifient parfois d'euthanasie passive – peut avancer le moment de la mort. Il ne s'agit pas d'un arrêt délibéré de la vie mais d'admettre que la mort qui survient est la conséquence de la maladie ou de certaines décisions thérapeutiques qu'elle a pu imposer. En fait, ces situations de limitations des soins s'inscrivent dans le cadre du refus de l'acharnement thérapeutique et ne sauraient être condamnées au plan de l'éthique. Sans soutenir la participation à un suicide assisté ou à une euthanasie active, l'acceptation de la demande de restriction ou de retrait des soins actifs de la part d'un patient adulte, pleinement conscient et justement informé semble valide selon le principe éthique d'autonomie.

La dernière proposition correspond au cas d'une personne faisant connaître à un proche les situations dans lesquelles elle préférerait qu'il soit mis fin à ses jours. Il est fréquent que les demandes, écrites ou verbales, faites lorsqu'elles ne risquent pas d'être rapidement suivies d'effet, soient remises en cause lorsque la question se pose réellement. Dès lors, seule l'expression de la volonté de la personne capable de l'exprimer, au moment où le problème se pose, peut éventuellement s'imposer. Ceci ne signifie pas pour autant que de telles demandes préalables ne doivent pas être entendues. L'expérience montre que l'expression de la confiance et de l'engagement demandé de manière solidaire au proche est généralement de l'ordre du: «si tu me vois dans tel état, sache que je considère que la vie ne vaut plus d'être vécue: tu feras pour moi comme s'il s'agissait de toi». Si la personne n'est ensuite plus en état de faire connaître sa volonté (parce qu'elle est dans le coma par exemple), la demande antérieure ne peut, à elle seule, être considérée comme appropriée à la situation présente, mais mérite d'être prise en compte, notamment dans les décisions médicales.

La définition retenue est donc la troisième: Un tiers, à la «demande» de l'intéressé et pour soulager ses souffrances, provoque la mort du malade. Il est à noter que cette définition ne comporte pas de tiers médecin, puisque le débat n'est en effet pas médical, mais «sociétal». Quelle que soit la décision du législateur, il importe qu'il ait conscience que la fonction du médecin dans la société ne saurait être de donner la mort. Il accompagne le patient, mais en aucune circonstance ne se substitue à celui-ci ou à une personne de confiance. Il est essentiel qu'aucun doute ne puisse s'instaurer dans la société à l'égard de la fonction du médecin ou du personnel soignant.

Toutefois, même si la question n'est pas principalement médicale, elle ne doit pas être éludée. Si la question était formulée: «faut-il autoriser l'euthanasie?», la réponse serait NON. La société a besoin de repères simples et le fait qu'elle sanctionne l'homicide en est un. Il existe en effet des risques importants que l'acceptation de l'euthanasie apparaisse comme un signal selon lequel la société trouverait là un moyen peu onéreux de résoudre des questions qui la dérangent. Ceci rejoint l'avis du CCNE (2000):

> Le Comité renonce à considérer comme un droit dont on pourrait se prévaloir la possibilité d'exiger d'un tiers qu'il mette fin à une vie. La valeur de l'interdit du meurtre demeure fondatrice, de même que l'appel à tout mettre en œuvre pour améliorer la qualité de vie des individus.

Mais la question pourrait être: «Peut-on autoriser une exception d'euthanasie?», renvoyant donc à l'expression utilisée par le CCNE (2000):

> L'acte d'euthanasie devrait continuer à être soumis à l'autorité judiciaire. Mais un examen particulier devrait lui être réservé s'il était présenté comme tel par son auteur. Une sorte d'exception d'euthanasie […]

De fait, cette expression est étroitement associée à celle «d'engagement solidaire» développée par le CCNE:

> Face à certaines détresses, lorsque tout espoir thérapeutique est vain et que la souffrance se révèle insupportable, on peut se trouver conduit à prendre en considération le fait que l'être humain surpasse la règle et que la simple sollicitude se révèle parfois comme le dernier moyen de faire face ensemble à l'inéluctable. Cette position peut être qualifiée d'engagement solidaire.

La notion d'engagement solidaire implique d'accompagner la personne, mais ne dit rien sur la question de la mort provoquée et la manifestation de la solidarité peut être beaucoup plus importante et durable lorsque ce pas n'est pas franchi. «L'engagement solidaire» évoqué par le CCNE est cependant une notion qu'il est humainement facile de comprendre. A l'inverse, «l'exception d'euthanasie» est une notion dont la logique n'est pas évidente lorsque la discussion porte sur l'opportunité d'une loi, alors qu'il a été préalablement admis que «la mort donnée reste, quelles que soient les circonstances et les justifications, une transgression». Ce trouble de la logique est bien réel, montrant à quel point la raison vacille face au désespoir humain: «Ce qui ne saurait être accepté au plan des principes et de la raison discursive, la solidarité humaine et la compassion peuvent le faire leur» (CCNE 2000). Mais, le débat portant sur une loi, posant dès lors une question de logique juridique et non pas d'éthique, il est impossible de ne pas poursuivre la réflexion. Le mot «exception» pourrait être compris comme: «dans des cas exceptionnels», au sens de: «très rares».

Cependant, si une loi était édictée, il serait impossible d'en limiter par avance l'application à un nombre prédéterminé de cas. Il n'en demeure pas moins qu'aujourd'hui la condamnation morale, en dehors de toute considération juridique, n'est pas unanime, loin de là, lorsque des personnes ont volontairement transgressé la loi au motif de soulager les souffrances d'un être cher. C'est ici un des aspects fondamentaux de la question: le fait d'admettre une «exception» est une position purement éthique, ce qui n'implique pas, bien au contraire, sa légalisation. Cette distinction est d'autant plus importante qu'il existe une «exception préjudicielle» dans le Code de procédure pénale (article 386), dont il est précisé qu'elle «n'est recevable que si elle est de nature à retirer au fait qui sert de base à la poursuite le caractère d'une infraction». Les médecins n'ont pas de légitimité particulière à discuter ce point, mais il est plus clair de préciser que ce n'est pas de ce type d'exception dont il était précédemment question. Il en résulte qu'il est logique que l'euthanasie demeure un acte sanctionné par la loi, et qu'un jury puisse prendre en considération les motifs humanitaires de la personne ayant commis l'infraction. La qualification comme «crime» d'un acte visant à soulager des souffrances peut cependant sembler hors de proportion avec le trouble créé à l'ordre social dans certains cas. Ce sentiment d'inadéquation a pu amener à la proposition d'une qualification juridique spécifique de l'euthanasie, assortie d'une moindre peine. La qualification juridique de l'euthanasie n'est cependant pas une mince difficulté et n'apparaît pas, à la réflexion, comme une solution appropriée. D'une part, une telle modification de la loi ne ferait que déplacer la problématique, l'éventualité d'un procès persistant, alors que c'est ce qui choque le plus les partisans d'une légalisation de l'euthanasie. D'autre part, la brèche ainsi ouverte dans l'édifice juridique actuel serait susceptible de le fragiliser de façon préjudiciable. En toute hypothèse, il y aurait lieu préalablement de connaître le nombre d'affaires ayant été traitées et leurs conséquences, pour s'assurer que le problème est bien réel dans notre société, et non pas une exagération destinée à faire avancer subrepticement d'autres idées, moins consensuelles.

II. Les aspects récents de la nouvelle loi relative aux droits des malades et à la fin de vie

Cette année, la loi relative aux droits des malades et à la fin de vie a été votée en première lecture par l'Assemblée Nationale puis par le Sénat. Dépassant les clivages traditionnels et tenant compte de manière humaine et cohérente des aspects les plus délicats des pratiques médicales, les parlementaires ont su définir les grandes orientations d'une approche française des droits de la personne malade en fin de vie. Chacun voudrait être certain de ne pas être soumis à des soins injustifiés ou disproportionnés qui compromettraient le sens qu'il entend conférer à sa vie mais aussi à sa propre conception de la dignité humaine. La loi du 4 mars 2002 relative aux droits des malades et à la qualité du système de santé témoignait déjà d'évolutions marquantes dans le respect du choix de la personne malade, y compris s'agissant de son refus d'un traitement, sans aborder pour autant de manière explicite la question de la limitation de traitements actifs lorsqu'ils s'avéraient «déraisonnables».

La loi relative aux droits des malades et à la fin de vie procède d'un principe général qui fixe l'interdiction d'une «obstination déraisonnable», ce qui permet d'évoluer d'un objectif curatif vers une option de soins palliatifs. Le dispositif préconisé apporte également des solutions concrètes aux différentes réalités auxquelles les personnes malades et les équipes soignantes peuvent être confrontées. Plusieurs situations sont ainsi envisagées. Elles tiennent compte de la capacité de discernement et donc de décision de la personne malade ou de son impossibilité de formuler des choix du fait d'un coma, et de l'évolution de sa maladie.

Les droits et les choix du malade sont reconnus et pris en compte à travers des dispositifs pratiques et cohérents. Si la personne n'est plus en mesure de communiquer directement avec l'équipe, la personne de confiance qu'elle aura désignée sera consultée et, le cas échéant, des directives anticipées qui auront pu être formulées dans un document écrit par la personne seront prises en compte. Dans le cas extrême où la survie ne tiendrait qu'au maintien d'une alimentation artificielle ou de tout autre traitement de suppléance, la personne malade pourra exiger leur arrêt et la dispensation de soins palliatifs afin de lui assurer sans souffrance une mort digne et accompagnée. Si une équipe médicale estime que le pronostic rend vaine la poursuite de soins actifs, leur limitation sera très encadrée et soucieuse, avant toute autre considération, de la volonté exprimée d'une manière ou d'une autre par la personne. La prise de décision relèvera des règles de la collégialité au sein de l'équipe soignante, prenant en compte l'information et la consultation des proches.

On en peut ainsi qu'espérer que la mise en application de la loi soit de nature à pacifier les relations entre soignants et soignés, et ainsi participer à la réalisation d'une véritable alliance thérapeutique. Au-delà de la trop médiatisée «exception d'euthanasie», le processus de maturation réalisé sur cette question rejoint sans doute l'esprit du texte du CCNE de 2000 lorsqu'il mettait en exergue la notion de compassion et d'engagement solidaire. Ainsi, ce texte indiquait:

> […] la mort fait encore partie de la vie d'une certaine manière. Elle l'achève et la clôture et lui permet d'arriver à une forme d'unité. L'identité d'une personne n'est en effet jamais définie tant qu'elle n'est pas close. Et le pouvoir mystérieux de la mort tient dans le fait que, tout en mettant fin à la vie (en l'anéantissant, hors toute perspective de foi), il lui donne pourtant valeur et sens. La scansion et la sanction de la mort forment les conditions d'existence du temps humain lui-même.
>
> Une pratique médicale qui ne serait attachée qu'au principe impersonnel et dépersonnalisant de la technique, comme à l'utopie d'une vie sans fin, n'entrerait-elle pas alors en conflit avec ces autres valeurs fondamentales de l'existence humaine que sont la vulnérabilité, le sens de la fin, l'autonomie et la dignité? (CCNE 2000)

La proposition de loi a ainsi apporté une clarification salutaire de l'encadrement juridique des pratiques médicales. Le code pénal ne mentionne ni le décès par refus d'acharnement thérapeutique, ni l'euthanasie, qui entrent cependant dans le champ des articles 221-1 (le fait de donner volontairement la mort à autrui constitue un meurtre puni de 30 ans de réclusion criminelle), 221-3 (assassinat, ou meurtre commis avec préméditation) et 223-6 (omission de porter secours à personne en péril). Dans le cas de la non-assistance à personne en péril, incriminable aux yeux de la loi, la jurisprudence judiciaire semble reconnaître la distinction entre le refus d'assistance (coupable), et la décision d'abstention de soins jugés inutiles. Ainsi,

> un médecin dont l'intervention urgente a été sollicitée est seul apte à juger du caractère médicalement utile des actes de réanimation […] la décision de ne pas pratiquer de tels actes n'est pas constitutive du défaut de secours mais le cas échéant d'erreur de diagnostic, même si par ailleurs le caractère utile n'est pas exigé dans l'incrimination d'abstention de porter secours. (CA Grenoble 1994)

Le texte de la loi rapportée par M. Leonetti envisage schématiquement quatre grandes situations possibles, en distinguant tout d'abord le cas du patient en fin de vie et le cas du patient qui n'est pas en fin de vie, et à chaque fois la situation où le patient est conscient et celle où il est inconscient.

Ainsi,

a) Si le patient est *en fin de vie et conscient*, et décide de limiter ou arrêter tout traitement, le médecin voit deux obligations s'imposer à lui: d'une part respecter la volonté du patient après l'avoir informé des conséquences de son choix (cette décision devant être inscrite dans son dossier médical) et d'autre part, sauvegarder la dignité du mourant et assurer la qualité de sa fin de vie en dispensant des soins palliatifs (comme l'impose le Code de Déontologie). Ce pourrait ainsi être le cas de la «nième cure de chimiothérapie», refusée délibérément par un patient pleinement responsable et ayant reçu de la part de son médecin les explications détaillées des conséquences de son choix.

b) Si le patient est *en fin de vie et inconscient*, la décision médicale doit se faire en obéissant au «double souci de collégialité dans la concertation et de transparence». Cette concertation se fait avec la recherche de l'avis d'une personne de confiance désignée antérieurement, et dont l'avis prévaut sur tout autre avis non-médical dans les décisions (d'investigation, d'intervention ou de traitement) prises par le médecin. Elle se fait également en tenant compte, pour toute intervention médicale, des souhaits exprimés précédemment par la personne en prévision d'un jour où elle pourrait être hors d'état d'exprimer sa volonté. Ces «directives anticipées», révocables à tout moment, concernent notamment les conditions de la limitation ou de l'arrêt de traitement. En cas de décision médicale de limitation ou d'arrêt d'un traitement «inutile ou impuissant à améliorer l'état du malade», celle-ci ne peut être conduite qu'après avoir respecté une procédure collégiale, consulté la personne de confiance, la famille et, le cas échéant, les directives anticipées du patient. Là encore, le médecin doit sauvegarder la dignité du mourant et assurer la qualité de sa fin de vie en dispensant les soins palliatifs.

La logique ici est bien celle d'une lutte contre l'acharnement thérapeutique, comme l'indiquait déjà l'article 37 du Code de déontologie médicale («en toutes circonstances, le médecin doit s'efforcer de soulager les souffrances de son malade, l'assiste moralement et évite toute obstination déraisonnable dans les investigations et la thérapeutique»). Le texte de loi améliore la volonté de lutte contre l'obstination déraisonnable, ce qui a conduit le Conseil national de l'Ordre des médecins à proposer une reformulation du libellé de cet article 37 (à la suite des travaux de la Mission d'information sur l'accompagnement de la fin de vie):

> En toutes circonstances, le médecin doit s'efforcer de soulager les souffrances du malade, les traiter par des moyens proportionnés à son état et l'assister moralement. Il doit éviter toute obstination déraisonnable dans les investigations ou la thérapeutique et peut se limiter aux seuls soins palliatifs lorsque la synthèse des éléments cliniques et para cliniques montre que poursuivre les soins ou en entreprendre d'autres ne peut plus bénéficier au malade et aurait pour seule conséquence de le maintenir artificiellement en vie.

c) Si le patient *n'est pas en fin de vie et est conscient*, et si sa volonté de refuser ou d'interrompre son traitement met sa vie en danger, le médecin doit tout mettre en œuvre pour le convaincre d'accepter les soins indispensables, au besoin en faisant appel à un autre médecin. Cependant, si, après un «délai raisonnable», le malade réitère sa décision, alors cette dernière, inscrite dans son dossier médical, doit prévaloir sur la décision qu'aurait été celle du médecin. En autorisant le malade conscient à refuser *tout* traitement, le dispositif admet le droit au refus à l'alimentation artificielle, considérée comme un traitement. En effet, l'article 3 de cette loi relative aux droits des malades et à la fin de vie modifie l'article L. 1111-4 du code de santé publique en substituant les mots «tout traitement» aux mots «un traitement», cet article devenant:

> Toute personne prend, avec le professionnel de santé, compte tenu des informations et des préconisations qu'il fournit, les décisions concernant sa santé. Le médecin doit respecter la volonté de la personne après l'avoir informé des conséquences de son choix. Si la volonté de la personne de refuser ou d'interrompre tout traitement met sa vie en danger, le médecin doit tout mettre en œuvre pour la convaincre d'accepter les soins indispensables. Aucun acte médical ni aucun traitement ne peut être pratiqué sans le consentement libre et éclairé de la personne et ce consentement peut être retiré à tout moment.

d) Si le patient *n'est pas en fin de vie et est inconscient*, l'arrêt ou la limitation de traitements susceptibles de mettre la vie du patient en danger ou de l'abréger ne peuvent être réalisés qu'avec une procédure collégiale incluant la consultation de la personne de confiance, de la famille ou à défaut d'un des proches. Ces dispositions, largement commentées, reconnaissent de nouveaux droits aux malades (procédures relatives à la limitation ou à l'arrêt de traitement, directives anticipées et reconnaissance du rôle de la personne de confiance), l'aidant ainsi à mieux préparer sa mort, mais exigent en même temps également plus de transparence et de collégialité de la part des médecins dans leurs procédures, garantissant les bonnes pratiques. Le but du législateur était, par là même, de «contribuer à renouveler et à enrichir cette relation fondamentale de confiance entre le patient, sa famille et le médecin, qui doit rester au cœur de notre société».

Conclusion

Environ 70% des décès ont lieu à l'hôpital, ce qui, sans s'arrêter sur les causes, impose deux observations. La première est qu'il existe de moins en moins de «rites», tant familiaux que sociaux, entourant le passage de la vie à la mort, alors que l'importance de ces rites est incontestable. La seconde est que le personnel hospitalier est confronté à ce problème sans généralement avoir reçu de formation particulière, médicale ou paramédicale. Le fait d'en débattre est essentiel et, pour ce faire, l'Assemblée nationale est un lieu hautement symbolique particulièrement bienvenu. Mais ce débat doit exister au sein des sociétés savantes, des établissements, des services, le sentiment d'isolement pouvant jouer un rôle dans la brutalité de certaines décisions. Ces espaces de discussion méritent d'être organisés. Et la principale question n'est pas: peut-on donner la mort? Elle est: comment accompagner dans la dignité la personne qui ne veut plus vivre ainsi?

Références

CA Grenoble. 30 septembre 1994 (sur renvoi de Cass. crim., 3 février 1993, Juris-Data n° 002828), Juris-Data n° 045899; CA Aix-en-Provence, 16 juin 1995, Juris-Data n° 045725 Médecin appelé en urgence auprès d'un malade atteint du SIDA en phase terminale qui décide de recourir au SAMU pour une hospitalisation en raison d'une impossibilité materielle à soigner.

CCNE (2000): Fin de vie, arrêt de vie, euthanasie. In: Les Cahiers du CCNE 23: 3–20. Avis n° 63, disponible sur http://www.ccne-ethique.fr.

Ferrand, E./Robert, R./Ingrand, P./Lemaire, F., for the French LATAREA group (2001): Withholding and withdrawal of life support in intensive-care units in France: a prospective survey. In: Lancet 357: 9–14.

Ferrand, E./Lemaire, F./Regnier, B. et al. (2003): Discrepancies between perceptions by physicians and nursing staff of intensive care unit end-of-life decisions. In: Am J Respir Crit Care Med 1667: 1310–1315.
Sykes, N./Thorns, A. (2003): The use of opioids and sedatives at the end of life. In: Lancet Oncol 4: 312–318.

III Perspektiven

Kapitel 18

Suizidbeihilfe und das Recht auf Selbstbestimmung

Klaus Peter Rippe[1]

1. Zwei Perspektiven

Im internationalen Kontext ist die Schweizer Rechtspraxis in zwei Beziehungen ein Sonderfall.

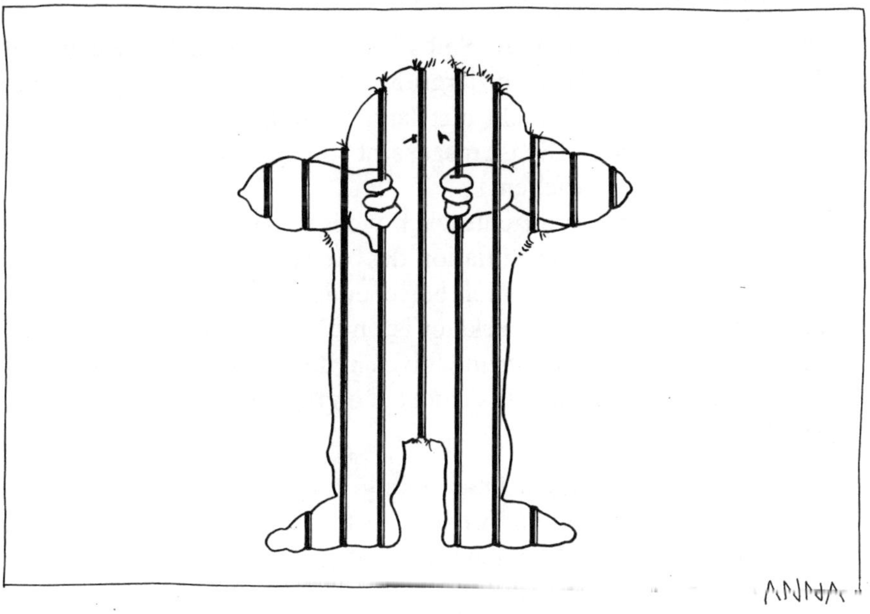

1 Dieser Beitrag präsentiert leicht überarbeitet jene allgemeinen ethischen Überlegungen, die in dem Gutachten «Urteilsfähigkeit von Menschen mit psychischen Störungen und Suizidbeihilfe» (Rippe et al. 2004) zugrunde liegen. Ich danke den Mitautoren Christian Schwarzenegger, Georg Bosshard und Martin Kiesewetter für ihre Beiträge, die mir halfen, meine eigene ethische Position klarer zu formulieren.

- Die Schweizer Rechtspraxis fokussiert auf Beihilfe zur Selbsttötung.[2] In den meisten europäischen Ländern wird vorrangig über die Straffreiheit der aktiven Sterbehilfe – also über eine Lockerung des Fremdtötungsverbots – diskutiert.
- Die Schweiz ist eines der wenigen Länder, in denen bei der Suizidbeihilfe Nicht-Mediziner massgeblich beteiligt sind, und dies, obwohl eine solche Teilnahme Dritter auch in anderen Ländern straffrei möglich ist (etwa in Deutschland oder Frankreich). Die weltweite Diskussion zur Suizidbeihilfe beschäftigt sich dagegen mit dem ärztlich-assistierten Suizid. Insbesondere in den Vereinigten Staaten gibt es in verschiedenen Bundesstaaten Gesetzesinitiativen, den ärztlich-assistierten Suizid straffrei zu ermöglichen. Seit 1997 ist ärztlich-assistierter Suizid im Bundesstaat Oregon möglich.

Diese Differenz ist bedeutsam, da man die Thematik der Sterbehilfe aus zwei Perspektiven betrachten kann.

- Die erste Perspektive stellt Selbstbestimmung und das Recht auf den eigenen Tod in den Vordergrund. Beihilfe zum Suizid ist unter diesem Gesichtspunkt nicht nur dann erlaubt, wenn eine terminale Erkrankung vorliegt. Sie ist insgesamt straffrei, sofern keine eigennützigen Motive vorliegen.
- Die zweite Perspektive richtet sich weniger auf ein Recht auf den eigenen Tod als auf die Situation des Arztes. Hier geht es um den (vermeintlichen oder wirklich bestehenden) Widerspruch, dass inaktive direkte Sterbehilfe erlaubt ist, nicht aber die aktive. Ethisch steht die Frage im Vordergrund, ob es in der Situation krankheitsbedingten schweren Leides ein Gebot der ärztlichen Fürsorge sein kann, den Tod herbeizuführen

Auch wenn rechtshistorisch Überlegungen der Freundespflicht dazu führten, dass in der Schweiz Suizidbeihilfe straffrei möglich ist, folgt die derzeitige Schweizer Rechtspraxis weitgehenden Überlegungen der ersten Perspektive. Im Folgenden werde ich dafür argumentieren, dass es gute Gründe gibt, Suizidbeihilfe auch weiterhin in dieser Weise zu regeln.

2 Die Initiative Cavalli, welche die Straffreiheit der Tötung auf Verlangen fordert, stellt hier die Ausnahme dar. Sie knüpft denn auch eher an die niederländische Rechtspraxis an.

2. Zwei ethische Positionen zur Zulässigkeit der Suizidbeihilfe

Nur wenige Autoren vertreten heute explizit die Auffassung, dass Suizid moralisch absolut verboten ist. Ob Beihilfe zum Suizid moralisch zulässig ist, ist ethisch wesentlich stärker umstritten. Allerdings werden auch gegenüber der Beihilfe zum Suizid selten grundsätzliche Einwände erhoben. Es werden vielmehr konsequentialistische Bedenken vorgebracht, welche vor Missbrauch und anderen Gefahren warnen (sogenannte Slippery Slope-Argumente).

Befürworter der Beihilfe zum Suizid vertreten zwei Positionen. Die erste bezieht sich auf die Ausnahmesituation terminal Kranker, die zweite betont das Recht auf Selbstbestimmung.

Die Ausnahmesituation terminal Kranker

Die erste Position vertritt die Auffassung, Sterbehilfe könne nur in der Ausnahmesituation der Sterbephase legitim sein. Im Gegensatz zur später vorzustellenden Selbstbestimmungsposition findet Sterbehilfe nach dieser Auffassung einzig im medizinischen Rahmen einen Platz.

Für diese Position werden folgende Argumente vorgebracht:

- Bei Sterbehilfe ausserhalb der Sterbephase geht es darum, Leben abzukürzen oder zu beenden, innerhalb der Sterbephase aber darum, ein Sterben abzukürzen, nachdem der Tod sich bereits angekündigt hat. Beschränkt sich Sterbehilfe auf die Sterbephase, kann das Tabu des Tötungsverbots weiter aufrechterhalten werden.
- In der Betreuung von Patienten am Lebensende kann es für Ärzte zu einer Notsituation kommen. Auf der einen Seite haben sie eine Verpflichtung zur Heilung, Linderung und Begleitung des Sterbenden, auf der anderen Seite appelliert ein Patient, der um Suizid bittet, zugleich an ihre Fürsorgepflicht. In Situationen, in denen Schmerzerlösung das grösste Gut darstellt, könnte ein Arzt sich gedrängt sehen, den Tod herbeizuführen, um das Leid zu beenden.

Stützt sich diese Position auf diese Argumente, ist sie folgenden Einwänden ausgesetzt:

- Das Recht auf Selbstbestimmung des Patienten ist für diese Position ohne Bedeutung. Ebenso ohne Bedeutung ist die Unterscheidung von Eigen- und Fremdtötung. Konstitutiv für die Legitimität der Suizidbeihilfe ist der Beginn der Sterbephase oder das Vorliegen einer Dilemmasituation, in der Tötungsverbot und Fürsorgegebot in unterschiedliche Richtungen weisen. Unter diesen Voraussetzungen wären Beihilfe zum Suizid, Töten auf Verlangen und Tötung ohne Zustimmung des Betroffenen moralisch gleich zu bewerten, sofern sie innerhalb der Sterbephase geschehen. Diese Gleichbeurteilung ist aber ethisch nicht einsichtig.
- Als moralisch relevante Unterschied wird nicht jener zwischen Eigen- und Fremdtötung angesehen, sondern jener, ob die Sterbephase begonnen hat oder nicht. Wenn dies aber so genommen wird, ist fraglich, ob das Tötungstabu nicht doch untergraben wird. Gewisse Tötungen – vielleicht sogar Tötungen durch die Hand anderer – werden schliessen moralisch akzeptiert.
- Wird jedoch das Recht auf Selbstbestimmung betont, besteht kein plausibler Grund, die Beihilfe zum Suizid auf die Sterbephase zu begrenzen. Denn wieso sollte der Patientenwille nur in der Sterbephase beachtet werden, nicht aber auch in anderen Situationen?

Das Recht auf Selbstbestimmung

Für die zweite Position ist der Begriff der Autonomie der für die ethische Beurteilung von Suizid und Suizidbeihilfe zentrale Begriff.[3] Der Umstand, dass Personen autonom sind, ist aus ethischer Sicht Grund, sich ihnen gegenüber in bestimmter Weise zu verhalten.

Autonomie bezeichnet ein *moralisches Recht.* Dieses Recht schützt die menschliche Fähigkeit, die eigenen Überzeugungen und Interessen zum Ausdruck zu bringen. Es gestattet Menschen, ihr Leben eigenverantwortlich aufgrund ihrer besonderen Persönlichkeit zu führen. Sie haben das Recht, zentrale Fragen ihres eigenen Lebens selbst zu entscheiden, sofern sie durch ihr Handeln nicht die Freiheit anderer verletzen. Dem Einzelnen kommt auch – so das *Autonomie-Argument* –

3 Prominenteste Vertreter dieser Position sind die Verfasser des «Philosophers' Brief» (Dworkin et al. 1998).

die Freiheit zu, selbst wählen zu dürfen, wann und auf welche Weise das eigene Leben beendet wird. Bestandteil des Rechts auf Selbstbestimmung ist ein Recht auf den eigenen Tod.

Je nach Charakter, Wertüberzeugungen und individuellen religiösen Überzeugungen kommen Menschen zu unterschiedlichen Urteilen, ob sie angesichts bestimmter Krankheiten oder in bestimmten Lebenskrisen fortleben wollen. Wichtiger noch als die Frage, wie wir für uns selbst in solchen Situationen entscheiden, ist jedoch die Frage, ob wir Andersdenkende dazu zwingen dürfen, unseren eigenen Wertvorstellungen zu folgen. Die moderne Ethik verneint dies. *Im Zweifelsfalle* haben wir uns für das Leben zu entscheiden. Wissen wir jedoch, dass Personen ablehnen, in bestimmter Weise fortzuleben, haben wir dies zu respektieren oder zumindest zu tolerieren. Daraus folgt zweierlei: Urteile darüber, dass ein Leben lebenswert ist, können nicht aus objektiver Sicht gefällt werden. Wir dürfen damit nicht erlauben, dass menschlichem Leben ein Ende gesetzt wird, weil Betreuende, Angehörige, Ärzte oder «die Gesellschaft» es nicht für lebenswert halten. Aber wir dürfen auch nicht zulassen, dass ein Leben fortgesetzt werden muss, obwohl die betreffende Person explizit geäussert hat, so nicht leben zu wollen.

In der Regel wird dieses Argument durch zwei Überlegungen unterstützt:

- In einer pluralistischen Gesellschaft darf, so die Überlegung der politischen Philosophie, nicht der Staat entscheiden, ob Suizid zulässig ist oder nicht. In einer solch zentralen und stark durch religiöse und weltanschauliche Auffassungen beeinflussten Frage kann keine andere Instanz für den einzelnen entscheiden, was er oder sie zu tun hat. Dem einzelnen muss die Freiheit eingeräumt werden, seine eigenen weltanschaulichen und moralischen Überzeugungen zum Suizid umsetzen zu können.
- Analogieüberlegungen verweisen auf die allgemeinen Patientenrechte. In unserer Gesellschaft besteht weitgehend ein moralischer Konsens, dass Patienten das Recht haben, eine Behandlung und mögliche Therapien zu verweigern. Sie haben dieses Recht auch dann, wenn sie mit ihrer Entscheidung den Tod in Kauf nehmen. Wenn man aber ein Recht auf den Verzicht auf lebenserhaltende Massnahmen einräumt, muss man Personen analog auch das Recht ein-

räumen, angesichts einer schweren Erkrankung das eigene Leben zu beenden.

Wird Suizid allein als Ausdruck der Selbstbestimmung betrachtet, korrespondiert der Freiheit, Art und Zeitpunkt des eigenen Todes zu bestimmen, keine moralische Pflicht, Beihilfe zum Suizid zu leisten. Dies entspricht anderen aus der Selbstbestimmung erwachsenden Freiheiten (Reise- oder Religionsfreiheit); auch diesen korrespondiert keine Pflicht anderer zur Hilfeleistung. Ein Anspruch des Sterbewilligen auf Suizidbeihilfe besteht nicht. Aus ethischer Sicht ist das Recht auf den eigenen Tod kein Anspruchs-, sondern ein Freiheitsrecht. Wie bei anderen Freiheiten ist nur zu diskutieren, ob andere Personen oder der Staat eine Verpflichtung haben, die Handlungen zuzulassen.

Auch wenn es keine allgemeine Pflicht gibt, Suizidbeihilfe zu leisten, kann es aus ethischer Sicht in einigen Situationen zulässig sein, solche Beihilfe zu leisten. In bestimmten Situationen könnte sogar gerechtfertigt werden, dass eine Freundes- und Fürsorgepflicht besteht, Suizidbeihilfe zu leisten.

Gegen diese Position werden folgende Slippery Slope-Einwände vorgebracht:

1. Die Selbstbestimmung stösst dann an ihre Grenze, wenn die Freiheit anderer Personen verletzt ist. Durch eine Praxis der Suizidbeihilfe ist die Freiheit anderer insofern gefährdet, als sich Personen durch gesellschaftliche Erwartungshaltungen, anderen nicht zur Last zu fallen, dazu gedrängt fühlen könnten, um Suizidbeihilfe zu bitten.
2. Durch eine institutionalisierte Suizidbeihilfe ist das Tötungsverbot in Gefahr. Der Übergang von Beihilfe zum Suizid zur Tötung auf Verlangen ist fliessend. Wenn aber Tötung auf Verlangen eingeführt wird, wäre es nur ein Schritt zur aktiven Sterbehilfe ohne Einwilligung.

Slippery Slope-Argumente gelten in der Ethik-Diskussion freilich als notorisch schwache Argumente.

– Dies liegt *erstens* an der historischen Erfahrung im Umgang mit diesen Argumenten. Sie wirken retrospektiv wie Argumente, die vorgeschoben wurden, um eigentlich prinzipielle Argumente ge-

gen eine Praxus breiteren Bevölkerungskreisen zugänglich zu machen.
- *Zweitens* sind diese Argumente einer besonderen Begründungspflicht ausgesetzt. Von den Befürwortern solcher Argumente müsste plausibel gezeigt werden, dass die befürchtete Entwicklung eintreten wird. Der blosse Verweis auf die Möglichkeit einer Entwicklung reicht nicht aus. Der vermutete Dammbruch, dass eine allgemeine Erwartungshaltung entstehen könnte, welche Personen dazu *drängt,* Suizidbeihilfe zu erbeten, müsste daher weiter empirisch erhärtet werden. Dies ist insbesondere erforderlich, weil mit dem Recht auf Selbstbestimmung einer der wichtigsten moralischen Grundsätze freiheitlicher Gesellschaften involviert ist. Dieses Recht darf nur dann eingeschränkt werden, wenn eine Gefahr für das Leben anderer wirklich wahrscheinlich ist.
- Zudem verlieren Slippery Slope Argumente ihre Kraft, wenn institutionelle Möglichkeiten bestehen, der negativen Entwicklung entgegenzuwirken. Solche institutionellen Möglichkeiten bestehen aber im Falle der Suizidbegleitung. Rechtssprechung und -praxis können eine Ausdehnung auf die Tötung auf Verlangen verhindern. Man mag einwenden, dass solche institutionellen Möglichkeiten die Gefahr nicht gänzlich ausschliessen, dass Tötungen auf Verlangen geschehen. Allerdings ist auch nicht moralisch einforderbar, dass ein Nullrisiko besteht. Entscheidend ist, ob ein Dammbruch verhindert werden kann oder nicht.

3. Zum Begriff der Autonomie

In der Ethik-Diskussion geht man in der Regel davon aus, dass für die Frage des Suizids massgeblich ist, ob es sich eindeutig und zweifelsfrei um eine autonome Entscheidung handelt.

Notwendige Voraussetzung für die Legitimität der Beihilfe zur Selbsttötung ist, dass der Suizidwunsch von einer urteilsfähigen Person ausgesprochen wird und dass es sich um einen dauerhaften und überlegten Wunsch handelt. Beihilfe zum Suizid ist daher abzulehnen, wenn der Sterbewillige nur ungenügend in der Lage war, die für die

Frage des eigenen Todes relevanten Gesichtspunkte zu beurteilen, oder es sich um einen momentanen Verlust des Lebenswillens handelt.

Bestehen Zweifel an der Autonomie, gibt es eine moralische Pflicht zur Suizidprävention. Bestehen keine Zweifel, gibt es eine moralische Pflicht, den Suizid zu tolerieren. Vorrangig wird aber die Pflicht gesehen, die Autonomie der Entscheidung abzuklären und bei Vorliegen von Zweifeln an der Autonomie suizidpräventive Massnahmen zu ergreifen.

Der Begriff der Autonomie spielt in der Suizid-Diskussion damit auf zwei Ebenen eine Rolle.

1) Das Recht auf Autonomie

Auf der ersten, der grundsätzlichen Ebene, auf der sich Vertreter der Selbstbestimmungsposition bewegen, bezieht sich der Begriff der Autonomie auf das Recht, zentrale Fragen des eigenen Lebens selbst entscheiden zu können. Dass Menschen das Vermögen zur Autonomie haben, ist Voraussetzung, dass ihnen ein Recht auf Selbstbestimmung zukommt. Allein auf Grund dessen, dass Menschen die Fähigkeit zur Autonomie besitzen, haben wir im Umgang mit ihnen davon auszugehen, dass Entscheidungen über zentrale Fragen des eigenen Lebens von ihnen selbst – und von niemand anderem – getroffen werden sollten.

2) Die situative Handlungsautonomie

Auf der zweiten, der Anwendungs-Ebene, bezieht sich der Begriff der Autonomie darauf, ob die einzelne Entscheidung autonom ist. Es geht hier um Autonomie als Vermögen oder Fähigkeit. Diese Fähigkeit kann sowohl von Individuum zu Individuum wie auch in Individuen zu unterschiedlichen Zeitpunkten in grösserem oder kleinerem Grade vorhanden sein. In der Ethik-Diskussion wird hierfür teilweise auch der Begriff der Kompetenz (so massgeblich: Buchanan, Brock 1990: 17–86) verwendet. Juristisch müsste von Urteilsfähigkeit gesprochen werden.

Die *situative Handlungsautonomie* ist für die Frage relevant, ob Dritte Entscheidungen anderer, sich selbst zu schaden, tolerieren dürfen. Toleranz ist aus ethischer Sicht nur dann denkbar, wenn die betreffende Person in der Situation selbst

1. angemessen informiert ist
2. die Fähigkeit besitzt, die Situation und die Folgen ihrer Handlung zu verstehen (vgl. etwa Brock 1999: 138).
3. und auf Grund dieses Verstehens frei entscheidet (und nicht von Dritten beeinflusst wird).

Es geht nicht um absolute Autonomie. Zum einen ist unwahrscheinlich, dass jemand hinsichtlich seiner Lebenssituation, seiner Krankheit oder psychischen Störung vollkommen informiert ist. Zum anderen muss nicht angenommen werden, dass jemand in vollkommener Weise von Meinungen Dritter, Konventionen oder anderen äusseren Faktoren unbeeinflusst ist. Autonomie als Ideal ist für die Diskussion um Suizid bzw. Suizidbeihilfe nicht von Bedeutung. Bei der situationsbezogenen Handlungsautonomie geht es nur darum, ob in der jeweiligen Situation diese Fähigkeit, selbstbestimmt zu entscheiden, in hinreichendem Masse vorliegt.

In der Prüfung der situativen Handlungsautonomie geht es ferner nicht darum nachzuweisen, ob wirklich frei entschieden wurde. Ein solcher positiver Nachweis ist schwer möglich. Statt sich auf die höchst kontroverse Diskussion um Willensfreiheit einzulassen, ist es für diesen Kontext sinnvoller, jene Faktoren ins Auge zu fassen, die nach allgemeiner Auffassung das Fehlen der Autonomie (oder juristisch: Urteils*un*fähigkeit) begründen wie Zwang durch Dritte oder Alkoholkonsum.

Dauerhafte und wohlerwogene Entscheidungen

Was als hinreichend autonom bezeichnet werden kann, hängt von der Schwere der Entscheidung ab. Für irreversible Entscheidungen wie jene, auf eine lebensrettende Therapie zu verzichten, oder die Entscheidung für den Suizid sind die Anforderungen an die situative Handlungsautonomie besonders hoch.

Insbesondere ist es sinnvoll, hier als zusätzliches Kriterium einzuführen, dass es sich nicht nur um einen momentanen, sondern um einen *dauerhaften* Wunsch handeln sollte. Dies gilt vor allem für Suizidwünsche, da sich Sterbewünsche im generellen und bei Menschen mit psychischen Störungen im besonderen durch hochgradige Instabilität auszeichnen. Rund 80% der Personen, die einen Suizidversuch überlebt haben, würden die Tat nicht wiederholen. Allein kurzfristigen Wünschen nachzugeben, ist daher moralisch falsch.

Zudem ist zu prüfen, ob es sich um einen *wohlerwogenen* Entschluss handelt. Ein wohlerwogenes Urteil liegt – über die oben aufgeführten Bedingungen situativer Handlungsautonomie hinaus – dann vor, wenn die betreffende Person

1. ihre Situation angemessen versteht und beurteilt
2. ihre wichtigsten zukünftigen Möglichkeiten kennt und zu einem angemessenen Urteil über deren Eintrittswahrscheinlichkeit gelangt ist
3. diese Möglichkeiten vor dem Hintergrund ihrer persönlichen Erfahrungen und Wertüberzeugungen geprüft hat.

In Bezug auf Suizidwünsche somatisch kranker Menschen hiesse dies, dass ein wohlerwogenes Urteil unter anderem verlangte, dass die sterbewillige Person

1. ihre Diagnose und ihre Lebenssituation angemessen versteht und beurteilt
2. ihre wichtigsten zukünftigen Möglichkeiten (inklusive weiterer therapeutischer und palliativer Optionen) kennt und zu einem angemessenen Urteil über deren Eintrittswahrscheinlichkeit gelangt ist
3. die Optionen vor dem Hintergrund ihrer Erfahrungen und persönlichen Wertüberzeugungen geprüft hat.

4. Zur Beurteilung von Suizid und Suizidbegleitung bei Menschen mit psychischen Störungen

Im Kontext dieses Expertenberichts sind folgende Unterschiede zwischen psychischen Störungen und somatischen Erkrankungen hervorzuheben:

- Viele psychische Störungen zeichnen sich durch wechselhafte Verläufe aus. Die Verläufe werden in hohem Masse von sozialen Bedingungen mitbeeinflusst.

- Sehr viele psychische Störungen sind prognostisch günstig und sprechen auf adäquate Therapie gut an (Depressionen!). Andere neigen zu phasenhaftem Verlauf. Bei Fehlen eines organischen Leidens können eindeutig negative Prognosen können kaum je attestiert werden.

Zudem ist für die Beurteilung des Suizids von Menschen mit psychischen Störungen die psychiatrische Suizidforschung in Betracht zu ziehen. 90–95 % der Suizidenten haben in den Monaten vor ihrem Tod an einer eindeutigen psychischen Störung gelitten. Es ist bekannt, dass z.B. Patienten, die an einer Schizophrenie erkrankt sind, bis zwanzig Mal häufiger an Suizid sterben als der Durchschnitt der Bevölkerung (Haenel 1989). Die Suizidrate in der Schweiz ist hoch: im Jahre 2000 waren 2,2 % aller Todesfälle auf Suizid zurückzuführen. Zwischen 1980 und 1997 waren die Suizidzahlen in der Schweiz gemäss Todesursachenstatistik des Bundesamtes für Statistik sowohl absolut wie relativ rückläufig. Wurden 1980 noch 1621 Suizide registriert, waren es 1990 noch 1467 und 1997 noch 1341. Pro 100'000 Einwohner ergab dies 24,9 Suizide im Jahre 1980, 20,1 im Jahre 1990 und 17,1 im Jahre 1997. Wenn man die genannten Zahlen amtlich registrierter Selbsttötungen mit den geschätzten Dunkelziffern multipliziert, ergeben sich für 1997 rund 20'000 bis 67'000 versuchte Suizide in der Schweiz (Antwort des Bundesrates vom 9.1.2002 auf eine einfache Anfrage).

Überwiegend ist man in der Psychiatrie der Auffassung, dass bei Vorliegen eines Suizidwunsches bis zum Beweis des Gegenteils von einer psychischen Störung ausgegangen werden muss.

Die psychiatrische Argumentation fusst auf zwei Schritten:
- Suizidalität – äussert sie sich in Suiziddrang, Suizidgedanken oder Suizidwünschen – ist Symptom einer psychischen Störung. Sie ist dies im selben Sinne, in dem z.B. Deprimiertheit Symptom einer Depression sein kann.
- Wenn Suizidalität Symptom einer psychischen Störung ist, besteht für den Arzt eine Abklärungspflicht und aus arztethischer Sicht eine Behandlungsaufgabe: der Tod ist grundsätzlich als Schaden anzusehen, und den Patienten vor Schaden zu bewahren, ist oberstes ärztliches Gebot («nil nocere»). Der Arzt ist zur Nothilfe aufgerufen und hat zu verhindern, dass Menschen aufgrund eines durch die Störung bedingten Suizidwunschs oder -drangs sterben.

Allerdings:

- Es gibt Suizide, die unabhängig von krankheitswertigen Störungen vorgenommen werden. Hierzu gehören unter anderem Suizide aufgrund allgemein akzeptierter kultureller Vorstellungen.
- Suizidalität kann bei Menschen mit psychischen Störungen auch in relativer Unabhängigkeit von dieser andauernden oder episodenhaften Störung auftreten. Der Suizid erscheint dann als Konsequenz einer nicht durch Krankheitssymptome bestimmten Auseinandersetzung mit der eigenen psychischen Störung und einer selbstkritischen Reflexion der eigenen Lebenssituation und -aussichten (so ist es z.B. bei Schizophrenien mit jahrelang chronischem Verlauf möglich, dass informierte und dauerhafte Suizidwünsche auch in relativer Unabhängigkeit von der Störung geäussert werden).

Diese Suizidwünsche können wohlerwogen (vgl. hierzu auch Dutch Psychiatric Association 2000: 13ff.) sein in dem Sinne, dass die betreffende Person

1. die eigene Lebenssituation angemessen versteht und beurteilt
2. die wichtigsten zukünftigen Möglichkeiten (inklusive weiterer therapeutischer Optionen) kennt und zu einem angemessenen Urteil über deren Eintrittswahrscheinlichkeit bzw. die damit verbundenen Unsicherheiten gelangt ist
3. die Optionen vor dem Hintergrund ihrer Erfahrungen und persönlichen Wertüberzeugungen geprüft hat.

Empirische Untersuchungen, wie häufig solche wohlerwogenen Urteile bei Menschen mit psychischer Störung auftreten, liegen nicht vor. Dass es überhaupt Gutachten in Bezug auf die Urteilsfähigkeit bei Suizidalität von Menschen mit psychischen Störungen gibt, zeigt an, dass diese Möglichkeit nie ausgeschlossen wird.

Handelt es sich beim Suizidentschluss um ein autonomes, dauerhaftes und wohlerwogenes Urteil, das in relativer Unabhängigheit von der psychischen Störung auftritt, ist Suizidbegleitung auch bei Menschen mit psychischen Störungen *prima facie* moralisch zulässig.

5. Slippery Slope-Argumente

Suizidbegleitung bei Menschen mit psychischen Störungen wäre jedoch dann moralisch unzulässig, wenn durch eine sich etablierende Praxis der Suizidbegleitung Rechte anderer verletzt würden. Eine solche Gefährdung ist in zweifachem Sinne möglich – zum einen durch mögliche Nachahmungseffekte, zum anderem durch eine Veränderung des psychiatrischen Berufsbildes.

Ein Slippery Slope-Argument verweist auf mögliche Nachahmungseffekte. Die Suggestibilität von Menschen in einer seelischen Krise führe gerade bei einer institutionalisierten straffreien Freitodbegleitung zur «Gefahr einer perfiden Diskriminierung dieser Patientengruppe, indem ihr statt des notwenigen Schutzes und sachgerechter Behandlung ein vorzeitiger Tod straflos angeboten» würde (vgl. etwa: Bahro, Strnad 2000). Würde einer Sterbehilfeorganisation rechtlich die Möglichkeit gegeben, straffrei Suizidbegleitung zu gewähren, könnte dies weitere Suizide von Menschen mit psychischen Störungen zur Folge haben, und zwar solche, welche nicht auf autonomen, dauerhaften und wohlerwogenen Urteilen beruhen. Für dieses Slippery Slope Argument spricht, dass Nachahmungseffekte, insbesondere bei psychisch labilen Personen, erwiesen sind («Werthereffekt»). Ob Suizidbegleitungen zu Nachahmungen ausserhalb der Sterbehilfegesellschaften führen, wäre zu prüfen. Eher ist anzunehmen, dass sich aufgrund der Möglichkeit der Suizidbeihilfe bei Menschen mit psychischen Störungen eine Vielzahl Betroffener bei den Sterbehilfegesellschaften melden werden, um ebenfalls beim Suizid begleitet zu werden. Hier bestehen freilich institutionelle Möglichkeiten, die Gefahr einzudämmen, dass auch Menschen beim Suizid begleitet werden, deren Sterbewunsch direkt durch die psychische Störung bedingt ist. Ein sorgfältiges Begutachtungsverfahren kann etabliert werden, welches prüft, ob autonome, dauerhafte und wohlerwogene Urteile vorliegen, die nicht direkt durch die psychische Störung verursacht sind.

Das zweite Slippery Slope-Argument verweist auf die möglichen Änderungen der Rolle des Psychiaters. Psychiatrisch Tätige, insbesondere in psychiatrischen Institutionen Tätige, können in einen Zielkonflikt zwischen Suizidprophylaxe/Suizidverhütung einerseits und Suizidakzeptanz/Suizidbeihilfe andererseits geraten. Es bedarf nach

Ansicht der Expertengruppe einer scharfen Trennung zwischen jenen Institutionen, welche Hilfe und Schutz anbieten (wie psychiatrischen Kliniken und Heimen), und Institutionen, welche Suizidbegleitung anbieten. Eine Suizidbeihilfe in einer psychiatrischen Institution ist abzulehnen. Ob einzelne Psychiater im Rahmen einer Suizidbegleitung Gutachten schreiben, ist deren freie Gewissensentscheidung.

Literatur

Bahro, Marcel/Strnad, Jindrich (2000): Beihilfe zum Suizid bei psychisch Kranken – eine Form aktiver Sterbehilfe. Eine bedrückend aktuelle Diskussion in der Psychiatrie. In: Ethik in der Medizin 12: 257–261.

Brock, Dan (1999): Borderline Cases of Morally Justified Taking Life in Medicine. In: Intending Death. The Ethics of Assisted Suicide and Euthanasia. Upper Daddle River: Prentice Hall, 131–149.

Buchanan, Allen E./Brock, Dan W. (1990): Deciding for others. The Ethics of Surrogate Decision Making. Cambridge UP, Cambridge.

Dutch Psychiatric Association (2000): Physician Assisted Suicide by Patients with a Psychiatric Disorder. Guidelines for the Psychiatrist, o.O.

Dworkin, Ronald/Nagel, Thomas/Nozick, Robert/Rawls, John/Scanlon, Thomas/Thomson, Judith Jarvis (1998): The Philosophers' Brief. In: Battin, Margaret P./Rhodes, Rosamond/Silvers, Anita: Physician Assisted Suicide. Expanding the Debate. Routledge, New York, 431–442.

Haenel, T. (1989): Suizidhandlungen. Springer, Berlin, Heidelberg, New York.

Rippe, Klaus Peter/Schwarzenegger, Christian/Bosshard, Georg/Kiesewetter, Martin (2005): Urteilsfähigkeit von Menschen mit psychischen Störungen und Suizidbeihilfe. In: Schweizerische Juristenzeitung, 101, Heft 3: 53–62 sowie Heft 4: 81–91.

Chapitre 19

Assistance au suicide: de bonnes intentions ne font pas encore une éthique[1]

Denis Müller

Résumé: l'assistance au suicide me paraît souvent utilisée comme un cheval de Troie en faveur de la légalisation de l'euthanasie active directe. Il convient au contraire de distinguer clairement les deux problématiques et de leur apporter à chacune une réponse à la hauteur de ses propres défis. Notre thèse est que l'assistance au suicide engage d'abord une réflexion sur la signification interpersonnelle et sociale du sui-

1 Ce texte reprend sous une forme modifiée une intervention présentée dans le cadre du Symposion national de Zurich sur l'assistance au suicide, 17–18 septembre 2004. Une version très légèrement différente en est parue (Müller 2004).

cide, hors de toute relation à la médecine, alors que l'euthanasie active directe doit être reconnue comme une transgression, par la médecine, de l'interdit de tuer qui la constitue éthiquement (voir Müller 2000, Müller 2005).

L'éthique a-t-elle à se mettre au service de la légitimation de l'assistance au suicide? Ne doit-elle pas plutôt questionner cette assistance sur la base d'une pesée des valeurs? L'auto-détermination n'est qu'une de ces valeurs en jeu; la dignité comporte également une dimension objective, qui porte à une conception moins volontariste et moins solipsiste de l'autonomie éthique; le bien du patient, la non-malfaisance et la solidarité doivent être aussi prises en compte. Conseiller et accompagner *(beraten, begleiten)* ne signifient pas consentir et céder dans tous les cas. Il peut être de la responsabilité des soignants de résister aux demandes d'assistance et de mort, non pas seulement dans le cadre strict de leur profession ou de leur institution, mais également de manière plus générale et dans la visée du bien commun. Cela n'est pas à dire, je le précise, qu'il faille remettre en question, du point de vue éthique, la non-punissabilité de l'assistance au suicide hors de tout motif égoïste.

La question complexe et sensible qui se pose à nous aujourd'hui me paraît compliquée et obscurcie par le télescopage de deux problématiques distinctes au plan fondamental et principiel, même si elles semblent se toucher de très près dans la réalité clinique des demandes des patients en fin de vie, pour nous limiter à cet aspect.

Le fait que l'assistance au suicide (AS), médicale ou non médicale, ne soit pas punissable en Suisse pour autant qu'elle échappe à des motifs égoïstes ou intéressés (art. 115 du CP) n'est pas, en soi, lié à la question de la dépénalisation éventuelle de l'euthanasie active directe (EAD). La proximité historique des articles 114 et 115 du Code Pénal n'est cependant pas complètement fortuite (même si la genèse de ces articles, dans les années 30, n'avait pas de rapport avec les questions débattues aujourd'hui); il y a lieu de s'interroger sur l'écart entre la tolérance envers l'aide au suicide et l'interdit toujours valide de l'euthanasie active directe. Toute mise en parallèle par trop symétrique des deux problématiques conduit à obscurcir les enjeux éthiques en cause.

Or il est patent que des pressions, parfois légitimes et compréhensibles, souvent inadéquates et déplacées, sont exercées sur les divers protagonistes de la discussion publique, pressions qui, dans leur aspect désagréable, tendent à faire de la non-punissabilité juridique de l'assistance au suicide le levier et l'antichambre non seulement de la dépénalisation juridique, mais également de la justification et de légitimation proprement éthiques de l'euthanasie active directe.

Il est du devoir de la réflexion éthique de résister à de telles pressions et de ne pas céder au chant des sirènes d'un éthiquement correct démagogique, se contentant de surfer sur la vague postmoderne d'une conception hyperindividualiste de l'autonomie du patient réduit à sa solitude supposée souveraine[2].

Touchant la deuxième problématique, l'éventuelle légalisation de l'euthanasie active directe, il convient de noter que la plupart des projets ou des dispositifs juridiques en discussion aujourd'hui (y compris aux Pays-Bas) ne portent pas sur la légalisation positive de l'euthanasie active, mais uniquement sur sa dépénalisation, dépénalisation soumise à des conditions extrêmement précises, sévères et restrictives. Une telle dépénalisation ne revient ni à une légitimation éthique positive et générale de l'EAD, ni par conséquent à une cessation définitive du questionnement éthique à son sujet.

La question du suicide – évoquée dans le cadre juridique de l'assistance au suicide – est elle aussi très complexe: on ne peut, ni d'un point de vue théologique, ni d'un point de vue éthique, récuser tout droit libre et personnel au suicide, mais on doit toujours reconnaître qu'un tel acte demeure une décision grave, mystérieuse et irrévocable et qu'elle doit faire l'objet par conséquent d'une perpétuelle interrogation éthique et d'une vigilance sans relâche. Le suicide n'est en effet pas simplement le résultat univoque d'une auto-détermination, il est aussi une solution dramatique à la pesée des intérêts entre l'estime de soi, le respect d'autrui et la responsabilité sociale des individus.

On peut s'interroger à ce propos sur une certaine banalisation de la question du suicide lui-même dans la discussion de l'assistance au suicide. Les distinctions sémantiques opérées dans la tradition philosophique entre *Freitod*, *Selbstmord* et *Suizid* obligent à se souvenir

2 Cette tendance sociale existe, bien documentée par les études sociologiques sur l'individualisme et la postmodernité; elle n'est pas un cliché sociologique; mais bien sûr, je ne prétends pas que les développements actuels de l'AS soient une des causes de cette tendance lourde; elles n'en sont tout au plus qu'un effet dérivé ou un symptôme possible, sous une certaine forme radicale sans doute.

qu'à la racine, la justification éthique du suicide réfléchi et avéré (stabile) repose sur la thèse de l'auto-détermination rationnelle inentamée et incontestable du sujet.

La fascination actuelle pour la thématique de l'assistance au suicide, malgré la quantité relativement limitée de cas réellement concernés, est symptomatique d'un renversement sur lequel j'aimerais attirer l'attention. Il est en effet paradoxal qu'au moment où la thèse de l'auto-détermination inentamée du sujet rationnel semble l'emporter dans l'espace public, le regard se concentre sur l'aide au suicide, comme si le sujet moderne était incapable par lui-même de faire réellement un choix et de se donner lui-même les moyens d'une mort libre. De ce point de vue, il est indispensable de délier cette assistance de toute finalité médicale propre (je rejoins ici les directives ou les positions de l'ASSM et de l'ASI). Le simple fait de devoir donner de telles précisions montre bien que la confusion est vite à la porte. La proximité effective des problématiques de l'assistance au suicide et de l'euthanasie active directe, comme en témoigne leur traitement privilégié dans le champ médical et clinique, me paraît typique d'une remédicalisation rampante de l'éthique, le recours emphatique à la notion d'aide signalant les restes de paternalisme en jeu dans le débat. Que signifie une auto-détermination qui ne cesse de réclamer de l'assistance et de vouloir dépendre du pouvoir médical de prescription? La question n'est-elle que technique, ou touche-t-elle plus largement au contexte de la société d'assistance généralisée dans laquelle nos sociétés occidentales aisées ont tendance à se complaire? Que veut dire ce «libéralisme de l'assistance»?

Par ailleurs, nous devons éviter que notre utilisation du langage de l'assistance au suicide dans la question de l'euthanasie n'aille à l'encontre des efforts de prévention menés aujourd'hui pour parer à l'augmentation des suicides. La mode actuelle au sujet de l'aide au suicide a tendance à privilégier indûment l'éthique pour l'aide au suicide (limitée à des cas singuliers et assez peu nombreux) sans d'interroger en profondeur sur l'impact social et symbolique d'une tolérance insuffisamment problématisée. La thématique de l'assistance au suicide comporte une dimension d'éthique sociale qui demande une attention au moins aussi importante que celle, trop individualiste et intimiste, d'une auto-détermination surévaluée et isolée de son contexte communautaire et social.

L'euthanasie active directe, d'un point de vue éthique, est clairement un homicide (même s'il a lieu par compassion), à moins qu'on veuille contourner la dure vérité de cette affirmation par des contorsions acrobatiques s'appuyant par exemple sur l'assistance au suicide ou sur un droit purement individuel et totalement absolu à l'auto-détermination. C'est une trivialité, mais il faut la garder constamment à l'esprit: dans l'euthanasie active directe, il y a au moins deux personnes en cause et en jeu: la personne qui exprime une demande d'euthanasie, et celle (médecin, soignant ou proche) qui, y consentant, accepte de «donner la mort» et pas seulement de «laisser mourir». La métaphore du don de la mort ne saurait adoucir la dureté de l'acte commis.

Ajoutons que la question de l'euthanasie active directe n'est pas une question qui se limite uniquement à la décision d'une personne individuelle ou à la relation personnelle établie dans les soins, mais qu'elle est toujours aussi une question publique, engageant une éthique sociale et politique. Nous ne discutons pas ici des rapports privés pouvant conduire deux personnes à se mettre d'accord sur un droit de tuer et d'être tué, mais de la signification sociale qu'une telle décision symbolise et implique. Cela rejaillit forcément sur la question de l'assistance au suicide en institution.

Il peut exister des cas, exceptionnels et graves, liés à des souffrances intolérables pour le demandeur, où un médecin, un soignant, un proche, un ami estiment, en leur âme et conscience, et dans un grand déchirement, qu'il leur est moralement et/ou religieusement commandé de répondre à la demande explicite du malade et de commettre un «homicide par compassion» (voir Malherbe 1995). Cette «exception d'euthanasie» (cf. CCNE 2000) – expression par ailleurs controversée – est déjà une exception éthique et religieuse, avant de devenir, le cas échéant, une exception consacrée par le droit pénal. C'est pourquoi il y a lieu de désigner cette exception comme une transgression paradoxale de l'intransgressable[3] et jamais comme un droit ou comme un devoir général. Ici aussi, la question de la conscience est centrale.

3 Dans la tradition récente de l'éthique protestante, aussi bien Dietrich Bonhoeffer que Karl Barth se sont opposés clairement, eux, à toute justification de l'euthanasie active directe, même à titre exceptionnel. Je pense que la situation actuelle nous oblige à apporter des nuances à leur approche, ainsi que j'essaie de l'esquisser ici.

Il ne découle pas qu'il faille passer trop facilement de la légitimation éthique exceptionnelle de l'euthanasie active directe à sa dépénalisation juridique. Je ne suis pas sûr, en d'autres termes, qu'il faille absolument légiférer dans ce domaine non plus. Au minimum, je dirai que toute législation future devrait de toute manière laisser apparaître avec force que la justification d'une éventuelle et exceptionnelle dépénalisation de l'euthanasie active directe repose sur une transgression éthique de l'interdit de tuer, interdit qui structure notre existence sociale commune.

C'est pourquoi je pense qu'il ne faut pas se jeter trop vite dans des mesures juridiques supplémentaires au sujet de l'assistance au suicide, étant donné que de telles propositions pourraient être de nature à ajouter à la confusion régnante. Il semble bien que le droit pénal actuel permette déjà de parer aux risques de tourisme en matière d'AS et fournisse un outil suffisant en vue de la surveillance rigoureuse des associations d'assistance au suicide (Exit, Dignitas). Une vigilance extrême s'impose il est vrai dans ce domaine. Je crois qu'elle sera plus efficace par la discussion ouverte et l'information critique que par des mesures de type juridique, qui ne feraient que renforcer le préjugé en vogue selon lequel toutes les questions éthiques doivent et peuvent se résoudre par le droit. Il convient de lutter contre la juridicisation rampante de l'éthique.

Au plan éthique justement, il n'appartient pas à des institutions médicales ou médico-sociales de devenir les médiateurs d'une institutionnalisation de l'assistance au suicide. Il y a contradiction performative et éthique entre la mission de soins et l'assistance au suicide, comme telle. La tendance à laisser le libre choix à chaque institution est en phase avec le libéralisme éthique actuel, mais est-ce bien satisfaisant? La clarté est ici requise, si on ne veut pas céder à une tolérance molle. Cela me semble d'autant plus vrai si on admet que l'assistance au suicide demeure d'abord une question de conscience individuelle (faisant appel à l'aide de l'ami et non à la prescription du professionnel comme tel). Si le médecin, l'infirmière ou le simple particulier décident d'emprunter le chemin grave et lourd de l'assistance au suicide, ce que je peux comprendre, il faut qu'il le fasse en conscience et comme individu, non comme professionnel ou comme membre d'une équipe derrière laquelle il pourrait vouloir s'abriter. Il se peut bien que, dans certaines circonstances, ce passage à l'acte ne puisse avoir lieu que dans le seul lieu d'habitation dont dispose le patient, donc en EMS. Il y a là une tension immense entre les buts d'une institution médico-sociale et une transgression de ces buts au nom d'un impératif compassionnel privé. Quelle que soit la solution retenue, acceptons cette tension, plutôt que de la réduire par des arrangements et de la bonne conscience. Je sais bien que nous reculons aujourd'hui devant semblable conception héroïque de l'éthique. Mais la question de l'assistance au suicide nous entraîne forcément à repenser la fonction de vertus éthiques comme le courage et la solitude. On ne saurait se réfugier ici derrière des directives objectives ou derrière un consensus de façade.

Je souscris pour ma part entièrement à une position comme celle de La Chrysalide (La Chaux-de-Fonds, 26 avril 2001): «Même si, en cours d'hospitalisation, un patient demande instamment l'euthanasie ou une assistance au suicide, il n'y serait pas donné suite, ni par l'équipe, ni dans l'institution». L'AVDEMS et le Conseil éthique de la Fédération genevoise des EMS vont dans le même sens. Les directives récentes de l'ASSM soulignent à juste titre et on ne peut plus clairement que l'assistance au suicide ne relève pas de l'activité médicale.

Le débat social débute dès l'instant où la même Chrysalide (ou tout autre institution similaire) ajoute, avec un esprit d'ouverture qui force le respect: «Par contre, la Chrysalide et son équipe ne feront pas obstacle à la volonté d'un patient qui souhaite quitter notre institution pour mettre volontairement fin à ses jours dans un autre lieu».

Quel est cet *autre lieu* volontairement laissé dans le vague? S'agit-il d'un lieu privé ou d'un autre type d'institution? Que signifiera l'apparition de lieux alternatifs, orientés explicitement sur l'assistance au suicide? Allons-nous vers une médecine de fin de vie à deux visées?

Avant de nous précipiter dans des solutions légales à ces difficiles questions, n'est-il pas préférable de poursuivre le débat éthique?

Références

CCNE (2000): Fin de vie, arrête de vie, euthanasie. In: Les Cahiers du Comité Consultatif National d'Ethique. Paris, 5–13.

Malherbe, J.-F. (1995): Homicide et compassion. L'euthanasie en éthique clinique. Montréal-Paris, Médiaspaul.

Müller, D. (2004): Assistance au suicide: une question légitime ou un prétexte ambigu? In: Médecine et Hygiène 2507: 2432–2434.

Müller, D. (2000): Euthanasie: une éthique de la transgression. In: Choisir 490: 18–22.

Müller, D. (2005): Compassion ou compulsion? Assistance au suicide et euthanasie active. In: Choisir 546: 18–21.

Kapitel 20

Zur Aufgabe der Ethik in der Debatte um den assistierten Suizid. Wider ein zweifaches Missverständnis

Johannes Fischer

Ich werde mich in meinem Beitrag kritisch mit zwei Auffassungen bezüglich der Aufgabe der Ethik in der Debatte über den assistierten Suizid auseinandersetzen. Zum einen handelt es sich um die Meinung, der Ethik falle in dieser Debatte die Aufgabe zu, Urteile über die moralische Legitimität oder Illegitimität der Suizidbeihilfe zu fällen. Ich halte dies für ein Missverständnis und möchte im Folgenden für eine Entmoralisierung dieser Debatte argumentieren. Zum anderen handelt es sich um die Meinung, der aus ethischer Sicht entscheidende Grund, Beihilfe zum Suizid zu leisten, sei der Respekt vor der Selbstbestimmung des Suizidwilligen. Ich halte auch diese Auffassung für falsch und glaube, dass sie fatale Im-

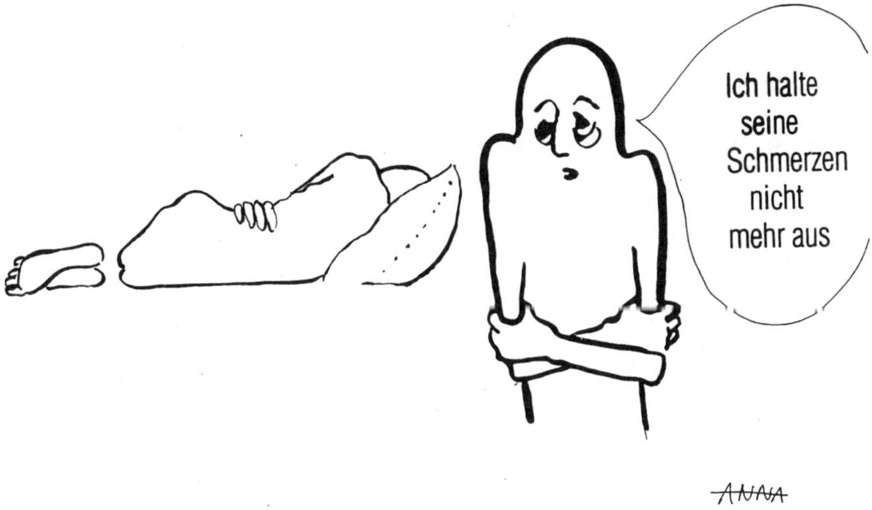

plikationen für das Verständnis der Rolle von Ärztinnen und Ärzten beim assistierten Suizid hat. Ich möchte in Bezug auf diesen zweiten Punkt auf verschiedene Voten am Symposium reagieren, die die Rolle der Ärztinnen und Ärzte beim assistierten Suizid kritisch angefragt haben.

1. Verwüstung durch Moral

Die Formulierung «Verwüstung durch Moral» stammt nicht von mir, sondern sie ist der Titel eines kleinen Aufsatzes des Philosophen Rüdiger Bittner in einem Sammelband mit dem denkwürdigen Titel «Moral als Gift oder Gabe?» (vgl. Bittner 2004). Bittner macht den Ursprung der Moral in dem Bedürfnis fest, Andere zu richten. Philipp verletzt Ilse, und diese reagiert darauf mit den Worten, das sei

> verwerflich, empörend, absolut unakzeptabel, was er getan hat. Sie urteilt also moralisch. Sie sagt nicht: es habe ihr weh getan, sie fühle sich preisgegeben und verraten. Indem sie aber dies nicht sagt, sondern jenes, spricht sie nicht als Leidende, sondern als Richtende. (Bittner 2004: 98)

Als ein Verletzter oder Leidender sprechen, das heisst, aus der begrenzten Perspektive des Betroffenen zu sprechen. Das moralische Urteil über die Verwerflichkeit dessen, was ein anderer tut oder getan hat, nimmt dagegen einen absoluten und universalen Standpunkt ein. Es ist ein Urteil von einem höheren Standpunkt. Noch einmal Bittner:

> So kommt heraus, Moral ist anziehend und verwüstend, durch das Sprechen von oben herab. Das ist anziehend, weil man mit solchem Sprechen gültige, von Reaktionen und Affekten unabhängige Urteile fällen kann, was hätte geschehen sollen, was nicht. Das ist verwüstend, weil es ein Urteilen von aussen ist, vor dem das Leben der Beteiligten zum blossen Objekt wird. (Bittner 2004: 102)

Ich bin nicht der Meinung – falls Bittner dieser Meinung sein sollte –, dass sich die Moral allein aus dem Bedürfnis zu richten erklären lässt. Aber Bittner macht doch auf etwas Wichtiges aufmerksam, das gerade in öffentlichen Debatten über moralische Fragen zu beobachten ist. Das gilt auch für die Debatte über die Suizidbeihilfe. Auch hier wird gerichtet, und im Gegenzug sucht man zu rechtfertigen. Gerichtet wird nicht nur in gewissen Kommentaren aus Deutschland zur Schweizer Praxis der Suizidbeihilfe im Allgemeinen und zu den diesbezüglichen Richtlinien der SAMW im Besonderen. Jüngstes Beispiel ist ein Artikel im Deutschen Ärzteblatt vom 3. September 2004, in dem der Schweizerischen Akademie der Medizinischen Wissenschaften (SAMW) unterstellt wird, die Suizidbeihilfe bei älteren Menschen aus demografischen Gründen zu befürworten, um gewissermassen der zunehmenden Überalterung und den dadurch entstehenden Kosten gegenzusteuern (vgl. Klinkhammer 2004).[1] Das Richten und Rechtfertigen findet sich auch in der Diskussion hierzulande. Auf der einen Seite gibt es Stimmen, die die Suizidbeihilfe als moralisch fragwürdig und verwerflich verurteilen. Implizit werden damit auch diejenigen Personen und Institutionen moralisch mitverurteilt, die an dieser Praxis direkt oder indirekt beteiligt sind, seien dies die Menschen, die um Beihilfe zum Suizid nachsuchen, oder die Ärztinnen und Ärzte, die sie gewähren, oder Institutionen wie die SAMW, die sie zumindest nicht kategorisch ablehnen. Das ist Urteilen vom absoluten Standpunkt der Moral, ein Urteilen, das an der Situation der eigentlich Betroffenen nur insoweit Interesse nimmt, wie diese moralisch signifikant ist.

Das löst im Gegenzug die Reaktion aus, die Suizidbeihilfe moralisch zu verteidigen und zu legitimieren, um sie und die betroffenen Patienten, Ärzte und Institutionen der moralischen Verurteilung zu entziehen. Ich erinnere mich an so manche Diskussion, bei der es um die Frage ging, ob man nicht als Ethikkommission öffentlich in dem Sinne Stellung nehmen sollte, dass die Beihilfe zum Suizid in bestimmten Fällen moralisch vertretbar oder legitim ist. Das ist gut gemeint im Blick auf die Patienten, Ärzte und Institutionen, über die in dieser Frage von anderer Seite gerichtet wird. Aber es ist ebenso ein Urteilen von oben herab, vom absoluten Standpunkt der Moral.

Mag sein, dass manche Bürgerinnen und Bürger bis hinauf zu den politischen Instanzen von Ethikkommissionen wie der Nationalen Ethikkommission (NEK) oder der Zentralen Ethikkommission (ZEK) der SAMW erwarten, dass sie in der moralisch aufgeladenen Debatte, in dem Hin und Her des Verurteilens und Rechtfertigens, gewissermassen eine Schiedsrichterrolle übernehmen und das letztinstanzliche

1 Zur Kritik an der deutschen Berichterstattung über die Richtlinien der SAMW bezüglich der Suizidbeihilfe vgl. Fischer 2004.

Urteil sprechen. Das trifft sich mit einem verbreiteten Verständnis von Ethik, wonach Ethik es mit Moral zu tun hat und mit nichts als Moral. Ethikkommissionen wie die NEK müssten danach ihr Kerngeschäft darin sehen, öffentliche Urteile darüber zu fällen, was moralisch legitim oder illegitim, richtig oder falsch, gerecht oder ungerecht ist. Doch wirft dies die sehr berechtigte Rückfrage auf, was solche Kommissionen zu derartigen Urteilen legitimiert. Dass sie von staatlichen Behörden oder gesellschaftlichen Institutionen eingesetzt sind, verleiht ihnen noch lange kein moralisches Lehramt. Vor allem aber: Wie meilenweit entfernt sind solche Urteile von der Realität, um die es bei der Problematik des Suizids und der Suizidbeihilfe geht! Wie konfliktreich, spannungsvoll und belastend für alle Beteiligten kann die Entscheidung im Einzelfall sein, einem Menschen beizustehen, der sein Leben beenden möchte! Wie abstrakt und wie wenig dienlich ist in dieser Situation die Feststellung, dass das moralisch legitim ist! Wir beginnen erst dann ehrlich über die Problematik der Suizidbeihilfe nachzudenken, wenn wir diese Ambiguität und Konfliktbeladenheit an uns heranlassen, statt uns mit vermeintlichen moralischen Eindeutigkeiten zu beruhigen.

Man muss sich in diesem Zusammenhang auch Folgendes vergegenwärtigen. Wer behauptet, dass die Suizidbeihilfe in bestimmten Fällen moralisch legitim ist, der bringt sich in die Pflicht, diese Fälle genauestens zu spezifizieren. Auf diese Weise entsteht eine Liste von Bedingungen – Urteilsfähigkeit des Suizidwilligen, Freiheit von äusserem Druck usw. –, der man entnehmen kann, ob die Beihilfe zum Suizid in einem bestimmten Fall moralisch legitim ist oder nicht. Immer wenn die betreffenden Bedingungen erfüllt sind, wäre Suizidbeihilfe moralisch legitim. Damit besteht aber die Gefahr, dass die Suizidbeihilfe aufhört, eine an der individuellen Situation des Suizidwilligen orientierte *Einzelfallentscheidung* zu sein, und dass sie stattdessen zu einer an einem Katalog von Bedingungen orientierten *Regelentscheidung* wird. Das ist der Preis, der für die Moralisierung dieser Frage zu zahlen ist. Kann man das wünschen?

Woraus speist sich denn die Überzeugung, dass die Suizidbeihilfe in bestimmten Fällen moralisch vertretbar oder legitim ist? Viele Menschen können sich Situationen vorstellen, in denen die Entscheidung, Beihilfe zum Suizid zu leisten, für sie nachvollziehbar ist. Von daher ist der Schritt zu dem Urteil nur allzu naheliegend, dass die Beihilfe zum Suizid in bestimmten Fällen moralisch vertretbar oder legitim ist. Man meint ja, solche Fälle vor Augen zu haben. Doch ist es etwas Anderes, unter der *Vorstellung* und dem *Eindruck* einer solchen Situation ein *subjektives* Urteil abzugeben, bei dem eigene Einstellungen und Gefühle mitbeteiligt sind, oder ein absolutes Urteil über die moralische Vertretbarkeit oder Legitimität der Suizidbeihilfe zu fällen. Strenggenommen könnte man hier nur sagen: *Ich halte das*, wenn ich mir diese Situation vergegenwärtige, für vertretbar. So zu sprechen heisst, als ein von der Situation Betroffener und in diesem Sinne Beteiligter zu sprechen, und das ist etwas Anderes als ein Sprechen vom höheren Standpunkt der Moral.

Ich erinnere mich an ein Symposium über Sterbehilfe, bei dem ein Onkologe an einem Kinderspital in Deutschland sich dazu bekannte, das Sterben eines Jungen durch kontinuierliche Höherdosierung – nicht durch eine Überdosis – von Schmerzmitteln abgekürzt zu haben, was nach deutschem Recht als aktive Sterbehilfe gilt. Auf Nachfragen in der Diskussion sagte er nicht: Das ist moralisch vertretbar, sondern: Ich halte das auch aus heutiger Sicht, wenn ich mir die damalige Situation vergegenwärtige, für richtig bzw. vertretbar. Durch seine Schilderung der Situation gab er den Zuhörern Gelegenheit, imaginativ seine Entscheidung aus der Perspektive des Beteiligten nachzuvollziehen. Auf diese Differenz zwischen einem Urteilen aus der Perspektive des Betroffenen bzw. Beteiligten und einem Urteilen vom absoluten Standpunkt der Moral kommt es an, und es gilt zu vermeiden, dass sich unter der Hand das eine in das Andere verkehrt.

Aber, so mag gefragt werden, womit soll Ethik es denn sonst zu tun haben, wenn nicht mit Moral? Ich möchte dies an einem kleinen Aufsatz des Philosophen Harry Frankfurt verdeutlichen. Er handelt von der Bedeutsamkeit des Sich-Sorgens (vgl. Frankfurt 2001). Frankfurt unterscheidet darin die *moralische* Frage, welche Pflichten wir gegenüber anderen Menschen haben, von der Frage, worum wir uns *kümmern* sollen.[2] Bei Letzterer geht es ihm zufolge darum, was wesentlich bzw. was *uns* wesentlich ist. Sein Beispiel ist eine Mutter, die versucht ist, ihr Kind im Stich zu lassen, und die dies dann doch nicht über sich bringt. Was sie zum Bleiben bewegt, ist Frankfurt zufolge nicht die

2 Für Frankfurt fällt nur die erste, nicht aber die zweite Frage in den Bereich der Ethik. Das kann man anfragen. Vgl. dazu Fischer 2005.

Frage, was ihre moralische Pflicht ist oder was in diesem Falle moralisch richtig oder falsch ist. Was sie zum Bleiben bewegt, ist vielmehr nach Frankfurts Interpretation die Richtung ihres Willens, die sie bei dem Kind hält und es ihr unmöglich macht, es zu verlassen. In dieser «volitionalen Nötigung» zeigt sich, was ihr wesentlich ist.

Auf unser Thema übertragen: Was ist *uns* im Blick auf Suizid und Suizidbeihilfe wesentlich? Worum sollten wir uns kümmern? Das ist etwas Anderes als die Frage, was hier moralisch richtig oder falsch, legitim oder illegitim ist. Die erste These der Nationalen Ethikkommission versucht, die Antwort in Gestalt zweier Essentials zu formulieren. Das eine ist die Fürsorge für suizidgefährdete Menschen. Diese ist uns wesentlich, und das ist ein Grundkonsens über alle weltanschaulichen Differenzen hinweg, den, soweit ich sehe, niemand in Frage stellt. Das Andere ist der Respekt vor der Selbstbestimmung eines Menschen, der seinem Leben ein Ende machen möchte. Auf das Zweite werde ich nachher zurückkommen. Dies ist nach meinem Verständnis die Aufgabe der Ethik in der Frage der Suizidbeihilfe: Sie besteht in der Analyse eines bestehenden Konflikts, in der Herausarbeitung und Erhellung der zugrundliegenden Essentials und von dort ausgehend in der Suche nach geeigneten Lösungen. Wenn sie diese ihre Aufgabe gut machen, geben Ethikkommissionen Gründe an die Hand, die es den Bürgerinnen und Bürgern ermöglichen, sich ein eigenes Urteil zu bilden darüber, welche Konfliktlösungen und gesetzlichen Regelungen wir anstreben sollten, oder, in Frankfurts Worten: Worum wir uns kümmern sollten.

Um zusammenzufassen: Ich meine, dass wir die Moral aus dieser ganzen Problematik heraushalten sollten. Solange wir uns bei Fragen der moralischen Bewertung des assistierten Suizids aufhalten, reden wir vom Falschen. Mag man anderswo die Praxis der Suizidbeihilfe in der Schweiz moralisch verurteilen: Dies sollte nicht dazu verleiten, im Gegenzug die Suizidbeihilfe moralisch zu legitimieren. Für die Suche nach angemessenen gesetzlichen Regelungen für die bestehende Praxis der Suizidbeihilfe ist eine solche moralische Legitimation auch gar nicht notwendig. Der Grund, warum wir solche Regelungen suchen müssen, ist nicht, dass die Beihilfe zum Suizid moralisch legitim ist. Der Grund sind die Menschen, um die es in dieser Frage geht.

2. Zur Fragwürdigkeit des Selbstbestimmungsarguments

In der ersten These der NEK wird der Konflikt, den die Suizidbeihilfe aufwirft, im Sinne eines Spannungsverhältnisses zwischen der gebotenen Fürsorge für suizidgefährdete Menschen einerseits und dem Respekt vor der *Selbstbestimmung eines Suizidwilligen* andererseits beschrieben. Auch der neue Richtlinienentwurf der SAMW zur Sterbebegleitung hebt auf den Respekt vor dem Willen des Suizidwilligen ab. Die Meinung, der aus ethischer Sicht entscheidende Grund, Beihilfe zum Suizid zu leisten, sei der Respekt vor der Selbstbestimmung des Suizidwilligen, halte ich für falsch. Aus meiner Sicht ist dies eine falsche Beschreibung des Konfliktes, um den es hier geht.

Es wäre unproblematisch, wenn jenes Spannungsverhältnis so beschrieben würde, dass auf der einen Seite die Fürsorge für suizidgefährdete Menschen steht und auf der anderen Seite der Respekt vor der Selbstbestimmung des Suizidwilligen *und derer, die Beihilfe bei dessen Suizid leisten*. Bei dieser Formulierung würde das Motiv, aus dem heraus Beihilfe zum Suizid geschieht, offen gelassen. Was immer das Motiv ist – selbstsüchtige Motive natürlich ausgeschlossen –, die Selbstbestimmung der Beteiligten verdient es, respektiert zu werden. Wird dagegen jenes Spannungsverhältnis als ein Konflikt zwischen Fürsorge und Respekt vor der Selbstbestimmung des Suizidwilligen beschrieben, dann legt dies das Missverständnis nahe, dass das Motiv, Beihilfe zum Suizid zu leisten, der Respekt vor der Selbstbestimmung des Suizidwilligen ist. Das aber ist in höchstem Masse fragwürdig.

Fragwürdig ist dies deshalb, weil der Respekt vor der Selbstbestimmung eines Menschen, der aus dem Leben scheiden will, in keiner Weise dazu verpflichtet, ihm dabei Beistand zu leisten. Respekt bedeutet hier lediglich, dass man seinen Entschluss, aus dem Leben zu scheiden, akzeptiert und ihn nicht am Suizid hindert. Doch ist dies kein Grund, ihm zu helfen. Für die Beihilfe zum Suizid bedarf es daher eines anderen, zusätzlichen Motivs über den blossen Respekt vor der Selbstbestimmung hinaus. Dies scheint mir die entscheidende Frage in dieser Diskussion zu sein: worin liegt genau der Grund, der insbesondere Ärztinnen und Ärzte dazu veranlassen kann, Suizidwilligen Beihilfe zu leisten?

Gehen wir von der Position der deutschen Ärzteschaft in dieser Frage aus, wie sie in diesem Band vom Vorsitzenden der Bundesärztekammer, Jörg-Dietrich Hoppe, formuliert wird: Der hippokratische Eid verbietet die Beihilfe zum Suizid. Danach kann es nichts geben, was Ärztinnen und Ärzte dazu veranlassen kann, Beihilfe zum Suizid zu leisten.

Es wäre nun m. E. eine höchst problematische Beschreibung der Gegenposition, wie sie durch diejenigen vertreten wird, die für die ärztliche Suizidbeihilfe im Einzelfall eintreten, wenn man sagen würde:

> Es gibt in dieser Gesellschaft Menschen, die von ihrer Selbstbestimmung in der Weise Gebrauch machen wollen, dass sie assistierten Suizid begehen. Der Respekt vor ihrem Willen und ihrer Selbstbestimmung kann bedeuten, dass ein Arzt oder eine Ärztin sich zur Beihilfe zum Suizid entschliesst.

Respekt bedeutet das eben nicht, weil aus dem Respekt noch keine Pflicht zur Beihilfe folgt. Vor allem aber: Bei dieser Beschreibung wäre der ärztlich assistierte Suizid *positiv* die Erfüllung eines selbstbestimmten Verlangens des Suizidwilligen. Der Arzt wäre gewissermassen der Erfüllungsgehilfe dieses Verlangens.

Muss die Gegenposition nicht eher *negativ* beschrieben werden, nämlich einen zum Suizid entschlossenen Menschen *nicht allein zu lassen*, sondern ihm einen Beistand zu gewähren, der es ihm ermöglicht, einen erträglichen Tod zu finden? Einen Menschen nicht allein zu lassen, das ist etwas anderes als Respekt vor seinem Willen und vor seiner Selbstbestimmung. Man kann das, was er will, für falsch halten, und es dennoch nicht über sich bringen, ihn sich selbst zu überlassen und zu riskieren, dass er auf eine schreckliche Weise aus dem Leben scheidet. Ist dies nicht der eigentliche Konflikt, um den es in dieser Frage geht?

Erst bei dieser Konfliktbeschreibung rückt die Position der deutschen Bundesärztekammer in ihrer ganzen Schärfe in den Blick, läuft sie doch auf das Verbot für alle Ärztinnen und Ärzte hinaus, Menschen in solchen Grenzsituationen dahingehend beizustehen, dass der Tod, zu dem sie ohnehin entschlossen sind, ein für sie erträglicher wird. Die Verweigerung von Beistand ist etwas fundamental Anderes als die Verweigerung von Respekt vor der Selbstbestimmung eines Menschen. Dieser wird ihnen nämlich durchaus entgegengebracht, indem man sie nicht daran hindert, ihrem Leben ein Ende zu machen, gewissermassen nach dem Motto: Ich respektiere das, aber ich stehe Dir nicht bei.

Wir müssen m.E. aufpassen, wie wir vom ärztlich assistierten Suizid sprechen. Problematisch wird es, wenn bereits in der Konfliktbeschreibung Ärztinnen und Ärzte zu Erfüllungsgehilfen des Willens und der Selbstbestimmung von Suizidwilligen gemacht werden. Bei der Diskussion am Symposium wehrte sich ein anwesender Arzt mit Recht dagegen, dass hier ein gesellschaftliches Problem auf die Ärzteschaft abgeschoben wird. Das gesellschaftliche Problem ist, dass aufgrund der Rechtslage in der Schweiz Menschen nach assistiertem Suizid verlangen. Die Frage ist dann, wer das machen soll. Begründet man die ärztliche Beihilfe zum Suizid mit dem Respekt vor dem Willen und der Selbstbestimmung des Suizidwilligen, dann macht man aus Ärzten Erfüllungsgehilfen, die helfen, jenes gesellschaftliche Problem zu lösen.

Man mag sich dann zwar verbal dagegen verwahren, dass die Beihilfe zum Suizid eine ärztliche Dienstleistung ist. Aber faktisch ist sie das dann doch. Dienstleistungen erfolgen auf Wunsch und Nachfrage hin, d.h. weil jemand das will. Ist es hingegen das Motiv des Arztes, einen Menschen auch in einer solchen Grenzsituation nicht allein zu lassen, dann ist er ihm nicht einfach zu Willen. Dann tut er etwas, das auf der Linie dessen liegt, was das überkommene ärztliche Ethos mit dem Begriff der Fürsorge umschreibt. Dieser Begriff ist in diesem Kontext zweifellos nicht unproblematisch, da Fürsorge im Rahmen des überkommenen ärztlichen Ethos Fürsorge zum Leben bedeutet. Aber er mag doch helfen, das zu verdeutlichen, worum es in Wahrheit aus der Sicht des Arztes geht: nicht um Respekt vor der Selbstbestimmung oder vor dem Willen eines Suizidwilligen, sondern um Fürsorge in einer äussersten Grenzsituation.

Man muss sich freilich gerade in Anbetracht des zuletzt Gesagten auch über die Konsequenzen der Position der SAMW und der NEK im Blick auf das Arztbild im Klaren sein. Für das hippokratische Ethos ist der Arzt einem Priester vergleichbar, der in seinem gesamten Verhalten durch seinen Status gebunden ist. Der Arzt ist hiernach nicht einerseits Arzt und andererseits Privatperson und handelt im einen Fall als Arzt und im anderen Fall aufgrund privater oder persönlicher Gründe. Sondern er ist in allem, was er tut, und insbesondere, wenn er von seinen ärztlichen Kompetenzen Gebrauch macht, durch den hippokratischen Eid gebunden. Hier deutet sich bereits in den Sterbehilfe-Richtlinien der SAMW von 1995 ein Wandel an, wenn dort gesagt wird, dass die Beihilfe zum Suizid kein Teil der ärztlichen Tätigkeit ist. Denn das lässt offen, dass ein Arzt dennoch Beihilfe zum Suizid leisten kann, nur tut er das dann eben nicht im Rahmen der ärztlichen Tätigkeit. Das bedeutet, dass ein Arzt einerseits in seiner Funktion als Arzt tätig werden kann und andererseits in einer anderen Rolle von seinen medizinischen Kompetenzen Gebrauch machen kann, und dies noch dazu in Spannung und Konflikt zu den Zielen, auf die ihn sein ärztlicher Beruf verpflichtet. Darin liegt eine erhebliche Veränderung des Arztbildes, wie es durch die hippokratische Tradition geformt wurde.

Und natürlich muss man hier auch die Gefahr sehen, dass diese Formel – «nicht Teil der ärztlichen Tätigkeit» – auch auf Anderes wie die aktive Sterbehilfe ausdehnbar wäre. Würde man aber andererseits sagen, dass auch die Beihilfe zum Suizid Teil der ärztlichen Tätigkeit ist, dann beschwört dies die Gefahr herauf, dass dann alle Ärztinnen und Ärzte zur Beihilfe zum Suizid verpflichtet wären, wenn sie darum gebeten werden, und das wäre ein völliger Bruch mit dem überkommenen ärztlichen Ethos. So bleibt hier ein Dilemma. Ich betrachte die jetzige Formel der SAMW als einen Behelf, für den es vielleicht irgendwann einmal eine bessere Lösung gibt. Es zeigt sich hier, wie unendlich schwierig es ist, der Wirklichkeit des ärztlichen Berufes mit ihren Konflikten und Dilemmata in Richtlinien auch nur annähernd gerecht zu werden.

Angesichts der Probleme, die sich für das Arztbild ergeben, sollte man m. E. auch die deutsche Position verstehen, und es fällt mir selbst schwer, zwischen beiden Positionen zu werten. Für die Schweizer Position spricht, dass hier ein Mensch auch in einer äussersten Grenzsituation nicht allein gelassen wird, auch wenn dies in Konflikt steht mit dem überkommenen ärztlichen Ethos. Die deutsche Position ist eher von dem Gedanken bestimmt, dass es Dinge gibt, die tabu bleiben müssen, weil sich andernfalls gravierende Konsequenzen für das Arztbild ergeben. Es wäre ein eigenes Thema, über die Bedeutung des Tabus in der Ethik nachzudenken. Viele von uns akzeptieren, dass die Folterung eines Menschen ein Tabu bleiben muss. Doch auch sie können dabei nicht ausschliessen, dass es Dilemmasituationen geben kann, für die sie nicht wissen, was sie tun bzw. was sie akzeptieren würden. Aber diese Situationen jetzt schon vorwegzunehmen und darüber zu diskutieren, unter welchen Bedingungen die Folterung eines Menschen zu tolerieren ist, das würde das Tabu beseitigen und die Folter zu etwas gesellschaftlich Akzeptiertem machen. Wenn ich recht sehe, ist dies die Sorge in Deutschland in Bezug auf die Suizidbeihilfe: Lieber es bei einem Tabu belassen im Wissen, dass es vermutlich auch in Deutschland Fälle gibt, bei denen Ärztinnen und Ärzte es verletzen. Freilich ist diese Position mit dem Risiko verbunden, dass es dann eben auch Ärztinnen und Ärzte gibt, die Menschen, die zur Selbsttötung entschlossen sind, aufgrund dieses Tabus alleine und ohne Beistand lassen, eben nach dem Motto: Du kannst das tun, aber ich stehe Dir nicht bei.

Mein Fazit: Es gibt in der Frage von Suizid und Suizidbeihilfe nicht nur *ein* Spannungsverhältnis, wie dies jetzt in der ersten These der NEK formuliert ist. Es gibt deren zwei. Das eine besteht zwischen der gebotenen Fürsorge für suizidgefährdete Menschen einerseits und dem Respekt vor der Selbstbestimmung von Menschen, die zum Suizid entschlossen sind, andererseits. Dieses Spannungsverhältnis betrifft lediglich den Umgang mit Suizidwünschen und hat noch nichts mit der Frage der Beihilfe zum Suizid zu tun. Das andere betrifft das ärztliche Ethos und besteht zwischen der Verpflichtung auf das Ziel, Menschen zum Leben zu helfen, und der Herausforderung, einen Menschen, der zur Beendigung seines Lebens entschlossen ist, nicht allein zu lassen. Es ist die Vermengung dieser beiden Spannungsverhältnisse, die zu der falschen Vorstellung führt, es ginge beim Problem des ärztlich assistierten Suizids um eine Frage der Liberalität oder Illiberalität im Sinne des Respekts vor der Selbstbestimmung eines Suizidwilligen einerseits oder der Verweigerung dieses Respekts andererseits. Auf den ersten Blick ist es ja naheliegend, die Differenzen zwischen Deutschland und der Schweiz in dieser Frage solchermassen zu erklären und die Schweizer Position als eine liberale Position zu profilieren. In einer Hinsicht ist sie dies in der Tat, insofern nämlich die Beihilfe zum Suizid in der Schweiz toleriert und explizit straffrei gestellt wird. Sie ist es jedoch nicht im Hinblick auf das Motiv, aus dem heraus ärztliche Beihilfe zum Suizid gewährt wird. Jedenfalls ist es in höchstem Masse problematisch, wenn das Motiv in diesem Sinne gedeutet und die ärztliche Beihilfe zum Suizid als Manifestation einer liberalen Einstellung dargestellt und verteidigt wird. Diesbezüglich gibt es nach meiner Wahrnehmung falsche Fronten in der öffentlichen Debatte hierzulande. Die einen glauben, den ärztlich assistierten Suizid als Ausdruck einer liberalen Grundhaltung vertreten zu sollen, wie sie für die politische Kultur dieses Landes kennzeichnend ist. Für die anderen wirft dies eher einen Schatten auf die Idee der Liberalität, weil sie in dieser Frage in Spannung gerät zu ihren ärztlich-ethischen Überzeugungen. Man sollte daher sehen, dass man der Idee der Liberalität nicht unbedingt einen Gefallen tut, wenn man sie zum entscheidenden Argument für den ärztlich assistierten Suizid stilisiert.

Hinsichtlich der Aufgabe der Ethik wird an dieser Debatte dreierlei deutlich:

1. Es hängt Entscheidendes davon ab, wie ein moralischer Konflikt oder ein moralisches Dilemma *beschrieben* wird. Handelt es sich bei der Frage der ärztlichen Suizidbeihilfe wirklich um einen Konflikt zwischen dem Gebot der Fürsorge einerseits und dem Respekt vor der Selbstbestimmung andererseits? Ethik wird nach landläufiger Ansicht vor allem mit Fragen der *Begründung* in Verbindung gebracht. Doch zeigt diese Debatte, dass die entscheidenden Weichen bereits bei der *Problembeschreibung* gestellt werden, die daher besondere ethische Aufmerksamkeit verdient.
2. Es gibt moralische Dilemmata, die nicht aufzulösen sind. Entgegen der sich an die Adresse der Ethik richtenden Erwartung, dass es für alles eine moralische Lösung gibt, muss die Ethik in solchen Fällen der Versuchung widerstehen, moralische Legitimationen bereitzustellen. Hätte dies doch zur Folge, dass Entscheidungen, die durch den dilemmatischen Einzelfall und dessen Besonderheiten abgenötigt werden, zu Entscheidungen aufgrund moralischer Regeln werden. Das wiederum hätte weitreichende Konsequenzen für die allgemeine Moral, wie man sich etwa am Beispiel der Folter verdeutlichen kann. Im Fall der Suizidbeihilfe betrifft dies das ärztliche Ethos.
3. Es kann in bestimmten Fällen Aufgabe der Ethik sein, zur Entmoralisierung öffentlicher Debatten beizutragen. Entgegen der Meinung, Ethik habe es mit Moral und nichts als Moral zu tun, gilt es zu sehen, dass die Sphäre des Sittlichen mehr umfasst als nur die Moral (vgl. Fischer 2005). Dieser Einsicht kommt gerade für die Medizinethik besondere Bedeutung zu.

Literatur

Bittner, R. (2004): Verwüstung durch Moral. In: Boothe, B./Stoellger, Ph. (Hrsg.): Moral als Gift oder Gabe?, Königshausen und Neumann, Würzburg, 98–103.

Fischer, J. (2004): Die Schweizerische Akademie der Medizinischen Wissenschaften zur Suizidbeihilfe. In: Ethik in der Medizin 2: 165–169.

Fischer, J. (2005): Moralische und sittliche Orientierung. In: Theologische Literaturzeitung 130(5): 471–488.

Frankfurt, H. (2001): Über die Bedeutsamkeit des Sich-Sorgens. In: Ders., Freiheit und Selbstbestimmung, hg. von Betzler, M. und Guckes, B. Akademie-Verlag, Berlin, 98–115.

Klinkhammer, G. (2004): Sterbehilfe, Euthanasie und Sterbegleitung: Eine steigende Dunkelziffer. In: Deutsches Ärzteblatt 36: A2361–A2362.

Kapitel 21

«Soll mein oder dein Wille geschehen?» Gedanken zur Beihilfe zum Suizid aus der Sicht der Katholischen Kirche

Roland Graf

Der Wunsch, endlich sterben zu dürfen, wird nicht selten auch an uns Seelsorger herangetragen, sei es von Patienten selber oder auch von Angehörigen, die an seiner Stelle diesen Wunsch äussern. Dies veranlasst uns, die entsprechende Bitte im Gebet zusammen mit ihm und seinen Angehörigen an den dreieinigen Gott zu richten. Dabei ist uns stets bewusst, dass diese Bitte immer unter einem Vorbehalt auszusprechen ist: «Dein Wille geschehe.» (Vgl. Mt 6,10; Mt 26,42.) Es gehört zur Seelsorge, die Patienten und die Angehörigen so zu begleiten, dass sie diesem Vorbehalt, wenn auch schweren Herzens, letztlich doch zustimmen können.

Es gibt Fälle, wo dieses Ziel ohne grossen Aufwand erreicht wird bzw. der Patient selbst schon in dieser Haltung vorgefunden wird. Allerdings kommt es auch vor, dass es aufgrund des Leidens und der Begleitumstände erst nach und nach überhaupt möglich wird, Gott und seinen Willen ins Gespräch zu bringen. Die Äusserung, Suizid begehen bzw. «Hilfe» zum Suizid in Anspruch nehmen zu wollen, ist eine Herausforderung an uns Seelsorger. Um damit richtig umgehen zu können, ist für mich als katholischer Seelsorger die Kenntnis der Haltung der Katholischen Kirche sowie ihre Begründung ihrer Position gegenüber dieser Problematik unerlässlich. Angesichts der Forderung, die Beihilfe zum Suizid in den Alters- und Pflegeheimen sowie in Akutspitälern unter bestimmten Voraussetzungen zuzulassen und entsprechend rechtlich zu regeln, muss auch die Haltung des katholischen Lehramtes in unserer pluralistischen Gesellschaft ernst genommen werden.

1. Haltung des katholischen Lehramtes zur Beihilfe zum Suizid

Zur Thematik gibt es etliche lehramtliche Texte, namentlich die Enzyklika «Evangelium vitae» (1995), der Katechismus der Katholischen Kirche (1993) sowie eine Erklärung der Kongregation für die Glaubenslehre eigens über die Euthanasie (1980). Die Schweizer Bischofskonferenz gab 2002 ein Pastoralschreiben über die Würde des sterbenden Menschen heraus. Es nimmt u.a. Bezug auf die vorher genannten Dokumente. Bemerkenswert ist das im Jahr 2003 von der Deutschen Bischofskonferenz und dem Kirchenamt der Evangelischen Kirche Deutschlands gemeinsam herausgegebene Dokument mit dem Titel «Sterbebegleitung statt Sterbehilfe». Es handelt sich um eine Textsammlung der Katholischen Kirche und der Evangelischen Kirche in Deutschland. Der Begriff Sterbegleitung wird hier nicht als Hilfe zum Sterben, sondern beim Sterben verstanden. Das Dokument verdeutlicht, dass auf der Basis des christlichen Menschenbildes jede aktive Sterbehilfe, das heisst auch die Selbsttötung und somit auch die Beihilfe dazu abzulehnen ist.

1.1 *Vorrang hat die menschliche und medizinische Betreuung sowie die seelsorgliche Begleitung*

Allen genannten Texten ist zu entnehmen, dass die Betreuung der Sterbenden bzw. der unheilbar Kranken eine vorbildliche Form der Nächstenliebe ist und gefördert werden muss. Sie sollen menschlich und sachgemäss umsorgt und begleitet werden. Dazu gehört die palliative Betreuung, die vor allem als medizinische Massnahme die Schmerztherapie, aber auch psychosoziale Massnahmen und die seelsorgliche Begleitung umfasst. Die flehendliche Bitte von Schwerkranken, der Arzt möge ihnen eine letzte Spritze geben, ist als verzweifelter Ruf nach Hilfe und Liebe zu verstehen.

Die Praxis bezüglich der palliativen Betreuung insbesondere in Pflegeheimen und in der Pflege zuhause ist nach Aussagen von Ärzten nicht überall auf dem neuesten Stand der Erkenntnisse, obwohl in den vergangenen Jahren in diesem Bereich grosse Fortschritte gemacht wurden. Die nachdrückliche Forderung der christlichen Kirchen die medizinischen Massnahmen, die der Schmerzlinderung und der Beruhigung dienen, zu verbessern, ist sehr wohl begründet.

Im Zusammenhang mit der Schmerztherapie ist es erlaubt Schmerzlinderungs- und Beruhigungsmittel anzuwenden, um den Kranken vom Schmerz zu befreien. Anzustreben ist dabei möglichst die Erhaltung des Bewusstseins der Patienten bei möglichst wenig Aufwand. Dabei sei an die Formulierung des Katechismus der Katholischen Kirche erinnert:

> Schmerzmildernde Mittel zu verwenden, um die Leiden der Sterbenden zu erleichtern selbst auf die Gefahr hin, sein Leben zu verkürzen, kann sittlich der Menschenwürde entsprechen, falls der Tod weder als Ziel noch als Mittel gewollt, sondern bloss als unvermeidbar vorausgesehen in Kauf genommen wird. (KKK 1993: Nr. 2279)

Somit ist die Dosierung der Schmerzmittel und die damit verbundene Intention entscheidend für die Sittlichkeit einer Schmerztherapie. Die Enzyklika Evangelium vitae legt in diesem Zusammenhang Wert darauf, dass die betreffende Person dadurch nicht daran gehindert wird, vor dem herannahenden Tod seinen moralischen und familiären Verpflichtungen sowie auch der bewussten Vorbereitung für die endgültige Begegnung mit Gott nachzukommen (Johannes Paul II. 1995: Nr. 65).

Angesichts des drohenden und unvermeidlichen Todes kann man aus Gewissensgründen auf aussergewöhnliche und unverhältnismässige Heilversuche verzichten, die nur eine ungewisse und schmerzvolle Verlängerung des Lebens bewirken könnten. Auf normale Behandlungen, die in ähnlichen Fällen dem Kranken geschuldet werden, soll hingegen nicht verzichtet werden. Damit soll dem therapeutischen Übereifer ein Riegel geschoben werden (ebd.).

1.2 Die Unverfügbarkeit des menschlichen Lebens

Für das Zusammenleben in der Gesellschaft ist die Einhaltung von bestimmten unmittelbar einsichtigen Handlungsnormen notwendig. Die gegenseitige Achtung des Lebens gehört dazu. Nicht umsonst ist in Art. 3 der Allgemeinen Erklärung der Menschenrechte der Vereinten Nationen das Recht auf Leben, Freiheit und Sicherheit verankert.[1] Die Formulierungen in dieser Erklärung sind nicht an bestimmte Weltanschauungen und Religionen gebunden, sondern gründen auf dem Naturrecht. Bei der Entstehungsgeschichte der Charta der Vereinten Nationen im Jahr 1945 und der Allgemeinen Erklärung der Menschenrechte 1948 spielte die Erfahrung der beiden Weltkriege und des Nationalsozialismus im Dritten Reich eine entscheidende Rolle. Das kommt schon zu Beginn der Präambel der Charta deutlich zum Ausdruck.[2] Gewiss leistete das Christentum zu diesen Grundlagen der Vereinten Nationen einen wichtigen Beitrag, doch wurden die Charta und die Erklärung der Menschenrechte so abgefasst, dass auch andere Religionen und Weltanschauungen zustimmen konnten.

Diese ohne spezielle religiöse Ausrichtung von allen Seiten akzeptierbaren Rechte und Handlungsprinzipien sind der christlichen Begründung für die Unverfügbarkeit des menschlichen Lebens vorgelagert.[3] Jeder Mensch müsste eigentlich grundsätzlich in der Lage sein,

1 Art. 3: «Jeder hat das Recht auf Leben, Freiheit und Sicherheit der Person.»
2 «WIR, DIE VÖLKER DER VEREINTEN NATIONEN – FEST ENTSCHLOSSEN, künftige Geschlechter vor der Geissel des Krieges zu bewahren, die zweimal zu unseren Lebzeiten unsagbares Leid über die Menschheit gebracht hat, [...]»
3 Es sei darauf hingewiesen, dass das Christentum wie andere Religionen und Weltanschauungen auch von der Allgemeinen Erklärung der Menschenrechte profitiert. Art. 18: «Jeder hat das Recht auf Gedanken-, Gewissens- und Reli-

die grundlegenden Handlungsnormen als einsichtig zu betrachten (vgl. Röm 2,14–15). Die Katholische Kirche hat dazu den Begriff des Naturrechtes geprägt und beruft sich dann selbstverständlich zusätzlich auf die Offenbarung. Demnach ist jeder vor Gott für sein Leben verantwortlich. Gott hat das Leben geschenkt und Gott ist und bleibt der höchste Herr des Lebens. Wir sind nur Treuhänder und nicht Eigentümer des Lebens. Es ist uns anvertraut, wir dürfen nicht darüber verfügen (vgl. KKK 1993: Nr. 2280). Mit den Geboten der Gottesliebe und der Nächstenliebe «Liebe deinen Nächsten wie dich selbst» werden die wichtigsten Handlungsnormen der Christen zusammengefasst. Selbstmord ist eine schwere Verfehlung gegen die rechte Eigenliebe und er widerspricht ausserdem der Liebe zum lebendigen Gott (vgl. KKK 1993: Nr. 2281). Selbstmord ist daher sittlich unannehmbar. In «Evangelium vitae» wird ausdrücklich festgehalten, dass bestimmte «psychologische, kulturelle und soziale Gegebenheiten einen Menschen dazu bringen können», diese Tat zu begehen, und dadurch «die Verantwortlichkeit vermindert oder aufgehoben sein mag». (Johannes Paul II. 1995: Nr. 66) Trotzdem ist aus objektiver Sicht der Selbstmord eine schwer unsittliche Tat,

> weil er verbunden ist mit der Absage an die Eigenliebe und mit der Ausschlagung der Verpflichtungen zu Gerechtigkeit und Liebe gegenüber dem Nächsten, gegenüber verschiedenen Gemeinschaften, denen der Betreffende angehört, und gegenüber der Gesellschaft als ganzer.

Der Selbstmord, so hält Evangelium vitae ausserdem fest, stellt in seinem tiefsten Kern eine Zurückweisung der absoluten Souveränität Gottes über Leben und Tod dar.

1.3 Beihilfe zum Selbstmord

Aus der Unverfügbarkeit des Lebens ist die Ablehnung der Beihilfe zum Selbstmord abzuleiten. Wer an einer ethisch verwerflichen Handlung direkt mitwirkt, macht sich mitschuldig. Unter Berufung auf Röm 3,8

gionsfreiheit; dieses Recht schließt die Freiheit ein, seine Religion oder Überzeugung zu wechseln, sowie die Freiheit, seine Religion oder Weltanschauung allein oder in Gemeinschaft mit anderen, öffentlich oder privat durch Lehre, Ausübung, Gottesdienst und Kulthandlungen zu bekennen.»

gilt dies, selbst wenn dafür tatsächlich gute Gründe geltend gemacht werden könnten. «Gilt am Ende das, womit man uns verleumdet und was einige uns in den Mund legen: Laßt uns Böses tun, damit Gutes entsteht? Diese Leute werden mit Recht verurteilt.»

Daher schreibt der Papst in «Evangelium vitae»:

> Die Selbstmordabsicht eines anderen zu teilen und ihm bei der Ausführung durch die sog. «Beihilfe zum Selbstmord» behilflich zu sein heisst Mithelfer und manchmal höchstpersönlich Täter eines Unrechts zu werden, das niemals, auch nicht, wenn darum gebeten worden sein sollte, gerechtfertigt werden kann. (Johannes Paul II. 1995: Nr. 66)

Das bedeutet somit, dass das Selbstbestimmungsrecht hier an eine Grenze stösst, die nicht überschritten werden darf. Der Respekt vor der Selbstbestimmung eines Suizidwilligen kann nicht so weit gehen, dass dieser bei der Ausübung seines ethisch nicht zu verantwortenden Vorhabens unterstützt wird.

Diese Position widerspricht der Empfehlung 1 der Stellungnahme Nr. 9/2005 der NEK. Es bleibt dort nämlich nicht beim Spannungsverhältnis «zwischen der gebotenen Fürsorge für suizidgefährdete Menschen einerseits und dem Respekt vor der Selbstbestimmung eines Suizidwilligen andererseits». Das Selbstbestimmungsrecht der Suizidwilligen wird nicht mehr durch die Fürsorge in Grenzen gehalten. Vielmehr wird die Fürsorge durch eine andere Handlungsweise abgelöst, die der Fürsorgepflicht letztlich widerspricht. Nun dominiert der Entschluss eines Menschen zum Suizid, denn sein Ersuchen um Beihilfe zum Suizid erfordert gemäss der NEK Beistand im Sinne des Suizidwilligen. Dieser Ansatz, der merkwürdigerweise in der NEK einstimmig angenommen wurde, ist vorentscheidend für die anderen Thesen. Mit Blick auf These 6 muss man feststellen, dass die NEK diese Handlungsweise, die nichts mehr mit Fürsorge zu tun hat, letztlich als Beihilfepflicht zum Suizid versteht, denn der Entschluss zum Suizid, soll nicht am Gewissensentscheid eines Arztes oder einer Betreuungsgruppe scheitern! Die Behauptung der NEK, beiden Polen, d.h. der Fürsorgepflicht und dem Respekt vor dem Selbstbestimmungsrecht in ihrem Spannungsverhältnis Rechnung zu tragen, ist daher falsch.

An sich ist der Formulierung in Empfehlung 4, dass Entscheidungen sich an der Person zu orientieren haben, eine Selbstverständlichkeit. Die Person steht im Mittelpunkt der Fürsorge. Was die NEK aber darunter zu verstehen scheint, ist Situationsethik. Je nach Kenntnis der Person und ihrer Situation, des indiviuellen Hintergrundes ihres Suizidwunsches, der Konstanz dieses Wunsches, dem Ausgang der Gespräche über alternative Perspektiven, Optionen usw. wird dann eben doch jene Grenze überschritten, die nicht mehr Hilfe beim Sterben, sondern Hilfe zum Sterben bedeutet.

Es ist übrigens bezeichnend, dass im Dokument ‹Evangelium vitae› unmittelbar an die Ausführungen über die Beihilfe zum Selbstmord, die Tötung auf Verlangen und die Tötung ohne Verlangen thematisiert werden. Sie werden ebenso als ethisch verwerflich beurteilt. Der Übergang von der Beihilfe zum Selbstmord zur Tötung auf Verlangen ist fliessend.

Entsprechende Beispiele von Schweizer «Sterbehilfeorganisationen» sind in den vergangenen Jahren bekannt geworden (Meier 2000: 7). Die Problematik ist auch durch eine Studie in den Niederlanden belegt, wonach nur bei 75 % der Suizidbeihilfen die Patienten das Tötungsmittel ohne fremde Hilfe zu sich nahmen (Groenewoud 2000). In den Niederlanden ist zu beobachten, wie sich die Indikationen für die Tötung auf Verlangen sukzessive ausweiten.[4] Der Übergang von der Tötung auf Verlangen zur Tötung ohne Verlangen erfolgt schleichend. Letztere ist zwar nicht legal und doch ist sie eine schreckliche Realität. (Bregje 2003) Die Behauptung, das gegen die Beihilfe zur Selbsttötung angeführte Dammbruchargument sei nicht stichhaltig und dürfe als Argument nicht angeführt werden, kommt der Aufforderung gleich, vor dieser Realität in den Niederlanden die Augen zu verschliessen.

Die fälschliche Respektierung des Willens der Patienten zur Selbsttötung schlägt zum Teil um in den Willen zur Tötung des Patienten auf dessen Verlangen hin und dann sogar ohne dessen Verlangen durch seinen «betreuenden» Arzt. Dieser zwingt nun u.U. seinem urteilsunfähigen Patienten seinen eigenen Willen auf. Die fälschliche Anerkennung des übersteigerten Selbstbestimmungsrechts verwandelt sich so auf erschreckende Weise in die Missachtung der Autonomie der Patienten! Wie ist so etwas möglich?

4 Nach dem Deutschen Ärzteblatt vom 7.12.2004 werden im Holländischen Groningen schwer behinderte und unheilbar kranke Babys getötet. Zudem meldete die Basler Zeitung am 17.12.2004, dass eine Kommission des niederländischen Ärzteverbandes gefordert habe, die aktive Sterbehilfe für Lebensmüde solle legalisiert werden.

Sicher nicht aufgrund des christlichen Menschenbildes, das die Unverfügbarkeit des menschlichen Lebens vertritt. Die Menschenwürde ist inhärent (innewohnend) und daher nicht von aussen zu- oder absprechbar. Der Nährboden für das Zu- und Absprechen der Menschenwürde ist in bestimmten philosophischen Positionen zu suchen. Der Mensch wird nach Peter Singer nur dann als Person anerkannt, wenn dieser Rationalität und Selbstbewusstsein vorweisen kann. Das gelingt gemäss Singer einem neugeborenen Baby noch nicht. In einer anderen Variante verknüpft Nida Rümelin Menschenwürde mit Selbstachtung. Dieses Gedankengut ist sogar in die ethischen Richtlinien für die Altersheime in der Stadt Zürich eingeflossen. Dort wird der Gedankengang konsequent fortgeführt und mündet dann in die verhängnisvolle Aussage, dass es fraglich sei, «ob man überhaupt von Menschenwürde schwer dementer Menschen sprechen kann» (Altersheime der Stadt Zürich 2003: 19).

2. Das Gewissen und gesetzliche Regelungen

Die zur Diskussion stehenden zwölf Empfehlungen der Nationalen Ethikkommission für den Humanbereich haben letztlich die staatliche Regelung der Beihilfe zum Suizid in Altersheimen und in Akutspitälern zum Ziel. Welche Formen auch immer die detaillierte Ausgestaltung eines Gesetzes annehmen mag – eine solche Regelung bringt ganz sicher Ärzte und Pflegepersonal in Gewissensnöte. Es ist nicht mit einer freien Gewissensentscheidung eines katholischen Arztes zu vereinbaren, wenn dieser gemäss Empfehlung 8 entweder zur Beihilfe zum Selbstmord oder zur Weiterverweisung auf einen «hilfsbereiten» Kollegen in seiner bzw. in einer anderen Institution verpflichtet wird.[5] Das Recht auf Gewissensfreiheit wird in diesem Fall zur Leerformel.

5 Empfehlung 8 der NEK: «Der wohl erwogene persönliche Entschluss zum Suizid soll nicht am persönlichen Gewissensentscheid eines einzelnen Arztes oder einer einzelnen Betreuungsgruppe scheitern. Es muss die Möglichkeit bestehen, auf Wunsch einem anderen Arzt zugewiesen oder in eine andere Institution verlegt zu werden.»

Letztlich bliebe ihm noch der Wechsel seiner Arbeitsstelle zu einer Institution, in welcher der assistierte Suizid nicht zugelassen ist.

Noch extremere Verhältnisse würde Empfehlung 8 der NEK für das auf Langzeitpflege spezialisierte christliche Ärzte- und Pflegepersonal schaffen. Für diese wäre es untragbar in einer öffentlichen Institution der Langzeitpflege zu arbeiten, wo sie ständig diesem Gewissenskonflikt ausgesetzt sind. Ihre Berufsausübung wäre aus Gewissensgründen nur noch in einer privaten Institution möglich, die spezifisch und explizit nur Bewohner annimmt, die zum Zeitpunkt ihrer Aufnahme ausdrücklich einverstanden waren, dass diese Institution diesen «Service» nicht duldet. Wäre eine solche Gettoisierung im Sinne unserer Verfassung und unseres Rechtsstaates?

Eine nicht zu unterschätzende Bedeutung hat die neue Richtlinie der Schweizerischen Akademie der Medizinischen Wissenschaften (SAMW) für die Betreuung von Patientinnen und Patienten am Lebensende, da sie sich jetzt schon in der Praxis auswirkt. Im Gegensatz zur älteren Fassung ist sie mit den oben dargelegten Prinzipien der Katholischen Kirche nicht zu vereinbaren. Es wird zwar behauptet, die Beihilfe zum Suizid sei nicht Teil der ärztlichen Tätigkeit, weil sie den Zielen der Medizin widerspreche, doch kann den Richtlinien gemäss die Achtung des Patientenwillens so weit führen, dass der Arzt eine persönliche Gewissensentscheidung fällt: «Die Entscheidung, im Einzelfall Beihilfe zum Suizid zu leisten, ist als solche zu respektieren.» (SAMW 2005: 174) Allen gegenteiligen Beteuerungen zum Trotz befindet sich ein solcher Arzt in einem unauflösbaren Widerspruch. Einerseits soll seine Beihilfe zum Selbstmord keine ärztliche Handlung sein, andererseits verschreibt er das Rezept für die tödliche Dosis des Barbiturates. Die Rezeptverschreibung ist eine ärztliche Handlung und wird in der Bevölkerung auch so aufgefasst. Wenn der Arzt im weissen Kittel als medizinisch betreuende Fachperson wirkt und dann als Privatperson mit dem tödlichen Mittel (z.B. Barbiturat) vor den Patienten tritt, nimmt dieser ihn als ein und dieselbe Person wahr.

Diese Richtlinie der SAMW ist in einigen Kantonen (St. Gallen, Obwalden) automatisch verbindlich geworden und entspricht somit gesetztem Recht.[6] Damit wirkt sich der einschneidende Wechsel im

6 Im Kanton Bern gelten nach der Verordnung über Sterbehilfe und Todesfeststellung aus dem Jahr 1997 noch die alten Richtlinien der SAMW von 1995.

Verständnis der ärztlichen Handlung in den Richtlinien der SAMW jetzt schon in diesen Kantonen aus, ohne dass dies von der kantonalen Legislative ausdrücklich genehmigt worden ist. Zu dieser Delegation hat sich der Jurist David Rüetschi unlängst in der Schweizerischen Ärztezeitung ausdrücklich auch in Bezug zur Sterbehilfe kritisch geäussert. Wenn Richtlinien zu Themen grösster gesellschaftlicher Relevanz zugleich unmittelbar Grundrechte tangieren, dann scheint gemäss Rüetsch «eine Delegation hier kaum zulässig, die Regelung müsste vielmehr auf der Stufe des formellen Gesetzes stattfinden» (Rüetsch 2004: 1223). Übrigens gibt es selbst bei der Ärzteorganisation FMH einen solchen Automatismus nicht. Zwar verweist Art. 17 der Standesordung auf die medizinisch-ethischen Richtlinien der SAMW, doch muss erst die Ärztekammer der FMH darüber befinden, ob die neue Richtlinie in den Anhang der Standesordnung übernommen wird.

3. Folgerungen und Forderungen

Statt ethisch bedenkliche Regelungen zur Beihilfe zum Suizid zu entwerfen, sollte die Sensibilität bei Ärzten, Pflege- und Seelsorgepersonal sowie in der Bevölkerung für die palliative Betreuung der Sterbenden und unheilbar Kranken gefördert werden. In der Ausbildung und Fortbildung der Ärzte und des Pflegepersonals müsste diese Thematik eine höhere Priorität eingeräumt werden, als bisher. Durch interdisziplinäre Zusammenarbeit müsste ein Massnahmenkatalog zur Verminderung der Suizidwünsche erarbeitet und umgesetzt werden.

Die jetzt gültigen medizinisch-ethischen Richtlinien der SAMW (SAMW 2005: 172–176) tolerieren eine Praxis, welche die Ärzte wie in den Niederlanden neben ihrer Funktion als Lebensretter in die Lebensvernichterrolle drängt und dadurch verhängnisvolle Auswirkungen hat. Christoph Wilhelm Hufeland, der berühmte Arzt Goethes und Schillers hat davor gewarnt, dass der Arzt zum gefährlichsten Mensch im Staat wird, wenn er sich anmasst seine Handlungsweise von der Frage abhängig zu machen, ob das Leben des Patienten lebenswert oder unwert ist:

> Nicht blos heilen, sondern auch bei unheilbaren Krankheiten das Leben erhalten und Leiden erleichtern, ist die Pflicht und ein grosses Verdienst des Arztes [...] Er soll und darf nichts anderes thun, als Leben erhalten; ob es ein Glück oder Unglück sei, ob es Werth habe oder nicht, dies geht ihn nichts an, und maasst er sich einmal an, diese Rücksicht mit in sein Geschäft aufzunehmen, so sind die Folgen unabsehbar, und der Arzt wird der gefährlichste Mensch im Staate; denn ist einmal diese Linie überschritten, glaubt sich der Arzt einmal berechtigt, über die Nothwendigkeit eines Lebens zu entscheiden, so braucht es nur stufenweise Progressionen, um den Unwerth und folglich die Unnöthigkeit eines Menschenlebens auch auf andere Fälle anzuwenden. (Hufeland 1836: 716–717, zit. nach Zimmermann 2000)

In Anbetracht des schwerwiegenden Kurswechsels bezüglich der ärztlichen Beihilfe zum Suizid, den die SAMW mit ihrer medizinisch-ethischen Richtlinie vollzogen hat, ist deren automatische Gültigkeit in den Kantonen St.Gallen und Obwalden ein unhaltbarer Zustand. Ein solcher Automatismus ist eines demokratischen Rechtssystems unwürdig. Hier besteht für die betreffenden kantonalen Gesetzgeber dringender Handlungsbedarf. Falls sich diese als träge erweisen, muss ihnen mit Initiativen nachgeholfen werden.

Bei der gegenwärtigen Rechtslage ist der «Tourismus» zum Zweck des Suizids in die Schweiz möglich und mindestens in den Kantonen Zürich sowie Aargau Praxis. Ausserdem hat die Organisation EXIT nun ihr Angebot unter bestimmten Bedingungen sogar auf psychisch erkrankte Personen ausgeweitet. Beides muss durch das Strafrecht unterbunden werden.

Die Umsetzung der Empfehlung 1 bis 10 und 12 der Nationalen Ethikkommission (NEK) würde gerade den gegenteiligen Effekt bewirken, wie in Empfehlung 11 beabsichtigt wird. Die Alterspyramide und die ständig steigenden Kosten im Gesundheitswesen würden zusammen mit der breiten Einführung der Beihilfe des Suizides in Langzeitpflegeinstitutionen und Akutspitälern zu jenem sozialen und familiären Druck führen, der Suizidwünsche fördert und die Verantwortung gegenüber abhängigen Menschen ausblendet. Zudem würde der schleichende Übergang von der Beihilfe zum Suizid zur Tötung auf Verlangen gefördert. Es ist klar, dass einem solchen Vorhaben der Kampf mit allen verfügbaren legalen Mitteln angesagt werden muss.

Schlussgedanken

«Soll mein oder dein Wille geschehen?» Die Antwort aufgrund des christlichen Menschenbildes ist klar. Es soll Gottes Wille geschehen, auch wenn das Ja dazu in bestimmten Situationen äusserst schwer fällt.

«Dein Wille geschehe» nimmt eine ganz andere Bedeutung an, wenn jegliche Transzendenz des Menschen ausgeklammert wird. Dann ist die Gefahr real, dass an die Stelle Gottes ein anderer Mensch mit seinem Willen tritt, der nicht unbedingt mit meinem Willen übereinstimmen muss.

«Dein Wille geschehe» im christlichen Sinn hilft dem leidenden Menschen, sich am Ziel seines Daseins auszurichten. Verbunden ist damit der Glaube an die Auferstehung und das ewige Leben. Dieser Glaube und die damit verbundene Hoffnung hat Jesus Christus durch seine Liebe am Kreuz ermöglicht. Er hat aus Liebe zu den Menschen gelitten und so ihrem Dasein einen Sinn geschenkt, der über das Irdische hinausgeht. Mit dem Leiden unheilbar kranker Menschen und Behinderten sowie der Agonie der Sterbenden werden wir immer Mühe haben und sie wird ein Geheimnis bleiben, das zum Leben des Menschen gehört. (Johannes Paul II.: 1984: Nr. 31) Der Blick auf Christus, der uns durch sein Leiden am Kreuz erlöst und durch seine Auferstehung seine Macht über den Tod erwiesen hat, schenkt letztlich im Leiden die Hoffnung, dass es nicht das endgültige Ende im Tod findet, sondern im ewigen Leben.

Literatur

Altersheime der Stadt Zürich (2003): Ethische Richtlinien für die Altersheime in der Stadt Zürich. Gesundheits- und Umweltdepartement, Zürich.

Bregje, D. et al. (2003): Euthanasia and Other End-of-life Decisions in the Netherlands in 1990, 1995, and 2001. In: Lancet 362: 395–399.

FMH (2003), Standesordnung.
URL: http://www.fmh.ch/ww/de/pub/fmh/standesordnung_fmh.htm, Bern.

Generalversammlung der Vereinten Nationen (^{3}1996): Allgemeine Erklärung der Menschenrechte. Verkündet von der Generalversammlung der Vereinten Nationen am 10. Dezember 1948. Insel, Frankfurt am Main.

Groenewoud, J. H. et al. (2000): Clinical Problems With the Performance of Euthanasia and Physician-assisted Suicide in the Netherlands. In: The New England Journal of Medicine 342: 551–556.
Hufeland, C. W. (1836): Enchiridion medicum oder Anleitung zur medizinischen Praxis. Jonas, Berlin. Zitiert nach Zimmermann, Volker (2000): Geschichte der Euthanasie in Grundzügen. In: Frewer, A. / Eickhoff, C. (Hrsg.): «Euthanasie» und die aktuelle Sterbehilfe-Debatte. Die historischen Hintergründe medizinischer Ethik. Campus, Frankfurt am Main, 27–44, hier 34.
Johannes Paul II. (1984): Apostolisches Schreiben «Salvifici Doloris», über den christlichen Sinn des Leidens. Sekretariat der Deutschen Bischofskonferenz, Bonn.
Johannes Paul II. (1995): Enzyklika «Evangelium vitae» über den Wert und die Unantastbarkeit des menschlichen Lebens. Sekretariat der Deutschen Bischofskonferenz, Bonn. [zit.: EV, bes. Nr. 64–73].
Katechismus der Katholischen Kirche (1993). R. Ouldenbourg, München [zit.: KKK].
Kirchenamt der Evangelischen Kirche Deutschlands, Sekretariat der Deutschen Bischofskonferenz (2003): Sterbebegleitung statt aktiver Sterbehilfe: Eine Textsammlung kirchlicher Erklärungen mit einer Einführung des Vorsitzenden der Deutschen Bischofskonferenz und des Vorsitzenden des Rates der Evangelischen Kirche in Deutschland. Bonn.
Kongregation für die Glaubenslehre (1980): Erklärung über die Euthanasie. Sekretariat der Deutschen Bischofskonferenz, Bonn.
Meier, Michael (2000): Sterbehilfe via Plastiksack verurteilt. In: Tages-Anzeiger 29. Dez.: 7.
Nationale Ethikkommission im Bereich Humanmedizin NEK (2005): «Beihilfe zum Suizid». Stellungnahme Nr. 9.
Rüetschi, David (2004): Die Medizinisch-ethischen Richtlinien der SAMW aus juristischer Sicht: Schweizerische Ärztezeitung 85(03): 1222–1225.
SAMW (2005): Betreuung von Patientinnen und Patienten am Lebensende: Medizinisch-ethische Richtlinien der SAMW. In: Schweizerische Ärztezeitung 86(03): 172–176.
Schweizer Bischofskonferenz (2002): Die Würde des Menschen. Pastoralschreiben der Schweizer Bischöfe zur Frage der Sterbehilfe und der Sterbebegleitung. Sekretariat der Schweizer Bischofskonferenz, Freiburg.
URL: http://www.kath.ch/sbk-ces-cvs/rtf/document_euthanasie_d.rtf.
Zimmermann, Volker (2000): Geschichte der Euthanasie in Grundzügen. In: Frewer, A./ Eickhoff, C. (Hrsg.): «Euthanasie» und die aktuelle Sterbehilfe-Debatte. Die historischen Hintergründe medizinischer Ethik. Campus, Frankfurt am Main, 27–44.

Kapitel 22

Ist die Idee eines «lebenswerten» oder «menschenwürdigen» Lebens gefährlich?[1]

Dagmar Fenner

Wo man philosophisch oder theologisch Sterbe- oder Suizidbeihilfe zu rechtfertigen sucht, bringt man gerne die Kategorie der «menschlichen Würde» ins Spiel: Man fordert ein «Sterben in Würde», wenn ein menschenwürdiges Dasein aufgrund sich verändernder Lebensumstände nicht länger möglich ist, wenn die Betroffenen die Frage nach dem Wert ihres Lebens nicht mehr positiv beantworten können. Doch wann ist

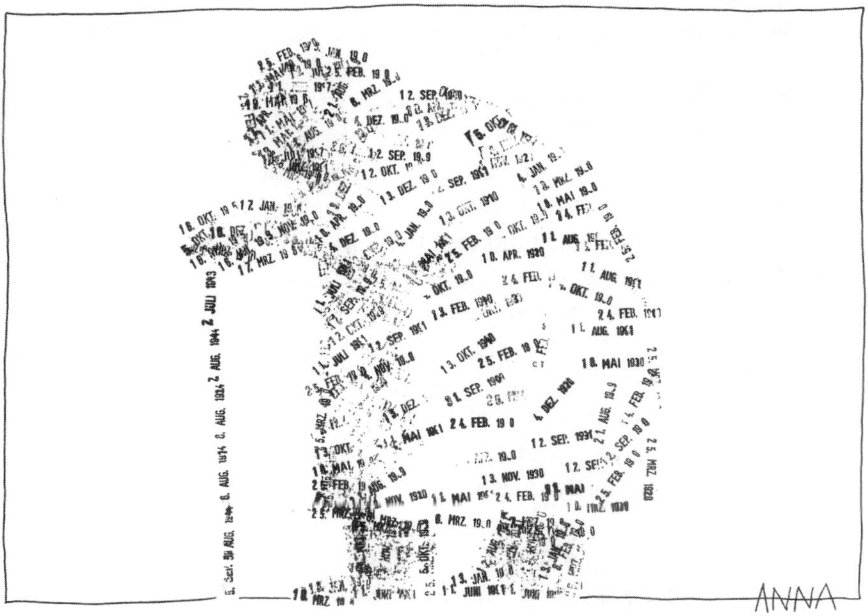

1 Ein herzliches Dankeschön für anregende Gespräche anlässlich einer ersten Version dieses Beitrages geht an Prof. Christoph Horn, Prof. Christoph Rehmann-Sutter und Dr. iur. Frank Th. Petermann.

dieser Zeitpunkt gekommen und was ist hier genau mit «Würde» und «Lebenswert» gemeint? Ernst Ankermann illustriert dies am Beispiel eines todkranken Menschen, der den zunehmenden Verfall seiner körperlichen und geistigen Kräfte als «Auflösung seines Menschseins» erlebt:

> Ganz auf fremde Hilfe angewiesen, nicht mehr Herr über körperliche Funktionen, sich unter Umständen über seinen eigenen Körper ekelnd, von unerträglich erscheinenden Schmerzen geplagt, ist es verständlich, wenn er sich bar aller menschlichen Würde fühlt. (Ankermann 2004: 20)

Viele Stimmen, insbesondere von Ärzten, warnen indes vor der unkritischen Rede von «menschenwürdigem» oder «lebenswertem Leben». Sobald man Fälle oder Bedingungen bestimmt, in denen sowohl der Suizid als auch die Suizid-Beihilfe ethisch legitim und vertretbar sind, könnten sich nämlich lebenswillige Personen unter vergleichbaren Umständen durch die gesellschaftliche Erwartungshaltung zum Suizid nachgerade gedrängt sehen. Wer daher als Privatperson oder Vertreter einer Sterbehilfeorganisation öffentlich erkläre, «dass er ein Leben mit der Alzheimerkrankheit für menschenunwürdig halte und beim Auftreten einer Demenz seinem Leben ein Ende setzen wolle», leistet in den Augen des Arztes Alex Schwank der Meinung Vorschub, «dass z.B. Alzheimerpatienten kein menschenwürdiges Leben mehr führen könnten» (Schwank 2001: 15 und 2005: 18). Darauf kontert er dezidiert: «Das Lebensrecht von Behinderten und Betagten darf auf keinen Fall in Frage gestellt werden. Die Unterscheidung in lebenswertes und lebensunwertes Leben ist ethisch abzulehnen» (Schwank 2005: 18). Sollen wir also auf die Idee von einem «menschen(un)würdigen Leben» gänzlich verzichten oder doch wenigstens auf diejenigen von «lebens(un)wertem Leben», die in Erinnerung an die Euthanasieprogramme der Nationalsozialisten und im Zuge des philosophischen Skandals um den «Euthanasie»-Propagandisten Peter Singer zum Unwort mutierte? Oder müssten die entsprechenden Konzepte wenigstens privatisiert und der individuellen Definitionsmacht eines jeden Einzelnen anheimgestellt werden?

Da die in der Suiziddebatte fundamentalen Prinzipien «Lebensrecht», «Menschenwürde», «menschenwürdiges» oder «lebenswertes Leben» von einiger gesellschaftlicher Brisanz sind, versuche ich mit meinen folgenden Überlegungen einen Beitrag zu deren systematischen Klärung zu leisten. Zur Vermeidung von Missverständnissen muss allererst das Prinzip der «Würde des Menschen» vom «Lebensrecht des Menschen» entkoppelt werden, denn grundsätzlich steht fest: «Das Lebensrecht gilt lebenssinn- und lebenswertindifferent» (Lübbe 1988: 5). Obgleich ich damit Schwanks Plädoyer unterstütze: «Jeder Mensch hat ein absolutes Lebensrecht und das dürfen und sollten wir nicht in Frage stellen» (Schwank 2000: 19), lässt sich daraus keineswegs eine Weiterlebenspflicht ableiten, wie er suggeriert. «Die Gesellschaft ist verpflichtet, besonders wir Ärzte, Suizide zu verhindern.»[2] Sobald man einem Menschen das Recht auf den eigenen Tod und im Bedarfsfall auf Suizidbeihilfe abspricht, lädt man sich nämlich die schwierige Beweislast auf, inwiefern jemandem das Recht zukommen kann, das Weiterleben eines Suizidwilligen zu fordern. Juristische Interpreten kommen diesbezüglich mehrheitlich zum Schluss, eine solche Pflicht liesse sich nicht einmal aus höchstpersönlichen Fürsorge-, Schutz- oder Treuepflichten etwa einer Mutter gegenüber ihren unmündigen Kindern herleiten (vgl. Petermann 2004: 1124). Ausserhalb des juristischen Kontextes existiert eine Lebenserhaltungspflicht nur unter der Prämisse einer christlich-dogmatischen Glaubensvorstellung (vgl. Wittwer 2003: 312–319). In der Philosophie wird heute jedoch kaum noch die schwer zu begründende aristotelische Position verteidigt, der Einzelne sei gegenüber dem Staat oder der Gemeinschaft unbedingt zur Erhaltung seines Lebens verpflichtet (vgl. Ankermann 2004: 127f. oder Birnbacher 1990: 419f.). Während die Gemeinschaft also kein Mitglied zum Weiterleben nötigen darf, obliegt es ihr andererseits, von Rechts wegen selbst einen Gewaltverbrecher zu dulden, der die Würde zahlreicher Menschen verletzt hat. Weil sie zwar dessen Lebensrecht zu respektieren hat, ihm aber gleichwohl die öffentliche Achtung und Anerkennung nicht zuteil werden lassen kann, fühlt dieser möglicherweise durch entsprechende moralische Sanktionen wie Verachtung und Ausgrenzung sein Lebensrecht missachtet. Um die *de iure* bestehende Unabhängigkeit von Lebensrecht und sozialethischen Vorstellungen von menschenwürdigem Leben in jedem Fall garantieren zu können, so folgern viele wie der zitierte Arzt, müsste man daher entweder auf ein gemeinsames normatives Menschenbild und die Idee von wertvollem Leben überhaupt verzichten (1) und/oder das Leben als solches zum «Wert an

2 Ebd. Nur vereinzelte Juristen wie P. Bockelmann attribuieren den Ärzten eine solche «absolute Lebenserhaltungspflicht» (vgl. Engisch 1976: 318).

sich» erklären (2).[3] Unabhängig von der Korrektheit der Schlussfolgerung will ich in einem ersten Schritt die Argumente für diese beiden ethischen Positionen mitsamt deren Konsequenzen kritisch überprüfen.

1. Verzicht auf die Differenz zwischen lebenswertem und lebensunwertem Leben?

Wer ernsthaft für die Verabschiedung der Differenz von menschenwürdigem und -unwürdigem Leben als solche plädiert, ohne damit zu meinen, der Wert oder die Würde eines Lebens sei nur vom Standpunkt des Einzelnen aus im jeweiligen Einzelfall zu bestimmen, übersieht grundsätzlich Folgendes: Verwahrt man sich gegen jede Reflexion über Kriterien für ein menschenwürdiges oder lebenswertes Leben, läuft man Gefahr, irgendwelchen ideologischen Vorstellungen zu verfallen, die uns überall auflauern. Denn wir sind in Wilhelm Kamlahs Worten

> dicht umgeben von Ideologien, von Lebens- und Weltanschauungen, die alle ein «Menschenbild» enthalten und uns zur Annahme dieses Bildes, das immer zugleich ein «Leitbild» ist, zu überreden suchen. Ja, auf Schritt und Tritt begegnen wir z. B. in der Reklame, in den «Illustrierten», dem Leitbild des «modernen Menschen», des auf Leistung, Erfolg, Genuss gerichteten Vitalmenschen. (Kamlah 1972: 11 f.)

Ohne die Leitvorstellung eines solchen Menschenbildes, ohne Orientierungsstandards von «gelingendem» oder «lebenswertem Leben» kann der Mensch nach neueren anthropologischen Erkenntnissen gar nicht existieren. Denn er lebt nicht, sondern hat sein Leben zu führen (vgl. Kamlah: 145–149). Nur deswegen opponiert der zitierte Arzt Schwank offenkundig gegen die Lebenswertdiskussion als Ganze, weil ihm das heute grassierende spezifische Menschenbild eines gesunden, selbstständigen, von mitmenschlicher Hilfe völlig unabhängigen Menschen

3 Schwank wendet, soweit ich sehe, beide Strategien an, obgleich er seltsamerweise statt vom «Wert des Lebens» vom «Wert des absoluten Lebensrechtes» spricht: «Wenn die Gesellschaft den Wert des absoluten Lebensrechts aufrechterhält, gibt es diesen gesellschaftlichen Druck nicht» (Schwank 2005: 18).

missfällt, bei dem grösstmögliche Autonomie mit weitestgehender Entbindung aus dem solidarischen Netz erkauft wird. «Das ist das Erschreckende», moniert Schwank: «Demnach ist nur ein gesundes Leben lebenswert. Das ist ein Menschenbild, das ich zutiefst ablehne.» (Schwank 2005: 19) Auch wenn man gegen ein einseitiges Leistungsideal oder einen übertriebenen Jugendkult mit guten Gründen ins Feld ziehen kann, darf man sich nicht darüber hinwegtäuschen, dass jedes fürsorgliche Handeln, sei es nun ein medizinisches, psychotherapeutisches oder nichtärztlich pflegendes, wenigstens ein rudimentäres normatives Menschenbild voraussetzt (vgl. Holderegger 1979: 227f.). Heilt ein Arzt nicht kranke Menschen, weil er – in Übereinstimmung mit der Gesellschaft, die ihm gewissermassen einen Auftrag erteilt – ein gesundes Leben für lebenswerter hält als ein krankes? Mit fortschreitender Medizintechnik dürfte es immer weniger ausreichen, dass sich die ärztliche Berufsethik allein auf die «Erhaltung menschlichen Lebens» in einem rein biologischen Sinne oder auf die Hippokratische Formel vom «Heil des Patienten» beruft: Je mehr die Patienten ihrerseits im Zeichen eines bestimmten Autonomieideals ihr Mitbestimmungsrecht reklamieren, desto weniger kommen auch Ärzte um die Reflexion auf die vom biologischen «am Leben Sein» zu unterscheidende Idee vom «lebenswerten» oder «menschenwürdigen Leben» herum. Wir gehen nach Kamlah einer Zeit entgegen, «in der es dem Arzt nicht mehr gelingen wird, sich unter Berufung auf den Hippokratischen Eid dieser fundamentalen Unterscheidung zu entziehen» (Kamlah 1992: 222). Halten wir also fest: Die Lebenswertdiskussion aus Furcht vor einer negativen Dynamik hinsichtlich der «Euthanasie»-Debatte zu unterbinden,[4] macht erstens aus fundamentalanthropologischer Sicht wenig Sinn, weil der Mensch sein Leben mit Blick auf bestimmte normative Leitvorstellungen zu führen hat und ohne diese gemeinsame kritische Diskussion Gefahr läuft, irgendwelchen manipulativen ideologischen

4 Vgl. zu dieser Furcht exemplarisch Mürner/Sierck (2001: 96): «Gesundheit, Schönheit, Fitness, Leistungsfähigkeit sind die Grundwerte des Normalisierungsdenkens im Alltag. Der Körper muss fit sein, um die Angebote der Konsumgesellschaft nutzen zu können. Die Kehrseiten dieser Idealisierung unterstellen, krank, hässlich oder erschöpft zu sein. Eine Gesellschaft, die den Werten der Jugend, der Intelligenz, der Beweglichkeit und Flexibilität huldigt, grenzt alte, geistig behinderte oder chronisch kranke Menschen aus. Diese Situation enthält eine Dynamik, die vermutlich nicht einmal die ‹Euthanasie›-Verfechter erwarten.»

Angeboten des Zeitgeistes zum Opfer zu fallen. Zum Zweiten setzt jedes mitmenschliche Handeln im Rahmen der «Fürsorge», welche die NEK als sozialethisches Prinzip der Aussenstehenden dem «Autonomie»-Prinzip seitens des Suizidenten entgegensetzt, eine wenigstens vage und implizite Vorstellung von einem «lebenswerten Leben» bzw. ein rudimentäres Menschenbild voraus.

2. Absoluter Objektivismus: Leben als unantastbarer «Wert an sich»

Wo man sich nicht von vornherein vor der letztlich unumgänglichen Diskussion um «Lebenswert» oder Menschenbild verschliesst, wappnen sich Kritiker der Suizidbeihilfe gerne wie Schwank mit dem oft nicht weiter begründeten, als selbstverständlich vorausgesetzten Postulat, jedes menschliche Leben sei *per se* wertvoll: Das Leben jedes Menschen stellt im Zeichen eines *absoluten Objektivismus* einen unantastbaren «Wert an sich» dar. Zumeist hat man dabei den von der Qualität eines Lebens unabhängigen reinen «Vitalwert» des quantitativen, biologischen «Am-Leben-Seins» im Auge. Wer sich nicht auf hebräische oder christliche Traditionsstränge, auf die unantastbare «Heiligkeit des Lebens» oder irgendwelche geheiligten Entelechien beruft (vgl. Battin 1982: 112 oder Fletcher 1976: 243), pflegt auf eine angeblich von allen Menschen geteilte intuitive Einsicht in diesen nicht weiter begründbaren Wert zu verweisen (vgl. Wolf 1991: 244). Einer solchen reduktionistischen Sichtweise muss zunächst mit Jean-Claude Wolf entgegengehalten werden, dass dem biologischen Leben neben dem «Am-Leben-Sein» auch noch andere Vitalwerte zu attribuieren wären wie «Gesundheit» oder «Lebensfreude» (vgl. ebd.). Obgleich der Grundwert «Leben» die *conditio sine qua non* aller weiteren Vitalwerte bildet, kann es anlässlich des Überwiegens negativer Zusatzwerte zum Konflikt mit dem Grundwert kommen. Wenig überzeugend ist desgleichen Thomas Nagels ebenfalls an den *common sense* appellierende These, das menschliche Leben besitze aufgrund der Möglichkeit, Erfahrungen zu machen, einen irreduziblen Eigenwert. Allein die intrinsichen Fähigkeiten des Wahrnehmens, Denkens, Wünschens und Handelns würden jedes Leben lebenswert machen, ungeachtet dessen, ob es sich dabei um positive oder negative Erfahrungen handle.[5] Wie Héctor Wittwer überzeugend aufweist, schätzen wir aber niemals «Erfahrungen als solche» – die ohnehin lediglich als Begriff existieren –, sondern immer nur bestimmte Erfahrungen um ihrer spezifischen (beispielsweise angenehmen oder erfüllenden) Inhalte willen (vgl. Wittwer 2003: 249ff.). Dem Leben käme dann also kein Eigenwert zu, da die es konstituierenden Fähigkeiten und Tätigkeiten nicht als solche positiv bewertet werden, sondern nur dann, wenn sie der Verwirklichung anderer Werte dienen. Auch abgesehen von den Defiziten dieser zweiten Argumentationsstrategie kann die Konsequenz eines absoluten Objektivismus; nämlich die unbedingte Lebenserhaltungspflicht, nicht mit universaler Anerkennung rechnen (vgl. Birnbacher 1990: 420). Der Mensch, der im Unterschied zu rein instinktgeleiteten Lebewesen nicht einfach nur lebt, vermag das biologische Am-Leben-Sein oder das für alles Lebendige charakteristische Wahrnehmen, Denken und Fühlen kaum als Zwecke an sich selbst und höchste (Vital-)Werte zu erblicken. Weil vom Ist-Zustand des Lebens nicht auf einen unbedingten Wert und ein Sollen geschlossen werden darf (naturalistischer Fehlschluss), gilt vielmehr: «Das Leben, das menschlichen Massstäben genügen soll, muss eine Anzahl anderer Werte enthalten, damit es lebenswert ist» (Fletcher 1976: 243). Doch was sind das für menschliche Wertmassstäbe, die wir an das Leben anlegen? Müssen es rein individuelle sein (3), weil eine allgemein verbindliche Idee des «lebenswerten» oder «menschenwürdigen Lebens» (4) gefährlich oder inhuman wäre?

5 «Es ist eine weit verbreitete Ansicht, dass es sich hierbei (beim Wahrnehmen, Wünschen, Handeln und Denken, D.F.) um vorzügliche Himmelsgaben handelt, ungeachtet der Tatsache, dass sie Bedingungen für Freud' und Leid gleichermassen sind, und dass es eventuell einer ausreichenden Anzahl einzelner Übel gelingen könnte, den Vorteil dieser Gaben aufzuwiegen. Das ist, glaube ich, mit der Behauptung gemeint, es sei schon gut, nur am Leben zu sein, ganz gleich, wie entsetzlich das ist, was man durchmacht.» (Nagel 1984: 15f.)

3. Radikaler und einfacher bzw. aufgeklärter und reflektierter Subjektivismus: subjektive Wertbasis

Für den weiteren Verlauf meiner Reflexionen wird es an dieser Stelle unumgänglich, die bisher in einem Atemzug genannten Ausdrücke «Lebenswert»/«lebenswertes Leben» und «Menschenwürde»/«menschenwürdiges Leben» gegeneinander abzugrenzen. Während das Konzept «Menschenwürde» nämlich unzweideutig einen universellen Geltungsanspruch erhebt, scheint sich der «Lebenswert» nur vor dem Hintergrund einer subjektiven Wertbasis festlegen zu lassen: «Ob ein bestimmtes Leben lebenswert ist oder nicht, kann nur vom Wertungsstandpunkt jenes Menschen aus entschieden werden, dem dieses Leben gehört», pointiert Norbert Hoerster die *Position des Subjektivismus* (1999: 293). Was als guter Grund für einen Suizid gelten darf, hinge folglich ausschliesslich von individuellen Wertmassstäben der Suizidenten in ihrer ganz konkreten, jeweils einzigartigen «situation vécue» ab (vgl. Améry 1994: 19); von möglicherweise höchstpersönlichen, von niemandem geteilten Werten und Ansprüchen des betroffenen Einzelindividuums. Die individualethischen Konzepte von einem guten, sinnvollen oder glücklichen Leben können dazu führen, dass unter ähnlichen Lebensbedingungen ganz verschiedene individuelle Urteile über den Wert des Lebens gefällt werden. Bei zwei Menschen mit derselben schmerzvollen, unheilbaren Krankheit mag das Leben des einen aufgrund eines religiösen Bezugsrahmens weiterhin sinnvoll und lebenswert erscheinen, wohingegen es für einen aktiven Sportler vielleicht jeden Wert verliert. «Ob das Leben eines Menschen ein erfülltes, lebenswertes Leben ist oder nicht, das bemisst sich an diesem Leben selbst und wahrhaftig nicht an Beurteilungen durch die Gesellschaft oder durch den Staat oder gar durch die Partei», bekräftigt auch Kamlah. «Die Einmischung dieser unzuständigen Instanzen hat die Problematik des lebenswerten Lebens lange unheilvoll belastet.» (Kamlah 1992: 222) Doch führt dieses Plädoyer für die totale Abstinenz des sozialen Umfeldes, diese Hochstilisierung des monologischen Selbstbeurteilungsrechts hinsichtlich des «nicht mehr lebenswerten Lebens» sowie des Selbstbestimmungsrechts über den Zeitpunkt des eigenen Todes nicht gleichfalls zu unliebsamen Konsequenzen? Denn die Gefahr, dass sich die Betroffenen bei der Bewertung ihrer

Lebenssituation und der ihnen verbleibenden Lebenschancen und Perspektiven täuschen, ist zweifellos da am grössten, wo der Entschluss in existenzieller Einsamkeit gefasst wird. In vielen Fällen könnten mutmasslich ernsthafte, einsichtsfördernde Gespräche mit Freunden, neutralen Beratern oder Psychotherapeuten irrationalen Suizidentscheiden vorbeugen, indem auf gravierende Informationsdefizite und völlig unrealistische oder überzogene Ansprüche aufmerksam gemacht wird. Wer sein Leben für wertlos hält, weil er sich irrtümlich von einer schlimmen Krankheit infiziert wähnt, ist genauso auf beratende Unterstützung durch «äussere Instanzen» angewiesen wie eine 18-jährige Schülerin, die nach dem Scheitern ihrer ersten Liebesbeziehung meint, ohne ihren Freund nicht weiterleben zu können. Statt im Namen eines *radikalen oder einfachen Subjektivismus* lediglich auf den ausschliesslich vom Standpunkt des Betroffenen aus zu bemessenen «Lebenswert» zu pochen und das «Autonomieprinzip» blindlings zu verabsolutieren, sollte dieser zugunsten eines *aufgeklärten oder reflektierten Subjektivismus* mit gewissen Rationalitätskriterien aufgegeben werden, die letztlich das Selbstbestimmungsrecht des Individuums ausweiten.[6]

4. Kriteriologischer Objektivismus: intersubjektive, diskursive Bestimmung von «Menschenwürde»

Auch ein aufgeklärter und reflektierter subjektivistischer Ansatz lässt sich noch dahingehend hinterfragen, ob die individuellen Ziele und Ideale, die als Massstab für den Wert oder Unwert des eigenen Lebens fungieren, nicht in Interaktion mit dem sozialen Umfeld, den bereits vorgefundenen Wertvorstellungen und Traditionen entwickelt werden und damit immer schon kulturell mitgeprägt sind. Nachdem neuere Anerkennungstheorien überdies herausgestellt haben, dass «die Möglichkeit der positiven Selbstbeziehung allein mit der Erfahrung von

6 Vgl. Petermanns (2004: 1116) konzises Fazit: «Letztlich wird das Selbstbestimmungsrecht des Individuums nicht eingeschränkt, sondern im Gegenteil ausgeweitet, wenn das Individuum vor einer offensichtlich übereilten Entscheidung geschützt wird.»

Anerkennung gegeben ist» (Honneth 1994: 278), legt es sich nahe, zu einer *kriteriologischen objektivistischen Position* mit einer gemeinsamen kriteriellen Bestimmung eines «lebenswerten Lebens» vorzustossen. Man geht dann also davon aus, dass es «gewisse Lebensaspekte oder gewisse Lebenskomponenten gäbe, die nach einer *allgemein geteilten*, d.h. nach einer intersubjektiven Einschätzung den Lebenswert in hohem Masse zumindest *mit*bestimmen» (Hoerster 1999: 293). Wo nicht vom «lebenswerten Leben», sondern vom «menschenwürdigen Leben» die Rede ist, schwingt ein Bewusstsein von überindividuellen, von einer kulturellen Gemeinschaft oder allen Menschen geteilten Ansprüchen bzw. Werten mit. Wer ein «menschenunwürdiges Leben» beendet, ist nämlich nicht nur zum Schluss gelangt, seine kontingenten subjektiven Wünsche und Ziele liessen sich unter veränderten ungünstigen Bedingungen nicht mehr erreichen, wodurch sich sein persönliches Leben nicht länger lohne. Vielmehr käme jedem Menschen unter vergleichbaren Umständen der Lebenswert abhanden infolge des Verlusts «menschlicher Würde». Als anthropologische Bestimmung und zugleich ethische bzw. rechtliche Norm macht das Konzept «Menschenwürde» «verbindlich klar, was am Menschen (eigentlich) menschlich ist und was nicht, wer (eigentlich) Mensch ist und wer nicht» (Löhrer 1995: 19). Im Unterschied zur religiösen Begründung der «Menschenwürde», bei der jedem Menschen als Geschöpf Gottes unterschiedslos Würde zukommt, erhebt man bei der säkularen Begründungsform spezifische aktuelle Eigenschaften des Menschen zum Grund seiner ausserordentlichen Wertschätzung. Dann aber ist es nicht mehr in jedem Fall selbstverständlich, dass allen Mitgliedern der Gattung Mensch diese wesentlichen Eigenschaften und damit «menschliche Würde» auch tatsächlich zukommen (vgl. Löhrer: 19ff.). Erblickt man in der Nachfolge Immanuel Kants diese wesentlichen würdekonstitutiven Eigenschaften in der Willensfreiheit oder Autonomie, d.h. der Fähigkeit, sich selbst bestimmte (moralische) Zwecke zu setzen und die Mitmenschen in ihrer Selbstzweckhaftigkeit zu achten,[7] scheint jedoch allen Mitgliedern der biologischen Spezies Mensch Würde zugesprochen werden zu können. Eine solche «innere Würde» käme allenfalls durch den Verlust der Denkfähigkeit infolge schwerer psychischer Krankheit oder

7 Vgl. die Selbstzweckformel des Kategorischen Imperativs in Kant 1993: A/B 66 und 78.

geistiger Behinderung abhanden bzw. wäre dann nur noch in potenzieller Weise vorhanden. Sie stellt bereits bei Kant aber nicht bloss ein angeborenes allgemeinmenschliches Privileg dar, sondern vielmehr eine Mitgift, eine permanent zu leistende Aufgabe.[8] Diese Verantwortung zu «innerer Würde» qua Moralität trägt ein Mensch Kant zufolge auch unter den denkbar widrigsten Lebensumständen, so dass sein Leben immer «würdig» und «lebenswert» und ein Suizid in jedem Fall ethisch verwerflich wäre. Ist aber ein menschenwürdiges Leben durch das fundamentale notwendige Kriterium der Fähigkeit zu rationaler (ethischer) Selbstgesetzgebung wirklich schon ausreichend bestimmt oder ist Kants Position allzu rigoristisch?

Von der «inneren Würde» als (ethischer) Selbstbestimmung ist die «äussere Würde» zu unterscheiden als die reale Möglichkeit, seine Ziele auch tatsächlich verfolgen und damit seine Würde zur Darstellung bringen zu können.[9] Die für eine solche Würde-Darstellung[10] unabdingbare Handlungsfreiheit kann aber offenkundig durch zahlreiche soziale, institutionelle oder materielle Bedingungen vereitelt werden. Trotz des moralischen und juristischen Gebotes der Unantastbarkeit der «Würde» werden etwa die gesellschaftlichen Rahmenbedingungen verletzt, wo «der Mensch zu einem Objekt gemacht wird, zu einer Sache, über die man nach Belieben verfügen kann» (Ankermann 2004: 20). Um auch «äussere Würde» zu garantieren, müssen daher kraft einer rekonstruktiven diskursiven Begründung die entsprechenden erforderlichen Eigenschaften oder Güter bestimmt werden, welche teilweise durch die «Menschenrechte» Schutz finden. In vielen substanziellen philosophischen Menschenwürdekonzeptionen wird der Besitz basaler Menschenrechte geradewegs mit «Menschenwürde» identifiziert (vgl. Jaber 2003: 63f. und 71). Philippe Mastronardi zeigt in seiner Kommentierung von Art. 7 BV (Schweizerische Bundesverfassung) auf,

8 Vgl. zu dieser prinzipiellen Ambivalenz Höffe (2002: 54). In der deutschen «Menschenwürde-Debatte» des Jahres 2001 kam es zur Polarisierung zwischen der «Mitgift»- und der «Leistungstheorie» der Menschenwürde (vgl. Jaber 2003: 59f.).

9 Vgl. zur analogen Differenz von innerer und äusserer Freiheit Holderegger (2003: 19). Holderegger koppelt Menschenwürde allerdings ausschliesslich an die innere Freiheit.

10 Vgl. Spaemann: «Würde hat zu tun mit Seinsmächtigkeit; sie ist deren Darstellung» (1987: 300).

dass die Menschenwürdegarantie verschiedene weitere Rechte begründet, denn: «Autonomie ist [...] nicht bloss individualistisch zu verstehen. Sie ist auch intersubjektiv bestimmt.» (Mastronardi 2002: 85) Das sozial-interaktive, diskursive Moment spielte bereits in der Antike eine bedeutende Rolle hinsichtlich der Suizidfrage: Um Strafen durch Leichenschändungen vorzubeugen, musste der Suizidwillige nämlich der Senatsversammlung die Gründe, die ihm sein Leben lebensunwert machten, unter Aufbietung aller rhetorischen Künste darlegen (vgl. Durkheim 1983: 386ff.). Wer dabei Erfolg hatte, für den hielten die Behörden von Marseille sogar einen Vorrat an Gift bereit, um ihm den Suizid zu erleichtern. So bildeten sich Standardargumente heraus, die von allen Menschen als Gründe für ein «nicht mehr lebenswertes» bzw. «menschenunwürdiges Leben» und damit für einen rationalen, ethisch legitimen Suizid akzeptiert wurden. Platons Kanon von lediglich drei Bewertungsfaktoren; schmerzvolle Krankheit, untilgbare Schande oder Wahnsinn (vgl. Nomoi: 853b und 873c), wurde von den Stoikern folgendermassen erweitert: 1. eine sittliche Notwendigkeit wie die Aufopferung für das Vaterland, 2. das Sich-Entziehen der Gewalt eines Tyrannen, 3. eine langwierige Krankheit, 4. akuter Nahrungsmangel und 5. eine Geisteskrankheit (vgl. Decher 1999: 48). Ohne diese Tabelle im Detail zu analysieren, stimmen auch neuere «Objektive-Liste»-Ansätze darin überein, dass gewisse «Vitalwerte» oder «Güter der Vitalität» für ein menschenwürdiges Leben unentbehrlich sind. Zu diesen elementaren Grundgütern, die mit den menschlichen physiologischen Grundbedürfnissen korrelieren, zählen etwa ausreichende Nahrung, Kleidung und Gesundheit.[11] Die Menschenwürde steht somit «hinter dem Recht auf Hilfe in Notlagen (Art. 12 BV)» und «gibt dem Einzelnen gegenüber dem Staat einen Anspruch auf Sicherstellung von Obdach, Kleidung, Nahrung, ärztlicher Versorgung und Ermöglichung von sozialem Kontakt» (Mastronardi 2002: 89). Dabei dürfte die fürsorgliche Unterstützung angesichts des Verfalls der körperlichen und geistigen Kräfte anders als bei der Nahrungs- oder Kleidungsbeschaffung oft an ihre Grenzen stossen. Auch die höheren, stärker kulturell gepräg-

11 Vgl. Kamlah (1972: 171) oder Hoerster (1999: 293): «Zwei in diesem Sinne wohl für jedermann relevante Bewertungsfaktoren sind der (positive) Faktor der Gesundheit und der (entsprechend negative) Faktor der Krankheit. Genau das ist der Grund, warum ein krankes Leben relativ sehr viel häufiger für seinen Träger nicht (mehr) lebenswert ist als ein gesundes.»

ten und weniger leicht zu befriedigenden Grundbedürfnisse müssten aber Berücksichtigung finden: etwa hinreichende Sicherheit, familiäre Geborgenheit und soziale Anerkennung (vgl. Maslow 1977: 74–88). Die Stillung des höchsten Grundbedürfnisses nach Selbstverwirklichung schliesslich (vgl. ebd.: 88f.) setzt einen ausreichenden Handlungsspielraum voraus, der nicht nur durch negative Freiheitsrechte, sondern auch durch positive Optionen bezüglich Bildung, Berufswahl und Freizeitgestaltung gesichert werden müsste. Er erlaubte dem Einzelnen, im Rahmen der vorhandenen Möglichkeiten gemeinsamer Praxis und in Auseinandersetzung mit den vorgefundenen Wertvorstellungen und Rollenerwartungen seine Ziele und Präferenzen individuell zu setzen und in einem eigenen Lebenskonzept zu integrieren.

5. Fazit

Ohne hier eine umfassende Gütertheorie präsentieren und philosophisch begründen zu können,[12] möchte ich meinen Gedankengang zusammenfassen: Um nicht irgendwelchen ideologischen Infiltrationen von «lebenswertem» oder «menschenwürdigem Leben» zum Opfer zu fallen, erwies sich eine kritische Reflexion auf die entsprechenden Ideen als unumgänglich (1). Weil das religiöse Insistieren auf der «Heiligkeit des Lebens» als unantastbarem Wert an Glaubwürdigkeit verlor und auch der Verweis auf einen intuitiv einsehbaren Vitalwert des biologischen Am-Leben-Seins als reduktionistisch abzulehnen ist, suchten wir Distanz zur ethischen Position eines *absoluten Objektivismus* (2). Wenn ein nicht mehr direkt instinktgeleitetes Leben nicht *qua* Leben gerechtfertigt ist, muss es eine Anzahl anderer Werte enthalten, um lebenswert zu sein. Auch wenn es auf den ersten Blick scheint, die Bemessung des Lebenswertes müsse im Zeichen eines *radikalen Subjektivismus* gänzlich jedem Einzelnen mit seinen individuellen Zielen und Präferenzen

12 Zur Vermeidung eines naturalistischen Fehlschlusses wäre eine solche wohl mittels eines handlungstheoretischen Begründungsganges nach Art Gewirth/Steigleders zu leisten, welche gleichfalls zu elementaren Grundgütern, konstitutiven Freiheitsgütern und Zuwachsgütern (Erziehung, Bildung, Fähigkeit zu produktivem Handeln) gelangen (vgl. Steigleder 1999).

anheimgestellt und jede intersubjektive Diskussion darüber unterlassen werden, würde dabei das in der Suiziddebatte gerne monopolisierte «Prinzip der Autonomie» offenkundig überspreizt: Eine perspektivische Verzerrung bei der Beurteilung der persönlichen Lebenssituation etwa durch Informationsdefizite oder unrealistische Ansprüche müsste unbedingt durch von aussen kontrollierbare Rationalitätskriterien eines *aufgeklärten Subjektivismus* verhindert werden, die dem Einzelnen zu einer rationalen Selbstbestimmung verhelfen (3). Weil wir die Ziele und Ideale, die als Massstab für ein «lebenswertes Leben» fungieren, nicht nur in Auseinandersetzung mit bereits vorgefundenen Wertvorstellungen und Rollenerwartungen entwickeln, sondern grundsätzlich auf deren Anerkennung durch unsere Mitmenschen angewiesen sind, drängt sich der gemeinsame Austausch von Erfahrungen und Gründen hinsichtlich der Idee eines «lebenswerten Lebens» auf: Das Konzept «menschlicher Würde» eines *kriteriologischen Objektivismus* erhebt im Unterschied zu demjenigen des «lebenswerten Lebens» einen universellen Geltungsanspruch und versucht mittels einer rekonstruktiven diskursiven Begründung die sozialen, institutionellen und materiellen Verwirklichungsbedingungen zu bestimmen, unter denen Menschen ihre «innere Würde» als Freiheit oder Selbstbestimmung auch tatsächlich realisieren können (4). Obgleich eine solche kriterielle «objektive Liste» sowohl ein inklusives als auch exklusives Moment enthält, sind nur gewisse schwer zu begründende Kriterien etwa der Rassenzugehörigkeit oder sozialen Nützlichkeit ethisch verwerflich, wie sie die Schreckensherrschaft der Nazis statuierte. Auch eine aus der gemeinsamen Auseinandersetzung über die für alle Menschen wesentlichen Eigenschaften oder Güter hervorgegangene allgemeine Orientierungshilfe erfordert allerdings einen sorgfältigen und verantwortungsvollen Umgang, der nicht auf Diskriminierung und Ausgrenzung abzielt, sondern im Gegenteil im Dienst der Fürsorge stehen soll. Auch wenn die NEK zu Recht grossen Wert auf die gebotene Hilfe gegenüber suizidgefährdeten Menschen legt, reicht es als sozialethisches «Prinzip der Fürsorge» nicht aus, «Menschen am Leben zu halten» und unabhängig von dessen Qualität das «Leben von Mitmenschen als höchstes Gut» zu betrachten (vgl. These 1). Vielmehr basieren sowohl institutionalisierte fürsorgliche Handlungen als auch konkrete suizidpräventive Massnahmen – implizit oder explizit – auf gemeinsam geteilten Vorstellungen von «lebenswertem» bzw. «menschenwürdigem Leben». Wo diesem

Ideal trotz aller mitmenschlicher Bemühungen nicht mehr gerecht zu werden vermag und die betroffenen Personen entsprechend einen wohlerwogenen Suizid wünschen, kann die Fürsorge durchaus in einer Beihilfe zu einem humanen Sterben bestehen.[13] Weder sollte man in solchen Fällen auf eine abstruse Lebenserhaltungspflicht pochen, noch darf denjenigen, die trotz erheblich beeinträchtiger Möglichkeit äusserer Würde-Darstellung weiterhin lebenswillig sind, ihr lebenswertunabhängiges Lebensrecht streitig gemacht werden. Wo man nicht mittels des Zwangs des besseren Arguments, sondern mit Gewalt oder Manipulation Einfluss zu nehmen suchte, würde zweifellos das fundamentale Recht auf innere Würde im Sinne von Autonomie verletzt.

Literatur

Améry, J. (1994): Hand an sich legen. Diskurs über den Freitod, 7. Auflage. Klett-Cotta, Stuttgart.

Ankermann, E. (2004): Sterben zulassen. Selbstbestimmung und ärztliche Hilfe am Ende des Lebens. Ernst Reinhardt, München.

Battin, M. (1982): Ethical Issues in Suicide. Prentice-Hall, Eaglewood Cliffs.

Birnbacher, D. (1990): Selbstmord und Selbstmordverhütung aus ethischer Sicht. In: Leist, A. (Hrsg.): Um Leben und Tod. Suhrkamp, Frankfurt am Main, 395–422.

Decher, F. (1999): Die Signatur der Freiheit. Ethik des Selbstmords in der abendländischen Philosophie. Zu Klampen, Lüneburg.

Durkheim, E. (1983): Der Selbstmord. Suhrkamp, Frankfurt am Main.

Engisch, K. (1976): Suizid und Euthanasie nach deutschem Recht. In: Eser A. (Hrsg.): Suizid und Euthanasie als human- und sozialwissenschaftliches Problem. Ferdinand Enke, Stuttgart, 312–321.

Fenner, D. (2003): Glück. Grundriss einer integrativen Lebenswissenschaft. Karl Alber, Freiburg/München.

Fletcher, J. (1976): In Verteidigung des Suizids. In: Eser, A. (Hrsg.): Suizid und Euthanasie als human- und sozialwissenschaftliches Problem. Ferdinand Enke, Stuttgart, 233–244.

Hoerster, N. (1999): Tötungsverbot und Sterbehilfe. In: Sass, H.-M. (Hrsg.): Medizin und Ethik. Reclam, Stuttgart, 287–295.

13 Es gilt also in Piepers Worten «alles Menschenmögliche daran zu setzen, die Bedingungen und Lebensumstände zu ändern, die der Grund dafür sind, dass jemand eine unzumutbare, menschenunwürdige Zukunft vor sich hat. Nur wo dieses Bemühen zum Scheitern verurteilt ist, kann meines Erachtens die Hilfe auch in einer Beihilfe zu einem humanen Sterben bestehen.» (Pieper 1999: 272).

Höffe, O. (2002): Medizin ohne Ethik? Suhrkamp, Frankfurt am Main.
Holderegger, A. (1979): Suizid und Suizidgefährdung. Humanwissenschaftliche Ergebnisse, Anthropologische Grundlagen. Universitätsverlag, Fribourg.
Holderegger, A. (2003): Der Suizid – Ein Recht auf den freigewählten Tod? In: Brudermüller, G. / Marx, W. u. a. (Hrsg.): Suizid und Sterbehilfe. Königshausen und Neumann, Würzburg, 9–34.
Honneth, A. (1992): Kampf um Anerkennung. Suhrkamp, Frankfurt am Main.
Jaber, D. (2003): Über den mehrfachen Sinn von Menschenwürde-Garantien. Ontos, Frankfurt am Main.
Kamlah, W. (1972): Philosophische Anthropologie. Bibliographisches Institut, Mannheim / Wien / Zürich.
Kamlah, W. (1992): Meditatio mortis. In: Ebeling, H. (Hrsg.): Der Tod in der Moderne. Anton Hain, Frankfurt am Main, 210–225.
Kant, I. (1993): Kritik der praktischen Vernunft, Grundlegung zur Metaphysik der Sitten. In: Weischedel, W. (Hrsg.): Werkausgabe, Bd. VII. Suhrkamp, Frankfurt am Main.
Lübbe, H. (1988): Anfang und Ende des Lebens. Normative Aspekte. In: Lübbe, H./ Schlömerich, P. u. a. (Hrsg.): Anfang und Ende des Lebens als normatives Problem. Steiner, Stuttgart, 5–26.
Maslow, A. (1977): Motivation und Persönlichkeit. Walter, Olten.
Mastronardi, Ph. (2002): Grundrechte. In: Ehrenzeller, B. / Mastronardi, Ph. u. a. (Hrsg.): Die schweizerische Bundesverfassung, Kommentar. Dike / Schulthess, Lachen, 77–90.
Mürner, Ch. / Sierck, U. (2001): Der gute Tod? «Euthanasie»-Mentalität. In: Schwank, A. / Spöndlin, R. (Hrsg.): Vom Recht zu sterben zur Pflicht zum Sterben? Beiträge zur Euthanasiedebatte in der Schweiz. Edition 8, Zürich, 91–97.
Nagel, Th. (1984): Über das Leben, die Seele und den Tod. Hain Meisenheim, Königstein / Ts.
Petermann, F. (2004): Der Entwurf eines Gesetzes zur Suizid-Prävention. In: Allgemeine Juristische Praxis 9: 1111–1137.
Pieper, A. (1999): Lässt sich der Suizid ethisch rechtfertigen? In: Küchenhoff, J. (Hrsg.): Selbstzerstörung und Selbstfürsorge. Psychosozial, Giessen, 257–273.
Platon (1991): Nomoi. In: Hülser, K. (Hrsg.): Sämtliche Werke, Bd. IX. Insel, Frankfurt am Main.
Schwank, A. (2001): Memento mori – Nur wer in Würde lebt, kann auch in Würde sterben. In: Schwank, A. / Spöndlin, R. (Hrsg.): Vom Recht zu sterben zur Pflicht zum Sterben?. Beiträge zur Euthanasiedebatte in der Schweiz. Edition 8, Zürich, 7–18.
Schwank, A. (2004): Vom Recht zu sterben. In: Die Zeitung, April 2005. Theater Basel, 18–19.
Spaemann, R. (1987): Über den Begriff der Menschenwürde. In: Böckenförde, E.-W./ Spaemann, R. (Hrsg.): Menschenrechte und Menschenwürde. Klett-Cotta, Stuttgart, 295–313.
Steigleder, K. (1999): Grundlegung der normativen Ethik. Karl Alber, Freiburg / München.
Wittwer, H. (2003): Selbsttötung als philosophisches Problem. Mentis, Paderborn.
Wolf, J.-C. (1991): Sterben, Tod und Tötung. In: Kurt Bayertz (Hrsg.): Praktische Philosophie. Rowohlt, Reinbek bei Hamburg, 243–277.

Kapitel 23

Skizze für ein Gesetz betreffend organisierte Suizidhilfe

Andreas Brunner

Im Kanton Zürich sterben derzeit jährlich etwa 150 Personen unter Mithilfe von Suizidhilfeorganisationen wie Exit und Dignitas, davon etwa 100 Ausländerinnen und Ausländer mit (letztem) Wohnsitz im Ausland. Die ausländischen Staatsangehörigen reisen in aller Regel am Tage X in die Schweiz ein, führen je ein Gespräch mit einem Vertreter der Suizidhilfeorganisation und dem das NAP-Rezept ausstellenden Arzt, welcher in der Regel Vertrauensarzt der Organisation ist. Eine Grosszahl der Suizidenten hätte noch eine Lebenserwartung von mehreren Monaten, Jahren, Jahrzehnten. Es finden sich in der Praxis wenig

Fälle, in welchen der Sterbewillige bereits in der unmittelbaren Endphase des Lebens steht (so genannte Sterbehilfe im engeren Sinne).

Bei diesen assistierten Suiziden handelt es sich um aussergewöhnliche Todesfälle, welche der Polizei zu melden sind. Es folgt – wie bei allen Suiziden – ein Ermittlungs- bzw. Untersuchungsverfahren, wobei es sich nicht um eine eigentliche Strafuntersuchung handelt, sondern um ein Verfahren sui generis. Ein eigentliches Strafverfahren wird nur bei Vorliegen eines hinreichenden Tatverdachtes auf eine strafbare Handlung eröffnet. Die behördlichen Abklärungen haben zum Ziel, ein Drittverschulden am Tod des Suizidenten auszuschliessen. Im Rahmen dieser (Vor-)Untersuchung führen Polizei, Staatsanwaltschaft und Gerichtsmedizin die notwendigen Erhebungen wie Legalinspektion, Befragungen, Sicherstellungen etc. vor Ort durch. Die Vertreter der Suizidhilfeorganisationen übergeben der Polizei in der Regel freiwillig neben anderen Dokumenten ein Ablaufprotokoll über den Sterbevorgang.

Heute kann jede Einzelperson oder jeder Verein bzw. auch jede andere Organisationsstruktur eine Suizidhilfeorganisation gründen. Derzeit wird der «Markt» im Kanton Zürich durch die Organisationen Exit und Dignitas beherrscht. Es kommt aber immer wieder vor, dass einzelne Mitglieder dieser Organisationen nach Loslösung von der «Mutterorganisation» selbstständig Sterbebegleitungen anbieten. Die Erfahrung im Umgang mit den Sterbefällen und den sehr unterschiedlich funktionierenden Sterbehilfeorganisationen, welche bis heute in keinerlei Hinsicht irgendeiner Aufsicht unterstehen, lässt angesichts der äusserst sensiblen Tätigkeit der Suizidhilfeorganisationen bzw. deren Mitarbeitenden die Forderung nach einer gesetzlichen Regelung zur Qualitätssicherung und Qualitätskontrolle notwendig erscheinen. Dabei soll der liberale Grundgedanke der Beihilfe zu Suizid (Art. 115 StGB) nicht in Frage gestellt werden. Suizidhilfe ist gemäss geltendem Recht immer nur dann strafbar, wenn sie aus «selbstsüchtigen» (persönlicher Vorteil für den Gehilfen, sei es materieller, ideeller oder affektiver Art) Beweggründen erfolgt. Es geht einzig darum, Bewilligung und Aufsicht zu regeln sowie Rahmenbedingungen und Standards für die Organisationen und ihre Tätigkeit zu schaffen.

Zwei Problemkreise rechtlicher Natur stehen angesichts der geltenden strafrechtlichen Regelung im Vordergrund: Erstens muss die suizidwillige Person bezüglich der Frage des Sterbewunsches urteilsfähig im Sinne von Art. 16/18 ZGB sein. Da Suizidwillige vielfach auch bei bestehender (schwerer) somatischer Erkrankung an einer psychischen Störung leiden und die ohnehin schwer auszumachende Urteilsfähigkeit dann noch schwieriger festzustellen ist, muss der Sterbewunsch von einer erheblichen, auch zeitlichen Konstanz und Nachhaltigkeit sein, was ausreichend zu dokumentieren ist. Besondere Schwierigkeiten bereitet die Frage der Urteilsfähigkeit bei psychisch kranken Menschen, bei Dementen (Morbus Alzheimer), bei Doppelsuiziden (Eheleute, Partner oder Geschwister) und – derzeit im Kanton Zürich kein Fall bekannt – bei Minderjährigen. Wird eine Urteilsunfähigkeit festgestellt, ist strafrechtlich von einem vorsätzlichen (Art. 111 ff. StGB), eventuell fahrlässigen (Art. 117 StGB) Tötungsdelikt auszugehen. Der zweite Problemkreis liegt darin, dass der Suizidwillige, damit seitens der Organisation nur straflose Beihilfe vorliegt, die Tatherrschaft innehalten muss. Der Suizident muss den letzten entscheidenden Akt zum Suizid selber aktiv ausführen. Tut er dies nicht, macht sich der Suizidhelfer einer Tötung auf Verlangen im Sinne von Art. 114 StGB schuldig, da dieser die Tatherrschaft innehat. In der Regel trinkt der Suizidwillige den Becher mit der todbringenden Substanz Natriumpentobarbital (NAP) selbst. Probleme können sich bei Infusionen, Spritzen durch die Magensonde, aber auch anderen technischen Hilfsmitteln, vor allem bei schwerstgelähmten Menschen o.ä. ergeben. Derzeit noch nicht eindeutig geklärt ist, inwiefern das Einflössen des Giftes durch den Sterbehelfer noch als Beihilfe zu werten ist. Dies hängt davon ab, ob der Schluckvorgang automatisch erfolgt oder aber durch den Suizidenten gezielt gesteuert bzw. bestimmt werden kann.

In einem Gesetz betreffend organisierte Suizidhilfe dürften etwa folgende Bereiche zu regeln sein, wobei dies zwecks einheitlicher Handhabung vorzugsweise nicht auf kantonaler, sondern auf bundesrechtlicher Ebene geschehen sollte:

1 *Bewilligungspflicht für und Aufsicht über Suizidhilfeorganisationen*
Die Organisationsstruktur samt internen Kontrollmechanismen und Finanzen (Mitgliederbeiträge, Spenden, Entschädigungen) sind offen zu legen. Dabei ist weitgehendst Ehrenamtlichkeit mit Spesenersatz zu fordern; Suizidhilfe darf kein Geschäft mit dem Tod sein (nicht zuletzt auch vor dem Hintergrund der selbstsüchtigen Beweggründe im Sinne von Art. 115 StGB). Es kam schon vor, dass

leitende Mitarbeiter einer Organisation über CHF 200'000.– jährlich bezogen oder aber Suizidwillige der Organisation bzw. dem Sterbehelfer mehrere CHF 10'000.– überlassen oder Legate zugunsten der Organisation ausgerichtet haben. Weiter bedarf es über die (auch im kantonalen Recht anwendbaren) Bestimmungen der Betäubungsmittelverordnung hinausgehender Vorschriften (Art. 44 und 53 Abs. 2 BetmV in Verbindung mit Art. 3 Abs. 2 BetmG und SR 812.121.2, Anhang b) über Bezug, Verschreibung, Aufbewahren etc. des als Betäubungsmittel geltenden NAP (SR 812.121.2, Anhang a). Schliesslich ist auch angesichts der nicht abreissen wollenden Hinweise, wonach Sterbewillige bis CHF 10'000.– und mehr der Organisation zu bezahlen hätten, eine Tarifierung für Suizidbegleitungen in Erwägung zu ziehen.

2. *Richtlinien für Suizidhelfer und Vertrauensärzte*
Es ist dafür zu sorgen, dass im Bereich der organisierten Suizidhilfe nur höchst qualifizierte und hiezu befähigte Personen tätig werden. Der Auswahl (psychologisches bzw. ethisches Assessement), Instruktion und Supervision von Sterbehelfern und NAP-Rezepte ausstellenden Vertrauensärzten der Organisation (vielfach handelt es sich um ältere bis alte, keine Praxis mehr führende Mediziner, welche die Rezepte nach oft nur einmaliger Konsultation ausstellen) ist höchste Aufmerksamkeit zu schenken, was mittels entsprechenden Richtlinien bzw. Vorgaben sicherzustellen ist. Zu denken ist auch an eine Beschränkung der Tätigkeit der einzelnen Suizidhelfer – Suizidhilfe darf nicht zur Routine (z.B. 33 Suizidbegleitungen in einem Jahr) werden. Angemessen erschiene eine Festlegung von fünf bis zehn Freitodbegleitungen pro Jahr.

3. *Standards für Fälle und Fallgruppen*
In Kenntnis des Umstandes, dass der weitaus grösste Teil aller Suizidenten vor ihrem Tod an einer psychischen Erkrankung oder Störung gelitten haben und dass unter den Terminalkranken etwa 10% den ernsthaften Wunsch nach Suizidhilfe haben, sich indessen die Hälfte von denselben nach wenigen Monaten davon distanziert, erscheint es angezeigt, gewisse von den Organisationen einzuhaltende Minimalstandards festzulegen. Dabei ist zu unterscheiden:

a) *Sterbehilfe im engeren Sinne*
Ein aktuelles ärztliches Zeugnis (nicht älter als ca. 1–2 Monate) hat die infauste terminale Krankheit und den zu erwartenden nahen natürlichen Tod, den (konstanten) Sterbewunsch, die Urteilsfähigkeit und die Art der NAP-Applikation (Art und Menge) zu belegen.

b) *Suizidhilfe*
In Fällen der Suizidhilfe, bei denen der Sterbewillige noch (viele) Monate oder Jahre leben könnte, sind deutlich höhere Anforderungen festzulegen. Ein ärztliches Zeugnis hat sich über die Krankheit und deren Verlauf sowie über das Scheitern anderer Optionen (z.B. Palliativmedizin) zu äussern. In einem Zeitraum von etwa drei bis sechs Monaten sind sodann zwei ärztliche Zeugnisse, wovon zumindest eines nicht von einem Vertrauensarzt der Organisation, beizubringen, welche den wohlerwogenen, konstanten Sterbewunsch sowie die Urteilsfähigkeit belegen, aber auch Angaben über die NAP-Applikation (Art und Menge) machen. Zur Verhinderung der Ausstellung von Rezepten auf «Reserve» und um die Aktualität bezüglich der Urteilsfähigkeit sicherzustellen, ist die Gültigkeit des ärztlichen Rezepts auf die Dauer eines Monates zu beschränken.

c) *Sonderfälle*
Besondere Vorschriften sind für eine Reihe von Sonderfällen notwendig, so (Alters-) Demente wie Morbus Alzheimer, psychisch Kranke, Doppelsuizide und Jugendliche. Vor dem Hintergrund der Frage der Urteilsfähigkeit haben hier die Standards noch detaillierter und ausführlicher zu sein.

d) *Gesunde Menschen*
Gemäss Art. 114 StGB ist nicht Voraussetzung, dass Beihilfe zu Suizid nur dann geleistet werden darf, wenn der Suizidwillige (schwer) krank ist. So kann beispielsweise einem älteren Menschen, der gesund ist, indessen aus Angst vor einem physischen und/oder psychischen Zerfall den Freitod wünscht, straflos Suizidhilfe geleistet werden. Allerdings darf in diesen Fällen der Arzt mangels Indikation kein NAP-Rezept ausstellen, sind Ärzte doch lediglich befugt, Betäubungsmittel in dem Umfange zu

verwenden, abzugeben und zu verordnen, wie dies nach den anerkannten Regeln der medizinischen Wissenschaften notwendig ist (Art. 11 Abs. 1 BetmG), was bei grundsätzlich gesunden Menschen kaum zu rechtfertigen ist.

e) *«Sterbetourismus»*
Mit diesen Anforderungen, insbesondere gemäss lit. b, welche auf jeden Fall eine kontinuierliche Betreuung vor Ort bedingen, erfüllen Suizidwillige aus dem Ausland nur in seltenen Fällen die umschriebenen Voraussetzungen. Will man aus gesellschaftspolitischen Gründen den «Sterbetourismus» ganz vermeiden, wäre im Gesetz eine Wohnsitzpflicht in der Schweiz festzulegen.

4. *Mitwirkungspflicht der Organisation bzw. der Sterbehelfer bei behördlichen Untersuchungen*
Im Rahmen der Ermittlungen der Polizei bzw. der Untersuchungsbehörde sind die Organisationen heute nicht zur Mitwirkung verpflichtet. Um einen ordnungsgemässen Ablauf sicherzustellen und um die Tätigkeit der Behörden zu erleichtern, sind die Organisationen bzw. die Sterbehelfer und die in der Sache handelnden Ärzte zu verpflichten, mitzuwirken, sei es in den Angaben zur Sache, sei es in der Übergabe nachfolgender Dokumente an die Behörden: Ärztliche Zeugnisse betreffend Krankheit, Urteilsfähigkeit und NAP-Applikation, das NAP-Rezept, vom Suizidenten selbst unterzeichnete Freitoderklärung, Personalausweis des Suizidenten, Ablaufprotokoll des Sterbevorganges.

In verschiedenen Fällen wurde der Sterbevorgang von der Organisation freiwillig auf Video festgehalten und alsdann den Ermittlern zum Beweis des korrekten Vorgehens zur Einsichtnahme vorgelegt. Aus Gründen des Persönlichkeitsschutzes des Sterbenden ist dies nicht als Standard gesetzlich vorzuschreiben.

5. *Kosten*
Da es an einer gesetzlichen Regelung fehlt, sind heute die behördlichen Untersuchungen im Kanton Zürich kostenlos. Demgegenüber werden die Kosten der Organisationen sowie diejenigen zusätzlicher Bemühungen (z.B. Kremation, Bestattung) durch jährlich

zu erbringende Mitgliederbeiträge und Einzelbeiträge der Sterbewilligen gedeckt. Es ist festzulegen, dass die Organisationen die Kosten für die behördlichen Untersuchungen vorab bei Suizidenten mit letztem Wohnsitz im Ausland zumindest teilweise sicherzustellen haben. Diese dürften sich derzeit durchschnittlich auf rund CHF 3'000.– pro Fall belaufen.

6. *Sanktionen*
Für den Widerhandlungsfall sind neben der strafrechtlichen Verantwortung Sonderstrafbestimmungen für den Fall der Widerhandlung gegen das Suizidhilfegesetz bzw. die Bewilligung zu schaffen, dies sowohl für die Verantwortlichen der Organisation als auch für die Sterbehelfer und Vertrauensärzte. Zusätzlich sind verwaltungsrechtliche Massnahmen vorzusehen, reichend von der Verwarnung bis hin zum Entzug von Bewilligungen. Heute ist dies lediglich bei Ärzten im Rahmen der Praxisbewilligung möglich (§ 9 Gesundheitsgesetz des Kantons Zürich; § 11 Ärzteverordnung).

7. *Zuständigkeiten*
Zu regeln ist schliesslich, welche Instanz für Bewilligung, Aufsicht, Verzeigung etc. zuständig ist. Die Entscheidinstanz sollte im Bereich des Gesundheitswesens oder der Justiz angesiedelt sein. Anzustreben wäre dabei eine antragstellende interdisziplinäre Fachkommission, bestehend aus Mitgliedern der Ärzteschaft (Kantonsarzt, Gerichtsmediziner), der Justiz, der Ethik, aber auch unter Umständen aus Vertretern von Suizidhilfeorganisationen.

IV Offene Fragen

Kapitel 24

Suizidbeihilfe für Menschen mit psychischen Krankheiten?

Bernhard Küchenhoff

Zur Diskussion der Suizidbeihilfe in der Psychiatrie ist es in neuerer Zeit gekommen, da die bisherige Praxis der Sterbe- und Suizidbeihilfe bei Patienten mit einer terminalen Erkrankung, also am Lebensende, ausgeweitet wurde auf die Suizidbeihilfe bei einer psychischen Erkrankung, die selbst nicht unmittelbar zum Tode führen würde.

Ich argumentiere im Folgenden als Psychiater und Psychotherapeut, d.h. es geht um spezifische Fragen, die zu diesem Fachgebiet gehören, und es geht nicht allgemein um Suizidbeihilfe. Die in 10 Punkten ausgeführten Aspekte, die die entschiedene Problematisierung der Suizidbeihilfe bei psychisch Kranken notwendig machen, beruhen auf praktischen Erfahrungen und auf wissenschaftlichen Untersuchungen.

Der Psychiater[1] und Psychotherapeut ist in folgenden Situationen mit der Frage der Suizidbeihilfe konfrontiert:

a) bei Menschen mit einer psychischen Erkrankung oder in einer Krisensituation, die einen Suizidwunsch äussern oder einen Suizidversuch unternommen haben
b) bei somatisch Schwerstkranken, die zusätzlich unter einer psychischen Störung leiden
c) wenn er beigezogen wird, um im Sinne einer gutachterlichen Stellungnahme zu beurteilen, ob ein Patient mit einem Sterbe- bzw. Suizidwunsch entscheidungsfähig ist oder aufgrund einer psychischen Störung in seiner Willensäusserung beeinträchtigt ist.

1.) Meine Auffassung ist, dass der Psychiater als Arzt unzweideutig verpflichtet ist, den psychisch Kranken oder Menschen in einer Krisensituation zu helfen, d.h. nach der Diagnosestellung die Krankheit, Störung oder Krisensituation zu behandeln und Leiden zu lindern. Denn Suizidalität ist meistens anzusehen als Symptom bei verschiedensten psychiatrischen Erkrankungen (Depressionen; wahnhafte Depressionen; Psychosen aus dem schizophrenen Formenkreis, z.B mit imperativen Stimmen; Drogensucht, bei Trennungssituationen etc.). Suizidalität kann zum Ausdruck kommen im so genannten präsuizidalen Syndrom (vgl. Ringel 1969), das mit einer gedanklichen Einengung, Rückzug und Wendung der Aggression gegen die eigene Person verbunden ist.

2.) Eine klare und eindeutige Haltung von mir als dem behandelnden Psychiater und Psychotherapeuten halte ich für therapeutisch notwendig. Ich befinde und urteile nicht über einen Menschen, der sterben will und der sich suizidiert. Ich nehme Stellung als behandelnder Psychiater, den ein Patient mit einem Suizidwunsch infolge einer psychischen Erkrankung oder Krise aufsucht, oder der mir wegen Selbstgefährdung bei psychischer Erkrankung auch gegen seinen Willen, also zwangsweise, in die Klinik zugewiesen wird.

Aus der praktischen Erfahrung ist es evident für mich, dass im Suizidwunsch eine hochgradige Ambivalenz steckt. Ein geäusserter Suizidwunsch oder ein Suizidversuch ist häufig ein Hilfeschrei, der gehört werden soll und der zur Hilfe verpflichtet. Auch in Studien über suizidale Patienten zeigen sich bei diesen oft zwei unvereinbare Ziele:

1 Wegen der besseren Lesbarkeit wird nur eine Geschlechtsform genannt.

der Wunsch zu sterben und der Wunsch nach einem besseren, einem anderen Leben.

3.) Wenigstens bisher ist es so, dass ein Patient, wenn er sich von sich aus mit einem Suizidwunsch an den Psychiater wendet, er sicher sein kann, Hilfe und therapeutische Unterstützung zu erhalten, also nicht befürchten muss, dass dem Sterbewunsch entsprochen wird. Dass sich ein Patient überhaupt mit einem Suizidwunsch an den Psychiater wendet, zeigt die Ambivalenz, da sich der Sterbewillige trotzdem um Hilfe bemüht.

Eine klare Haltung und Einstellung vonseiten des Psychiaters hilft auch diesem selbst, sich nicht in Ambivalenzen zu verstricken, und er entgeht so der Gefahr des Mitagierens. Das heisst zum Beispiel bei der Behandlung depressiver Patienten, dass die Therapeuten nicht dem depressiven «Sog» nachgeben und sich von der Hilf- und Hoffnungslosigkeit insoweit «anstecken» lassen, dass sie den stimmungsabhängigen Wünschen nach Beendigung des Lebens entsprechen. Eine Gefahr für den Therapeuten liegt auch darin, dass er sich, aus der Verleugnung der eigenen Hilflosigkeit und Ohnmacht in der Behandlung, dazu bewegen lässt, handlungsfähig zu erscheinen, indem er die Sterbewünsche des Patienten aktiv unterstützt. Die therapeutische Aufgabe besteht aber darin, den Sterbewunsch ernst zu nehmen, ohne ihn zu fördern.

4.) Worin bestünde die Autonomie eines ambivalenten Patienten?
Die Autonomie ist der Hauptgesichtspunkt, der vonseiten der Befürworter der Suizidbeihilfe ins Feld geführt wird. Es widerspricht aber wohl nicht der Autonomie, wenn ich einen Patienten, der von sich aus zur Behandlung kommt, behandle.

Die Situation ist eine andere bei einem Menschen, der wegen Suizidalität gegen seinen Willen in die Klinik eingewiesen wird. Eine Zwangseinweisung und eine Zurückbehaltung gegen den Willen in der Psychiatrischen Klinik erfordert eine akute Selbstgefährdung bei einer psychischen Erkrankung oder in einer psychischen Krisensituation. Hier ist zu bedenken, dass Suizidalität als Symptom die freie Willensentscheidung beeinträchtigt, insofern kein autonomer Akt ist, sondern der Behandlung bedarf. Diese kann dann durchaus in akuten Krankheitsphasen den aktuellen und meist kurzfristigen, situationsgebundenen Vorstellungen und Wünschen des Patienten widersprechen. Zu beachten ist auch, dass ein entschiedener Gegensatz besteht zwischen dem irreversiblen Akt des Suizides und dem Akt der Hilfe, der eine mögliche Zukunft eröffnet. D.h. ein erfolgter Suizid ist nicht rückgängig zu machen, während die therapeutische Bearbeitung des Suizidwunsches dem Patienten ein Moratorium gewährt, diesen Wunsch zu überdenken und infrage zu stellen.

5.) Aus dem Recht und der Möglichkeit der einzelnen Person, Suizid zu begehen, folgt nicht, dass der Arzt und Psychiater die Pflicht hat, den Suizid zu unterstützen. Es verwundert immer wieder, dass vor allem der Suizidwunsch als *der* wesentliche Ausdruck der Autonomie eines Menschen gewertet wird. Der Mensch, der nicht psychisch krank ist, oder sich in einer Krise befindet und der selbstverantwortlich und überlegt handelt, bedarf nicht des Psychiaters.

In meiner eigenen, über 25-jährigen psychiatrischen Tätigkeit, inklusive der Arbeit auf einer Kriseninterventionsstation, habe ich *nie* einen andauernden Sterbewunsch oder den konstant aufrecht erhaltenen Wunsch nach Suizidbeihilfe vonseiten der Patienten erlebt. Es kam auch nie vor, dass ein Patient die Behandlung auf Grund meiner Haltung abgebrochen hätte, obwohl er bei jeder ambulanten Behandlung die Möglichkeit der freien Arztwahl hat.

Man stelle sich die praktische Situation in den psychiatrischen Kliniken vor: Sollen auf der gleichen Station Patienten auf der einen Seite wegen ihrer Suizidalität behandelt werden und andere Patienten bei der Durchführung des Suizides unterstützt werden? Oder soll in der psychiatrischen Klinik eine gesonderte Station eingerichtet werden, auf der die Patienten zum begleiteten Suizid aufgenommen werden?

6.) Als Psychiater habe ich meine Grenzen zu sehen und zu akzeptieren. Ich weiss und kann es auch nicht verhindern, dass sich eine ganze Reihe von Patienten im Laufe ihrer Erkrankung suizidieren. Eine oft leidvolle, schwierige und quälende Situation für den Therapeuten bleibt es, wenn sich einer seiner Patienten im Laufe der Behandlung suizidiert. Der grössere Freiheitsraum in der heute üblichen psychiatrischen Behandlung hat eher zu einer Erhöhung der Suizide geführt. Trotzdem sehe ich keinen Grund zu überfürsorglichen Behandlungssettings zurückzukehren. Denn ich kann nicht den überzogenen Anspruch haben, jeden Suizid verhindern zu können. Aber das heisst nicht, dass ich leichtsinnig handeln darf, und erst recht nicht, dass ich den Suizidwunsch aktiv unterstütze.

7.) Im Vergleich zu den zahlreichen Untersuchungen über Suizidprävention wurde das Thema «Trauer nach Suizid» erst relativ spät in der Praxis und in der Forschung bearbeitet. Sowohl für die Therapeuten wie für die Angehörigen stellt dieses Thema aber eine oft ihr weiteres Leben begleitende und manchmal sogar bestimmende Herausforderung dar. Dieses Thema betrifft auch die Beihilfe zum Suizid. So kam z.B. eine Patientin nicht darüber hinweg, dass sie den Sterbewunsch ihres Mannes aktiv unterstützte und beim Beizug einer so genannten Sterbehilfeorganisation mitwirkte. Nach dem Tode litt sie unter anhaltenden Schuldgefühlen und Selbstvorwürfen. Auch bei den Therapeuten, die einen Patienten bei seinem Suizid begleiten, ist zu erwarten, dass anschliessend Schuldgefühle und Ängste auftreten, etwas falsch gemacht oder übersehen zu haben. Diese Reaktionen dürften sich nicht einfach dadurch wegschieben lassen, dass man sich sagt, man habe nur dem Wunsch des Patienten entsprochen.

8.) Es ist eine Erfahrung aus unserer kulturellen Entwicklung, dass ein einmal eröffneter, vermeintlich einfacher «Lösungsweg» einem mühevollen vorgezogen wird. D.h. in Bezug auf die Suizidbeihilfe, dass in schwierigen Behandlungssituationen und bei lang andauernden Krankheitsverläufen der Ruf nach dem Suizid und der Beihilfe zu diesem der Vorzug gegeben werden könnte, als dass alle Anstrengungen unternommen würden, nach neuen Behandlungsmöglichkeiten zu suchen (vgl. Spaemann und Fuchs 1997). Reflektiert werden muss, warum gerade heute unter dem zunehmenden ökonomischen Druck, den steigenden Gesundheitskosten, der Zunahme der älteren Bevölkerung etc. das Thema Suizidbeihilfe verstärkt diskutiert wird.

9.) Auch aus der Geschichte der Psychiatrie ist zu lernen. Es sollte sich sicher nicht wiederholen, dass Psychiater für sich in Anspruch nehmen, zwischen lebenswertem und lebensunwertem Leben zu unterscheiden. Aufgrund der Geschichte ist es gerade notwendig, dass der einzelne Psychiater und die Psychiatrie als Institution sich von jeglichem Verdacht freihalten, dass sie (wieder) Euthanasie betreiben.

10.) Neben allen theoretischen Erörterungen und Überlegungen sollte uns auch ein Blick auf die Praxis und gegenwärtige Einstellungen zu denken geben, die z.B. von Vollmann und Hermann referierten Umfragen bei Psychiatern in den USA, England, Holland und Japan. Nach ihrer zusammenfassenden Darstellung lag die Zustimmung der Psychiater zum ärztlich begleiteten Suizid zwischen 40 und 69%. Dabei waren allerdings nur ca. die Hälfte der Psychiater mit einer zustimmenden Einstellung selbst bereit, eine Suizidbegleitung durchzuführen. Bemerkenswert ist auch, dass die Zustimmung zur Suizidbegleitung bei den Psychiatern, die selten mit Terminalkranken zu tun haben, prozentual höher lag als bei den somatischen Kollegen, die mit Terminalkranken direkt zu tun hatten.

> Offensichtlich sinkt die Befürwortung von PAS (PAS steht als Abkürzung für den englischen Ausdruck Physician-Assisted Suicide, B. Kü) mit zunehmender Realitätsnähe der Problematik für den Arzt und grösserer Wahrscheinlichkeit, persönlich zu PAS aufgefordert zu werden. (Vollmann und Hermann 2002)

Die Autoren halten auch fest, dass zur Feststellung der Selbstbestimmungsfähigkeit in der Praxis allgemein anerkannte Kriterien und Methoden fehlen. Dies zeigt sich u.a. auch darin, dass unterschiedliche rechtliche und kulturelle Gegebenheiten Einfluss nehmen auf die Bereitschaft, Suizidbeihilfe zu gewähren. So bestand für Psychiater in Japan bei Patienten, die ihre soziale Rolle nicht weiter erfüllen konnten, ein ausreichender Grund, den Suizidwunsch eines Patienten zu erfüllen, oder – was für unseren lebensweltlichen Kontext näher liegt und eben nicht nur ein unwahrscheinliches Horrorszenarium darstellt –, dass in den USA der ärztlich assistierte Suizid wegen ökonomischer Faktoren eine hohe Akzeptanz hat.

Fazit: Die Suizidbeihilfe bei psychisch Kranken gehört nicht zu den Aufgaben des Psychiaters und Psychotherapeuten.

Literatur

Ringel, E. (1969): Selbstmordverhütung. Huber, Bern.

Spaemann, R./Fuchs, T. (1997): Töten oder Sterbenlassen – Worum es in der Euthanasiedebatte geht. Herder, Freiburg i. Br.

Vollmann, J./Herrmann, E. (2002): Einstellungen von Psychiatern zur ärztlichen Beihilfe zum Suizid. In: Fortschritte Neurologie und Psychiatrie 70: 601–608.

Kapitel 25

Suizidbeihilfe für psychisch Kranke: eine Gratwanderung

Gerhard Ebner

Im 19. Jahrhundert war es Aufgabe des Arztes gewesen, für einen friedlichen Tod zu sorgen oder diesen herbeizuführen. Dann wurde der Tod jedoch zum Zeichen ärztlichen Versagens und damit zum Tabu, das es beiseite zu schieben galt. Der Umgang mit dem Tod war nun medizinischen Protokollen unterworfen. (Porter 2000: 692)

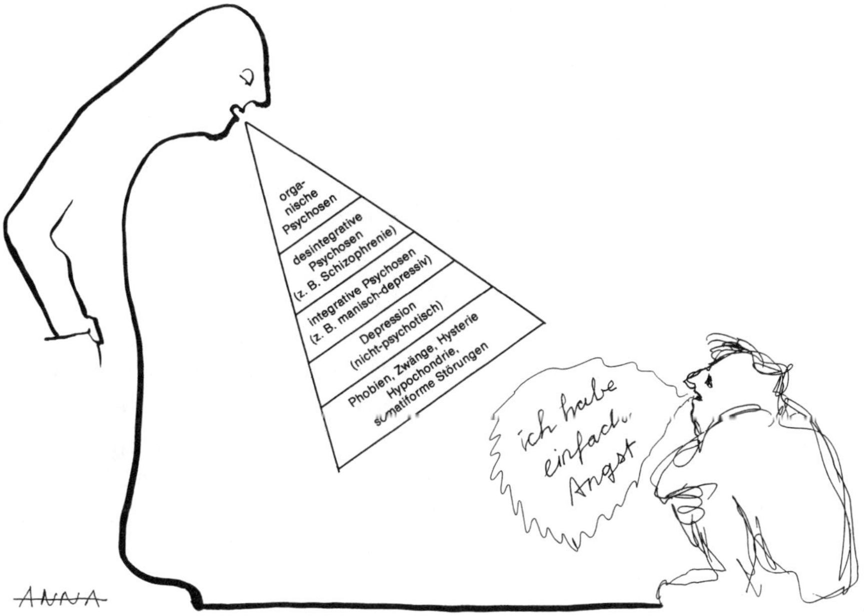

> Wenn man die mitmenschlichen Beziehungen als die Grunddimension des Lebens betrachtet, dann ist das Urteil jedes Menschen über sein Leben, nicht nur das des psychisch kranken Menschen, im Spiegel dieser Beziehungen auf seine das Individuum übergreifende Wahrheit zu betrachten, mithin der Mensch – auch der seelisch kranke Mensch – auch auf seine Verantwortung vor und für andere Menschen anzusprechen. Jeder Suizidversuch ist – unabhängig von der Freiheit des Willens – mit einer Einengung des Blickwinkels des Lebens auf sich selbst verbunden, der zu dem Urteil des Suizidanten führt, dass sein Leben nicht mehr wert ist gelebt zu werden, weil es z.B. für ihn und im Grunde auch für die anderen Menschen nur eine Last sei. (Eibach 2004: 69)

Eine Massnahme, zu der wir Ärztinnen und Ärzte uns entschliessen, sollte nach dem Prinzip des primum nihil nocere nicht mehr Probleme schaffen als sie löst. Es liegt mir somit fern, dem (assistierten) Suizid von psychisch Kranken das Wort zu reden. Es geht mir darum, verschiedene ethische Dilemmata aufzuzeigen und die Sichtweise der Kranken, insbesondere der psychisch Kranken, aufzunehmen und in die Diskussion einzubringen.

Der «mündige Patient» – in der Psychiatrie ein untaugliches Konstrukt?

> Der Hang zum Freitod ist keine Krankheit, von der man geheilt werden muss wie von den Masern. (Améry 1979: 40)

> Der Freitod ist ein Privileg des Humanen. (Améry 1979: 52)

In der Diskussion geht es um die Frage, ob der Mensch vor selbstzerstörerischen Handlungen geschützt werden soll, ob ein Suizid in jedem Fall Endpunkt einer krankhaften Entwicklung (vgl. Ringel 1986) ist, das Prinzip der Fürsorge über allem zu stehen hat oder ob nicht auch Prinzipien der Autonomie und der Gerechtigkeit (vgl. Beauchamp u. Childress 1994) für psychisch Kranke in der Diskussion berücksichtigt werden sollten.

Zu Beginn meiner Ausbildung habe ich eine Haltung kennen gelernt, bei der der Arzt wusste, was er zu tun hatte; er war nicht nur Geheimnisträger, sondern auch Geheimnisherr. Er wusste, wann dem Patienten die Mitteilung einer Diagnose zuzumuten ist, wann nicht. Informed Consent war der Ausnahmefall. So wurde Patienten mit einer infausten Prognose diese verschwiegen. Der Arzt war der Meinung, so den Kranken zu schonen.[1] Die Kranken waren wiederum bereit, den Arzt zu schonen und schwiegen, obwohl viele ihre wahre Situation wohl kannten. Wäre dieses Vorgehen heute ein Fall für den Staatsanwalt? Auf jeden Fall war es gut gemeint und fand breite Akzeptanz.

Ich habe Kenntnis von Situationen, in denen Angehörige den Arzt baten, auf lebensverlängernde Massnahmen zu verzichten; ohne Versuch, den mutmasslichen Willen des Patienten zu ergründen, wurde weiter beatmet, mit der Mitteilung: Ich kann das nicht, ich kann die Maschine nicht abstellen, ich bin zum Leben-Retten da (mündliche Mitteilung einer leitenden Intensivkrankenschwester 2004).

Zwischen Freiheitsberaubung und fahrlässiger Vernachlässigung?

Nachdem man psychisch Kranke «von den Ketten befreit» hatte (vgl. Müller 1998) legte man sie weiter in Handschellen und Gurte, behandelte sie gegen deren Willen, um sie vor sich selbst zu schützen. So habe ich in meiner 20-jährigen Berufstätigkeit erlebt, wie psychisch Kranke – bei Selbstgefährdung – in Handschellen vorgeführt wurden und sie einzig die Wahl hatten, die verordneten Medikamente «freiwillig» einzunehmen oder sie gegen ihren Willen (parenteral) verabreicht zu bekommen. In einigen Kantonen kommt das heute noch vor.

Ansätze, die – entsprechend der gesellschaftlichen Entwicklung – vermehrt Autonomie und Selbstbestimmung ins Zentrum der Behand-

1 Eine Überzeugung, die im sog. «therapeutischen Privileg» in die Gesetzgebung eingeflossen ist.

lung rückten, gewannen zwar an Bedeutung; die entsprechenden gesetzlichen Grundlagen (fürsorgerischer Freiheitsentzug über ZGB 1981, diverse Patientenrechte in Bezug auf die Zwangsbehandlung in verschiedenen Kantonen, diverse Bundesgerichtsentscheide) wurden geschaffen. Ein ausführlicher Informed Consent wurde zwingend vorgeschrieben und ist heute zivil- wie strafrechtlich einklagbar. Bei Entscheidungen am Lebensende werden die Angehörigen mit einbezogen, um den mutmasslichen Willen des Patienten zu ergründen. Auch in der Psychiatrie ist Informed Consent gängige Praxis, auf Zwangsbehandlung wird zunehmend – wo immer möglich – verzichtet, die Öffnung der Abteilungen / der Klinik ist keine Ausnahme mehr. In der Psychiatrie sind aber auch Stimmen zu hören, die betonen, dass man die Kranken bei eingeschränkter Urteilsfähigkeit überfordere, wenn man Informed Consent verlange, teilweise wird Informed Consent auch als unnötiger Bürokratismus abgetan. Die Evaluation einer Praxis, Austrittsberichte routinemässig an psychiatrische Patienten zu versenden, fand bei den Ärzten eher eine kritische Aufnahme bei nahezu ungeteilter Zustimmung der Betroffenen (vgl. Ebner 2004).

Wurde der paternalistisch-kustodiale Ansatz der Medizin zunehmend kritisiert und bereits als Geschichte angesehen, mehren sich heute wieder Stimmen, die fragen, ob wir mit unseren Ansichten über die Autonomie, die Selbstbestimmung, unsere Vorstellung vom «mündigen Patienten», einem Konstrukt folgen, das Betroffene wie Angehörige überfordert und die Verantwortung vom Arzt weg hin zu den Betroffenen schiebt, allenfalls schwer Kranken auch eine wirksame Behandlung und Fürsorge vorenthält.

Die Wissenschaft von der Einmaligkeit des Einzelnen (vgl. Schneider 1925)

Es stellt sich die Frage, inwiefern das Prinzip der Selbstbestimmung, die Vorstellung vom mündigen Patienten, nicht nur auf dem assistierten Suizid im Allgemeinen, sondern bei psychisch Kranken im Besonderen anzuwenden ist (vgl. Ebner und Kurt 2005).

Ich gehe von folgenden Grundvoraussetzungen für den ethischen Diskurs aus. Sie gelten auch für die anstehende Empfehlung und können (nach Beauchamp u. Childress 1994) wie folgt formuliert werden: Eine Regelung hat in erster Linie die Selbstbestimmung der Betroffenen zu berücksichtigen, sie hat gerecht zu sein, das Prinzip Gutes zu tun (Fürsorgeprinzip) zu berücksichtigen und sie sollte nicht mehr Probleme schaffen als lösen (primum nihil nocere). Auf diesem Hintergrund ist der Einzelfall zu prüfen.

Zunächst sind bei der Diskussion zwei grundsätzliche Unterscheidungen zu berücksichtigen:

1. Handelt es sich um eine Situation einer psychisch kranken Patientin, eines psychisch kranken Patienten, der an einer Erkrankung leidet, die die Annahme rechtfertigt, dass das Lebensende nahe ist? (vgl. SAMW 2005)

In diesem Fall ist – abgeleitet aus den genannten vier ethischen Prinzipien – nicht einzusehen, weshalb einem psychisch Kranken der Wunsch, mittels eines assistierten Suizides zu sterben im Gegensatz zu nicht psychisch Kranken verwehrt werden sollte, sofern er urteilsfähig in Bezug auf diese Frage ist; ein Verwehren würde diametral dem Prinzip der Selbstbestimmung und dem der Gerechtigkeit widersprechen und zu einer Fortführung der Diskriminierung psychisch Kranker führen (vgl. Ebner u. Kurt 2005).

2. Anders sieht es dann aus, wenn Menschen mit psychischen Störungen aufgrund dieser einen assistierten Suizid wünschen.

> Die Problematik der Suizidwünsche von Menschen mit psychischen Erkrankungen [...] «liegt ‹ethisch ganz anders›», als wenn es sich um terminal somatisch Kranke handelt. «Der vorgezogene Tod hat eine andere Bedeutung im Kontext des zu erwartenden Weiterlebens». (Rehmann-Sutter 2004)

Hier schliesse ich mich der Empfehlung 6 (Stellungnahme Nr. 9/2005) der Nationalen Ethikkommission an:

> Bei psychisch kranken Menschen sind Todes- und Suizidwünsche häufig Ausdruck oder Symptom ihrer Erkrankung. Deshalb bedürfen Suizidwillige, die unter psychischen Krankheiten leiden – alleine oder in Kombination mit somatischen Krankheiten – in erster Linie einer psychiatrischen und psychotherapeutischen Behandlung. Wenn der Suizidwunsch Ausdruck oder Symptom einer psychischen Erkrankung ist, soll keine Beihilfe zum Suizid geleistet werden.

Insbesondere scheint mir hierbei folgender Abschnitt wichtig: «Da psychiatrische Institutionen den Auftrag haben, psychische Krankheiten und deren Folgen – wie Suizidalität – zu behandeln, sollen assistierte Suizide nicht in solchen Institutionen stattfinden». Dies sollte allerdings in Form eines Moratoriums geschehen, da doch zu berücksichtigen ist, dass nicht wenige psychiatrische Institutionen auch Langzeitabteilungen haben, in denen Patientinnen und Patienten seit Jahren bis zu ihrem Tod beheimatet sind, für die die genannten Kriterien der SAMW (Todesnähe und Urteilsfähigkeit) anwendbar wären, wie auch das Fallbeispiel von Ebner (2003) zeigt.

Ein besonderes Augenmerk ist auf die Urteilsfähigkeit zu richten. Dabei stellt sich die Frage, ob dies durch ein ausführliches psychiatrisches Gutachten zu erfolgen hat. Ein ausführliches psychiatrisches Gutachten, so wie es von Rippe et al. (2005) formuliert wird, ist aus meiner Sicht hierbei eine zu grosse Hürde, die zu einer technokratischen Aufblähung eines zutiefst menschlichen Anliegens führt; ich schlage hier eher einen ethischen Diskurs, wie er von Baumann-Hölzle empfohlen wird, unter Einbezug des nächsten Umfeldes, einschliesslich der behandelnden Ärzte und des betreuenden Teams, vor (vgl. Ebner u. Kurt 2005). Jeder Einzelfall sollte so sorgfältig und in würdiger Form geprüft werden.

Im Sinn einer Zusammenfassung meiner Position möchte ich die Stellungnahme der Zürcher Gesellschaft für Psychiatrie und Psychotherapie zitieren:

> Freitodbegleitung für Psychischkranke bleibt eine Gratwanderung zwischen dem Wunsch, auch dem psychisch Kranken hinsichtlich eines Sterbens in Würde Autonomie zuzugestehen und einer Förderung des Suizides bei Krankheiten, die den Suizidwunsch sozusagen mit beinhalten – was wohl niemand ernstlich wollen kann. (Romann 2004)

Literatur

Améry, J. (1979): Hand an sich legen: Diskurs über den Freitod. Klett-Cotta, Stuttgart.

Baumann-Hölzle, R./Strebel, U. (1999): Sieben Schritte ethischer Urteilsbildung. In: Bondolfi, A./Müller, H. (Hrsg.): Medizinische Ethik im ärztlichen Alltag, Betreuung von chronisch Kranken und Sterbenden. Schweizerischer Ärzteverlag, Basel/Bern, 323–353.

Beauchamp, T. L. / Childress, J. F. (1994): Principles of Medical Ethics. New York.
Ebner, G. (2003): Ethik im Gesundheitswesen – Fall einer psychisch Kranken mit einer unheilbar körperlichen Krankheit mit Sterbewunsch. In: Schweizerische Ärztezeitung 84(46): 2421–2424.
Ebner, G. / Kurt, H. (2005): Suizidbeihilfe bei Psychischkranken. In: Schweizerische Ärztezeitung 86(15): 880–882.
Eibach, U. (2004): Recht auf Selbsttötung? – Psychiatrisches Handeln zwischen Achtung der Autonomie des Menschen und dem Schutz des Lebens. In: Suizidprophylaxe 31: 64–70.
Müller, Ch. (1998): Wer hat die Geisteskranken von den Ketten befreit: Skizzen einer Psychiatriegeschichte. In: Das Narrenschiff. Psychiatrieverlag, Bonn.
Nationale Ethikkommission im Bereich Humanmedizin (2005): «Beihilfe zum Suizid». Stellungnahme Nr. 9 (verfügbar auf www.nek-cne.ch).
Porter, R. (1997): Die Kunst des Heilens: eine medizinische Geschichte der Menschheit von der Antike bis heute. Spektrum. Heidelberg / Berlin.
Rehmann-Sutter, Ch. (2004): Schriftliche Mitteilung.
Ringel, E. (1986): Das Leben wegwerfen? Reflexionen über Selbstmord. Herder & Co., Wien.
Rippe, K. P. et al. (2005): Urteilsfähigkeit von Menschen mit psychischen Störungen und Suizidbeihilfe. In: Schweizerische Juristen-Zeitung 101(3): 53–62.
Romann, C. (2004): Stellungnahme der ZGPP (Zürcher Gesellschaft für Psychiatrie und Psychotherapie) zur Frage der Freitodbegleitung.
Schneider, K. (1925): Die Phänomenologische Richtung in der Psychiatrie. Philosophischer Anzeiger 1: 382–404.
SAMW (2005): Medizinisch-ethische Richtlinien zur Betreuung von Patientinnen und Patienten am Lebensende, (verfügbar auf www.samw.ch).

Kapitel 26

Freiheit und Beihilfe zum Suizid im Kontext von Mittelknappheit und Kostendruck im Gesundheitswesen – vom Gewissensentscheid zur öffentlichen Gesundheitsvorsorge

Ruth Baumann-Hölzle

Der Entscheid zum Suizid und zur Suizidbeihilfe wird in der Schweiz als Gewissensentscheid toleriert, wenn er freiwillig und ohne Zwang getroffen wird. Im Kontext von Mittelknappheit und Kostendruck im schweizerischen Gesundheitswesen besteht die Gefahr, dass aus die-

ser Möglichkeit des Suizids ein Angebot und aus dem Angebot ein gesellschaftlicher Zwang wird. Auf dem Hintergrund der Interdependenz zwischen individualethischer und sozialethischer Ebene beschäftigt sich der folgende Artikel mit den gesellschaftlichen Rahmenbedingungen, welche für einen freien Entscheid gegenüber der Suizidmöglichkeit Voraussetzung sind.

Rechtslage in der Schweiz

In der Schweiz herrscht in Bezug auf den Suizid und die Beihilfe zum Suizid im Vergleich mit dem benachbarten Ausland eine sehr liberale Praxis. Nach Artikel 115 StGB ist die Beihilfe zur Selbsttötung straflos, wenn sie nicht aus selbstsüchtigen Motiven geschieht. Der Staat wacht darüber, dass der Entscheid zum Suizid oder die Beihilfe zum Suizid absolut freiwillig und nicht aufgrund von Fremdinteressen gefällt wird. Mit dieser Gesetzgebung wird in der Schweiz der Schutz der Willensfreiheit höher gewertet als der Lebensschutz. Die Möglichkeit zum Suizid und zur Beihilfe zum Suizid werden auf der individualethischen Ebene als Gewissensentscheide im Sinne einer ultima ratio in einer ausweglosen Situation toleriert. Unter dieser Voraussetzung sind Suizid und Beihilfe zum Suizid erlaubt und werden nicht als Tötungsdelikt oder unterlassene Hilfeleistung geahndet. In jedem Fall verlangt der Staat eine Prüfung der Beweggründe, indem die Behörden die Motivation der am Suizid Beteiligten abklärt. Bei dieser gesetzlichen Regelung ist die Möglichkeit von Sterbehilfeorganisationen nicht im Blick, welche die Beihilfe zum Suizid ausserhalb von persönlichen Beziehungen und Gewissensentscheiden durchführen.

Der individualethischen Freiheit zur Selbsttötung und zur Beihilfe zur Selbsttötung steht sozialethisch die Verpflichtung des Staates zum allgemeinen Lebensschutz gegenüber. Trotz der individuellen Freiheit zum Suizid hat deshalb der Staat die Möglichkeit, bei Selbst- oder Fremdgefährdung Menschen mit einem so genannten «Fürsorgerischen Freiheitsentzug (FFE)» zu schützen. Der FFE kann aber nur solange aufrechterhalten werden, bis geklärt ist, aus welchen Gründen ein Mensch sich töten will. Nur wenn eine psychische Erkrankung vorliegt oder der Entscheid zum Suizid aufgrund von äusserem Druck entstanden ist, darf ein Mensch mit Freiheitsentzug vor sich selbst geschützt werden. Gegen seinen Willen hingegen darf niemand am Leben erhalten werden. Entsprechend gelten mit Ausnahme von Notfällen juristisch alle medizinischen und pflegerischen Massnahmen als Körperverletzung, soweit sie nicht durch die Einwilligung des Patienten, d.h. seine informierte Zustimmung, ihre Widerrechtlichkeit verlieren.[1] Auch bei Heilbehandlungen bleibt so juristisch der Tatbestand der Körperverletzung bestehen.

Der Schutz der Willens- und Gewissensfreiheit ist eine Kernaufgabe eines demokratisch verfassten Staates. Persönliche Freiheiten dürfen nur dann beschnitten werden, wenn daraus Gefährdungen für Dritte erwachsen. Die sozialethische Schutzverpflichtung steht dann über dem individuellen Freiheitsanspruch. Aus diesem Grund wird vermieden, die Option der Tötung in den sozialethischen Kontext einfliessen zu lassen. Der Suizid und die Beihilfe zum Suizid werden deshalb als Freiheit toleriert, können jedoch nicht als Recht eingefordert werden. Darin widerspiegelt sich der rechtlich verbriefte Autonomieanspruch des einzelnen Menschen, wonach er eine therapeutische Handlung als eine Integritätsverletzung verweigern kann. Daraus leitet sich aber nicht ab, dass er alle Handlungen anderer auch einfordern kann.

Der individuelle Entscheid eines Menschen ist einerseits von seiner Lebenswelt, die sich aus seinem eigenen Lebensentwurf und seinem Lebenskontext zusammensetzt, und andererseits vom gesellschaftlichen Klima und den Rahmenbedingungen, welche diese Gesellschaft ihm für sein Leben zur Verfügung stellt, beeinflusst. Individuelle Entscheide beeinflussen das soziale Klima des Zusammenlebens einer Gesellschaft und umgekehrt.

1 Bei Urteilsunfähigen ist bei Massnahmen die Einwilligung des gesetzlichen Vertreters einzuholen. Ist der Patient komatös oder in einer gegebenen Situation nicht entscheidungsfähig, so ist entsprechend seinem mutmasslichen Willen zu handeln.

Gesellschaftliches Klima

Das gesellschaftliche Klima ist Ausdruck der vorherrschenden gesellschaftlichen Werthaltungen, welche sich jedoch in einer pluralistischen Gesellschaft nur sehr schwer erfassen lassen. Das Gesetz kann als kleinster gemeinsamer moralischer Nenner angesehen werden, ist jedoch nicht mit dem moralischen Klima einer Gesellschaft gleichzusetzen. Zwischen moralischem Klima und Recht besteht eine Interdependenz. Sie beeinflussen sich gegenseitig. Das Gesetz sedimentiert sehr oft im Nachhinein das moralische Klima und das moralische Klima beeinflusst wiederum massgeblich die Gesetzgebung.

Funktionsanspruch der modernen Gesellschaft

Die zentralen Werte der maximalen Funktionalität und Effizienz prägen das moralische Klima der modernen Gesellschaft. Dieses Paradigma hat den Menschen technischen Fortschritt, Unabhängigkeiten von Naturprozessen und neue Freiheiten gebracht. Die Erfolgsgeschichte hat aber auch ihre Schattenseiten: Im Zuge der Erfolge blendet der moderne Mensch seine existenzielle Abhängigkeit aus, mit der eine existenzielle Pflegebedürftigkeit einhergeht. Er nimmt sich als so genannt «autonomer» Mensch als völlig unabhängig wahr und verdrängt die abhängigen Seiten seines Menschseins. Eingeschränkte Funktionalität hat in seinem Lebensentwurf keinen Platz; Fürsorgeaufgaben delegiert das Individuum immer mehr an den Staat. Gleichzeitig steigen gesamtgesellschaftlich die Funktionsansprüche an das einzelne Individuum ständig. Raum und Zeit sind längst knappe Güter geworden. Den Menschen fehlt zunehmend die Zeit zur Pflege ihrer selbst, ihrer Beziehungen, ihrer Kinder, der Kranken, der Sterbenden und der Trauernden.

Nur «pflegeleichte» Menschen finden Platz im Arbeitsprozess. Die funktionale Gesellschaft selektioniert die Menschen nach dem Kriterium des «survival of the fittest». Die «Fittesten» sind in diesem Kontext diejenigen Menschen, welche am wenigsten auf Pflege angewiesen und uneingeschränkt leistungsfähig sind und/oder ihre abhängigen Seiten verdrängen können. Die Rationierung der Arbeitsplätze und die damit einhergehende Arbeitslosigkeit treffen die weniger Leistungsfähigen in logischer Konsequenz zuerst und am nachhaltigsten. Viele Menschen werden gerade durch diesen Selektionsprozess tatsächlich krank. Es gehört zur Dynamik der funktionalen Gesellschaft, dass die Zahl der unterstützungsbedürftigen Menschen stetig zunimmt. Derselben Logik folgend versucht sie, diese Probleme mit weiteren Effizienzsteigerungen in den Griff zu bekommen, und nun auch das Gesundheitswesen und die Invalidenversicherung nicht mehr nach solidarischen, sondern nach ökonomischen Kriterien zu organisieren. Pflegebedürftigkeit und Krankheit werden in der Folge genauso zur Frage der persönlichen Schuld, wie Arbeitslosigkeit, d.h. sie sind persönlich zu verantworten. Es besteht die Gefahr, dass sie langfristig von der Gesellschaft nicht mehr solidarisch mitgetragen werden.

Existenzielle Abhängigkeit und existenzielles Leiden

Aufgrund seiner Leiblichkeit ist der Mensch zeitlebens abhängig und in diesem Sinn «pflegebedürftig»: Sein Körper muss ernährt, gewaschen und geschützt, eben gepflegt werden, wenn er überleben will. Die Pflege kann sich dabei nicht auf die Sättigung der physischen Bedürfnisse beschränken, auch die Psyche des Menschen will mit Nähe und Zuwendung von anderen Menschen genährt werden. Beobachtungen während dem zweiten Weltkrieg mit Säuglingen, welche keine Zuwendung bekommen hatten, haben gezeigt, dass diese sterben, auch wenn sie gefüttert und sauber gehalten werden (vgl. Cannon and Rosenbleuth 1949). Menschen ohne liebevolle Beziehungen werden krank und sehen keinen Sinn mehr in ihrem Leben. Auch die Seele des Menschen braucht Pflege. Die Fähigkeit zur Selbstpflege ist bei den Menschen sehr unterschiedlich gegeben, sie ist beim Säugling am geringsten, nimmt mit dem Älterwerden zu, um dann wieder abzunehmen. Niemand kann seine Pflegebedürftigkeit ganz aus sich selbst heraus stillen. Das Angewiesensein der Menschen untereinander gehört zur menschlichen Natur. Der Mensch lebt in, mit und durch die Beziehung zu einem Gegenüber, zu anderen Menschen. Ebenso unausweichlich zur conditio humana gehört das Leiden, das mit der Körperlichkeit des Menschen gegeben ist. Diese Grundgegebenheiten menschlichen Seins und Lebens stehen dem vorherrschenden funktionalen Gesellschaftsparadigma entgegen.

Es spricht für sich, dass der Leidensbegriff «suffering» im offiziellen Vokabular der modernen Medizin, der so genannten «Medline», der bedeutenden medizinischen Literaturdatenbank, nicht vorkommt. Die funktionale Gesellschaft orientiert ihr Handeln am Bild des unabhängigen, rationalen und nicht leidenden Individuums. Dieses Menschenbild blendet das mögliche Scheitern, Leiden und Sterben fast vollständig aus und orientiert sich an einem autark lebenden Individuum. Entsprechend werden auch die Ressourcen im Gesundheitswesen verteilt.

Rationalisierug und Rationierung

Die derzeitige Ressourcenverteilung im Gesundheitswesen benachteiligt chronisch-kranke und so genannt «austherapierte» Menschen. Die meisten Mittel des Gesundheitswesens fliessen in die akutmedizinische Versorgung in den letzten sechs Lebensmonaten eines Menschen. Dies führt zu einer «Mittelknappheit in der medizinischen und pflegerischen Versorgung und zu willkürlichen Rationierungsentscheiden, während gleichzeitig eine medizin-technische Überversorgung besteht» (vgl. Schopper et al. 2001: 25). Heute wird am Krankenbett beim einzelnen Patienten aufgrund einer Fremdeinschätzung seiner Lebensqualität und ohne allgemeinverbindliche Kriterien verdeckt rationiert. Die so ausgeführte, willkürliche Rationierung erzwingt eine Beurteilung und Einteilung der Menschen in solche mit lebens- und nichtlebenswertem Leben. Nicht die Umstände werden den Menschen angepasst, sondern die Menschen den Umständen. Dies widerspricht dem existenziellen und unverlierbaren Autonomie- und Würdeanspruch jedes Menschen und seinem Anspruch und Recht auf Gleichbehandlung (vgl. unabhängige, interdisziplinäre Arbeitsgruppe «Gerechte Ressourcenverteilung im Gesundheitswesen» 1999).

In vergleichbarer Art und Weise wird auch im Rahmen der Debatte um die Ausdehnung der Möglichkeiten des Suizids und der Suizidbeihilfe der Würde- und Autonomieanspruch aller Menschen relativiert und verändert.

Veränderungen im Verständnis der Menschenwürde

Zur Legitimation der Tötung, sei es der Selbst- oder Fremdtötung, wird immer der Verlust oder zumindest die Antastbarkeit der Menschenwürde herangezogen. Dabei wird der Begriff der Menschenwürde von einem normativen, ethischen Anspruch, der für alle Menschen unabhängig von Eigenschaften und Fähigkeiten unverlierbar gilt, zu einer empirischen, verlierbaren Eigenschaft und/oder Fähigkeit. Aufschlussreich in diesem Zusammenhang sind die Ausführungen von Robert Kehl, einem Juristen, der als früher Protagonist der Sterbehilferorganisation «Exit» folgende Ausführungen zur Menschenwürde verfasst hat:

> Inhuman ist die Verhinderung des natürlichen oder freiwilligen Todes des Todgeweihten bei infauster[2] Prognose [...] dann, wenn die allgemeine oder die besondere *Menschenwürde* des Betreffenden – die allerdings bei jedem Sterbenden und anhaltendem schweren Leiden beeinträchtigt wird – *dauernd in unerträglichem Masse gefährdet* würde. Jeder Mensch hat sein legitimes Interesse daran, dass die Erinnerung an ihn, das Bild, das in der Umwelt zurückbleibt, nicht durch ein allzu langes und allzu peinliches Sterben zu stark leidet. (inhuman = menschenunwürdig) [...]. Von solchen Tatbeständen, welche die Menschenwürde zu sehr tangieren, kann im Einzelnen gesprochen werden:
>
> – wenn der Patient Ekel erregt (Ästhetik als Kriterium), namentlich wenn sich derartige Zustände häufen und andauern (Ekel erregende Auswürfe oder Ausflüsse, sehr entstelltes Aussehen, riesige Geschwülste oder Aufblähung des Körpers, eklige Gerüche, Ekel erregende Art der Ernährung, Geifern usw.);
> – oder geisteskrankes Gebaren, psychotische Zustände,
> – auch dauernde völlige Hilflosigkeit der Fall sind;
>
> [...] auch Inkontinenz wird von einzelnen Patienten schon als unwürdig empfunden. (Kehl 1989: 31 f.).

2 Mit «infaust» wird eine Krankheit bezeichnet, die in absehbarer Zeit zum Tod führen wird.

Kehl bindet die Menschenwürde direkt an bestimmte Eigenschaften und macht sie selber im Sinne der genannten Veränderung radikal zu einer verlierbaren und im zwischenmenschlichen Vergleich unterschiedlichen Eigenschaft. Die Konsequenzen dieses Denkens sind gravierend, denn damit gibt es Menschen mit, Menschen mit eingeschränkter und solche mit gar nicht mehr vorhandener Würde. Menschliches Leben, das Würde besitzt, ist lebenswert und dasjenige, das keine Würde besitzt, ist nicht lebenswert. Damit entfällt denn auch der Anspruch, allen Menschen Lebensumstände zu ermöglichen, in denen sie ihrer Lebenswelt entsprechend leben und sterben können.

Dieser veränderte Würdebegriff passt auch zur Dynamik der Rationierung: Bestimmten Menschen wird ihr Würde- und Autonomieanspruch abgesprochen, damit haben sie auch nicht mehr selbstverständlich gleiche Ansprüche auf die Ressourcen des Gesundheitswesens und auf Gleichbehandlung. Sie sind wie in der Einzelfallrationierung der Entscheidungswillkür von anderen Menschen preisgegeben.

Vergleichbar mit der bereits bestehenden *verdeckten Rationierung* im Gesundheitswesen findet denn auch ein *verdeckter Mentalitätswandel* gegenüber nicht-einwilligungsfähigen und abhängigen Menschen statt. Es kann bereits offen darüber diskutiert werden, ob demente Menschen überhaupt Anspruch auf Menschenwürde haben oder nicht. Damit ist die Selbstverständlichkeit, dass alle Menschen unabhängig von ihren Eigenschaften und Fähigkeiten Würde besitzen, bereits zerbrochen und zwar schon in offiziellen Dokumenten, wie zum Beispiel den «Ethischen Richtlinien für die Altersheime der Stadt Zürich», wo es heisst:

> Allen Menschen kommt eine unveräusserliche Würde zu. Aufgrund dieser Würde haben sie ein Recht, keinen unwürdigen Situationen ausgesetzt zu sein. Es ist mit der Achtung der Würde nicht zu vereinbaren, Personen zum Beispiel zu erniedrigen oder in anderer Weise zu behandeln, die nicht mit ihrer Selbstachtung zu vereinbaren sind. Der Begriff der Würde steht somit in enger Beziehung zum Begriff der Selbstachtung. Dieses in der Ethik inzwischen prominent vertretene Verständnis von Menschenwürde ist für die Fragen der Altersethik hilfreich, ist aber mit einem Problem verbunden. Bei dementen Menschen ist fraglich, ob sie noch in der Lage sind, sich selbst zu achten. Im Allgemeinen sind wir aufgefordert, im Zweifelsfalle davon auszugehen, dass eine Person eine Situation, in der ihre Selbstachtung und ihr Selbstwert in Frage gestellt wird, auch als unwürdig erlebt. Aber zumindest demente Personen in einem fortgeschrittenen Stadium ihrer Krankheit haben einfach nicht mehr die geistige Fä-

higkeit, sich selbst zu achten. Die Koppelung des Begriffs der Menschenwürde an Selbstachtung führt so in das Problem, dass es keinen Sinn macht, in Bezug auf hochdemente Personen von Würde zu sprechen. Das heisst nicht, dass keine moralischen Pflichten bestehen, ohne Zweifel bestehen zum Beispiel Fürsorgepflichten. Nur, das an Selbstachtung gebundene Prinzip der Menschenwürde lässt sich nicht auf hochdemente Menschen anwenden. Damit wird aber fraglich, ob man überhaupt von der Menschenwürde schwer dementer Menschen sprechen kann. [...] Geht es bei der Würde auch um – vom subjektiven Erleben unabhängige – objektive Massstäbe, so können auch höchstdemente Menschen in eine unwürdige Situation versetzt werden. Auf ein solches Verständnis stützen sich die ethischen Richtlinien. Eine unwürdige Situation liegt nicht nur vor, wenn eine Person in ihrer Selbstachtung verletzt wird, sondern auch dann, wenn die Situation nach objektiven Massstäben unwürdig ist. (Altersheime der Stadt Zürich 2003: 18ff.)

Wenn dieser Text auch von einer unveräusserlichen Würde aller Menschen spricht, so stimmt es doch sehr nachdenklich, wenn in einem offziellen Text, welchen die Verantwortlichen für die Alters- und Pflegheime der Stadt Zürich herausgeben, eine Position eingenommen wird, die mit der Grundlinie Kehls übereinstimmt, wonach «objektive Massstäbe», welche an den äusserlichen Zustand eines Menschen gebunden sind (somit vermutlich als ästhetische Massstäbe verstanden werden müssen, jedenfalls gibt der Text keine andere Hinsicht an), darüber entscheiden, ob ein Mensch noch einen Würdeanspruch haben kann.

Der historische Kontext dieser Richtlinien beunruhigt umso mehr: Sie sind von einem Ethiker verfasst worden, der die Ethikkommission einer Sterbehilfeorganisation leitet, und werden zudem durch die Behörden der Stadt Zürich von einer politischen Instanz herausgegeben, die den Sterbehilfeorganisationen im Jahre 2001 begleitet von einem grossen Medienaufwand Zugang zu ihren Alters- und Pflegeheimen gegeben hat. Zudem fiel diese Zulassung im Jahre 2001 in eine Zeit, als das Pflegepersonal wegen Personalmangel auf die Strasse gegangen war und vor allem missliche Zustände im Bereich der Langzeitpflege moniert worden waren (Züricher Kantonsrat 2000).

Vom Gewissensentscheid zur Massnahme der öffentlichen Gesundheitsvorsorge

Die Möglichkeit zum Suizid und die Suizidbeihilfe sind passende Instrumente der funktionalen Gesellschaft: Schnell, effizient und kostensparend. Dahinter steht ein Menschenbild, das die existenziellen Abhängigkeiten des Menschen ausblendet. Ein solcher Zeitgeist wird als externer Druckmechanismus verinnerlicht. Die Möglichkeit des Suizids und der Suizidbeihilfe laufen dabei Gefahr, von einer ultima ratio und ganz persönlichen Gewissensentscheidung zu einer Massnahme der öffentlichen Gesundheitsvorsorge, verstanden als Förderung und Planung der kollektiven Gesundheit auch auf Kosten individuellen Lebens zu werden. Aufgrund von Kosten-Nutzen-Überlegungen wird die Möglichkeit des gelingenden Suizids und der Suizidbeihilfe propagiert. So schreibt der Jurist Petermann, Exponent der Sterbehilfeorganisation «Dignitas»:

> In Anbetracht der Tatsache, dass durch Suizide annähernd drei mal mehr Menschen in unserem Lande sterben als durch Verkehrsunfälle und dass durch die Folgen der missglückten Suizidversuche – zurückhaltend geschätzt – Kosten in Höhe von 2,37 Milliarden Franken entstehen, ist die Suizid-Problematik ein bisher offenbar nicht erkannter Kostenfaktor in unserer Sozial- und Gesundheitspolitik. Gerade in der heutigen Zeit, in der die Gesundheitskosten explosionsartig ansteigen, wäre es sicherlich angezeigt, durch eine sinnvolle Legiferierung in diesem Bereich Einsparungen für das Gesundheitswesen vorzunehmen.
>
> Zudem könnte eine solche Gesetzgebung dazu dienen, der gesamten rechtlichen Sterbehilfeproblematik einen vernünftigen, der heutigen Zeit und ihren Bedürfnissen gerechten und pragmatischen Rahmen zu geben. (Petermann 2004: 1111 f.)

Selbstverständlich werden solche Überlegungen nicht im Rahmen der politisch abgestützten Gesundheitsplanung offiziell empfohlen und darum auch nicht Gegenstand der öffentlichen Diskussion, sondern treten als Wahlmöglichkeiten individueller Lebensgestaltung auf der Ebene des Einzelnen in Erscheinung. Damit geschieht eine merkwürdige Verkehrung von individuellen und gesamtgesellschaftlichen Entscheidungen: Eugenische Gesundheitsziele für die Bevölkerung, die heute kein Staat mehr durchsetzen kann, scheinen sich in unheimlicher Zwangslosigkeit durch die privaten, individualisierten Planungsperspektiven freier Staatsbürger/-innen zu ergeben. Hierzu genügt es, Selbstverständlichkeiten in Frage zu stellen, wie diejenige, dass alle Menschen unabhängig von ihren Fähigkeiten oder Eigenschaften Menschenwürde besitzen. Solche Überlegungen widersprechen dem ursprünglichen Verständnis der Menschenwürde, welches die Menschenrechte begründet und in der Deklaration von Helsinki festgeschrieben worden ist.

Menschenwürde und Menschenrechte

Grundlage der Gesetze in demokratisch verfassten Staaten ist der individuelle Anspruch jedes Menschen auf Menschenwürde und daraus abgeleitet auf Menschenrechte. Die demokratische Verfassung basiert auf dem Axiom der Unantastbarkeit und Unverlierbarkeit der Würde des Menschen. Dieses in den Menschenrechten verbriefte Würdeverständnis hat unbedingten, nicht diskutierbaren Charakter und unterliegt nicht der Mehrheitsmeinung. Dieser Grundanspruch wird überkulturell anerkannt und gilt jedem Menschen, unabhängig von seinen Eigenschaften und Fähigkeiten. Darin selbstverständlich eingeschlossen sind Menschen, die noch nicht, nicht oder nicht mehr zur Ausübung ihrer Willensfreiheit in der Lage sind, das heisst auch für nichteinwilligungsfähige und sogar für komatöse Menschen. Indem dieser Anspruch gerade nicht Gegenstand demokratischer Mehrheitsmeinungen sein soll und axiomatisch den modernen, demokratischen Staat begründet, soll auch verhindert werden, dass dieser Grundanspruch durch ein gesellschaftliches Klima relativiert wird, welches ihn diesen bestimmten Menschen vorenthalten möchte.

Die Menschenwürde jedes Menschen ist das Mass, an dem alle Handlungen gemessen werden. Dieses Mass ist im Zweiten Weltkrieg geeicht worden, indem die schändlichen Integritätsverletzungen an Menschen ein für allemal gezeigt haben, dass Humanität dann und nur dann möglich ist, wenn die Menschenwürde und der Autonomieanspruch jedes Menschen respektiert werden. Auf diesem Hintergrund ist die Freiheit zum Suizid eine Handlungsmöglichkeit, die nur dann abgelehnt werden darf, wenn sie nicht wirklich freiwillig und/oder dadurch die Freiheit anderer Menschen gefährdet wird. Die Geschichte belegt jedoch eindrücklich, dass die Menschen mit der Option der Tötung kaum verantwortlich umgehen können. Auf diesem Hintergrund wird in der Schweiz die Suizidmöglichkeit als Freiheit und nicht als einforderbares Recht toleriert.

Kern der Humanität

Eine humane Kultur zeichnet sich dadurch aus, dass sie nicht nur ihren Nachwuchs pflegt, sondern auch sonst ungewohntes, behindertes und pflegebedürftiges Leben in die menschliche Gemeinschaft aufnimmt und ihm besondere Beachtung und Sorge zukommen lässt. Mit dieser absolut unnatürlichen Verhaltensweise widerspricht der Mensch dem Naturgesetz des «survival of the fittest». Diese Eigenart unterscheidet das Menschsein vom Verhalten der anderen belebten Natur, wo ausserhalb der Brutpflege pflegebedürftiges und von der Norm abweichendes Leben ausgeschlossen oder gar getötet wird. Diese Humanität erwächst dem Menschen aus seiner inneren Beziehungskraft, welche die Menschen untereinander in verschiedensten Beziehungsformen verbindet. Beziehungen sind nur dann lebendig, wenn sie gepflegt werden und Humanität zeichnet sich gerade dadurch aus, dass sich Menschen je nach ihren individuellen Bedürfnissen einander pflegend zuwenden. Die Humanität einer Gesellschaft misst sich daran, inwieweit in ihr die existenziellen Grundbedürfnisse der Menschen im Leben und Sterben gestillt werden. Die existenzielle Abhängigkeit des Menschen weist auf die passive Seite des Menschseins hin, die auch zur Würde des Menschen gehört. Die Pflicht zur Pflege ist der Kern der menschlichen Verantwortung. Entgegen dem funktionalen Menschenbild sind Menschen Wesen, die auch scheitern, leiden und sterben, also auch nicht funktionieren können.

Die funktionale Gesellschaft aber verdrängt das Leiden. In ihr werden Menschen ohne Leidenssymptomatik bevorzugt. Raum und Zeit zur Verarbeitung von Leiden ist kein Thema in einem Gesundheitswesen, das im Kontext einer leistungsorienterten, funktionalen Gesellschaft verortet ist, erst recht nicht vor dem Hintergrund knapper Ressourcen. Entsprechend ist auch das Gesundheitswesen ein funktionales System, indem das Betreungs- und Behandlungspersonal «funktionierende Teile eines Systems» sind (vgl. Akashe-Böhme, Böhme 2005). Auch die Ausbildung der Mediziner ist technisch orientiert und es fehlt an Know-How und Kompetenzen, welche zur Unterstützung der Leidensbewältigung für die Patienten und Patientinnen notwendig wären.

Im Kontext der funktionalen Gesellschaft kann die Möglichkeit des Suizids zum Angebot und zum subtilen, verinnerlichten Zwang für Leidende und zu einer Option werden, welche als «freier Wunsch» von denjenigen eingefordert wird (werden muss), welche ihr Leiden nicht mehr zu tragen vermögen. Für diejenigen, die ihr Leben kontrolliert autark leben, ist die Möglichkeit des Suizids eine Gelegenheit sich der existenziellen Herausforderung des Leidens nicht stellen zu müssen. Menschen, die auf andere bezogen leben und im Leiden Solidarität und Liebe von anderen Menschen erfahren, greifen sehr viel weniger zur Selbsttötung. Eine Entscheidung zum Suizid und zur Suizidbeihilfe können aber als ultima ratio in der dialogischen, solidarischen Beziehung zweier Menschen erwachsen. Stellt die funktionale Gesellschaft diesen Menschen aber weder Raum noch Zeit für den Umgang mit ihrem Leiden zur Verfügung, kann auch bei ihnen die Möglichkeit zum Suizid zum gesellschaftlichen Zwang werden. Um dieser Dynamik entgegenzuwirken, bedarf es der gesellschaftlichen Solidarität und Fairness.

Solidarität und Fairness

Krankheit lässt sich nicht ohne Solidarität bewältigen. So schreiben Farideh Akashe – Böhme und Gernot Böhme in ihrem Buch *Mit Krankheit leben:*

> Krankheit ist neben Alter, Armut und Ungerechtigkeit eines der grossen Themen, die Solidarität herausfordern und an denen sich erweist, ob wir bereit sind, das menschliche Geschick als ein gemeinsames anzusehen. Gerade in einer Gesellschaft, die durch die grossen Institutionen des Sozialstaates darauf eine positive Antwort gegeben hat, erweist es sich als um so notwendiger, Solidarität auch auf der Ebene persönlicher Beziehungen zu üben. Die Krankheit des andern ist deshalb ein Moment, das dem eigenen Leben Gestalt verleiht. (Akashe-Böhme, Böhme 2005: 140)

Eine allein auf Funktionalität und Effizienz ausgerichtete Gesellschaft lässt keine Zeit und keinen Raum weder für Solidarität und Fairness noch für persönliche Beziehungen. Sie wird inhuman. Der Pflegebedarf wird aufgrund der veränderten Alterspyramide in den nächsten Jahren massiv ansteigen. Die daraus erwachsende Verantwortung gilt es schon heute wahrzunehmen, indem neue Formen von Solidaritätsdiensten geschaffen und Pflegeleistungen fair zwischen den Generationen und den Geschlechtern verteilt werden. Selbstpflege, Kinderpflege, Beziehungspflege und Pflege von behinderten, kranken und alten Menschen sind die Voraussetzung für erfülltes Leben und humanes Zusammenleben.

Im Kontext der gegenwärtig einseitig auf Funktionalität ausgerichteten Gesellschaft kann die Möglichkeit des Suizids und der Suizidbeihilfe zum effizienten und kostensparenden Rationierungsinstrument werden. Die Option des Suizids und der Beihilfe sind individualethisch nur als persönliche Freiheit in der Form eines Gewissensentscheides zu verantworten. Als gesellschaftlich erwartete Problemlösung hingegen sind sie Ausdruck der Inhumanität schlechthin. Der Grat zwischen Humanität und Inhumanität ist schmal. Die Humanität einer Gesellschaft entscheidet sich am Umgang mit der existenziellen Abhängigkeit und dem existenziellen Leiden.

Literatur

Akashe-Böhme, F./Böhme, G. (2005): Mit Krankheit leben. Von der Kunst, mit Schmerz und Leid umzugehen. Beck'sche Reihe, München.

Altersheime der Stadt Zürich, Direktion (2003): Ethische Richtlinien für die Altersheime der Stadt Zürich, Gesundheits- und Umweltdepartement, Zürich.

Cannon, W. B. and Rosenbleuth, A. (1949). The Supersensitivity of Denervated Structures. MacMillan NY.

Kehl, K. (1989): Sterbehilfe. Ethische und juristische Grundlagen. Bern: Zytglogge.

Petermann, F. Th. (2004): Der Entwurf eines Gesetzes zur Suizid-Prävention. AJP/PJA 9: 1111–1138.

Schopper, D./Baumann-Hölzle, R./Tanner, M. (2001): Mittelverteilung im schweizerischen Gesundheitswesen – Befunde und Empfehlungen. Teil 1, Broschüre, Hrsg. Schweizerisches Tropeninstitut, Basel & Dialog Ethik, Zürich.

Unabhängige, interdisziplinäre Arbeitsgruppe «Gerechte Ressourcenverteilung im Gesundheitswesen» (1999): Manifest für eine faire Mittelverteilung im Gesundheitswesen. Beilage Schweizerische Ärztezeitung zu Nummer 45.

Zürcher Kantonsrat (2000): Protokoll der 79. Sitzung, Dienstag, 12. Dezember, 19.30h.

Chapitre 27

Euthanasie et suicide assisté. L’état des discussions en Suisse et au Conseil de l’Europe

Dick Marty

L’homme politique est rarement un spécialiste, sa vocation étant plutôt d’être un généraliste. Je n’ai ainsi aucune peine à vous avouer que je n’ai pas de compétences spécifiques pour vous entretenir du sujet qui vous réunit aujourd’hui. Certes, la vie, sa protection, la définition de son début et de sa fin, ainsi que le pouvoir d’en disposer sont autant de sujets qui interpellent la société entière et qui exigent des réponses de la part du monde politique et du législateur.

Magistrat auprès du Ministère public pendant une quinzaine d'années, j'ai été confronté à de nombreuses reprises avec toutes sortes d'atteintes à la vie et à l'intégrité corporelle. Mais, au risque de vous décevoir, je dois vous dire que jamais, au cours de ces années d'expérience judiciaire, je n'ai eu à m'occuper de cas d'incitation ou d'aide au suicide, ni par ailleurs d'avortement ou d'euthanasie. Cela n'est pas étonnant si seulement on jette un regard aux statistiques des condamnations pénales. De 1960 à 1998, au cours d'une période donc de 39 ans, nous comptons en Suisse une moyenne annuelle de 48 condamnations pour *meurtre, assassinat* et *meurtre par passion* (art. 111, 112 et 113 CPS, en allemand: *vorsätzliche Tötung*, *Mord* et *Totschlag*). Au cours de la même période, les statistiques n'enregistrent que 11 condamnations pour *meurtre sur demande de la victime* (*Tötung auf Verlangen*, art. 114 CPS), ce qui fait 0,4 condamnation par année. En ce qui concerne *l'incitation et l'aide au suicide* de l'art. 115 CPS *(Verleitung und Beihilfe zum Selbstmord)* on trouve, toujours pour la période 1960–1998, seulement 8 jugements, ce qui signifie que cette infraction ne revêt pratiquement aucune importance du point de vue de la statistique criminelle.

Cela ne veut évidemment pas dire que ces cas d'espèces n'ont pas lieu dans la vie de tous les jours et qu'ils ne posent aucun problème. Cela signifie tout au plus que l'instrument de la répression pénale se révèle inadéquat, qu'il est extrêmement difficile de récolter les preuves et/ou que la condamnation pénale ne répond plus à la sensibilité de la société et à son besoin de reprouver l'acte. Le cas de l'avortement est exemplaire. L'interruption punissable de la grossesse a été tout d'abord poursuivie avec un certain zèle pour être, finalement, totalement ignorée par les organes de la poursuite pénale: nous avons ainsi 2'216 condamnations entre 1960 et 1969, 341 entre 1970 et 1979, et seulement 4 entre 1980 et 1988. Cette diminution spectaculaire du nombre de condamnations et, ensuite, la disparition de cette infraction des statistiques ne correspond nullement, nous le savons bien, à ce qui se passe dans la réalité. Cette évolution statistique exprime, en fait, une profonde transformation de la sensibilité et du jugement de la société, ce qui a abouti à une interprétation extensive des indications thérapeutiques, alors que l'article du code pénal restait, dans sa formulation, toujours tout aussi restrictif.

Le cas de l'avortement est éloquent, car il illustre bien comment la loi, et en particulier la loi pénale, suit, avec bien du retard, l'évolution de la société et ne la précède pour ainsi dire jamais. Il y a de cela environ trente ans, je travaillais à temps partiel pour le Département fédéral de justice et police et c'est ainsi que j'avais été appelé à fonctionner en qualité de secrétaire extraordinaire de la commission du Conseil national appelée à se prononcer sur la réforme des normes pénales sur l'avortement. La commission avait siégé trois jours à Bâle pour procéder à des auditions d'experts et de différents représentants de la société civile. Plus de vingt-cinq ans après je me suis trouvé à nouveau confronté avec le même problème, toujours non résolu, de la réforme des normes concernant la répression pénale de l'avortement. Président de la commission des affaires juridiques du Conseil des Etats, j'ai rencontré en partie les mêmes experts et j'ai réentendu exactement les mêmes arguments. Désigné rapporteur, j'ai dû inventer la curieuse formule que l'on trouve dans le nouvel article 119 CPS et qui se réfère à *une situation de détresse* invoquée par la femme à qui l'on reconnaît désormais la faculté de décider seule l'interruption de la grossesse au cours de premières douze semaines. Cette notion de détresse, dont la femme reste seule juge, n'est pas vraiment une notion juridique mais une indication de nature éthique que le législateur a entendu adresser à la femme. C'est cette formule qui a permis d'obtenir la majorité en faveur de la solution du délai au Conseil des Etats qui s'est prononcé lors de la session de Lugano avec seulement deux voix de majorité. J'ai évoqué ce petit épisode personnel pour rappeler que les réformes législatives concernant les problèmes de société exigent dans notre pays des temps très longs – une trentaine d'années pour la décriminalisation partielle de l'avortement – et qu'il faut toujours trouver des solutions susceptibles d'obtenir la majorité dans les deux chambres du Parlement ainsi que devant le peuple.

C'est dire que les discussions en cours sur l'assistance au suicide et l'euthanasie ne sont pas prêtes d'aboutir à des réformes législatives. En adoptant l'art. 115 CPS, le législateur n'avait certainement pas à l'esprit l'existence et l'activité de *Exit* et de *Dignitas*, ni il avait pu prévoir la forme très particulière de tourisme que cela était susceptible d'entraîner. Une fois de plus le droit semble avoir des difficultés à rattraper la réalité. En fait, le Parlement a récemment eu l'occasion de se prononcer sur le problème de l'assistance au suicide. Le Conseil national a été saisi par une initiative parlementaire de Mme Vallender qui postulait la modification de l'art. 115 CPS dans un sens restrictif.

Selon cette proposition, l'incitation et l'assistance au suicide aurait été par principe punissable, strictement interdite en milieu médical, alors qu'elle aurait été non punissable seulement si elle avait lieu dans le cadre familial, lorsque les parents, le conjoint ou le partenaire avaient agi mus par des motifs de pitié. Le Conseil national a, par 117 voix contre 58, clairement refusé de donner suite à l'initiative Vallender et a ainsi opté pour le statut quo.

Au cours du même débat, le Conseil national a également refusé une initiative de Franco Cavalli, le politicien et cancérologue bien connu, proposant de décriminaliser l'euthanasie active directe dans les sens et les limites souhaités par le *Groupe de travail assistance au décès* dans son rapport de 1999. Le Parlement a préféré adopter une motion, vague et susceptible de satisfaire un peu tout le monde, chargeant le Conseil fédéral de soumettre des propositions en vue d'une réglementation législative de l'euthanasie active indirecte et de l'euthanasie passive ainsi que de prendre des mesures pour promouvoir la médecine palliative. Le Parlement a ainsi confirmé, du moins indirectement, son opposition à considérer l'éventualité d'une ouverture vers une reconnaissance partielle de l'euthanasie active directe. Au Conseil des Etats la motion a été adoptée pratiquement sans discussion. Je doute que le Département de justice et police fasse preuve d'un excès de diligence et qu'il présente des propositions à brève échéance. Si la majorité des députés ne veut pas prévoir expressément la possibilité de donner la mort dans certaines conditions particulières, nombreux sont ceux qui sont prêts à admettre qu'il peut y avoir des situations exceptionnelles où il apparaît choquant de considérer comme un meurtrier celui qui a abrégé la vie d'un malade en phase terminale, qui souffrait terriblement et qui avait demandé instamment et sérieusement de pouvoir s'en aller. On est donc conscient du problème, mais on a peur des conséquences qu'entraînerait une reconnaissance de certaines formes d'euthanasie active directe et on préfère ne pas en parler ouvertement. Il y a déjà bien longtemps, toujours en parlant d'euthanasie, le médecin Armand Forel avait averti ses collègues du Conseil national qu'il valait mieux ne pas trop s'engager dans des définitions juridiques en la matière et qu'il était préférable laisser les médecins agir dans le cadre du serment d'Hippocrate et, pour le reste, d'en rester au Code pénal suisse. Il n'est pas sans intérêt de constater que le docteur Forel a été cité par le rapporteur de langue française lors du tout récent débat au Conseil national.

En fait, la solution choisie par le législateur dans le Code pénal est apparemment simple et claire. Apparemment, seulement. En défendant son initiative au Parlement, le docteur Cavalli a commencé son intervention par ces mots:

> Letzte Woche wurde in Holland – einem Land, das bei uns häufig ohne entsprechende Sachkenntnis bezüglich Sterbehilfe kritisiert wird – ein Arzt verurteilt, weil er einem nicht genügend kranken Menschen Beihilfe zur Selbsttötung geleistet hat. Bei uns wäre er nicht bestraft worden, da dies hierzulande zugelassen ist. Wäre aber derselbe Mensch kränker, ja todkrank, ja so krank, dass er nicht mehr zum Selbstmord fähig wäre, würde derselbe Sterbehilfe leistende Arzt in Holland nicht mehr, bei uns hingegen erst recht verurteilt werden. Sie müssen zugeben, das ist eine wohl absurde Situation.

Le rapport entre les dispositions régissant l'homicide et celles qui se réfèrent à l'assistance au suicide ont déjà depuis longtemps interpellé les pénalistes les plus attentifs. En 1943, une année après l'entrée en vigueur du Code pénal, le professeur François Clerc signalait déjà la contradiction suivante:

> si par charité un médecin passe un verre de poison à un malade, qui le lui demande dans un désir de suicide, il n'y a pas crime, ni délit, selon le Code pénal. En revanche, si, par charité, le médecin fait ingurgiter le poison à un patient qui a demandé sérieusement le repos éternel, le médecin s'expose à l'emprisonnement.

Dans un commentaire beaucoup plus récent, en 2003, du professeur Christian Schwarzenegger, on peut lire ce qui suit à propos de l'euthanasie active directe:

> Eine Rechtfertigung erscheint insbesondere in jenen Fällen vertretbar, die substanziell einem Suizid gleichkommen, der aber infolge des körperlichen Zustandes des Sterbenden nicht mehr von ihm selbst ausgeführt werden kann.

Le sujet de l'euthanasie a déclenché les passions aussi au sein du Conseil de l'Europe. On s'y était indirectement intéressé une première fois en 1998, lorsque l'Assemblée parlementaire s'était penchée sur le problème de *la protection des droits de l'homme et de la dignité des malades incurables et des mourants.* La recommandation adoptée s'opposait à toute ouverture possible envers l'euthanasie active directe et prônait surtout le développement des soins palliatifs. Mais le débat n'a pas tardé à se rouvrir. Deux pays membres du Conseil de l'Europe, les

Pays-Bas et la Belgique, sont allé outre la recommandation et ont légiféré en la matière, en dépénalisant l'euthanasie active directe à certaines conditions particulières. En outre, des études effectuées dans différents pays européens ont démontré que l'euthanasie était en réalité pratiquée d'une façon pas très transparente et, surtout, dans une mesure bien plus importante de ce qu'on avait jusqu'alors supposé (je pense notamment à l'étude publiée au cours de l'été 2003 dans la revue *The Lancet*). Quelques cas spectaculaires de patients qui demandaient de mourir ont également provoqué de nouveaux débats dans l'opinion publique qui, selon des sondages effectués dans différents pays, serait plutôt favorable à décriminaliser l'euthanasie. J'ai eu la mésaventure d'avoir été choisi comme rapporteur et chargé d'établir un nouveau texte sur le sujet. Ces deux dernières années j'ai pu ainsi constater, je dirais même sentir et subir, à quel point le débat sur l'euthanasie allume les passions, souvent irrationnelles pour ne pas dire franchement de mauvaise foi.

Dans le projet de résolution, adopté de justesse par la Commission des questions sociales et de la santé, je postulais que les pays membres procèdent à la récolte de données empiriques sur les différentes formes d'euthanasie et de suicide assisté et ouvrent un débat public sur les résultats ainsi réunis afin de créer plus de transparence dans un domaine trop souvent laissé aujourd'hui exclusivement aux décisions du corps médical. Ce qui a véritablement causé le scandale, du moins auprès de nombreux députés, surtout du sud et de l'est de l'Europe, a été le passage suivant:

> à la lumière de ces données et de ce débat public, l'Assemblée parlementaire invite les gouvernements des Etats membres du Conseil de l'Europe à se demander s'il serait envisageable d'introduire, là où elle n'existe pas encore, une législation exemptant de poursuites les médecins qui acceptent d'aider les malades incurables, subissant des souffrances constantes et intolérables et sans espoir de voir leur état s'améliorer, à mettre fin à leurs jours s'ils en font la demande de manière répétée, volontaire et mûrement réfléchie, conformément à des conditions et des procédures rigoureuses et transparentes fixées par la loi.

Vous l'avez bien entendu, il s'agit *s*eulement d'examiner si une telle décriminalisation peut être envisagée et je ne suis ainsi pas allé aussi loin que l'a fait le majorité du *Groupe de travail Assistance au décès*. Le large emploi de verbes au conditionnel et d'adverbes qui laissent ouvertes toutes les possibilités n'ont pas empêché d'accuser le rapporteur d'être un apôtre de la mort et de vouloir en fait réintroduire la peine de mort. Que certains milieux ultraconservateurs ne veuillent même pas entendre parler de tels sujets n'est guère étonnant. Plus surprenante et plus inquiétante est la réaction de certains milieux religieux et d'organes de presse qui vantent une réputation de sérieux et d'objectivité. En lisant leurs prises de position et leurs comptes-rendus, on est en droit de douter qu'ils aient lu le rapport. Leur attitude exprime en fait une position dogmatique, un refus catégorique de même seulement discuter du problème et d'envisager, même pour un instant, qu'un individu conscient et responsable puisse choisir la façon de mettre un terme à sa propre vie. L'Assemblée parlementaire a tenu un premier débat, sans vote, au printemps 2004. On a assisté à une discussion assez houleuse avec un véritable affrontement entre les deux camps.[1]

Le sujet est certes très difficile, il touche aux valeurs les plus profondes et il n'est dès lors pas surprenant qu'il soulève autant d'émotions. Malgré toutes ces difficultés, je pense que les opinions sont en train de lentement changer et que l'on est de plus en plus disposé à tenir compte de la volonté du mourant. Même la France, jusqu'à présent très réticente sur ce sujet, ébranlée par l'affaire de Vincent Humbert, semble vouloir affronter le thème. Un groupe de travail du Parlement français propose, dans un volumineux rapport, de modifier la loi Kouchner, non pas pour considérer l'euthanasie active directe, mais pour mieux considérer la volonté du patient en fin de vie, protéger les médecins du risque judiciaire en cas de non-acharnement thérapeutique et pour l'autoriser ainsi à «laisser mourir» en suspendant, par exemple, un traitement qui ne permet que la survie du malade.[2] J'ai à peine besoin de rappeler les récentes directives de l'ASSM en matière de prise en charge des patients en fin de vie: on manifeste une certaine

1 Le débat a été par la suite repris sur la base d'une nouvelle recommandation concernant l'*Accompagnement des malades en fin de vie* (*http://assembly.coe.int/Mainf.asp?link=http://assembly.coe.int/Documents/WorkingDocs/Doc05/FDOC10455.htm*). Approuvé par la Commission des questions sociales, le texte a fait à nouveau l'objet d'un débat houleux lors de la session d'avril 2005 de l'Assemblée parlementaire. Au hasard de votations successives des amendements tout à fait contradictoires ayant été adoptés qui ont dénaturé le texte ce qui m'a induit moi-même, comme rapporteur, à demander de voter contre le projet de résolution *(http://assembly.coe.int/Mainf.asp?link=http://assembly.coe.int/Documents/Records/2005-2/F/0504271000F.htm#Index).*

2 Le Parlement français a, entre temps, adopté la nouvelle loi.

compréhension pour l'assistance au suicide, même si on rappelle que cela ne fait pas partie de l'activité médicale à proprement parler. Tout en établissant des conditions bien définies, on s'en remet finalement à la responsabilité du médecin. Je ne pense pas qu'une telle évolution exprime une moindre importance que l'on attribue à la vie. Le contraire est vraisemblablement vrai, même s'il faut être vigilant envers tout danger de dérives possibles.

À mon avis, cette évolution doit être mise sous le signe de la tutelle de la dignité de la personne et du renforcement des droits du patient. On parle souvent de *zone grise* pour ce qui est de la période de la fin de vie. J'ai déjà cité à ce propos l'étude publiée par *The Lancet*. Il est incontestable que le malade se trouve, en cette phase particulière, en une position de grande faiblesse. Il est indispensable de lui reconnaître et de régler formellement ses droits. Notamment celui d'être informé, d'une façon compréhensible et exhaustive, s'il le désire, sur sa maladie ainsi que sur les chances et les risques des traitements possibles. Il convient de lui reconnaître le droit de demander l'avis d'un autre médecin et même de refuser tout traitement. En ce sens on ne peut que saluer les nouvelles directives citées de l'ASSM. De même, il apparaît souhaitable disposer d'un monitoring très précis de toutes les décisions prises au cours de cette phase, facilement accessible, si nécessaire, aux proches du malade ou aux personnes qu'il a mandaté par avance à cet effet. À travers la plus grande transparence possible, je pense qu'il est possible de dissiper, du moins en partie, les craintes et les angoisses que pourrait susciter une ouverture à certaines formes d'euthanasie. En fait, la terminologie en ce domaine est particulièrement malheureuse. Euthanasie rappelle par trop le langage et l'usage vétérinaires. Le *Groupe de travail Assistance au décès* s'appelait en italien *Gruppo di lavoro Eutanasia*, ce qui n'est pas vraiment une traduction que l'on peut définir très fidèle, alors qu'en allemand, on parle de *Sterbehilfe*, expression certainement moins malheureuse, mais un peu ambiguë et peu précise, puisqu'elle peut couvrir à la fois la notion d'euthanasie et d'assistance au suicide.

J'ai mentionné, tout à l'heure, le tourisme lié au problème de l'assistance au suicide et à l'activité d'organisations qui ont justement pour but d'aider les personnes, qui le veulent, à mourir. Je dois dire que, aussi bien en ma qualité de président de Suisse Tourisme et de citoyen de ce pays, ce phénomène m'inquiète. Il nuit certainement à l'image de la Suisse (comme si le secret bancaire ne suffisait pas!) et il ne sert pas la cause défendue par les organisations citées. L'année dernière un député britannique a interpellé le gouvernement de M. Blair pour qu'il intervienne à la suite d'un suicide assisté d'un couple anglais qui a eu lieu en Suisse. Faut-il légiférer en la matière? Ma première réaction est oui. Mais, en y réfléchissant, je me demande si cela est vraiment souhaitable maintenant et si cela est même vraiment faisable. Pour le faire il faudrait bien définir le suicide, préciser quand une demande d'assistance peut être considérée sérieuse. Surtout, si on veut empêcher ces formes particulières de tourisme, il faudrait indiquer qui et à quelles conditions peut être aidé. Vraisemblablement il faudrait préciser comment et quelles limites doit respecter celui qui va aider au suicide. Enfin, il est bien probable qu'on devrait prévoir une surveillance, sinon un régime d'autorisation, pour les organisations d'aide au suicide. Franchement, je vois mal le Parlement légiférer sur ces sujets. Je ne pense pas que le rejet de l'initiative Vallender signifie tout simplement que l'on voulait réaffirmer le droit actuel et la non-punissabilité de l'assistance au suicide. Je suis au contraire de l'avis que ce vote massif de non entrée en matière signifiait plutôt une volonté non déclarée de ne pas affronter un thème qui a trait aux modalités de donner ou aider à donner la mort. Légiférer, pour beaucoup, voudrait dire, en quelque sorte, banaliser et «burocratiser» un acte qui devrait conserver un caractère d'exceptionnalité. Il est vrai, cependant, que des abus et des dérives sont possibles. Chaque décès en de telles circonstances doit faire l'objet d'une enquête: c'est dire que les autorités de poursuite exerceront en tout cas une fonction de surveillance et d'alarme en cas d'abus. Beaucoup dépendra donc de l'attitude des organisations d'aide au suicide et de leur sens de responsabilité. Le débat doit continuer et je suis persuadé que le moment viendra où la société sera à même d'affronter plus sereinement ces problèmes et qu'il sera possible de fixer des règles claires et rigoureuses, comme l'ont fait par exemple les néerlandais et les belges pour l'euthanasie. Je persiste à croire que la clarté des normes et la transparence sont les meilleures garanties pour la protection des droits et de la dignité de l'homme. J'estime également qu'on n'est pas assez actifs sur le plan de la prévention du suicide.

Dans ce débat la Commission nationale d'éthique a bien évidemment un rôle fondamental. Certes, elle ne doit pas se substituer au législateur, ni le législateur doit lui déléguer des problèmes qu'il ne veut pas résoudre. En ce domaine des limites de la vie, la Commission d'éthique, comme l'Académie Suisse des Sciences Médicales, ont pour mission de proposer des réflexions et de suggérer des modalités de mise en œuvre des valeurs fondamentales de notre société. Le dialogue avec la politique est par contre nécessaire, je dirais même vital.

Chapitre 28

Assistance au suicide dans des situations médicalisées – Enseignements d'un symposium

Jean Martin

Le symposium des 17 et 18 septembre 2004 de Zurich a permis, à l'occasion de l'examen des thèses proposées par la Commission nationale d'éthique pour la médecine humaine (CNE), de faire le point sur la problématique de l'assistance au suicide en Suisse, dans ses dimensions philosophiques et éthiques aussi bien que juridiques et pratiques. Il s'est agi essentiellement d'examiner l'aide au suicide dans des situations qu'on peut dire médicalisées – où sont impliqués des professionnels et institutions de santé (cf. Martin 2004).

Rappelons à cet égard la teneur de l'art. 115 du Code pénal suisse (CPS), entré en vigueur en 1943:

> *Incitation et assistance au suicide:* Celui qui, poussé par un mobile égoïste, aura incité une personne au suicide, ou lui aura prêté assistance en vue du suicide, sera, si le suicide a été consommé ou tenté, puni de la réclusion pour cinq ans au plus ou de l'emprisonnement.

Cet article, discuté déjà au début du 20ème siècle, n'envisageait pas à l'époque des contextes médico-sanitaires. On pensait plutôt, par exemple, au cas de perte de l'honneur qui poussait à se tuer, parlant alors de «dernier service d'ami – ou à un ami» *(letzter Freundesdienst).* Un argument de principe évoqué était que, dans la mesure où le suicide lui-même n'est pas punissable, on ne saurait punir l'aide désintéressée apportée à un tel acte.

Un premier enseignement: il se justifie en Suisse, pratiquement, de distinguer la discussion de l'assistance au suicide de celle de l'euthanasie active directe

Dans nos sociétés, le fait qu'il n'y ait pas lieu de punir les suicidants est aujourd'hui unanimement reconnu. On peut parler d'un droit à l'intention de se suicider et à la réalisation de cette intention; étant souligné qu'il s'agit d'un *droit-liberté* et que personne ne saurait requérir de la part d'autres, notamment des pouvoirs publics, qu'ils mettent à sa disposition les moyens de le faire. Il s'agit de la traduction de ce que, sous réserve d'actes illicites, l'Etat n'a pas à interférer dans la manière dont un individu doué de discernement gère son existence. Déduction de ce que la Constitution des Etats-Unis appelle le *right to be left alone* (le droit d'être laissé tranquille). Dans ce sens, l'Etat n'a pas non plus à porter un jugement moral sur le suicidant.

Par contre, l'euthanasie, même à titre compassionnel (ce que le Code pénal suisse appelle, à son article 114, le meurtre sur la demande de la victime), pose la question du tabou du meurtre. Pour le moins, il est délicat d'enfreindre ce tabou. Ce qui amène la CNE à estimer que, en Suisse, il est approprié de concentrer sur l'assistance au suicide les réflexions et élaborations *à visée pratique:* en précisant, pour les situations dites médicalisées, les conditions acceptables et les garde-fous (surveillance) à envisager. Tout en laissant à une phase distincte – ultérieure – le débat sur l'euthanasie active directe. Ceci au vu de la complexité inéluctable du processus politique et de l'adoption de textes législatifs, particulièrement en ces matières.

Ce qui nous met dans une situation particulière, différente de celle des Pays-Bas ou de la Belgique qui disposent aujourd'hui de lois autorisant l'euthanasie active dans certaines circonstances. En effet, ces pays ne connaissaient pas auparavant la disposition fondamentalement ouverte, s'agissant d'aide au suicide, que représente l'art. 115 CPS[1]. Dans sa simplicité, cet article 115 est libéral, s'appliquant à tous ceux qui sont en Suisse (c'est important dans la discussion du «tourisme de la mort» – cf. infra).

Il est reconnu que la limite entre assistance au suicide et euthanasie est parfois floue, sujette à discussion, tant dans ses aspects éthiques que pratiques. Est citée la situation du tétraplégique qui ne serait absolument pas en mesure d'accomplir lui-même le geste qui administre la dose létale de barbiturique.[2] Il paraît toutefois judicieux de reconnaître qu'il y a une intuition morale centrale, chez l'être humain, selon la-

1 A ce propos, rappelons qu'il n'est pas contesté que, aujourd'hui et depuis longtemps, il arrive que le médecin – voire un autre soignant – réalise hors du cadre légal un geste qui donne la mort au patient. Plusieurs études tendent à montrer qu'un tel geste n'est *pas exceptionnel*, y compris dans des pays dont la législation l'interdit formellement. Il convient de l'enregistrer. Un tel geste euthanasique devrait à notre sens garder le caractère d'une transgression, au sens par exemple de «l'exception d'euthanasie» dont a parlé le Comité consultatif national d'éthique français.

2 On n'exige pas que la personne suicidante soit en mesure de porter un verre à sa bouche et d'avaler une certaine quantité de liquide. Si elle est en mesure d'activer le mécanisme qui permet à une perfusion de se mettre en route (actionner un levier, une ailette), tout en gardant la possibilité de demander à tout moment que la perfusion soit interrompue, on admet qu'une telle modalité implique une détermination adéquate. Cela étant, il restera toujours des situations où le patient – capable de discernement – se verra nier la possibilité de mettre un terme à ses jours, parce qu'il n'est absolument pas capable de faire lui-même un geste déclenchant, aussi modeste celui-ci soit-il. On peut ici parler il est vrai d'une inégalité de traitement. C'est regrettable, mais de telles éventualités sont exceptionnelles.

quelle ce n'est pas à autrui de mettre un terme à la vie de son prochain, et qu'il importe que cette intuition/inhibition ne soit pas négligée.

Précisons que ce qui précède est indépendant de l'avis qu'on peut avoir sur le fond vis-à-vis d'une possible légalisation, sous conditions strictes, de l'euthanasie active directe. Il est dit simplement que la clarification d'un certain nombre d'éléments, en rapport avec l'application de l'art. 115 CPS dans des contextes médicalisés, est une première tâche tout à fait utile.

L'assistance au suicide est-elle une activité légitime du médecin ou d'autres soignants?

Sur ce sujet délicat, les échanges lors du symposium de Zurich appellent plusieurs remarques. D'abord, un point doit être parfaitement clair: la *distinction à faire* entre une détermination sur le caractère potentiellement acceptable d'une action particulière par un soignant – si en son âme et conscience il/elle le juge approprié –, et une hypothétique obligation du soignant de fournir la prestation en question.

Dans tous les cas, à supposer qu'on admette que l'accompagnement au suicide peut être légitimement assumé par un professionnel de la santé, il n'est pas question de dire que ce professionnel serait tenu d'accorder cet accompagnement, même sur demande du malade. La *clause de conscience* est ici, bien entendu, applicable, comme elle l'est dans la réalisation d'autres actes qui soulèvent des problèmes éthiques; par exemple l'interruption de grossesse (IG) ou la procréation médicalement assistée.[3]

3 Un aspect particulier étant toutefois le suivant: dans des communautés qui comme la Suisse ont adopté une législation de type «régime du délai» en matière d'IG, on peut dire que les pouvoirs publics – mais aussi les corps professionnels – ont un devoir de faire en sorte que les patientes qui demandent une IG ne soient pas confrontées à l'impossibilité pratique de l'obtenir. Si par hypothèse tous les professionnels compétents d'une grande région alléguaient la clause de conscience en la matière, cela créerait une situation de tension vis-à-vis de l'égalité de traitement devant la loi que garantissent nos régimes constitutionnels. Situation dont les pouvoirs publics seraient tenus de se préoccuper. Elle poserait la question de la désobéissance civile d'un corps professionnel à l'endroit d'une loi voulue par la majorité de la population.

Deuxième précision: il est clair que la médecine et la santé publique ont parmi leurs missions, autant que possible, de faire œuvre de prévention du suicide. Quand bien même ce dernier n'est pas punissable, c'est un problème auquel le système de santé, les professionnels en son sein et les décideurs doivent consacrer des ressources humaines et matérielles, et qu'il faut étudier plus avant par la recherche scientifique.

Cela étant, comment nier qu'il y a des différences significatives entre le geste suicidaire de l'individu jeune ou adulte qui a potentiellement devant lui, physiquement, personnellement, professionnellement, au plan social et de son entourage, un avenir statistiquement long et qualitativement prometteur (malgré les difficultés qui peuvent assombrir ponctuellement sa situation), et l'envie de voir sa vie se terminer d'une personne – très – âgée et malade; d'une personne qui a bénéficié de l'essentiel des potentialités de l'existence et pour qui le futur est fait de grande dépendance, de douleur et souvent de perte des repères relationnels et de solitude? Hors de positions idéologiques – qu'on garde le droit d'avoir –, comment refuser que la détermination d'aller alors vers un «suicide-bilan» peut être rationnelle, et compréhensible? Qui serait mieux placé pour en décider? Quelle autre personne ou instance serait-elle légitimée à s'opposer à l'autonomie de ce patient – capable de discernement – et à vouloir faire son bonheur («faire sa vie») contre son gré?

Il est inapproprié aussi de rejeter les défis que lance à l'Homme, depuis toujours, le mystère de la mort et le processus du mourir. S'agissant d'établissements dans lesquels la moyenne d'âge des résidents est supérieure à 80 ou 85 ans, il est logique et même nécessaire, si on est ainsi sollicité, d'accepter de discuter la problématique du décès. Refuser d'entrer en matière vis-à-vis de patients qui parlent de leur mort – ou de celle des autres –, voire expriment le souhait de la voir survenir, *n'est pas répondre aux préoccupations de ces personnes ni leur montrer du respect.*

Dans notre activité de médecin officiel, interrogé sur des souhaits de suicide de patients hébergés en établissement médico-social (EMS – maison pour personnes âgées dépendantes), nous avons entendu des commentaires tels que:

> Nous, de l'équipe soignante, voyons que cette personne a raison quand elle dit qu'elle se dégrade physiquement et intellectuellement, et réalisons avec elle

que la suite va être de plus en plus lourde et difficile; dans ces conditions, nous préférerions être à ses côtés lorsqu'elle absorbe un médicament létal, plutôt que de la laisser seule en chambre avec son problème et son geste ultime.

Une telle attitude méprise-t-elle les principes fondamentaux de déontologie professionnelle? Accepter cette décision du malade est-il totalement étranger à la phrase d'Ambroise Paré «Guérir parfois, soulager souvent, consoler toujours»? Il est pour le moins défendable de dire que, dans certaines circonstances, accompagner un suicide est une façon de soulager.

C'est dans un tel sens que l'Académie suisse des sciences médicales (ASSM), tout en refusant l'euthanasie active, a déclaré – contrairement à sa position antérieure:

> L'ASSM considère aujourd'hui que, dans certains cas, l'assistance au suicide peut être considérée comme faisant partie de l'activité du médecin: un soutien compétent et compréhensif sur la voie vers le dernier grand pas de la vie à la mort. Ce pas, le mourant ne le délègue pas au médecin, mais l'effectue lui-même selon son libre choix. (ASSM 2002)

La Commission cantonale neuchâteloise d'éthique avait une orientation comparable dans une prise de position de décembre 2001:

> L'éthique impose toutefois aux soignants de ne pas rejeter un patient qui défend une position contraire à la leur. Dans ce sens, l'idée qu'un patient soit renvoyé d'une institution et 'prié d'aller se suicider ailleurs' n'est pas tolérable. Les désaccords doivent être abordés et discutés de manière à favoriser les solutions les plus humaines possibles et à respecter la volonté du patient[4].

Il y a à cet égard des différences d'appréciation. Lors du symposium de Zurich, de telles différences ont été évidentes parmi les participants, y compris en termes de sensibilités «nationales». Entre autres par la référence à la teneur du serment d'Hippocrate tel qu'il nous est parvenu. La prohibition de causer la mort apparaît dans ce serment. On doit relever toutefois qu'il a été rédigé à une époque où l'espérance de vie d'une personne très affaiblie ou gravement handicapée était de toute

4 Dans la même perspective, une formule qui pourra surprendre en fonction d'une conception traditionnelle des déontologies, mais qui doit être attentivement considérée: «Dans la relation de soins, la religion/morale qui compte, c'est celle du patient plutôt que celle du professionnel».

manière très courte; de plus, l'autonomie de l'individu malade n'avait pas du tout à l'époque la place première qu'elle a aujourd'hui (elle est *absente* du serment d'Hippocrate). La prohibition en question pouvait être liée à l'éventualité de participer à un empoisonnement, comme il est aujourd'hui demandé que les médecins n'apportent pas leur collaboration en cas de torture ou d'exécution – même là où cette dernière est légale. Enfin, dans le suicide assisté, répétons que la détermination de fond et le geste concret sont le fait du patient lui-même.

Si dans son esprit le serment d'Hippocrate est d'importance pour la médecine occidentale, on peut rappeler aussi que certaines de ses dispositions ont été écartées sans grands débats (telles que l'interdiction de l'opération des calculs vésicaux ou de la prescription de moyens contraceptifs – et Hippocrate commande d'abandonner le patient incurable!). Ainsi, si ce document mérite le respect, historiquement, cela n'entraîne pas qu'il ne puisse être adapté à des conditions médicales, épidémiologiques, de santé publique, et relatives aux droits fondamentaux reconnus à chacun, très différentes de celles de l'Antiquité grecque. Notons encore que, en Suisse, ce serment n'a aucun statut officiel.

En réalité, un point fondamental ici est l'attitude des professions de la santé vis-à-vis du changement récent des conceptions de la relation soigné-soignant. L'accent mis depuis une génération sur l'autonomie du patient, notamment sur son droit à l'information et sa libre détermination, n'est pas encore accepté par tous. Certains estiment que l'appartenance à un corps professionnel, héritier d'une tradition millénaire, leur donne le droit de juger ce que les malades font ou ont l'intention de faire. Cependant, l'évolution actuelle paraît claire: les soignants (en utilisant ce terme, nous incluons donc les médecins) réalisent que, pour le moins, le patient est aussi bien placé qu'eux pour apprécier les bénéfices qu'il tire de son existence actuelle, respectivement ses difficultés à la vivre, et que c'est à lui qu'appartient la capacité de décider. Nous reconnaissons par ailleurs qu'un certain paternalisme bienveillant, de la part du professionnel, n'est pas forcément hors de propos, s'il est attentif à préserver l'autonomie du malade. Il n'est bien sûr jamais interdit, au contraire, de conseiller son patient, à condition que ce conseil n'ait pas un caractère autoritaire.

A propos de la dimension déontologique – Le médecin/soignant agit-il comme professionnel strictement ou comme «confrère en humanité»?

En rapport avec le caractère approprié ou non de l'aide au suicide apportée par un professionnel, la Prise de Position nº 9 de la CNE (adoptée en avril 2005) mérite l'attention. Extraits: «Les médecins ainsi que le personnel soignant font face à un conflit d'éthique professionnelle, du fait que leurs professions impliquent un engagement pour la vie et non pour la mort». La même recommandation poursuit toutefois en disant «Les professionnels de la santé ne doivent encourir aucune désapprobation morale ni aucune sanction professionnelle du fait de leur détermination, en conscience, en faveur ou contre l'assistance au suicide».

Il importe donc de relever comment, dans la mesure où elle est adoptée en son âme et conscience, la décision du professionnel de participer – ou pas – à un accompagnement au suicide ne saurait être sanctionnée ni au plan moral, ni au plan corporatif ou administratif.

A relever à ce propos ce qu'a dit à Zurich le Prof. S. Beloucif, membre du Comité consultatif national français d'éthique: «Comme médecin, je ne pourrais pas participer à une euthanasie ou une assistance au suicide; mais comme être humain, il se peut que j'accepte de pratiquer une euthanasie, sur leur demande, vis-à-vis de ma mère, de mon épouse, de mon enfant». Une telle position illustre la complexité de la situation; complexité engendrée par la tension entre, notamment, une déontologie historique et l'évolution des attitudes dans une société donnée.

Dans une optique comparable, Alex Mauron a écrit, «Face à une telle demande – d'assistance au suicide –, le médecin et son patient sont d'abord renvoyés à leur commune humanité plutôt qu'à des rôles sociaux pré-déterminés» (Mauron 1997). On pourrait sur une telle base alléguer que le médecin/soignant qui, dans le cadre ouvert par l'art. 115 CPS, apporte une aide aux patients souhaitant mettre un terme à leur vie – douloureuse et lourde à porter – ne le fait pas forcément en tant que professionnel de santé. Cependant, cela ressemble à une échappatoire: l'expérience quotidienne tend à montrer que, même si et quand celui-ci entend agir en tant que simple personne, le public n'oublie pas qu'il est *aussi* professionnel de santé. Il nous paraît que l'idée de vouloir établir une distinction entre ce qu'un individu fait en tant que médecin, ou infirmière, et ce qu'il fait – *dans un contexte médico-sanitaire* – comme être humain au sens large, aurait des implications fort délicates, pratiquement, éthiquement, socialement. Le médecin, par exemple, ne peut guère renoncer complètement à sa qualité professionnelle; quoiqu'il en dise il reste médecin, bénéficiant d'une autorisation officielle de pratiquer, et reste susceptible d'être interpellé au plan déontologique ou disciplinaire.

«Tourisme du suicide/de la mort»

Notamment parce qu'on était à Zurich, où des organisations offrent une aide au suicide à des personnes en provenance de l'étranger, se posait la question de savoir si, *du point de vue éthique*, il peut se justifier d'avoir une attitude différente pour les résidents suisses, d'une part, et des personnes venant d'ailleurs, des «touristes», d'autre part. Un procureur du canton de Zurich a dit comment la situation actuelle lui paraissait insatisfaisante (cf. la contribution de A. Brunner dans ce volume). Or, les travaux du symposium, comme ceux sur le même sujet de la CNE, n'ont pas permis de dégager des critères proprement éthiques qui accréditeraient une différence de traitement. Quant au principe, un étranger de passage bénéficie des mêmes droits et garanties constitutionnelles que le résident du pays.

L'offre de suicide assisté à Zurich a attiré l'attention, y compris de la part des médias au niveau international, ce qui déplaît pour des raisons qu'on peut comprendre aux autorités et à divers groupes de la ville et du canton. Cela étant, on peut chercher à légitimer des mesures de restriction au vu de *considérations générales d'ordre public* (y compris s'agissant de l'image de Zurich à l'extérieur...). A discuter. Mais il apparaît bien qu'on ne saurait utiliser l'éthique comme prétexte pour mettre en œuvre une réglementation restrictive dont les conséquences seraient de dénier à certains la possibilité de faire, en Suisse, ce que les Suisses eux ont le droit de faire.

La différence importante, s'agissant de possibles atteintes à l'ordre public, c'est que des décisions ou recommandations y relatives seront du registre de l'autorité politique et administrative, mais pas du registre d'instances éthiques.

Un aspect doit cependant être considéré: il est légitime de vouloir s'assurer, s'agissant d'étrangers venant en Suisse avec l'objectif d'y mettre fin à leurs jours, qu'*ils se trouvent dans une situation correspondant à ce que l'on demande* pour juger acceptable une assistance *médicalisée* au suicide apportée à un résident du pays. Sans préjudice à ce qui est dit plus haut, des précautions sont souhaitables. Dans sa recommandation 5 (Prise de Position n° 9/2005), la CNE dit:

> L'art. 115 CPS protège de facto l'autodétermination de la personne qui prête assistance à un suicidant. Cette position fondamentalement libérale ne doit pas être remise en question [...] Avec les organisations d'assistance au suicide, il ne s'agit plus de l'aide fournie par un proche à l'une de ses relations, mais d'une offre générale émise par un groupe de personnes s'adressant à d'autres qui leur sont étrangères. La nature de leur mission peut inciter de telles organisations à faire du seul respect de l'autonomie du suicidant la ligne de conduite de leur activité, au détriment de l'autre pôle du champ de tension – l'assistance à personne en danger.

Il est donc logique de demander que des personnes en provenance de l'étranger produisent un dossier médical convaincant, et de s'assurer que leur détermination de mourir est réitérée et constante sur une certaine période.

Que tirer du symposium de Zurich quant au besoin de légiférer ou réglementer?

Alors que l'article 115 CPS pose un cadre général s'appliquant à chacun, il s'agit de savoir s'il est nécessaire de prévoir des contraintes particulières, cadrantes, pour les professionnels de santé et les situations dites médicalisées. Au plan du principe, il peut paraître discutable d'imposer à certaines personnes (les soignants) des conditions qui ne sont pas exigibles de Monsieur et Madame Tout le Monde – ce qui est possible pour le simple citoyen ne devrait-il pas l'être aussi pour le praticien agissant en son âme et conscience? Toutefois, au sein de la CNE comme parmi les participants de Zurich, l'opinion majoritaire est que l'élaboration de recommandations est souhaitable. Prévoir des normes particulières pour ces professions se justifie, notamment, dans la mesure où la relation thérapeutique inclut toujours une part de dépendance. Et qu'il faut donc rester conscient des potentiels d'influence – le cas échéant critiquable – que comporte la relation soignant-soigné; on se souvient bien sûr que le CPS exclut de la non-punissabilité les motifs égoïstes, mais aussi que les rapports de soins sont caractérisés pas leur confidentialité et que, par conséquent, la démonstration d'éventuelles manoeuvres «intéressées» est rendue plus difficile.

Au plan du rang juridique des dispositions à élaborer, la CNE est de l'avis qu'il ne convient pas d'envisager de modification, respectivement de complément, de l'article 115 CPS – au plan légal donc (sous réserve de la question d'une réglementation de l'activité des *organisations* d'assistance au suicide – voir recommandation 5 dans la Prise de Position n° 9/2005 de la CNE). L'opinion générale émanant du symposium de Zurich est comparable. On peut penser que le débat politique sur une telle complémentation se perdrait dans la complexité des situations particulières qui peuvent être vécues.

Il conviendrait plutôt de prévoir, par des recommandations de nature éthique et pratique, une *application régulée/codifiée dudit article quand des professionnels médico-sanitaires sont impliqués*. Il est clair qu'on souhaite être certain que des soignants ne vont pas apporter une aide au suicide au jeune homme ou à la jeune femme déprimé(e) parce qu'il/elle a raté ses examens ou souffre d'un chagrin d'amour… ou à telle autre personne présentant un problème de santé sérieux, mais transitoire, dont on peut penser qu'elle se remettra. Une aide au suicide par un soignant ne peut se justifier que dans des situations où l'existence de la personne est marquée par une difficulté à vivre majeure – douleur, absence d'espoir d'amélioration, issue funeste à court terme.

Devront être discutées, de plus, les situations de péjoration majeure – gravissime – de la qualité de (sur)vie, alors même que le pronostic vital n'est pas immédiatement menacé. Les avis divergent sur ce dernier point, encore que la tendance semble être de ne pas exclure dans ces cas la possibilité d'un suicide assisté. Etant rappelé que le malade doit être complètement informé et jouir de la capacité de discernement.

Convient-il d'élaborer des dispositions détaillées, avec un catalogue de caractéristiques – qui, de toute manière, peineront à prévoir toutes les situations envisageables? Peut-on se reposer sur une éthique médico-soignante globale? La recommandation 4 de la CNE d'avril 2005 insiste sur le fait qu'une décision d'aide au suicide est toujours liée à une situation personnelle et particulière, et à l'examen approfondi de celle-ci. La CNE demande donc d'inclure ces aspects dans l'enseignement dont bénéficient les professionnels de santé. Ces derniers sont confrontés de plus en plus souvent à des enjeux médico-éthiques difficiles de vie et de mort de leurs patients, dans d'autres registres aussi, et ils doivent bénéficier d'apports suffisants en la matière, *dès leur formation de base.*

Une remarque encore: s'agissant du respect de conditions prescrites, est évoquée la notion de *contrôle de qualité*. Si le terme paraît surprenant s'agissant d'accompagnement au suicide, c'est toutefois dans cette direction qu'on s'oriente: dans le sens du devoir de diligence, préciser les garanties dont doivent s'entourer les professionnels avant de décider d'accompagner un suicide, rendre attentif aux risques de pratiques discutables (par exemple pressions extérieures sur le patient, dans un sens ou dans l'autre). Toutefois, les dispositions à élaborer ne devraient pas être un carcan, le cas échéant indûment perfectionniste et bureaucratique, avec pour conséquence une restriction de l'autonomie du patient. Il conviendra d'y être attentif.

Une réglementation cautionnerait-elle la pratique de l'assistance médicalisée au suicide?

Un point doit être encore considéré: une réglementation détaillée donnerait-elle au suicide assisté une sorte de légitimité? Si les pouvoirs publics ou des instances mandatées par eux émettent des textes à ce propos, pensera-t-on dans le public qu'ils en cautionnent formellement la pratique? Alors que l'unanimité se fait pour dire que, même si elle est non punissable, il n'est pas question d'en faire la promotion? Quid du risque d'en faire un acte «normal», de routine? C'est là une possible évolution que les professionnels de santé et leurs associations, les juristes et tous ceux qui se préoccupent d'éthique des soins – au plan individuel comme social – devront suivre.

Références

Académie suisse des sciences médicales (ASSM) (2002). Communiqué in Schweizerische Ärztezeitung/Bull. méd. suisses 83: 48.

Commission nationale d'éthique pour la médicine humaine (CNE) (2005): «L'assistance au suicide». Prise de Position n° 9. Berne.

Martin, J. (2004). Modern medicine and assistance to suicide in Switzerland (Symposium Report). EACME Newsletter (European Association of Centres of Medical Ethics, Maastricht, NL), 12: 10–12.

Mauron, A. (1997). In Barrelet L. et coll. Assistance au suicide. Méd Hyg 55: 618.

Chapitre 29

Synthèse du point de vue de la CNE

Alex Mauron

1. Introduction: Un droit-liberté de tradition ancienne

Le compte-rendu qu'on va lire n'est pas neutre: c'est en somme celui d'un observateur – participant qui a sa propre opinion. Il cherche néanmoins à dessiner les grandes lignes des éléments du débat au sein de la CNE. Cette présentation commencera par les points d'accord, non par un quelconque souci d'irénisme, mais parce que nos divergences n'ont de sens sur l'arrière-fond d'accords qu'elles présupposent. De plus, il

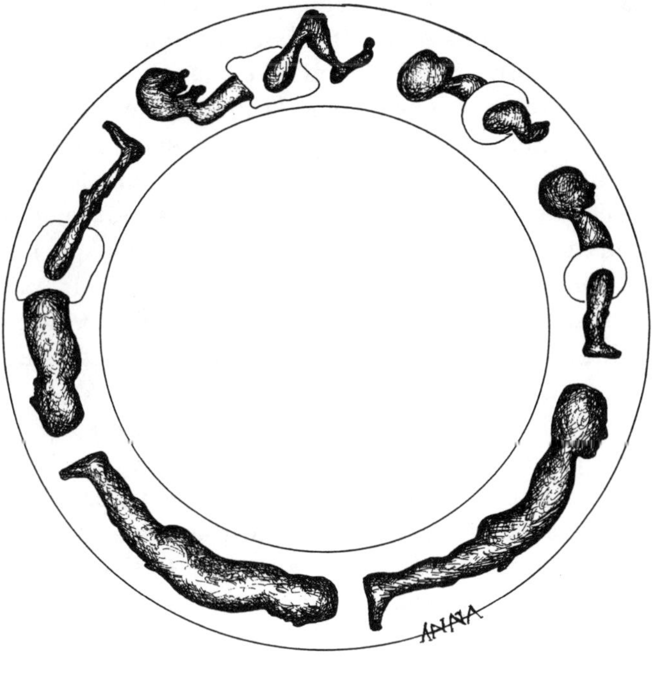

ne s'agit pas ici de récapituler les thèses de la CNE, détaillées dans des documents officiels, mais à présenter les enjeux essentiels du débat en les situant par rapport aux discussions bioéthiques internationales.

Pour la Commission nationale d'éthique en médecine humaine (CNE), la question de l'assistance au suicide représente un chantier majeur, et à bien des égards différent des autres. En effet, lorsque la CNE est amenée à s'exprimer sur des thèmes tels que la recherche sur les cellules-souches embryonnaires, l'interruption de grossesse ou encore le don d'organes entre vifs, elle y apporte certes quelques spécificités helvétiques, mais ces sujets sont en réalité incontournables, et impliquent des dilemmes similaires dans de nombreux pays. Il n'en va pas de même pour l'assistance au suicide, car cette pratique se déploie en Suisse sur un arrière-fond historique et juridique presque unique au monde. Selon l'article 115 du code pénal suisse:

> Celui qui, poussé par un mobile égoïste, aura incité une personne au suicide, ou lui aura prêté assistance en vue du suicide, sera, si le suicide a été consommé ou tenté, puni de la réclusion pour cinq ans au plus ou de l'emprisonnement.

La doctrine relève que le mobile égoïste est un élément constitutif du délit ainsi incriminé: sans mobile égoïste, il n'y a pas d'assistance au suicide au sens du droit pénal fédéral. C'est là une différence majeure par rapport au droit en vigueur dans la plupart des pays, aussi bien ceux qui se rattachent à la tradition anglo-saxonne du «common law» (qui jusqu'à une époque récente, criminalisait le suicide lui-même) et que ceux qui se rattachent au droit continental. Ainsi, selon une jurisprudence constante, l'art. 115 du Code pénal implique que l'assistance altruiste au suicide n'est pas un délit (CNE 2005: chap. 1.1). Les tentatives, au demeurant peu nombreuses, d'inculper des personnes ayant fourni une aide au suicide altruiste à une personne capable de discernement n'ont jamais abouti.

Autour de l'art. 115 CPS, il y a donc en Suisse une tradition libérale ancienne, à l'existence longtemps discrète, qui n'a guère suscité de controverse jusqu'à une période très récente et qui à l'origine avait peu à voir avec la médecine (Hurst, Mauron 2003). En effet, il faut rappeler que le Code pénal suisse date de 1937 et repose sur des travaux préparatoires remontant au début du 20ème siècle. Impossible donc d'attribuer ce libéralisme suisse à un quelconque effritement postmoderne des valeurs, à la montée en puissance de la revendication d'autonomie des patients, ou aux dilemmes de la fin de vie médicalisée tels qu'ils se jouent dans la société contemporaine. L'histoire des idées qui sous-tend cette singularité helvétique reste à écrire.

Depuis une décennie environ, l'assistance au suicide est sortie de cette pénombre sociale et cela est dû à l'irruption de la médecine dans cette problématique. Ce qui a changé en un siècle, c'est surtout que les professions soignantes sont de plus en plus concernées par l'aide au suicide, pour deux raisons. La première est que la réponse à une maladie grave et jugée insupportable par l'intéressé constitue désormais le motif principal de suicide assisté. A cet égard, le contraste avec les cas paradigmatiques de suicide assisté cités jadis (suicide d'honneur, «amants malheureux») est frappant. La seconde raison est plus terre-à-terre, s'il on ose dire: les professions soignantes ont acquis un monopole relatif des moyens de la mort volontaire non violente. Il s'agit là d'une conséquence d'un contrôle réglementaire bien plus rigoureux qu'autrefois sur la pharmacopée. Il n'est plus question de se procurer un barbiturique sans ordonnance. Enfin, l'aide fournie par un ami au titre de ce que la langue allemande appelle «letzter Freundesdienst», a succédé l'activité d'associations qui sont impliquées dans un nombre croissant de décès et ont acquis une certaine visibilité sociale (Bosshard et al. 2003). Ces groupements offrent par le biais de leurs bénévoles une assistance au suicide, assistance encadrée par une autorégulation qui diffère notablement entre organisations. Ces dernières années, un organisme zurichois d'aide au suicide s'est signalé par une attitude militante étrangère aux groupements plus anciens, et par l'offre de l'aide au suicide à des patients non-résidents en Suisse. Cette évolution s'insère dans un débat public qui a commencé dans les années quatre-vingts et à débouché sur un appel à des formes de contrôle ou de réglementation de ces pratiques (CNE 2005: chap. II.3).

2. Le débat au sein de la CNE: points de convergence

Parmi ces points de consensus, le premier a presque l'air d'une lapalissade: La Commission nationale d'éthique n'est pas une Commission d'éthique nationale. La question du suicide assisté se rattache aux dilemmes immémoriaux de la mort volontaire, dilemmes non résolus au séminaire de philosophie et *a fortiori* encore moins solubles dans un organisme officiel et consultatif. L'idée que notre commission puisse «dire l'éthique» de façon apodictique, comme une sorte de magistère républicain et national, est une notion évidemment incongrue, pour ce sujet comme pour d'autres.

Ceci dit, il est rapidement apparu que la tradition libérale autour de l'assistance au suicide n'était pas fondamentalement remise en question au sein de la CNE, du moins pas d'une façon qui aurait mis à l'ordre du jour l'abrogation de l'art. 115 CPS. De plus, ce consensus porte aussi sur la nature de la liberté implicitement protégée par cette norme juridique. En effet, l'art. 115 protège l'autodétermination de deux personnes: celle qui choisit la mort volontaire et celle qui lui prête assistance. C'est cette tradition libérale qui n'est pas remise en question, ni le droit-liberté *(liberty right)* qu'elle reconnaît implicitement (CNE 2005: chap. III.1).

Par contre, il est clair pour tous qu'un droit-créance *(entitlement right)* à l'assistance au suicide n'existe pas. Un tel droit n'est à vrai dire que rarement revendiqué dans le débat public. Il importe néanmoins d'en noter deux conséquences importantes. Premièrement, personne ne peut être contraint à fournir ou à concourir à une assistance au suicide contre son gré. L'objection de conscience en la matière mérite une protection totale et cela ne prête pas à discussion. Le deuxième point est peut-être plus controversé. Il concerne l'individu qui souhaite une aide au suicide et ne trouve personne pour la lui fournir dans des termes acceptables par les deux interlocuteurs. On peut se demander si une telle personne aurait pu légitimement demander que cette prestation soit «globalement» exigible de la part de la société, quand bien même elle ne saurait être exigée d'une personne en particulier. En d'autres termes, on pourrait poser la question suivante: la personne confrontée à un tel refus a-t-elle subi une injustice, comparable à celle subie par une femme qui n'a pas accès à l'interruption de grossesse car tous les praticiens de la région invoquent l'objection de conscience? Il n'y a pas eu de débat réellement focalisé sur cette question mais mon impression est que la réponse serait négative.

En face des valeurs d'autodétermination protégées par l'art.115, et d'un poids égal, il y a l'impératif de protéger les personnes dont le projet de suicide est l'expression d'une pathologie, ou d'une souffrance passagère, particulièrement lorsqu'elles sont dépendantes ou autrement vulnérables. Il serait incompréhensible que la pratique libérale suisse en vienne à relativiser l'objectif majeur de santé publique qu'est la prévention du suicide en général (CNE 2005: chap. II.1.5). D'ailleurs, l'épidémiologie de ce dernier diffère fondamentalement, tant sur le plan quantitatif que qualitatif, de celle du suicide assisté, ce qui montre que cette position n'est pas incohérente (CNE 2005: chap. II.1.4; Bosshard et al. 2003). Enfin, face au désir de mourir de la personne gravement atteinte dans sa santé, le droit d'accès à des soins palliatifs de qualité est un objectif prioritaire.

L'accès encore largement insuffisant aux soins palliatifs est unanimement reconnu comme un problème grave, même si les conséquences qu'en tirent les membres de la CNE sont parfois divergentes. En effet, pour certains, ceci pourrait être une raison de mettre la problématique du suicide assisté entre parenthèses, tandis que d'autres jugent que les deux questions n'exigent pas une attention qui serait exclusive l'une de l'autre.

On a souvent relevé l'une des spécificités suisses en matière d'assistance au suicide: Celle-ci n'a jamais été envisagée comme une pratique spécifiquement médicale ou soignante, qui ferait exception à une interdiction générale de cette pratique (comme c'est le cas en Oregon, par exemple). C'est dire que l'entrée en matière sur une demande d'assistance au suicide est à considérer comme une décision éminemment personnelle et singulière, qu'elle soit le fait de membres des professions soignantes ou non. Cela renforce encore le caractère de liberté privée en jeu dans ce choix et le malaise que susciterait sa transformation en prestation institutionnelle.

Enfin, et sans méconnaître les implications sociétales de l'assistance au suicide, particulièrement pour les personnes les plus dépendantes et vulnérables, la CNE tient à distance les arguments de type «pente savonneuse», du moins sous leur forme prophétique ou apocalyptique (CNE 2005: chap. II.5.2.3). Même si les conséquences possibles d'un élargissement, voire d'une banalisation de l'assistance au suicide inquiètent fortement certains membres de la CNE, ils ne vont pas jusqu'à invoquer de telles considérations sociales pour invalider complètement cette pratique.

3. Les points de désaccord

Les points controversés concernent essentiellement les mesures de protection des personnes vulnérables, leur étendue et leur légitimation. Ces controverses concernent notamment (CNE 2005: chap. III.4):

1 – les mineurs d'âge
2 – les personnes souffrant de maladies psychiques.
3 – l'assistance au suicide dans des lieux de vie médicalisés et *a fotiori* dans les hôpitaux de soins aigus.

Sur le premier point, la CNE s'est divisée en un avis de majorité, qui renvoie à la doctrine juridique générale des *droits strictement personnels* qu'un mineur peut exercer sans représentation, tandis qu'une minorité de la Commission estime qu'une assistance au suicide auprès de mineurs est exclue. Quant au second point, il a fait l'objet de discussions serrées, mais un consensus a pu se dégager pour exclure l'assistance au suicide des lieux de soins psychiatriques, sans fermer absolument la porte aux situations où des symptômes psychiatriques intermittents accompagneraient une maladie chronique.

C'est surtout sur le troisième point que les discussions de la CNE rencontrent les débats actuels dans nos institutions de santé. Dans un nombre croissant de cantons ou de réseaux de soins, le fait que les associations d'assistance au suicide soient exclues de l'accès aux patients est remis en cause (Conseil municipal de la ville de Zurich 2000). C'est particulièrement le cas dans les institutions de long séjour représentant le seul domicile d'un patient (Chambre de l'éthique de l'Association vaudoise d'EMS 2005). On peut dès lors arguer que le fait d'interdire à ces associations l'accès à un patient désireux de faire appel à elles prive celui-ci d'un droit qu'il pourrait librement exercer dans un domicile ordinaire. La question de l'accès de tels groupements aux lieux de soins aigus est évidemment encore bien plus controversée.

4. Des questions qui restent à débattre

Au sein de la CNE comme dans la société civile, la discussion sur l'assistance au suicide semble osciller entre d'un côté, des prises de position philosophiques contradictoires concernant la mort volontaire et de l'autre, des désaccords sur les pratiques concrètes, leur tolérance et/ou leur réglementation. Ce mouvement de balancier a pour inconvénient de laisser dans l'ombre des questions intermédiaires, rarement débattues comme telles, et qui semblent pourtant essentielles au débat. Quatre d'entre elles seront brièvement évoquées ici:

Le statut de la médicalisation:
Le corps médical suisse est très divisé sur la question de l'assistance au suicide. Par ailleurs, l'Académie suisse des sciences médicales laisse la porte entrouverte à sa pratique par les médecins, dans la dernière version de ses directives (ASSM 2004: §4.1). Il n'en reste pas moins que l'option faisant de l'aide au suicide une pratique médicale ou soignante heurte de front la tradition évoquée ici et qui distingue radicalement le débat suisse de celui des pays anglo-saxons. Pourtant, lorsqu'il est question d'encadrer, de contrôler ou de réglementer cette pratique, la discussion se porte naturellement vers des mesures de professionnalisation, de «contrôle de qualité», qui remettent les soignants au centre de la question. Ainsi donc, la médicalisation est marquée par un certain paradoxe: tout le monde est contre en principe, mais beaucoup défendent malgré tout des mesures qui l'impliquent plus ou moins (en plus, le concept même de médicalisation est loin d'être transparent).

Le statut du discours psychiatrique sur la mort volontaire:
Sous l'Ancien Régime, le suicide était à la fois un péché – une transgression de l'ordre divin – et une «félonie» à l'encontre du monarque.[1] Fille des Lumières, la psychiatrie a soustrait le suicidant à ce jugement politico-moral pour faire de son comportement un symptôme. Mais ce faisant, elle a rendue opaque ce qui jadis était clair: la possibilité même

1 Un jugement important de la Cour Suprême des Etats-Unis fournit en préambule un bon historique de cette doctrine: «By the mid 16th century, the Court at Common Bench could observe that «[suicide] is an Offence against Nature, against God, and against the King». Washington v. Glucksberg, 117 S.Ct. 2258 (1997).

du suicide rationnel. Les recherches sur les liens entre suicide et maladie mentale tendent certes à montrer que la grande majorité des suicides surviennent sur fond de pathologie psychiatrique (CNE 2005: chap. II.1.4 §3). Ces résultats laissent néanmoins subsister trois interrogations. La première porte sur le sous-groupe très minoritaire des suicidants gravement malades qui souhaitent échapper à une fin de vie jugée indigne par eux. Ainsi doit-on se demander si les caractéristiques globales de la «population suicidante» sont pertinentes pour cette minorité. La seconde renvoie à la constitution même du discours psychiatrique sur le suicide, comme indiqué plus haut. Dans quelle mesure la thèse du suicide comme symptôme est-elle un résultat empirique, ou un présupposé inscrit dans l'histoire de cette discipline médicale? La troisième résulte d'un *topos* de plus en plus répandu dans le discours soignant: défendre l'existence du suicide rationnel serait à la fois une erreur et une faute: l'erreur consisterait à n'envisager le suicide que sous l'angle de la raison et de sous-estimer sa dimension émotionnelle et sociale; la faute d'accepter que le suicide soit valorisé comme porte de sortie commode pour les vieux et des improductifs.[2] Du même coup, la possibilité même du suicide rationnel est mise au pilori à un double titre: épistémologique et éthique. C'est une des grandes ironies de l'histoire de la psychiatrie qu'elle en vienne à réintroduire un langage moralisateur dans le champ du suicide après avoir si fortement contribué à lever l'opprobre moral qui pesait traditionnellement sur cet acte.

Ces interrogations n'autorisent évidemment pas à prendre la recherche psychiatrique sur le suicide à la légère, mais elles doivent nous rappeler que ces questions touchent à des zones d'instabilité épistémologique dans la science psychiatrique elle-même.

Le statut des faits sociaux évoqués dans le cadre du débat sur l'assistance au suicide:

Ce débat rejoint d'autres discussions bioéthiques qui visent à délégitimer une pratique controversée au nom de ses «dérives» possibles. Dans le cas du suicide assisté, les dérives typiquement évoquées sont les pressions que subiraient les personnes âgées dépendantes ou «im-

2 Voir p. ex. un article de vulgarisation typique de cette attitude publié sur un site de défense des personnes âgées: http://www.seniorplanet.fr/sp.fr.php?id=8611&action=article&id_cat=343&page=1

productives». Ces personnes seraient plus ou moins fermement poussées vers la sortie et le suicide assisté deviendrait alors un dispositif d'exclusion de plus mis en place par une société productiviste, exclusion radicale et définitive en l'occurrence. Un tel discours n'est pas sans séduction, car il rejoint des inquiétudes largement répandues sur l'évolution de la société capitaliste contemporaine. Cependant, les spéculations sur les dérives du suicide assisté semblent être surtout génératrices de clichés sociologiques, plus que de connaissances avérées. A cela s'ajoutent les difficultés logiques de l'argument de la «pente savonneuse», bien connues des éthiciens (Mauron 1993). Bien entendu, ceci ne doit pas nous aveugler sur les aspects inquiétants de certaines pratiques qui sont bel et bien actuelles et non futuristes. Parmi celles-ci, il y a la radicalisation militante de *certaines* organisations d'aide au suicide, radicalisation qui a suscité des inquiétudes, alimenté un débat de société et donc suscité un appel à un contrôle social de ces activités.

Le statut du concept d'autodétermination:
L'autodétermination, en théorie tout le monde est pour. Pourtant, dans la discussion bioéthique actuelle, l'autodétermination est devenue un objet profondément ambivalent, qui risque d'être désintégré à force d'interprétation. Lorsque l'autodétermination s'exerce dans la situation à la fois extrême et controversée que représente le suicide assisté, elle a tendance à devenir le bouc émissaire de tous les maux supposés de la société contemporaine: individualisme exacerbé, rupture des solidarités naturelles, volonté arrogante de tout contrôler (Pellegrino et al. 1996). Ce discours idéologique finit par étouffer la légitimité de l'autonomie, ceci d'autant plus qu'il converge avec la surdité bienveillante de certains soignants qui, «derrière» la demande de mort assistée (suicide assisté ou euthanasie active) veulent toujours entendre autre chose: un appel au soulagement de la souffrance, à la dignité, au respect et à l'amour de la personne (Cherny 1996). Que cette «transcription» de la demande d'aide à mourir soit souvent justifiée est probable, mais c'est le systématisme de cette interprétation et le sentimentalisme idéologique qui l'accompagne souvent, qui sont problématiques. Ainsi, aujourd'hui, face au choix de la mort volontaire assistée, le déni de l'autodétermination vient moins du paternalisme frontal qui avait cours naguère que de l'*acharnement herméneutique* de certains soignants. Interpréter, surinterpréter, entendre toujours autre chose que ce qui se

donne à entendre, c'est un travers auquel les tenants des soins palliatifs ne résistent pas toujours. Certes, il y a une herméneutique légitime à l'oeuvre dans l'écoute active pratiquée par tout soignant digne de ce nom. Mais elle verse dans l'acharnement dès lors que cette écoute se mue en surdité sélective, refusant d'entendre le projet de mourir dans sa simplicité et étouffant ce message à force de sophistication interprétative.

Les paradoxes de la réglementation:
Comment réglementer une pratique sociale sans, du même coup, paraître lui donner une légitimation supplémentaire? Le consensus qui porte la CNE vers une réglementation des associations d'aide au suicide doit tenir compte de cette réalité, qui rejoint la question suivante: Comment formuler des conditions *nécessaires* sans que celles-ci apparaissent comme *suffisantes* dès lors qu'elles sont satisfaites? Il faudra tenir à distance la notion que la satisfaction d'une liste de critères, au fil d'un *iter* bureaucratique bien balisé, pourrait abolir le caractère moralement difficile de toute aide au suicide. Ce dernier sera toujours «hors-norme» de quelque façon et aucune réglementation, si pertinente soit-elle, ne doit nous aveugler à ce sujet.

5. En guise de conclusion

En dernière analyse, on peut se demander si les controverses au sein de la CNE ne relèvent pas plus de la philosophie politique que de la philosophie morale au sens strict. En effet, nos débats mobilisent des représentations philosophico-politiques hétérogènes. Il s'agit en premier lieu de l'importance plus ou moins grande donnée aux droits-libertés, c'est-à-dire à la protection des citoyens contre les abus de pouvoir paternalistes. Les ambiguïtés de l'autodétermination renvoient à des conceptions divergentes des libertés civiles, plus particulièrement en ce qui concerne le degré de légitimité d'interventions destinées à protéger un citoyen «contre lui-même». D'où une question fondamentale et toujours ouverte: *Jusqu'où peut-on limiter l'autonomie de ceux qui sont autonomes au nom de la protection due à ceux qui ne le sont pas?* Que les personnes en situation de fragilité, en particulier psychique, doivent être protégées contre des pressions, y compris implicites et subtiles, cela est certain. Mais cela n'autorise pas d'abroger les droits-libertés des personnes qui n'ont pas besoin d'une telle protection. Prétendre le contraire impliquerait une «déconstruction» radicale de la notion même d'autodétermination, ou alors de tolérer des exceptions très étendues aux libertés personnelles. En d'autres termes, il est certainement légitime d'imposer des critères d'autonomie décisionnelle en deçà desquels les personnes doivent être protégées «contre elles mêmes», mais ces critères ne sont crédibles que si l'on accepte de ne pas protéger les personnes qui y satisfont.

Enfin, il convient de relever la très grande liberté de ton avec laquelle l'aide à mourir peut être débattue publiquement en Suisse. Cet état de choses contraste avec les tabous ou les anathèmes si fréquents dans le débat international et représente un «Sonderfall Schweiz» qui mérite d'être préservé (peut-être le seul...).

Références

Académie suisse des sciences médicales (ASSM) (2004): Prise en charge des patientes et patients en fin de vie; directives médico-éthiques. http://www.samw.ch/content/Richtlinien/f_RL_Sterbehilfe.pdf.

Bosshard, G./Ulrich, E./Bar, W. (2003): 748 cases of suicide assisted by a Swiss right-to-die organisation. In: Swiss Med Wkly 133(21/22): 310–317.

Chambre de l'éthique de l'Association vaudoise d'EMS (2005): Assistance au suicide en EMS. In: Revue médicale suisse 1: 85–86.

Cherny, N.I. (1996): The problem of inadequately relieved suffering. In: J Soc Issues 52(2): 13–300.

Commission nationale d'éthique pour la médecine humaine (CNE) (2005): L'assistance au suicide. Prise de position no. 9. Berne.

Conseil municipal de la ville de Zurich (2000): Décision du 25.10. http://www3.stzh.ch/internet/gud/home/subanvigation themen/alter/leben_im_alter.ParagraphContainer List.ParagraphContainer0.ParagraphList.0002.File.pdf/strb_251000.pdf

Hurst, S.A./Mauron, A. (2003): Assisted suicide and euthanasia in Switzerland: allowing a role for non-physicians. In: British medical journal 326(7383): 271–273.

Mauron, A. (1993): L'argument de la «pente savonneuse» et le statut des limites en bioéthique. In: Médecine et Hygiène 51: 2330–2333.

Pellegrino, E.D./Thomasma, D.C./Miller, D.G. (1996): The Christian virtues in medical practice. Georgetown University Press, Washington, D.C.

Anhang 1

Bericht über die Anzahl Suizide in den städtischen Spitälern, Pflegezentren und Altersheimen der Stadt Zürich[1]

Die Gemeinderätinnen Silvia Seiz-Gut und Dr. Regula Enderlin Cavigelli verlangten mit einem Postulat vom 8. November 2000, das vom Gemeinderat am 7. Februar 2001 überwiesen wurde, einen periodischen Bericht über die Entwicklung der Anzahl Suizide in den städtischen Spitälern, Pflegezentren und Altersheimen.

In der nachfolgende Tabelle werden die assistierten Suizide, die gewaltsamen Suizide und die übrigen Todesfälle in den städtischen Altersheimen und Pflegezentren sowie in den beiden Stadtspitälern bezogen auf die Jahre 2001 bis 2004 dargestellt. Dabei ist darauf hinzuweisen, dass in den Stadtspitälern die Durchführung von Suiziden mit Hilfe von Sterbehilfeorganisationen untersagt ist. Die Zahlen für die Jahre 2001 und 2002 wurden bereits früher veröffentlicht und im Rahmen des Berichts an den Gemeinderat zum erwähnten Postulat von Silvia Seiz-Gut und Dr. Regula Enderlin-Cavigelli kommentiert. Der Vollständigkeit werden sie hier nochmals aufgeführt.

1 Weitere Informationen: Beim Gesundheits- und Umweltdepartement der Stadt Zürich (info@gud.stzh.ch oder www.gud.stzh.ch).

	Assistierte Suizide in städtischen Altersheimen, Pflegezentren und Spitälern				Gewaltsame Suizide in städtischen Altersheimen, Pflegezentren und Spitälern				Übrige Todesfälle in städtischen Altersheimen, Pflegezentren und Spitälern				*Total Todesfälle*			
	2001	*2002*	*2003*	*2004*	*2001*	*2002*	*2003*	*2004*	*2001*	*2002*	*2003*	*2004*	*2001*	*2002*	*2003*	*2004*
Altersheime der Stadt Zürich	2	3	0	0	2	1	1	1	320	285	265	249	324	289	266	250
Pflegezentren der Stadt Zürich	0	3	2	1	1	1	0	0	670	700	767	675	671	704	769	676
Stadtspital Triemli	0	0	0	0	0	1	1	3	552	537	570	540	552	538	571	543
Stadtspital Waid	0	0	0	0	0	0	0	1	470	438	417	369	470	438	417	370
TOTAL	*2*	*6*	*2*	*1*	*3*	*3*	*2*	*5*	*2012*	*1960*	*2019*	*1833*	*2017*	*1969*	*2023*	*1839*

Die nachfolgenden Bemerkungen beziehen sich nur auf die Jahre 2003 und 2004:

In den vergangenen beiden Jahren waren insgesamt drei Suizide unter Beihilfe einer Sterbehilfeorganisation in den städtischen Altersheimen und Pflegezentren zu verzeichnen, wobei sich diese auf zwei Frauen und einen Mann verteilten. Die Patientinnen und Patienten waren im Zeitpunkt des assistierten Suizids zwischen 76 und 87 Jahre alt. In Bezug auf die örtliche und zeitliche Verteilung der assistierten Suizide liess sich nichts Auffälliges beobachten.

In einem Fall wurde, wie im Stadtratsbeschluss Nr. 1778 vom 25. Oktober 2000 vorgesehen, ein externer Psychiater beigezogen, der die Urteilsfähigkeit der suizidwilligen Person bestätigte.

Keiner suizidwilligen Person musste der gewünschte assistierte Suizid wegen fehlender Urteilsfähigkeit, Druck von Dritten, einer psychischen Erkrankung oder wegen einer nicht adäquaten Behandlung verweigert werden. In keinem Fall hatte die suizidwillige Person noch ein eigenes Zuhause, so dass sie für den Vollzug des Suizids aus dem Altersheim bzw. dem Pflegezentrum hätte gewiesen werden müssen.

In den Alterssiedlungen der Stiftung Alterswohnungen der Stadt Zürich wurde im Jahr 2003 kein assistierter Suizid und im Jahr 2004 ein assistierter Suizid bekannt.

Die vorliegenden Zahlen zeigen, dass der Erlass einer weniger restriktiven Regelung auf den 1. Januar 2001 nicht zu einer Vielzahl von assistierten Suiziden geführt hat.

Anhang 2
Auszug aus der:

Medizinisch-ethische Richtlinien der Schweizerischen Akademie der Medizinischen Wissenschaften (SAMW)[1]

Betreuung von Patientinnen und Patienten am Lebensende

4. Grenzen des ärztlichen Handelns

Die Respektierung des Patientenwillens stösst dann an ihre Grenzen, wenn ein Patient Massnahmen verlangt, die unwirksam oder unzweckmässig sind oder die mit der persönlichen Gewissenshaltung des Arztes, mit der ärztlichen Standesordnung oder dem geltenden Recht nicht vereinbar sind.

4.1 Beihilfe zum Suizid

Gemäss Art. 115 des Strafgesetzbuches ist die Beihilfe zum Suizid straflos, wenn sie ohne selbstsüchtige Beweggründe erfolgt. Dies gilt für alle Personen.

Die Rolle des Arztes besteht bei Patienten am Lebensende darin, Symptome zu lindern und den Patienten zu begleiten. Es ist nicht seine Aufgabe, von sich aus Suizidbeihilfe anzubieten, sondern er ist im Gegenteil dazu verpflichtet, allfälligen Suizidwünschen zugrunde liegende Leiden nach Möglichkeit zu lindern.

1 Für die vollständige Richtlinie der SAMW siehe auch www.samw.ch.

Trotzdem kann am Lebensende in einer für den Betroffenen unerträglichen Situation der Wunsch nach Suizidbeihilfe entstehen und dauerhaft bestehen bleiben.

In dieser Grenzsituation kann für den Arzt ein schwer lösbarer Konflikt entstehen. Auf der einen Seite ist die Beihilfe zum Suizid nicht Teil der ärztlichen Tätigkeit, weil sie den Zielen der Medizin widerspricht. Auf der anderen Seite ist die Achtung des Patientenwillens grundlegend für die Arzt-Patienten-Beziehung. Diese Dilemmasituation erfordert eine persönliche Gewissensentscheidung des Arztes. Die Entscheidung, im Einzelfall Beihilfe zum Suizid zu leisten, ist als solche zu respektieren. In jedem Fall hat der Arzt das Recht, Suizidbeihilfe abzulehnen. Entschliesst er sich zu einer Beihilfe zum Suizid, trägt er die Verantwortung für die Prüfung der folgenden Voraussetzungen:

- Die Erkrankung des Patienten rechtfertigt die Annahme, dass das Lebensende nahe ist.
- Alternative Möglichkeiten der Hilfestellung wurden erörtert und soweit gewünscht auch eingesetzt.
- Der Patient ist urteilsfähig, sein Wunsch ist wohlerwogen, ohne äusseren Druck entstanden und dauerhaft. Dies wurde von einer unabhängigen Drittperson überprüft, wobei diese nicht zwingend ein Arzt sein muss.

Der letzte Akt der zum Tode führenden Handlung muss in jedem Fall durch den Patienten selbst durchgeführt werden.

4.2 Tötung auf Verlangen

Die Tötung eines Patienten ist vom Arzt auch bei ernsthaftem und eindringlichem Verlangen abzulehnen. Tötung auf Verlangen ist nach Art. 114 Strafgesetzbuch strafbar.

Kommentar

ad 4.1 (Beihilfe zum Suizid)

Im Umgang mit dem Wunsch nach Beihilfe zum Suizid in Pflegeheimen sind zudem die Richtlinien und Empfehlungen zur Behandlung und Betreuung von älteren, pflegebedürftigen Menschen zu beachten.

Vorgesetzte können ihren Mitabeitern die Beihilfe zum Suizid verbieten, diese oder die Mitwirkung dazu aber nicht von ihnen verlangen.

Der Entscheidungsprozess, der zur Suizidbeihilfe oder zu ihrer Ablehnung führt, muss dokumentiert werden.

Ein Todeseintritt nach Beihilfe zum Suizid muss als ein nichtnatürlicher Todesfall den Untersuchungsbehörden zur Abklärung gemeldet werden. Der Arzt, der Beihilfe zum Suizid geleistet hat, darf nicht selber den Totenschein ausfüllen.

Extrait de:

Directives médico-éthiques de l'Académie Suisse des Sciences Médicales (ASSM)[1]

Prise en charge des patientes et patients en fin de vie

4. Limites de l'activité médicale

Le respect de la volonté du patient atteint ses limites quand un patient réclame des mesures qui sont inefficaces ou inappropriées ou qui sont incompatibles avec les valeurs morales personnelles du médecin, la déontologie ou le droit en vigueur.

4.1 Assistance au suicide

Aux termes de l'article 115 du code pénal, l'assistance au suicide n'est pas punissable lorsqu'elle intervient sans mobile égoïste. Ce principe s'applique à tout individu.

La mission des médecins prenant en charge des patients en fin de vie consiste à soulager et accompagner le patient. Il n'est pas de leur devoir de proposer une assistance au suicide, au contraire, ils ont le devoir de soulager les souffrances qui pourraient être à l'origine d'un désir de suicide. Toutefois, un patient en fin de vie ne supportant plus sa situation peut exprimer son désir de mourir et persister dans ce désir.

Dans ce genre de situation aux confins de la vie et de la mort, le médecin peut se retrouver face à un conflit difficile à gérer. D'une part, l'assistance au suicide ne fait pas partie de l'activité médicale, car elle

1 Pour les directives de l' ASSM intégral: www.samw.ch.

est contraire aux buts de la médecine. D'autre part, le respect de la volonté du patient est fondamental dans la relation médecin-patient. Un tel dilemme exige une décision morale personnelle du médecin qui doit être respectée en tant que telle. Le médecin a, dans tous les cas, le droit de refuser d'apporter une aide au suicide. Si toutefois, dans des situations exceptionnelles, il accepte d'apporter une aide au suicide à un patient, il lui incombe la responsabilité de vérifier si les exigences minimales suivantes sont réunies:

- La maladie dont souffre le patient permet de considérer que la fin de la vie est proche.
- Des alternatives de traitements ont été proposées et, si souhaitées par le patient, mises en œuvre.
- Le patient est capable de discernement. Son désir de mourir est mûrement réfléchi, il ne résulte pas d'une pression extérieure et il est persistant. Cela doit avoir été vérifié par une tierce personne, qui ne doit pas nécessairement être médecin.

Le dernier geste du processus conduisant à la mort doit dans tous les cas être accompli par le patient lui-même.

4.2 Meurtre à la demande de la victime

Le médecin doit refuser de mettre fin à la vie d'un patient, même sur demande sérieuse et instante. Le meurtre à la demande de la victime est punissable selon l'article 114 du code pénal.

Commentaires

ad 4.1 (Assistance au suicide)

En ce qui concerne l'attitude face à une demande de suicide dans des institutions de soins, il s'agit d'observer les directives et recommandations pour le traitement et la prise en charge des personnes âgées en situation de dépendance.

Les dirigeants peuvent interdire l'assistance au suicide à leurs collaborateurs; par contre, ils ne peuvent pas les y contraindre.

Le processus décisionnel conduisant à l'assistance au suicide ou à son refus doit être documenté.

Un décès survenant suite à une aide au suicide doit être déclaré aux autorités comme décès pour cause non naturelle. Le médecin ayant prêté son assistance à un suicide ne doit pas remplir lui-même le certificat de décès.

Anhang 3

Chambre de l'éthique de l'Association vaudoise d'établissements médico-sociaux (AVDEMS). Assistance au suicide en établissements médico-sociaux (EMS) Recommandations éthiques et pratiques

Recommandations ayant été unanimement approuvées par:

- le Conseil de Santé vaudois
- le Dr Daniel Laufer, médecin cantonal et le Dr Jean Martin, ancien médecin cantonal.

Ce document a été lu et approuvé par:

- l'Association EXIT ADMD Suisse-romande,

Introduction

La Chambre de l'éthique de l'AVDEMS s'est réunie à plusieurs reprises depuis janvier 2002 afin d'émettre, pour les membres de l'Association dans un premier temps, des recommandations en matière d'assistance au suicide.

Suite à la diffusion de recommandations «Les EMS face à l'assistance au suicide» en été 2002, les membres de la Chambre ont poursuivi leur réflexion en prenant en considération certaines questions provenant de requêtes qui ont été adressées à l'Ordre professionnel en lien avec des débats éthiques et pratiques concernant l'assistance au suicide.

La Chambre de l'éthique a notamment été préoccupée par certaines difficultés rencontrées par des EMS face à une carence et un manque de transparence dans les assistances au suicide pratiquées par un organisme tiers, dans leur institution.

Les membres de l'Ordre professionnel ont dès lors demandé à Monsieur le Chef du Département Charles-Louis Rochat, de promouvoir un dialogue constructif entre les personnes concernées.

Deux réunions ont alors été organisées en présence du Dr Daniel Laufer, médecin cantonal, du Dr Jean Martin, ancien médecin cantonal, de Mme Chantal Thouverez, Service de la santé publique, du Dr Jérôme Sobel, président d'EXIT ADMD Suisse romande, de Mme Anne-Laure Jotti-Arnold, présidente de l'Ordre professionnel AVDEMS, du Prof. Lazare Benaroyo, éthicien et médecin, Faculté de biologie et médecine, Unil, membre de la Chambre de l'éthique AVDEMS, et de M. François Matt, directeur d'EMS, membre de la Chambre de l'éthique AVDEMS.

Dans le cadre de ces deux séances, ce document proposé par la Chambre de l'éthique de l'AVDEMS, a été débattu, amendé et finalisé en vue d'être le reflet de considérations éthiques et pratiques en lien avec l'assistance au suicide en EMS.

Préambule

Les réflexions de la Chambre de l'éthique de l'AVDEMS partent du constat que:

- Dans le respect de sa dignité[1], et conformément au principe de *«l'égalité des personnes devant leurs droits»*, l'entrée en EMS ne prive en aucun cas la personne de son droit à l'autodétermination (autonomie), à l'expression de ses choix, notamment de celui de mettre fin à sa propre vie.
- La réponse à la question suivante, «une personne qui vit dans un EMS a-t-elle la même liberté de recourir à l'assistance au suicide

1 L'article 8 de la Charte éthique de l'AVDEMS rappelle d'ailleurs qu'une des responsabilités de la direction à l'égard du client est de «garantir au client un droit au respect de sa dignité d'individu et du caractère unique de sa vie; lui assurer l'exercice de son libre arbitre et l'expression de ses besoins particuliers».

qu'une personne qui vit à domicile?», semble dès lors claire dans un premier temps.

- Toutefois au delà du strict respect de l'autonomie du résident, la responsabilité éthique de l'institution comprend une deuxième dimension, en relation avec sa mission médico-sociale, qui offre notamment des prestations sociales, des soins et d'accompagnement et ceci au sein d'une collectivité. Cette perspective éthique entre dans le cadre général de la bienfaisance propre à une structure médico-sociale.
- Dans le cadre d'une demande d'assistance au suicide en EMS, ces deux aspects de la responsabilité éthique (autonomie du résident et bienfaisance de l'institution) peuvent entrer en tension. Seul un dialogue constructif entre le résident et le personnel de l'EMS, permet d'aborder ouvertement, de surmonter voire de résoudre cette tension.
- De ce fait l'institution se trouve partie prenante de cette réflexion et des choix éthiques qui en découleront. Ainsi contrairement à l'assistance au suicide au domicile, l'institution ne peut être exclue du projet mis en œuvre par le résident avec l'aide d'un tiers.
- Dès lors, tout en garantissant l'égalité des personnes devant leurs droits, la Chambre de l'éthique de l'AVDEMS est d'avis que les conditions minimales des modalités d'exercice de ce droit doivent être renforcées par des considérations pratiques et éthiques spécifiques qui assurent aux résidents et à leurs proches, aux institutions et à leur personnel, une *prise en compte des valeurs de chacun.*

Il est souhaitable que les conditions de prise en charge d'une assistance au suicide à domicile (notamment celles d'EXIT) soient complétées pour tenir compte du contexte institutionnel en EMS. Dans ce sens, nous ajoutons les réflexions ci-après.

- Nos considérations sont d'ordre général. De plus, il est essentiel que la réflexion sur l'assistance au suicide en EMS ait lieu au sein de chaque établissement, avant qu'un cas particulier ne se présente et pour que l'équipe puisse faire face à la situation.
- Le personnel de chaque institution devrait pouvoir participer à un processus de réflexion approfondie sur les enjeux éthiques liés à l'assistance au suicide en EMS.
- En règle générale, il n'est pas recommandé d'autoriser la pratique d'une assistance au suicide en EMS lorsque la personne qui demande une assistance au suicide bénéficie encore d'un domicile propre.
- Tout individu qui demande à bénéficier d'une assistance au suicide doit impérativement être *capable de discernement*, ce qui implique également qu'il puisse exprimer librement sa volonté. Dès lors, toute personne en lien avec le résident qui aurait des *doutes* sur la capacité de discernement de celui ou celle qui demande une assistance au suicide doit être en mesure de les exprimer, de les motiver, et d'être raisonnablement rassurée.
- La notion de la capacité de discernement étant aussi liée à la faculté de résister d'une façon normale à ceux qui tentent d'influencer notre volonté, il est aussi indispensable d'être vigilant quant à la question de savoir si la décision du résident de recourir à l'assistance au suicide peut avoir été influencée par son entourage. Il est dès lors nécessaire que le résident exprime de vive voix, et à plusieurs reprises, au personnel de l'institution sa volonté de mettre fin à ses jours. Pour la Chambre de l'éthique, il n'est pas question d'entrer en matière sur des demandes d'assistance au suicide qui ne seraient exprimées que par personne interposée.
- Du point de vue de la bienfaisance propre à toute structure médicosociale, il est également essentiel que le résident, et également l'EMS, aient pu prendre en compte les mesures nécessaires pour bien affronter la situation et pour discuter de la mise en place ou de l'adaptation de soins palliatifs, ou encore d'un soutien de professionnels, si le résident y consent (psychologues, ecclésiastiques…).

- D'entente avec le résident, l'institution doit disposer d'un délai fondé pour prendre en considération les éventuelles démarches à réaliser pour tenir compte des valeurs du résident, de ses proches, de l'établissement, du personnel et des autres résidents.
- Les EMS ainsi que leur personnel ne peuvent être contraints à participer à la procédure liée à l'assistance au suicide. Sous réserve d'une présence, le personnel de l'institution ne prend pas part activement à l'assistance au suicide.
- Nous recommandons aux EMS de ne pas inscrire dans le contrat d'hébergement une acceptation ou un refus systématique des demandes d'assistance au suicide.
- Il est important de faire figurer dans le dossier du résident le projet de suicide assisté, ainsi que toutes les mesures entreprises (médicales, psychiatriques, palliatives, etc.) pour soulager les souffrances. Ce dossier doit comprendre une déclaration écrite de la volonté du résident de bénéficier d'une assistance au suicide.
- Il convient d'entamer avec le résident, dans le cas concret, une discussion relative à la confidentialité de ses volontés de fin de vie, en relation notamment avec ce qu'il souhaite divulguer, par exemple à ses proches, aux équipes de l'établissement et aux autres résidents.
- L'institution abordera également la question des démarches à effectuer après le décès, notamment par qui elles seront effectuées (proches, EMS…).
- Nous conseillons que le personnel soit le plus possible «informé, sensibilisé et formé» sur les questions liées à l'assistance au suicide. De plus, le personnel de l'établissement devrait pouvoir bénéficier d'un soutien s'il en ressentait le besoin dans le cadre d'une demande d'assistance au suicide ou de sa réalisation (soutien psychologique, discussions pluridisciplinaires, débriefing…).
- En cas de désaccord ou de doutes relatifs à une des problématiques soulevées ci-dessus (notamment discernement, libre expression de la volonté propre du résident, prise en charge médicale, délai, pesée des intérêts et des biens) une réunion devrait être organisée par l'établissement en présence du résident, d'un représentant de la direction, et des personnes que l'institution et le résident souhaiteraient voir participer.

Composition de la Chambre de l'éthique de l'AVDEMS (état janvier 2004)

Mme Anne-Laure Jotti-Arnold, Présidente, titulaire du brevet d'avocat

M. le Prof. Lazare Benaroyo, éthicien et médecin

Mme Janine Diserens, représentante des résidents

M. François Matt, représentant du domaine médico-social, directeur d'EMS

M. le Prof. Denis Müller, éthicien suppléant, théologien

Mme Madeleine Pont, représentante des résidents suppléante

Anhang 4

Schweizer Berufsverband der Pflegefachfrauen und Pflegefachmänner (SBK)

Ethische Standpunkte 1

Beihilfe zum Suizid ist nicht Teil des pflegerischen Auftrags

Die Diskussion um die Beihilfe zum Suizid hat mit den neuen medizinisch-ethischen Richtlinien der Schweizerischen Akademie der Medizinischen Wissenschaften (SAMW)[1] und den Thesen der Nationalen Ethikkommission (NEK)[2] neu an Aktualität gewonnen. Sowohl in den Richtlinien wie in den Thesen wird explizit auf das Dilemma des Arztes[3] eingegangen, der zwischen beruflicher Ethik (nicht zu töten) und persönlichem Gewissen (Respekt vor dem Willen eines urteilfähigen Menschen) hin- und her gerissen wird. Der SBK bekräftigt seine Haltung,[4] wonach die Tötung auf Verlangen und die Beihilfe zur Selbsttötung nicht Teil des pflegerischen Auftrags sind.

Die folgenden Ausführungen haben zwei Ziele: 1. über das Thema zu informieren und die Haltung des SBK zu begründen sowie 2. Berufsangehörige – ungeachtet ihrer persönlichen Überzeugung – in ihrer beruflichen Haltung gegenüber Patienten, die um Sterbehilfe bzw. um Hilfe zum Suizid bitten, zu leiten und zu unterstützen.

1 SAMW: Medizinisch-ethischen Richtlinien zur Betreuung von Patientinnen und Patienten am Lebensende, 2004 SAMW: Behandlung und Betreuung von älteren, pflegebedürftigen Menschen, 2004.

2 NEK: www.nek-cne.ch: Thesen zur Suizidbeihilfe.

3 Die männliche Form gilt immer für beide Geschlechter.

4 Pflege und Behandlung in der Endphase des Lebens – eine gemeinsame Erklärung des SBK und der FMH, 2001.

Definition

Beihilfe zum Suizid heisst, einem urteilsfähigen Menschen, der seinem Leben ein Ende setzen möchte, die dafür erforderlichen Mittel zu beschaffen. Bei Patienten in der Terminalphase unterscheidet sich Beihilfe zum Suizid von der aktiven (vom Patienten gewünschten) Sterbehilfe dadurch, dass der Patient fähig sein muss, sich das todbringende Mittel selbst an den Mund zu führen und zu schlucken (oder zu spritzen).

Gesetz und Berufsethik

«Aktive Sterbehilfe» heisst, eine Person auf deren Wunsch hin zu töten, um einem unerträglichen Leiden ein Ende zu setzen, oder aber jemanden aus Mitleid zu töten – auch ohne dessen ausdrücklichen Wunsch. Diese beiden Formen der Euthanasie werden vom Gesetzgeber als vorsätzliche Tötung eingestuft und sind strafbar (Art. 111 und Art. 114 StGB).

Die «indirekte aktive Sterbehilfe» (schweres Leiden wird mit Medikamenten gelindert, die den Eintritt des Todes beschleunigen könnten) und «passive Sterbehilfe» (auf lebenserhaltende Massnahmen wird verzichtet) sind rechtlich nicht ausdrücklich geregelt. Bestraft wird jedoch, wer aus selbstsüchtigen Beweggründen jemanden zum Selbstmord verleitet oder ihm dazu Hilfe leistet (Art. 115 StGB).

Die heutige Gesetzgebung ermöglicht die Existenz von Sterbehilfe-Organisationen wie EXIT oder Dignitas.

Wo das Gesetz die Beziehungen zwischen den Bürgern regelt, legt eine Berufsethik Verhaltensforderungen und -grenzen für eine Berufsgruppe fest. Die ethischen Richtlinien des SBK (und anderer Gesundheitsberufe) regeln also Verhaltensweisen für Berufsagehörige gegenüber Menschen, die von ihrer Pflege und Betreuung abhängig sind. Sie setzen Grenzen, um Patienten vor Missbräuchen, die aus dieser Abhängigkeitsbeziehung entstehen könnten, zu schützen. Ein Beispiel für berufsbezogene Verbote, die über das allgemeine Recht hinausgehen, ist das Verbot, intime Beziehungen mit einem Patienten zu unterhalten.

Ethische Konflikte

Pflegende, die von einem urteilsfähigen Patienten um Beihilfe zur Selbsttötung gebeten werden, befinden sich in einem moralischen Dilemma zwischen ihrem pflegerischen Auftrag – Gutes zu tun und nicht zu schaden – und der Achtung vor dem Willen des Patienten, so zu sterben, wie er möchte. Dieses Dilemma wird noch verstärkt, wenn seine körperlichen oder/und seelischen Leiden nicht mehr gelindert werden können und der Patient keine Lebensqualität mehr leben kann.

Keine Pflegende, wo immer und in welcher Rolle sie auch arbeitet, sollte in einem solchen Konflikt allein gelassen werden. Teamgespräche, andere Standpunkte anhören und gegenseitige Unterstützung bieten die beste Garantie, dass der betroffene Patient optimal gepflegt und betreut werden kann.

Die Haltungen der SAMW, der NEK und der FMH

In ihren Richtlinien über die Behandlung und Betreuung von älteren, pflegebedürftigen Menschen[5] behandelt die SAMW auch die Frage des Umgangs mit dem Wunsch nach Beihilfe zum Suizid. Für Menschen, die in einer Langzeitinstitution leben, anerkennt die SAMW die Möglichkeit einer Beihilfe zum Suizid durch Dritte (Sterbehilfeorganisationen). Sie fordert jedoch klar die Urteilsfähigkeit der suizidwilligen Person sowie die Sicherstellung, dass diese den Entscheid weder unter Druck gefällt hat, noch dass er auf eine inadäquate Abklärung, Behandlung oder Betreuung zurückzuführen wäre.

Diese Richtlinien werden ergänzt durch die Richtlinien zur Betreuung von Patientinnen und Patienten am Lebensende.[6] Dort wird explizit festgehalten, dass Suizidbeihilfe nicht Teil der ärztlichen Tätigkeit ist, dass jedoch die «Achtung des Patientenwillens» einen Arzt

5 SAMW op. cit.
6 SAMW: op. cit.

dazu bringen kann, im Einzelfall Beihilfe zum Suizid zu leisten und dass ein solcher Entscheid zu respektieren sei. Der Arzt muss in diesem Fall sicherstellen, dass verschiedene Voraussetzungen erfüllt sind.[7]

Die Nationale Ethikkommission (NEK) erinnert in ihren Thesen[8] daran, dass Beihilfe zum Suizid immer ein Akt in einer ganz spezifischen Situation ist, dass es sich stets um eine persönliche Entscheidung der Person handelt, welche Beihilfe leistet, und dass in diese Entscheidung professionelle Überlegungen einfliessen müssen. Ferner wird festgestellt, dass Beihilfe zum Suizid nicht Teil des ärztlichen Auftrags sein kann, weil ein Arzt sonst Wünsche zur Suizidbeihilfe nicht verweigern könnte.

In den Thesen der NEK wird auch auf die heiklen Situationen verwiesen, die sich z.B. bei Suizidwünschen von Kindern oder psychisch Kranken oder in Alters- und Pflegeheimen ergeben.

Im Jahr 2001 haben die Ärztevereinigung FMH und der SBK eine gemeinsame Erklärung[9] über die «Pflege und Behandlung in der Endphase des Lebens» unterzeichnet. Ziel dieser Erklärung war v.a. die Stärkung der palliativen Pflege. Es wurde auch festgehalten, «dass die Praxis der Tötung auf Verlangen und die Beihilfe zur Selbsttötung nicht Teil des medizinischen und pflegerischen Auftrags sind.» Diese Haltung hat der SBK-Zentralvorstand anlässlich der Vernehmlassung zu den neuen SAMW-Richtlinien 2004 ausdrücklich bestätigt.

Die Haltung des SBK

Der SBK begründet seine Haltung wie folgt:

a) Patienten müssen vor dem drohenden Missbrauch und dem Risiko, ungewollt getötet zu werden, geschützt werden.
b) Das Vertrauen der Öffentlichkeit in die Pflege und die Glaubwürdigkeit des Pflegeberufsstandes soll im Auftrag der Pflege gründen,

7 SAMW: op.cit. S. 7.
8 NEK: op.cit.
9 SBK/FMH: op.cit.

nämlich: Krankheiten vorzubeugen, Gesundheit wiederherzustellen, körperliches und seelisches Leiden zu lindern.[10]

c) Klare berufliche Verhaltensregeln sind zugleich Schutz und Wegleitung sowohl für Pflegende, die dem Sterbewunsch eines Patienten nachgeben möchten, als auch für jene, welche die Suizidbeihilfe nicht akzeptieren.
d) Für eine Pflegende kann Beihilfe zum Suizid bedeuten, dass sie unprofessionelle oder gar verabscheuungswürdige Handlungen begehen muss (z.B. allein und im Geheimen entscheiden, ohne ärztliche Verschreibung tödliche Substanzen beschaffen usw.).
e) Niemand kann eine Pflegeperson zwingen, Beihilfe zum Suizid zu leisten.

Empfehlungen

Auch wenn die Suizidbeihilfe nicht Teil des pflegerischen Auftrags ist, bedeutet dies nicht, den Patienten in dem Moment fallen zu lassen, in dem er um einen letzten Dienst bittet. Professionell mit seinem Sterbewunsch umgehen heisst, ihn weiterhin zu pflegen und zu begleiten. Weder seine Gefühle noch seine Entscheidung sollen verurteilt werden. Auch die Gefühle seiner Angehörigen sind ernst zu nehmen.

Was können Sie als Pflegende tun?

- Dem Patienten aufmerksam zuhören und sich dafür einsetzen, dass alles, was möglich ist, für ihn getan wird, um seine körperlichen und seelischen Leiden zu lindern bzw. sich zu versichern, das dies getan wurde;
- Mit Kollegen über die eigenen Gefühle sprechen und Unterstützung suchen;
- Zusammen mit dem Patienten und im Team nach Möglichkeiten suchen, wie er seinen Wunsch nach Selbsttötung realisieren könnte;

10 ICN Ethikcodex für Pflegende, 2002.

- Die Angehörigen des Patienten begleiten;
- Falls die Verantwortung für die Pflege des Patienten zu schwer wiegt, bitten, von ihr befreit zu werden;
- Dem Patienten in seinen letzten Minuten beistehen, falls er, seine Familie und Sie dies wünschen.

Was Sie als Pflegende nicht tun können:

- Das tödliche Mittel beschaffen, zu- oder vorbereiten und es dem Patienten reichen, auch nicht im Auftrag des Arztes.[11]

Schlussfolgerung

Die Ethikkommission des SBK möchte mit diesem Dokument die Haltung des Berufsverbands klarstellen und jeden Zweifel über die Rolle von Berufspflegenden in der schwierigen, aber aktuellen Frage der Suizidbeihilfe ausräumen.

Bern, im Mai 2005

11 Der Arzt kann keine Entscheidung delegieren, die er aus persönlichen Gründen gefällt hat.

L'Association suisse des infmières et infirmiers (ASI)

Position éthique 1

L'assistance au suicide ne fait pas partie de la mission des soins infirmiers

Introduction

La question de l'assistance au suicide a pris une nouvelle actualité avec la révision des directives de l'Académie suisse des sciences médicales (ASSM)[1] et les thèses de la Commission nationale d'éthique (CNE)[2]. Dans ces dernières, comme dans les directives, il est tenu compte de manière explicite de la situation du médecin partagé entre son éthique professionnelle et sa conscience personnelle.

L'ASI réaffirme[3] que «l'assistance au suicide ne fait pas partie de la mission des soins infirmiers».

Le texte ci-dessous a pour objectifs de donner une information sur ce thème, de préciser et d'argumenter la position de l'ASI. Il devrait guider les professionnels, quelle que soit leur conviction intime, sur l'attitude professionnelle à adopter face aux patients demandant qu'on les aide à mettre fin à leur vie.

1 ASSM: Directives médico-éthiques pour la prise en charge de patients en fin de vie, 2004.

2 CNE: www.nek-cne.ch: Thèses sur l'assistance au suicide. Septembre 2004.

3 ASI/FMH: Les soins dans la période terminale de la vie: déclaration commune, 2001.

Définition

L'assistance au suicide consiste à procurer à l'individu, capable de discernement, désirant se suicider les moyens de le faire. Dans les situations de fin de vie, l'assistance au suicide se différencie de l'euthanasie active directe et volontaire (demandée par le patient) par le fait que la personne doit être au moins encore capable d'amener à ses lèvres et d'avaler elle-même le produit mortel (ou de se l'injecter).

Le droit et la déontologie

L'euthanasie active directe volontaire est, selon le Code Pénal Suisse (CPS), un homicide intentionnel dans le but d'abréger les souffrances d'une personne qui le demande (meurtre sur demande de la victime) ou qui est accompli par compassion sans demande explicite de la personne. Ces deux formes d'euthanasie sont assimilables à des homicides et punissables selon les articles 111 et 114 du CPS. L'euthanasie active indirecte (on soulage les souffrances avec des substances qui peuvent accélérer la mort) et l'euthanasie passive (on renonce à mettre en œuvre des mesures de maintien de la vie) ne sont pas expressément réglées par la loi.

Toujours selon le CPS (art. 115), seul celui qui, poussé par un mobile égoïste, aura incité une personne au suicide, ou lui aura prêté assistance sera puni. La loi actuelle permet à des organisations telles qu'EXIT ou Dignitas d'exister.

Là où le droit règle les relations entre tous les citoyens, la déontologie définit des limites propres à un groupe professionnel. La déontologie des professions de la santé règle la conduite de professionnels en relation avec des personnes qui dépendent de leur aide et de leurs services. Elle impose des limites afin de protéger les patients d'abus qui naîtraient de cette relation spécifique. Les relations intimes sont un exemple d'interdit professionnel qui va au-delà de la loi.

Le conflit éthique

Les soignants receveurs d'une demande d'assistance au suicide se trouvent confrontés à un conflit moral entre leur mission soignante: faire le bien, ne pas faire de mal, et le respect de la volonté du patient, son droit à décider de la manière dont il souhaite mourir. Le dilemme est d'autant plus grand lorsqu'il est devenu difficile, de soulager les souffrances physiques ou morales de la personne et que la qualité de vie de cette dernière semble inexistante. Un soignant quel que soit son rôle ne devrait jamais rester seul avec de tels questions. La discussion en équipe, l'écoute d'autres points de vue, le soutien réciproque sont les meilleurs garants de la qualité de l'aide apportée au patient.

Les positions respectives de l'ASSM, de la CNE et de la FMH

Dans ses directives, publiées en 2004 sur l'accompagnement des personnes en situation de dépendance,[4] la *ASSM* – traite de l'attitude à avoir en face d'une demande de suicide. Pour les personnes vivant de manière définitives dans une institution de soins, les directives reconnaissent la légitimité de la demande et la possibilité d'intervention d'un tiers (organisation d'assistance au suicide). Elles insistent sur la capacité de discernement de la personne, l'absence de pression venant de l'extérieure ou celle due à une prise en charge inadéquate. Ces directives sont complétées par celles qui traitent de la prise en charge des personnes en fin de vie.[5] Concernant la question de l'AS, ces dernières réaffirment que *l'assistance au suicide ne fait pas partie de l'activité médicale.* Elles reconnaissent que la *décision morale personnelle* du

4 ASSM: Traitement et prise en charge des personnes âgées en situation de dépendance, 2004.

5 ASSM: Directives médico-éthiques pour la prise en charge de patients en fin de vie, 2004.

médecin peut l'amener dans des cas exceptionnels à répondre à la demande du patient. Le médecin qui accepte d'apporter son aide, porte alors la responsabilité de vérifier qu'un certain nombre d'exigences sont bien remplies.[6]

La *Commission nationale d'éthique (CNE*) dans ces thèses[7] rappellent que l'assistance au suicide est un acte toujours lié à une situation particulière, qu'il s'agit d'une décision personnelle mais qui doit se prendre de manière professionnelle (cf. exigence de l'ASSM) et qu'il ne peut s'agir d'un acte faisant partie de la mission des médecins car alors ces derniers ne pourraient refuser de répondre aux demandes allant dans ce sens. Les thèses de la CNE ont le grand mérite d'aborder des questions importantes: qu'en est-il des enfants? des personnes souffrant d'affection psychique? des pratiques en établissement pour personnes âgées?

En 2001, *la FMH et l'ASI* signaient une déclaration commune[8] sur «Les soins dans la période terminale de la vie». Cette déclaration visait en premier lieu à renforcer les soins palliatifs. Il y était déclaré entre autre: «La pratique du meurtre sur la demande de la victime et l'assistance au suicide ne font pas partie de la mission de la médecine et des soins infirmiers».

Cette position a été réaffirmée par le Comité central de l'ASI lors de la consultation des nouvelles directives de l'ASSM.

Position de l'ASI

L'ASI argumente sa position de la manière suivante:

a. Les patients doivent être protégés contre les glissements vers l'abus et le risque de meurtre
b. La confiance que le public met dans les professionnels des soins et la crédibilité de la profession tout entière, doivent être assises sur une déclaration sans équivoque de la mission première des soins

6 ASSM: op.cit. p. 7.
7 CEN: op.cit.
8 ASI/FMH: op.cit.

infirmiers: prévenir la maladie, restaurer la santé, soulager la souffrance physique et mentale.[9]

c. Une ligne de conduite professionnelle clairement définie est une protection et un guide tant pour les infirmières tentées d'accéder à la demande du patient que pour celles qui ne peuvent accepter l'idée du suicide.
d. Sur le plan pratique, l'aide au suicide peut impliquer pour une infirmière des actes non professionnels et même condamnables: décider en solitaire et dans le secret, se procurer une substance sans prescription, etc.
e. Personne ne peut contraindre un professionnel des soins à une aide au suicide.

Recommandations

Si l'assistance au suicide ne fait pas partie de la mission des soins infirmiers, il ne s'agit pas pour autant d'abandonner le patient au moment où il demande un dernier service à ses soignants. Répondre au souhait de suicide d'un patient, en professionnelle, c'est continuer à l'accompagner et à le soigner avec respect et sans juger de sa décision et de ses sentiments, ni de ceux de son entourage.

Ce que vous pouvez faire:

- Ecouter avec attention le patient et vous engagez pour que tout ce qu'il est possible de faire soit fait, ou aie été mis en œuvre, pour soulager ses souffrances morales et/ou physiques et tout inconfort lié à sa maladie
- Partager avec l'équipe ce que vous vivez face à cette décision et chercher du soutien
- Discuter et explorer avec le patient et en équipe des possibilités existantes pour que la décision du patient de se donner la mort puisse être réalisée

9 CII code déontologique du CII pour la profession infirmière, 2000.

- Accompagner sa famille et ses proches
- Demander à être relevée de la responsabilité des soins donnés à ce patient s'ils sont trop lourds pour vous
- Ou assister, si le patient, sa famille et si vous le souhaitez, à ses derniers instants.

Ce que vous ne pouvez pas faire:

- Procurer la substance mortelle, la préparer et la mettre à portée du patient, même sur délégation du médecin.[10]

Conclusions

En rédigeant ce document, la commission d'éthique souhaite clarifier la position de l'ASI et lever toute ambiguïté quant au rôle des professionnelles des soins infirmiers dans cette difficile mais très actuelle question.

Berne, mai 2005

10 A ce sujet se souvenir que le médecin ne peut rien déléguer d'une décision qu'il a prise à titre personnel et non professionnel.

Anhang 5

Nationale Ethikkommission im Bereich Humanmedizin (NEK)

Auszug aus:

«Beihilfe zum Suizid» Stellungnahme Nr. 9 / 2005[1]

IV. Empfehlungen zum Thema Suizidbeihilfe

1 – Zwei Pole
(einstimmig)

Die ethischen Fragen, welche die Suizidbeihilfe aufwirft, ergeben sich aus dem Spannungsverhältnis zwischen der gebotenen Fürsorge für suizidgefährdete Menschen einerseits und dem Respekt vor der Selbstbestimmung eines Suizidwilligen andererseits. Empfehlungen, Richtlinien und rechtliche Regelungen müssen beiden Polen in diesem Spannungsverhältnis Rechnung tragen.

Es gibt in der Gesellschaft eine breit geteilte Überzeugung, dass suizidgefährdete Menschen Hilfe zum Leben erhalten und in bestimmten Fällen vor sich selbst geschützt werden sollen. Daher werden erhebliche Anstrengungen zur Suizidprävention unternommen. Um Suizidwünschen vorzubeugen, die aus einer ungenügenden Betreuung entstehen, soll beispielsweise die Palliativbetreuung ausgebaut werden. Der Suizid eines Menschen lässt die meisten Mitmenschen nicht gleichgültig: Für die nächsten Angehörigen kann eine Selbsttötung traumatische Folgen haben. Ist ein Suizid geschehen, erleben viele Ange-

1 Für die vollständige Stellungnahme siehe auch: www.nek-cne.ch/de

hörige in der Folge Schuld und Ohnmacht: Es ist nicht gelungen, einen Menschen am Leben zu halten. Richtlinien und Regelungen liegt deshalb die Motivation zugrunde, Verhältnisse zu schaffen und zu erhalten, in denen der Wunsch nach Suizid möglichst nicht aufkommt und in denen das Leben von Mitmenschen als höchstes Gut angesehen wird.

Dem gegenüber steht der Respekt vor der Selbstbestimmung eines anderen Menschen, insbesondere der Respekt vor dem Wunsch nach einem würdigen Sterben. Dieser Respekt entspricht einem liberalen Grundverständnis, das in der Schweiz eine starke Tradition hat. Er erfährt seine Bewährungsprobe bei Handlungen eines Anderen, die wir selbst vielleicht bedauern oder für falsch halten. Und er schliesst die Bevormundung eines Anderen aufgrund eigener Moralvorstellungen aus, solange dieser nichts tut, was mit der Gefährdung Dritter verbunden ist. Wohl die meisten Menschen legen Wert darauf, in Fragen, die Krankheit und Sterben betreffen, selbst zu bestimmen, was mit ihnen geschehen soll.

Aus dem Respekt vor der Selbstbestimmung eines zum Suizid entschlossenen Menschen entsteht indes kein Motiv, ihm bei der Durchführung zum Suizid zu helfen. Es braucht ein anderes, zusätzliches Motiv für die Suizidbeihilfe, das über den blossen Respekt vor der Selbstbestimmung des Anderen hinausgeht. Dieses Motiv kann sein, einen Menschen, der zum Suizid entschlossen ist, nicht alleine zu lassen und ihm beizustehen. Das Alleinelassen eines Menschen könnte das Risiko in sich bergen, dass er seinem Leben auf eine schreckliche und auch für andere Leid bringende Weise ein Ende macht. Dieses Motiv kann einen Grenzfall der Fürsorge darstellen: Fürsorge für einen Menschen in einer Grenzsituation. Bei dem Respekt vor der Selbstbestimmung geht es deshalb auch um den Respekt vor der Selbstbestimmung derer, die der suizidwilligen Person beistehen.

Aus beiden ethischen Anliegen – der Fürsorge und dem Respekt vor der Selbstbestimmung – ergibt sich das Spannungsverhältnis für alle Regelungen und Richtlinien. Würde nur das eine berücksichtigt, liefe das auf eine erhebliche Verschiebung in den gesellschaftlichen Wertvorstellungen hinaus.

Die Fürsorgeverpflichtung des Staates besteht aber nicht nur individualethisch gegenüber dem suizidwilligen Individuum, sondern auch in sozialethischer Hinsicht gegenüber den gesellschaftlichen Entwicklungen und den damit ausgelösten Folgen für andere Menschen:

Die Praxis des Suizids und der Suizidbeihilfe darf nicht die Entscheidungsfreiheit anderer Menschen einschränken, indem sie z.B. zum Druck für behinderte und kranke Menschen wird, der Gesellschaft nicht zur Last fallen zu dürfen und den Suizid oder die Suizidbeihilfe einfordern zu müssen. Der Würde- und Autonomieanspruch und damit der Anspruch auf Entscheidungsfreiheit und auf Menschenrechte gilt uneingeschränkt für alle Menschen, unabhängig von den Eigenschaften und Fähigkeiten, die sie mitbringen.

2 – Suizidbeihilfe und Tötung auf Verlangen
(einstimmig)

Die Mitwirkung bei der Selbsttötung sollte in ethischer Sicht unterschieden werden von der Tötung auf Verlangen.

Die Tötung auf Verlangen berührt die gesellschaftlich verbreitete Überzeugung, dass der Tod eines Menschen nicht durch Andere gezielt herbeigeführt werden darf. Beim assistierten Suizid führt der Suizidwillige selbst seinen Tod herbei. Diese Unterscheidung führt in Diskussionen um die Sterbehilfe insgesamt, insbesondere auch in die Diskussionen um die indirekte aktive Sterbehilfe. Dazu sind weiterführende Reflexionen notwendig, die nicht Gegenstand dieser Stellungnahme sind.

3 – Straflosigkeit der Beihilfe zur Selbsttötung
(einstimmig)

Die Beihilfe zum Suizid bleibt nach Auffassung der NEK-CNE aus ethischen Gründen zu Recht straflos, sofern sie nicht aus eigennützigen Motiven durchgeführt wird. Die Kommission empfiehlt, am geltenden Art. 115 StGB keine Änderungen vorzunehmen.

Es gilt hier der liberale Grundsatz, dass die Entscheidungen sowohl des Suizidwilligen als auch dessen, der ihm beisteht, zu respektieren sind und der Staat sich darin nicht einzumischen hat. Ausgenommen davon sind Fälle, bei denen eigennützige Motive im Spiel sind.

Der Respekt vor der Entscheidung der am Suizid Beteiligten ist nicht zu verwechseln mit der moralischen Bewertung dieser Entscheidung. Hinsichtlich der moralischen Bewertung des Suizids und der Suizidbeihilfe gibt es in der Gesellschaft unterschiedliche Auffassungen.

Indem der Staat die uneigennützige Suizidbeihilfe straflos lässt, wird gleichwohl die Pluralität von Moralauffassungen in der Gesellschaft bezüglich des Suizids und der Beihilfe zum Suizid anerkannt.

4 – An der Person orientierte Entscheidungen
(einstimmig)

Eine Entscheidung zur Suizidbeihilfe muss sich an der Person und an der Situation des Suizidwilligen orientieren und darf nicht zu einer bloss aus Regeln abgeleiteten Entscheidung werden.

Kriterien können immer nur den Charakter von notwendigen Bedingungen haben, die spezifizieren, wann überhaupt Beihilfe zum Suizid in Betracht kommen kann. Derartige Kriterien sind jedoch niemals hinreichend, um die Beihilfe zum Suizid im Einzelfall zu begründen.

Der Beistand, von dem die Rede ist, ist immer Beistand für eine bestimmte Einzelperson. Daher muss die Entscheidung zur Beihilfe zum Suizid immer an der individuellen Person und ihrer Situation orientiert sein. Diese Entscheidung ist mehr als nur ein Fall der Anwendung bestimmter Kriterien und Regeln. Sie erfordert eine eingehende Kenntnis der Person und ihrer Situation, des individuellen Hintergrundes ihres Suizidwunsches, der Konstanz dieses Wunsches und sie setzt das Besprechen möglicher alternativer Perspektiven, Optionen usw. voraus.

Es wäre fatal, wenn die Beihilfe zum Suizid aufgrund von Routinen erfolgen würde: Diejenigen, welche die Kriterien erfüllen, könnten sich u.U. sogar unter Rechtfertigungsdruck fühlen, wenn sie die Hilfe nicht in Anspruch nehmen wollen. Das betreuende Personal könnte sich seinerseits unter Rechtfertigungsdruck sehen, wenn es auf Grund seiner persönlichen Haltung keine Suizidbeihilfe leisten will. Schwer kranke Menschen äussern sich zum eigenen Sterben oft ambivalent und inkonstant. Wenn Suizidhilfe zum normalen Angebot würde, könnte sich diese Ambivalenz eher in einen Sterbewunsch wandeln.

Dennoch ist es gerade im Interesse eines solchen Beistands unabdingbar, bestimmte notwendige (nicht hinreichende) Bedingungen und Kriterien zu formulieren. Diese legen fest, wann überhaupt Beihilfe zum Suizid in Betracht kommen kann. In diesem Sinne sind die drei Bedingungen, welche die Schweizerische Akademie der Medizinischen Wissenschaften (SAMW) in ihrem Richtlinienentwurf für die Sterbebegleitung formuliert hat, und auch die hier von der NEK formulierten Bedingungen zu verstehen.

5 – Sterbehilfeorganisationen
(einstimmig)

Art 115 StGB schützt de facto die Selbstbestimmung der am Suizid Beteiligten, indem er diese straffrei lässt. Diese grundsätzlich liberale Haltung soll nicht in Frage gestellt werden. Im Hinblick auf die herrschende Praxis der Suizidbeihilfe bedarf es aber bei den Sterbehilfeorganisationen der Ergänzung.

Das geltende Recht lässt die Beihilfe zum Suizid straflos, sofern sie nicht aus selbstsüchtigen Motiven erfolgt. Es enthält keine Bestimmungen hinsichtlich des Schutzes suizidgefährdeter Menschen, deren Suizidwunsch möglicherweise nur vorübergehend ist, und für die es vielleicht noch andere Perspektiven gibt. Durch die Tätigkeit von Sterbehilfeorganisationen, die es sich zur Aufgabe machen, Suizidwilligen zum gelingenden und schmerzlosen Suizid zu verhelfen, entsteht für Suizidgefährdete eine neue Situation. Es geht im Fall der Sterbehilfeorganisationen auch nicht um die Suizidbeihilfe durch nahe Bezugspersonen, sondern um ein allgemeines Angebot an fremde Menschen. Es liegt in der Natur ihrer Mission, dass solche Organisationen dahin tendieren können, von den beiden Polen – Lebenshilfe einerseits und Respektierung der Autonomie eines Suizidwilligen andererseits – den zweiten Pol, die Selbstbestimmung, zum Leitmotiv ihrer Aktivitäten zu machen. Daher bedarf es rechtlicher Vorgaben, die sicherstellen, dass der erste Pol ausreichend Berücksichtigung erfährt. Die selbst gegebenen Regeln von Sterbehilfeorganisationen reichen diesbezüglich nicht aus, da Verletzungen dieser Regeln durch die Sterbehilfeorganisationen selbst – solche sollen tatsächlich vorgekommen sein – rechtlich nicht einklagbar und sanktionierbar sind. Das Gebot der Fürsorge für suizidgefährdete Menschen erfordert daher eine Ergänzung des geltenden Rechts, welche diese Organisationen einer staatlichen Aufsicht unterstellt.

6 – Psychische Krankheiten
(einstimmig)

Bei psychisch kranken Menschen sind Todes- und Suizidwünsche häufig Ausdruck oder Symptom ihrer Erkrankung. Deshalb bedürfen Suizidwillige, die unter psychischen Krankheiten leiden – alleine oder in Kombination mit somatischen Krankheiten – in erster Linie einer psychiatrischen und psychotherapeutischen Behandlung. Wenn der Suizidwunsch Ausdruck oder Symptom einer psychischen Erkrankung ist, soll keine Beihilfe zum Suizid geleistet werden.

Die Suizidforschung hat übereinstimmend herausgearbeitet, dass das Suizidrisiko durch eine psychische Erkrankung stark erhöht wird. Suizidalen Menschen mit einer psychischen Erkrankung ist zuerst und vor allem mit psychiatrischer Behandlung und psychosozialer Unterstützung zu helfen. Suizidalität kann unmittelbar als Symptom der psychischen Erkrankung auftreten. Menschen in einer suizidalen Krise benötigen zuerst und vor allem Verständnis und Einfühlung. Sie brauchen zuhörende Menschen, die verstehen, dass es keine fixen Erklärungen für Suizidhandlungen gibt. Psychische Krankheiten gehen mit einer Einbusse an Lebensqualität einher, bedeuten aber nicht das Lebensende. Die Prognose psychischer Störungen ist häufig offen.

Daher ist der assistierte Suizid in der Regel auszuschliessen. Notwendige, aber nicht hinreichende Bedingung für eine Ausnahme dieser Regel ist das Auftreten von Suizidwünschen, die nicht Ausdruck oder Symptom der psychischen Erkrankung sind und z. B. im symptomfreien Intervall einer bisher chronisch verlaufenden Krankheit auftreten. (Unter «Ausdruck» der Krankheit ist ein direkter Zusammenhang des Suizidwunsches mit der psychischen Erkrankung gemeint und nicht z.B. ein Leiden an einer Lebenssituation, die von einer Erkrankung mit beeinflusst sein kann.)

Da psychiatrische Institutionen den Auftrag haben, psychische Krankheiten und deren Folgen – wie Suizidalität – zu behandeln, sollen assistierte Suizide nicht in solchen Institutionen stattfinden.

7 – Kinder und Jugendliche
Mehrheitsposition:

Bei Kindern und Jugendlichen kommen die in der Gesundheitspflege generell geltenden rechtlichen und ethischen Regeln zur Anwendung. Den in Empfehlung 4 formulierten Überlegungen ist besondere Aufmerksamkeit zu schenken.

In der Regel übt der urteilsfähige Minderjährige das höchstpersönliche Recht, Pflege zu akzeptieren oder abzulehnen, frei aus. Die Urteilsfähigkeit ist im Einzelfall abzuwägen. Diese Grundsätze sind auf ein mögliches Ersuchen um Beihilfe zum Suizid anwendbar. Denn so wie Kinder auch bei unheilbar terminalen Krankheiten medizinische Behandlungen verweigern können, so kann nicht ausgeschlossen werden, dass in terminaler Situation auch einem Wunsch nach Beihilfe zum Suizid entsprochen werden kann.

Schwer kranke Kinder und Jugendliche, die ein Anliegen um Hilfe beim Suizid vorbringen könnten, sind je nach Umständen beeinflussbar und für die Meinung von Drittpersonen empfänglich. Häufig ist ihr Selbstverständnis noch ungefestigt. Begleitpersonen haben sich sorgfältig darüber zu vergewissern, dass die Betroffenen ihre Situation und die entsprechende Prognose richtig und umfassend einzuschätzen vermögen.

Minderheitsposition:
Bei Kindern und Jugendlichen soll keine Beihilfe zum Suizid geleistet werden.

Bei Kindern und Jugendlichen, die ein Anliegen zur Suizidbeihilfe vorbringen, besteht die Hoffnung, dass sich der Sterbewunsch in späteren Lebensphasen auflöst. Kinder und Jugendliche sind in besonders ausgeprägter Weise durch äussere Umstände und Meinungen beeinflussbar. Oft ist ihr Selbstkonzept noch fragil, so dass äussere Belastungen oder innere Konflikte sie schwerwiegend erschüttern können. Daher sind sie für suizidale Durchbruchhandlungen besonders gefährdet. Auch bei unheilbar terminalen Krankheiten im Kindesalter muss der Pol der Lebenshilfe Vorrang haben.

8 – Spitäler und Heime
(ohne Gegenstimme)

Akutspitäler und Pflegeinstitutionen sind auf die Erhaltung und Wiederherstellung der Gesundheit und Lebensqualität auch am Lebensende und nicht auf die Herbeiführung des Todes ausgerichtet. Der Suizid führt in diesen Institutionen deshalb zu einem erheblichen Konflikt.

A – Institutionen der Langzeitpflege: Wenn ein Bewohner den assistierten Suizid wünscht und er über keinen anderen Lebensort verfügt als diese Institution, sollte er nach Möglichkeit den Akt auch an diesem Ort durchführen können. Eine besondere Situation besteht im Fall einer gänzlich privaten Institution, die nur Bewohner annimmt, die zum Zeitpunkt ihrer Aufnahme darüber informiert wurden, dass die betreffende Institution in ihren Räumen die Suizidbeihilfe ablehnt. Das Personal der Institutionen der Langzeitpflege kann aber in keinem Fall dazu gezwungen werden, an einer Suizidbeihilfe teilzunehmen (Vorbehalt der Ablehnung aus Gewissensgründen).

B – Akutspitäler: Jede Institution soll klar festlegen, ob sie für ihre Patienten die Möglichkeit des assistierten Suizids zulassen will oder nicht. Die Institution soll ihren Entscheid den Patientinnen und Patienten gegenüber erklären können. Wenn sie diese Praxis erlaubt, sollte die Institution auch die notwendigen Rahmenbedingungen schaffen, damit der Akt unter den bestmöglichen Voraussetzungen durchgeführt werden kann, ohne die anderen Patienten in Mitleidenschaft zu ziehen. Aber auch hier ist der Vorbehalt der Ablehnung aus Gewissensgründen für das gesamte betroffene Personal zu respektieren.

C – Bezüglich des Suizids in psychiatrischen Institutionen wird auf Empfehlung 6 verwiesen.

Der wohl erwogene persönliche Entschluss zum Suizid soll nicht an Regeln einer Institution, dem persönlichen Gewissensentscheid eines einzelnen Arztes oder einer einzelnen Betreuungsgruppe scheitern müssen. Es sollte die Möglichkeit gewährt werden, auf Wunsch einem anderen Arzt zugewiesen oder in eine andere Institution verlegt zu werden.

9 – Angehörige von Heilberufen
(einstimmig)

Für Ärztinnen und Ärzte, sowie für Pflegende entsteht vor dem Hintergrund des medizinischen Ethos ein Konflikt, weil medizinischer Beistand Fürsorge zum Leben bedeutet und nicht Beistand zu dessen Beendigung. Aus diesem Grund kann Suizidbeihilfe nicht als etwas begriffen werden, was zum Auftrag der Angehörigen von Heilberufen gehört. Wo Ärztinnen und Ärzte dennoch Suizidbeihilfe leisten, fällt dies in ihre persönliche Entscheidung.

Würde die Suizidbeihilfe zum ärztlichen Auftrag gehören, so wäre jeder Arzt dazu verpflichtet, wenn ein urteilsfähiger Patient ihn darum bittet. Was zum ärztlichen Auftrag gehört, misst sich an den Zielen, auf welche die ärztliche Tätigkeit gerichtet ist. Ziele und Tätigkeit bestehen in der Heilung, Linderung und Begleitung. Auch dann, wenn ein Arzt bei einem assistierten Suizid von seinen ärztlichen Kompetenzen Gebrauch macht, gilt doch, dass er nicht im Sinne dieser Ziele und folglich im Sinne des ärztlichen Auftrags tätig ist. Von dieser Differenzierung hängt Entscheidendes ab für das Verständnis des ärztlichen Auftrags und im weitesten Sinne für das Verständnis der Aufgabe der Medizin.

Berufsleute im Gesundheitswesen sollen nach einem Gewissensentscheid für oder gegen die Suizidbeihilfe keine moralische Missbilligung und keine Sanktionen durch ihren Berufsstand erfahren.

Berufsleute im Gesundheitswesen sind für die Pflege am Lebensende angemessen auszubilden. Im Rahmen dieser Ausbildung sollen auch die ethischen Fragen und Dilemmasituationen des Suizids und der Suizidbeihilfe thematisiert werden.

10 – Suizidwillige aus dem Ausland
(ohne Gegenstimme)

Es gibt keinen ethischen Grund, Suizidwillige aus dem Ausland generell vom assistierten Suizid in der Schweiz auszuschliessen. Ein besonderes ethisches Problem bei dieser Personengruppe besteht jedoch in der Sicherstellung einer ausreichenden Abklärung und der diesbe-

züglichen Sorgfaltspflichten. Für Suizidwillige aus dem Ausland sollte genauso wie für Suizidwillige aus der Schweiz sichergestellt werden, dass die in Empfehlung 4 formulierten Bedingungen erfüllt sind.

Es ist davon auszugehen, dass die Gründe, weshalb Suizidwillige aus dem Ausland den Weg in die Schweiz suchen, keine anderen sind als bei Suizidwilligen aus der Schweiz. Wenn man daher (aus ethischen Erwägungen) der Ansicht ist, dass es für Letztere die Möglichkeit des assistierten Suizids geben soll, dann lässt es sich nicht ethisch, sondern allenfalls gesellschaftspolitisch rechtfertigen, Erstere von dieser Möglichkeit auszuschliessen.Das ethische Hauptproblem beim assistierten Suizid für Suizidwillige aus der Schweiz wie aus dem Ausland ist die Sicherstellung einer ausreichenden Abklärung. Für sie ist eine eingehende Kenntnis der Person und Situation des Suizidwilligen, der Konstanz ihres Suizidwunsches usw. erforderlich. Dafür genügt in der Regel nicht ein einmaliger, zeitlich begrenzter Kontakt zwischen Anreise und Ausführung des Suizids.

11 – Gesellschaftliche Tendenzen und Risiken
(ohne Gegenstimme)

Der Suizidprävention soll künftig grosse Aufmerksamkeit geschenkt werden, besonders angesichts von gesellschaftlichen Entwicklungen, die das Risiko bergen, Menschen in Grenzsituationen zur Annahme eines organisierten Angebotes der Suizidbeihilfe zu veranlassen.

Eine dieser Entwicklungen ist die sich verändernde demographische Zusammensetzung der Gesellschaft (Alterspyramide). Wenn der Anteil der älteren Menschen steigt, steigt auch der Anteil der Pflegebedürftigen. Eine zweite Entwicklung ist die Kostensteigerung im Gesundheitswesen, besonders im Bereich der Pflege. Beide Tendenzen zusammen können zu einem von Betroffenen empfundenen sozialen oder/und familiären Druck führen. Schuldgefühle können daraus entstehen, anderen (z.B. der Familie) finanziell und im Sinn der pflegerischen Abhängigkeit zur Last zu fallen. Dies kann zu Suizidwünschen führen.

Pflegebedürftige Menschen sind diesem Risiko besonders stark ausgesetzt. Ihre Freiheit und Selbstbestimmung könnte durch den empfundenen Druck auf der einen Seite und durch das nahe gebrachte Angebot für eine gesellschaftlich akzeptierte «Sterbebegleitung» andererseits gefährdet sein – auch wenn diese pflegebedürftigen Menschen den Kriterien der Urteilsfähigkeit genügen und die Sterbehilfeorganisation nicht eigennützig handelt.

Die Gesellschaft steht in einer besonderen Verantwortung gegenüber den pflegebedürftigen und abhängigen Menschen. Die Verhältnisse der Betreuung, vor allem in der Langzeitpflege, müssen so eingerichtet werden, dass sie das Entstehen von Suizidwünschen nicht fördern. Diese präventive Verantwortung beinhaltet auch eine Unterstützung für die Pflegenden, damit sie ihre fürsorgliche Arbeit ohne Selbstaufopferung und mit gesellschaftlicher Anerkennung verrichten können.

12 – Rechtlicher Regelungsbedarf

Die heutige Rechtslage bedarf der Ergänzung durch Bestimmungen, die sicherstellen, dass

a) vor der Entscheidung zum assistierten Suizid für jeden Einzelfall hinreichende Abklärungen vorgenommen werden;
b) niemand verpflichtet werden kann, Suizidbeihilfe zu leisten;
c) keine Beihilfe zum Suizid geleistet wird, wenn der Suizidwunsch Ausdruck oder Symptom einer psychischen Erkrankung ist;
d) im Falle von Empfehlung 7, Minderheitsposition: bei Kindern und Jugendlichen keine Beihilfe zum Suizid geleistet wird;
e) die Sterbehilfeorganisationen einer staatlichen Aufsicht unterstellt werden.

Gerade weil die Entscheidung zum assistierten Suizid eine an der Person und Situation des Suizidwilligen orientierte Einzelfallentscheidung sein muss, bedarf es hier sorgfältigster Abklärungen. Anlässlich dieser Abklärungen müssen nicht nur die Urteilsfähigkeit, die Freiheit von sozialem Druck, der Grund und Hintergrund des Suizidwunsches sowie dessen Konstanz ermittelt und sichergestellt werden, sondern im Sinne der Fürsorge für das Leben auch mögliche andere Perspektiven und Optionen mit dem Suizidwilligen erwogen und geprüft werden. Das ist nur im Rahmen einer eingehenden und länger andauernden

Beziehung möglich und nicht auf Grund eines kurzen oder einmaligen Kontaktes mit dem suizidwilligen Menschen.

Niemand kann einem Anderen gegenüber ein Recht haben, dass dieser ihm zur Selbsttötung verhilft. Alle haben umgekehrt ein Recht, sich der Mitwirkung an einem Suizid zu verweigern. Die Beihilfe zum Suizid kann nur auf Grund eines höchstpersönlichen Entscheides erfolgen. Dieser Entscheid kann von niemandem vorgeschrieben werden, weder von Institutionen noch von Personen im Umkreis des Suizidwilligen, noch vom Suizidwilligen selbst. Besonders wichtig ist diese Gewissensklausel für Angehörige von Heilberufen und für Mitarbeitende in Institutionen des Gesundheitswesens. Die Beihilfe zum Suizid stellt etwas dar, das ausserhalb der Tätigkeiten bleibt, auf die ein Patient oder eine Patientin mit Verweis auf das professionelle Können der Betreuenden Anspruch haben kann.

La Commission nationale d'éthique pour la médicine humaine (NEK)

Extrait de:

«L'assistance au suicide» Prise de Position n° 9 / 2005[1]

IV. Recommandations sur l'assistance au suicide

1 – Deux pôles
(Avis unanime)

Les questions éthiques que pose l'assistance au suicide résultent d'un conflit d'exigences morales entre le devoir d'assistance aux personnes tentées par le suicide, d'une part, et le respect dû à l'autodétermination de la personne désirant mettre fin à ses jours d'autre part. Les recommandations, directives et réglementations juridiques éventuelles doivent tenir compte des deux pôles de ce champ de tension.

Il existe dans notre société une conviction largement partagée selon laquelle les personnes tentées par le suicide doivent recevoir un soutien pour rester en vie et, dans certains cas, être protégées d'elles-mêmes. C'est pourquoi d'importants efforts sont déployés pour la prévention du suicide. Pour parer aux désirs de suicide qui naissent par suite d'un suivi insuffisant, il s'agit de développer par exemple les soins palliatifs. Le suicide d'une personne ne laisse pas indifférents la plupart de ses contemporains: chez les proches, le geste du suicidé peut entraîner des séquelles traumatiques. Après un suicide, nombreux sont ceux qui ressentent des sentiments de culpabilité et d'impuissance:

1 Pour la Prise de Position n° 9 / 2005 intégrale: www.nek-cne.ch/fr

ils n'ont pas réussi à conserver la personne en vie. Les directives et règlements ont ainsi pour principal motif de susciter et de préserver des relations humaines qui préviennent autant que possible le désir de suicide et qui fassent reconnaître l'existence de son prochain comme un bien supérieur.

D'un autre côté, il y a le respect de l'autodétermination d'autrui, en particulier le respect de son désir de mourir dans la dignité. Ce respect correspond à une conception fondamentale de la liberté qui jouit en Suisse d'une forte tradition. Il trouve son épreuve de vérité dans l'attitude vis-à-vis d'actions d'autrui que l'on peut regretter ou tenir pour fausses. Il exclut la mise sous tutelle d'autrui au nom de représentations morales tant que cela n'a pas pour conséquence de mettre des tiers en danger. La plupart des gens accordent de l'importance au fait de pouvoir se déterminer eux-mêmes, en ce qui concerne la maladie et la mort, sur la question de savoir ce qu'il doit leur advenir.

Néanmoins, il ne découle pas de ce respect de l'autodétermination d'une personne résolue à se suicider l'obligation de l'aider dans l'accomplissement de son geste. Pour que l'on en vienne à l'assister, un autre motif que le respect de l'autodétermination doit intervenir: Ce peut être de ne pas abandonner une personne suicidaire et de l'accompagner dans sa démarche. Le risque sinon serait qu'elle mette fin à ses jours d'une manière violente et traumatisante pour des tiers. Ce motif peut représenter un cas-limite du devoir d'assistance, l'assistance à des personnes en butte à des situations-limite. Aussi faut-il respecter l'autodétermination tant du suicidant que de l'assistant.

De ces deux exigences éthiques il résulte un champ de tension, constitutif de n'importe quels règlements ou directives en la matière. Si l'on honorait seulement l'une d'elles, cela reviendrait à déplacer profondément des valeurs fondamentales de notre société.

Le devoir d'assistance de l'Etat n'est pas seulement de la nature d'éthique individuelle à l'égard du suicidant mais également d'éthique sociale liée au développement de la société et aux conséquences pour les tiers: la pratique du suicide et de l'assistance au suicide ne doit pas limiter la liberté de décision d'autres personnes. Elle ne doit par exemple pas inciter les personnes handicapées ou malades à se suicider parce qu'elles ne voudraient pas représenter une charge pour la société. La revendication à la dignité et à l'autonomie, et par voie de conséquence à la liberté de décision et aux droits humains, est garantie sans limites à chaque individu, indépendamment de ses qualités et de ses capacités.

2 – Assistance au suicide et meurtre sur demande
(Avis unanime)

La participation d'une tierce personne à un suicide doit être, du point de vue éthique, distinguée du meurtre sur demande de la victime.

Ce dernier en effet touche à la conviction largement partagée dans la société que la mort d'un être humain ne doit pas être provoquée, de manière délibérée, par d'autres. Dans le suicide assisté, c'est le suicidant lui-même qui cause son décès. Cette distinction débouche sur des discussions concernant l'euthanasie en général, notamment l'euthanasie active directe. Des réflexions complémentaires sont nécessaires à cet égard, qui toutefois ne sont pas l'objet de la présente prise de position.

3 – Impunité de l'assistance au suicide
(Avis unanime)

Du point de vue de la CNE, l'assistance au suicide doit à juste titre, pour des raisons éthiques, rester non punissable, pour autant qu'elle ne soit pas entreprise pour des motifs égoïstes. La commission recommande de ne pas modifier l'article 115 CP actuel.

Est pertinent ici le principe d'esprit libéral selon lequel les déterminations du suicidant aussi bien que de celui qui l'assiste doivent être respectées, et que le l'Etat n'a pas à s'en mêler. Etant entendu que les cas où interviendraient des mobiles égoïstes font ici exception.

Le respect devant la décision de personnes impliquées dans un suicide ne doit pas être confondu avec l'appréciation morale de ladite décision. S'agissant des vues morales sur le suicide et l'assistance au suicide, il existe en effet des conceptions diverses dans la société.

Quand l'Etat dispose que l'assistance désintéressée au suicide est non punissable, est ainsi reconnue la pluralité des conceptions morales, à propos du suicide et de l'assistance au suicide, au sein de la société.

4 – Une décision toujours liée à une situation personnelle et particulière
(Avis unanime)

La décision d'assistance au suicide ne peut être qu'une décision singulière, considérant la personne et la situation du suicidant; elle ne saurait être une décision découlant seulement de règles et critères généraux.

De tels critères ont toujours le caractère de conditions nécessaires spécifiant les circonstances dans lesquelles l'assistance au suicide peut entrer en ligne de compte; ils ne sont toutefois jamais des conditions suffisantes pour justifier à eux seuls l'assistance au suicide dans une situation singulière.

L'assistance dont il est question ici est toujours apportée à un individu déterminé: aussi la décision d'assister un suicide est-elle toujours liée à la personne individuelle et à sa situation. Cette décision est davantage qu'un cas d'application de critères et de règles. Elle requiert une connaissance approfondie des raisons personnelles qui l'amènent à vouloir se suicider, de la constance de ce désir, et demande une discussion sur les perspectives et options alternatives possibles, etc.

Il serait funeste que l'assistance au suicide se pratique de manière routinière. Ceux qui satisferaient aux critères pourraient, en certaines circonstances, se sentir pressés de se justifier au cas où ils ne voudraient pas faire appel à cette aide. De même, le personnel soignant pourrait également être contraint de se justifier s'il refusait par conviction personnelle de prêter son concours à l'assistance au suicide. Les personnes gravement malades s'expriment souvent de manière ambivalente et inconstante à propos de leur mort. Si l'assistance au suicide devenait une offre normale, cette ambivalence pourrait s'infléchir vers le désir de mourir.

Il est pourtant indispensable, dans l'intérêt d'une telle assistance, de formuler certaines conditions et critères nécessaires (mais non suffisants) qui fixent quand il peut être question d'une assistance au suicide. C'est dans ce sens qu'il faut comprendre les trois conditions énoncées dans les directives rédigé par l'Académie suisse des sciences médicales (ASSM) concernant l'accompagnement des mourants, comme les conditions suggérées ici par la Commission nationale d'éthique pour la médecine humaine.

5 – Les organisations d'assistance au suicide
(Avis unanime)

L'art. 115 CP protège de facto l'autodétermination de la personne qui prête assistance à un suicidant, du fait qu'il ne la punit pas. Cette position fondamentalement libérale ne doit pas être remise en question. Mais, au vu de la pratique actuelle en matière d'assistance au suicide, il convient de lui apporter des compléments réglant l'activité des organisations spécialisées dans ce domaine.

Le droit en vigueur ne condamne pas l'assistance au suicide, si elle n'est pas réalisée pour des motifs égoïstes. Il ne contient aucune précision à propos de la protection des personnes suicidaires dont le désir d'en finir est peut-être passager, et pour lesquelles existent encore d'autres perspectives. Or, une situation nouvelle se présente aux personnes tentées par le suicide, dès lors que des organisations spécialisées se donnent pour mission de leur venir en aide pour qu'elles parviennent à leur fin sans douleur. Avec les organisations d'assistance au suicide, il ne s'agit plus de l'aide fournie par un proche à l'une de ses relations, mais d'une offre générale émise par un groupe de personnes s'adressant à d'autres qui leur sont étrangères. La nature de leur mission peut inciter de telles organisations à faire du seul respect de l'autonomie du suicidant la ligne de conduite de leur activité, au détriment de l'autre pôle du champ de tension – l'assistance à personne en danger. Cela nécessite des dispositions juridiques qui garantissent que le premier pôle soit suffisamment pris en considération. Les règles que se donnent les organisations d'assistance au suicide ne suffisent pas, dans la mesure où leur transgression, le cas échéant, n'est juridiquement ni attaquable ni assortie de sanction. Le principe de la protection des intérêts des suicidants nécessite ainsi une modification du droit en vigueur, en le complétant par une disposition qui soumette ces organisations à la surveillance de l'Etat.

6 – Maladies psychiques
(Avis unanime)

Chez les malades psychiques, les désirs de mort et de suicide sont souvent une expression ou un symptôme de l'affection. C'est pourquoi les suicidants souffrant de maladie psychique, combinée ou non à des affections somatiques, ont besoin en premier lieu d'un traitement psychiatrique et psychothérapeutique. Lorsque le désir de suicide est l'expression ou le symptôme d'une maladie psychique, il ne peut être question d'assistance au suicide.

Les recherches sur le suicide ont clairement montré que les maladies psychiques sont un facteur augmentant fortement le risque de suicide. Aussi, il s'agit avant tout et surtout de venir en aide aux suicidants souffrant d'une maladie psychique en leur dispensant un traitement psychiatrique et un soutien psychosocial. La tendance au suicide peut se présenter d'emblée comme un symptôme de maladie psychique. Les suicidants en crise ont besoin avant tout et surtout de compréhension et d'empathie. Ils ont besoin de quelqu'un qui les écoute et comprenne qu'il n'existe pas d'explication claire et nette à propos des actes suicidaires. Les maladies psychiques s'accompagnent d'une perte de qualité de vie mais ne sont pas à confondre avec la fin de vie. Le pronostic porté sur des troubles psychiques s'avère souvent ouvert.

En conséquence, le suicide assisté est en règle générale exclu. Pour faire exception à cette règle, il est nécessaire, mais non suffisant, que l'apparition du désir de suicide ne découle ni de l'expression ni du symptôme d'une maladie psychique, mais survienne, par exemple, au cours d'un intervalle libre de symptômes d'une évolution jusqu'ici chronique. (Par le terme «expression», il est entendu un lien direct du désir de suicide avec la maladie psychique et non pas une souffrance due, par exemple, à une situation existentielle qui peut être influencée par la maladie.)

Comme les institutions psychiatriques ont pour mandat de traiter les maladies psychiques et leurs conséquences, comme la tendance au suicide, les suicides assistés ne sauraient survenir en leur enceinte.

7 – Enfants et adolescents
Position majoritaire:

Pour les enfants et adolescents, les règles juridiques et éthiques admises en matière de soins de santé s'appliquent. Une attention particulière doit être vouée aux considérations de la recommandation 4.

En règle générale, le mineur capable de discernement exerce librement le droit strictement personnel d'accepter ou de refuser des soins. La capacité de discernement s'apprécie en fonction de la situation spécifique en cause. Ces principes s'appliquent à une éventuelle demande d'assistance au suicide. Ainsi, de la même manière qu'en cas de maladie terminale sans espoir de guérison des enfants peuvent refuser des traitements médicaux, il ne peut pas être exclu qu'on puisse accéder, en situation terminale, à une demande d'assistance au suicide.

S'agissant d'enfants et d'adolescents gravement malades qui demandent qu'on les aide à mourir, ils peuvent être, selon les circonstances, influençables et sensibles aux opinions d'autrui. Leur compréhension de soi est souvent encore fragile. On sera particulièrement attentif à s'assurer qu'ils ont une appréciation correcte et complète de leur situation et du pronostic de cette dernière.

Position minoritaire:
Il ne peut être question d'assistance au suicide auprès des enfants et adolescents.

Dans le cas d'enfants et adolescents présentant une demande qu'on les aide dans un suicide, il existe un espoir que le désir d'en finir disparaisse dans des phases ultérieures de l'existence. Les enfants et adolescents sont particulièrement influençables selon les circonstances extérieures et les opinions d'autrui. Leur compréhension de soi est souvent encore fragile, au point que des contraintes extérieures ou des conflits intérieurs peuvent les ébranler profondément. C'est ainsi qu'ils sont particulièrement sujets à des pulsions suicidaires. Dans les situations de maladie terminale sans espoir de guérison chez les enfants aussi, le pôle de l'aide à la vie doit être prioritaire.

8 – Hôpitaux et établissements médico-sociaux
(Avis sans opposition)

Les hôpitaux de soins aigus et les établissements médico-sociaux ont pour mission la conservation et le rétablissement de la santé et de la qualité de vie de leurs patients, en fin de vie aussi. Leur mandat ne comprend pas de participer à amener la mort. Le suicide les confronte ainsi à un conflit important.

a. Institutions de long séjour: Dans la mesure où un résident demande le suicide assisté et qu'il ne dispose pas d'un lieu de vie autre que ladite institution, il devrait pouvoir accomplir son acte en ce lieu, si cela est possible. Il en va autrement d'un établissement entièrement privé qui n'accueillerait que des résidents ayant été informés, lors de leur admission, que le suicide assisté est refusé en son sein. Le personnel des établissements de long séjour ne peut en aucun cas être contraint à participer à un suicide assisté (clause d'objection de conscience).

b. Hôpitaux de soins aigus: Chaque institution doit se déterminer clairement quant à l'éventualité d'admettre le suicide assisté. Cette institution doit pouvoir justifier son choix envers les patients. Si cette pratique est autorisée, l'institution devrait mettre en place les conditions-cadres permettant sa réalisation dans des conditions optimales, en veillant qu'elle n'entraîne pas de désagrément pour les autres patients. Ici aussi, la clause de conscience doit être respectée pour l'ensemble du personnel concerné.

c. Institutions psychiatriques: Le suicide assisté dans ces institutions est traité à la recommandation 6.

La décision personnelle du suicidant de mettre fin à ses jours, prise après avoir tout bien considéré, ne doit pas être mise en échec par les règles d'une institution ou la décision personnelle d'un médecin ou d'un groupe d'accompagnement qui s'y refuserait en conscience. Il devrait toujours être possible de solliciter un autre médecin ou d'être transféré dans une autre institution.

9 – Professionnels de santé
(Avis unanime)

Les médecins ainsi que le personnel soignant font face à un conflit d'éthique professionnelle, du fait que leurs professions impliquent un engagement pour la vie et non pour la mort. C'est la raison pour laquelle l'assistance au suicide ne peut guère faire partie de la compréhension que se font de leur mission les membres des professions de santé. Lorsque les médecins pratiquent néanmoins l'aide au suicide, ils le font de leur propre chef.

Si l'assistance au suicide faisait partie de la mission médicale, tout médecin serait obligé de la pratiquer lorsqu'un patient capable de discernement le lui demande. Ce qui fait partie de la mission médicale se mesure à l'aune des buts que vise la pratique. Ses buts et son activité consistent dans le traitement, le soulagement et l'accompagnement des patients. Quand un médecin fait usage de ses compétences médicales pour un suicide assisté, il n'agit pas dans le sens de ces buts et, partant, conformément au mandat médical. Des enjeux décisifs dépendent de cette différenciation pour la compréhension du mandat médical et, plus largement, pour la compréhension de la tâche de la médecine.

Les professionnels de la santé ne doivent encourir aucune désapprobation morale ni aucune sanction professionnelle du fait de leur détermination, en conscience, en faveur ou contre l'assistance au suicide.

Les professionnels de santé doivent être adéquatement formés aux soins en fin de vie. Cette formation devrait traiter des questions éthiques et des dilemmes que posent les situations de suicide et de suicide assisté.

10 – Suicidants en provenance de l'étranger
(Avis sans opposition)

Il n'y a pas de raison morale pour interdire a priori aux suicidants en provenance de l'étranger une assistance au suicide en Suisse. Le principal problème éthique auprès de ce groupe de personnes réside toutefois dans la garantie qu'une vérification suffisante des informations pertinentes soit effectuée, avec la diligence nécessaire. Les conditions émises dans la recommandation 4 doivent être garanties aussi bien à l'égard des suicidants en provenance de l'étranger que de ceux résidant en Suisse.

Il s'agit de partir de l'idée que les raisons qui amènent des suicidants étrangers à faire le voyage jusqu'en Suisse ne sont pas différentes de celles des résidents de notre pays. Si l'on est d'avis, pour des raisons éthiques, que le suicide assisté doit être possible pour ces derniers, alors on ne peut justifier que les personnes venues de l'étranger ne puissent le faire, sinon pour des raisons d'ordre politique et non éthique.

Le principal problème éthique de l'assistance au suicide, qu'il s'agisse de personnes en provenance de la Suisse et de l'étranger, réside dans la garantie d'une vérification suffisante des informations concernant la situation de la personne, son état et la constance de son désir de mettre fin à ses jours. Ces vérifications sont indispensables. C'est ainsi que, en règle générale, un contact unique, durant un laps de temps bref (entre l'arrivée et la réalisation souhaitée de suicide), ne suffit pas à justifier une assistance au suicide.

11 – Risques liés aux changements sociétaux
(Avis sans opposition)

Il convient à l'avenir de vouer beaucoup d'attention à la prévention du suicide, spécialement au vu d'évolutions dans la société qui risquent de pousser des personnes confrontées à des situations-limites à accepter l'offre d'organisations d'assistance au suicide.

L'une d'elle est l'évolution démographique induisant la modification de la pyramide des âges. La proportion des personnes ayant besoin de soins croît au fur et à mesure qu'augmente le nombre des personnes âgées. Une deuxième évolution est l'augmentation des coûts de la santé, dans le domaine des soins infirmiers en particulier. Ces deux tendances peuvent amener certaines personnes à ressentir une pression sociale et/ou familiale. Le sentiment d'être redevable envers autrui peut apparaître dès que l'on est en situation de dépendance. Divers modes de dépendances peuvent exister, financière, par exemple envers sa famille, ou physique, lorsque l'on dépend d'autrui pour les soins. Ce sentiment de dette peut induire des démarches suicidaires.

Même si elles satisfont aux critères de la capacité de discernement, les personnes dépendantes sont particulièrement exposées à ce risque. Leur liberté et leur autodétermination sont susceptibles d'être mises à mal par des pressions de tous genres. Ainsi que par l'offre d'un accompagnement au suicide qui est accepté par la société, même si cette assistance est offerte par une organisation dénuée d'intérêt égoïste.

La société endosse donc une responsabilité à l'égard des personnes nécessitant des soins et dépendantes. Les relations de soins, notamment dans les institutions de longue durée, doivent être telles qu'elles ne favorisent pas l'émergence de désirs de suicide. Cette responsabilité préventive comprend également des mesures de soutien à l'adresse du personnel soignant, afin qu'il puisse accomplir son travail sans se sacrifier ni manquer de reconnaissance sociale.

12 – Besoin de réglementation juridique

La situation juridique actuelle doit être complétée par des dispositions qui garantissent que:

a) avant une décision d'assistance au suicide, des vérifications suffisantes soient effectuées dans chaque cas;
b) personne ne soit obligé d'aider autrui à se suicider;
c) aucune assistance au suicide ne soit pratiquée si le désir de suicide est l'expression ou le symptôme d'une maladie psychique (cf. recommandation 6);
d) aucune assistance au suicide ne soit permise auprès des enfants et des adolescents dans le cas où la position minoritaire de la recommandation 7 est retenue;
e) les organisations spécialisées dans l'assistance au suicide soient soumises à la surveillance de l'Etat (cf. recommandation 5).

Parce que la décision d'assistance au suicide ne peut jamais être qu'une décision singulière, au vu de la personne et de la situation du suicidant, elle nécessite des vérifications scrupuleuses. Celles-ci doivent établir et garantir la capacité de discernement, un choix protégé de toute pression sociale, la raison et le contexte du désir de suicide, et la constance de ce désir. Pour honorer le pôle d'assistance au service de la vie, elles doivent également évaluer et examiner avec le suicidant d'autres options et perspectives possibles. Cela n'est possible que dans le cadre d'une relation approfondie et de longue haleine, et non pas sur la base d'un contact bref ou unique avec le suicidant.

Personne ne saurait avoir un droit de contraindre autrui à l'aider à se suicider. A l'inverse, chacun a le droit de refuser de participer à un suicide. Cela est valable pour n'importe qui. L'assistance au suicide ne peut procéder que d'une décision prise en conscience. Cette décision ne peut être prescrite par personne, ni par une institution, ni par une personne de l'entourage du suicidant, ni par le suicidant lui-même. Il est particulièrement important de rappeler la clause d'objection de conscience propre aux membres des professions de la santé et aux collaborateurs des institutions sanitaires. Indépendamment de toute référence aux compétences professionnelles de ces derniers, l'assistance au suicide représente quelque chose qui demeure extérieur aux prestations qu'un patient peut requérir de leur part.

Kurzbiographien

Ruth Baumann-Hölzle,

Dr. theol., ist seit 1999 Leiterin des Interdisziplinären Instituts für Ethik im Gesundheitswesen DIALOG ETHIK. Sie ist Mitglied der Nationalen Ethikkommission im Bereich Humanmedizin (NEK) und der Kantonalen Ethikkommission des Kantons Zürich (KEK).

Sadek Béloucif,

Dr med., est Docteur en médecine, Docteur ès sciences, Professeur de l'Université Picardie Jules Verne et Chef de service d'anesthésie-réanimation au Centre hospitalier universitaire d'Amiens. Membre du CCNE (Comité consultatif national d'éthique français) et du Groupe de Réflexion Ethique de la Société Française d'Anesthésie et de Réanimation.

Andreas Blum,

lic. phil. I, ist Direktor von Schweizer Radio DRS, Dozent für journalistische Ethik am MAZ (Medienausbildungszentrum Luzern) und Vorstandsmitglied von EXIT.

M. Alberto Bondolfi,

Prof. théol., est professeur d'éthique à l'Université de Lausanne et membre de la CNE.

Georg Bosshard,

Dr. med., bildete sich nach Abschluss seiner Ausbildung zum Facharzt für Allgemeinmedizin in angewandter Ethik weiter (Master of Advanced Studies in Applied Ethics der Universität Zürich, einjähriger Forschungsaufenthalt an der Universität Lancaster / UK). Bosshard arbeitet am Institut für Rechtsmedizin der Universität Zürich in Forschung und Lehre im Bereich Arztrecht und Medizinethik.

Andreas Brunner,

Dr. iur., ist Leitender Oberstaatsanwalt des Kantons Zürich.

M. Jean-Claude Chevrolet,

Prof. méd., est professeur et médecin-chef des soins intensifs de médecine, Hôpital cantonal universitaire de Genève. Membre de la CNE.

Gerhard Ebner,
Dr. med., ist Chefarzt und Vorsitzender der Geschäftsleitung Psychiatrische Dienste Schaffhausen. Ausserdem ist er Wissenschaftlicher Leiter der Schweizer Zeitschrift für Psychiatrie und Psychotherapie, sowie Präsident der Schweizerischen Vereinigung Psychiatrischer Chefärzte und Vorstandsmitglied der Schweizerischen Gesellschaft für Psychiatrie und Psychotherapie.

Martin Eichhorn,
Dr. med., Facharzt für Psychiatrie und Psychotherapie und Oberarzt der Universitären Psychiatrischen Klinik Basel. Zudem ist er Sekretär der Schweizerischen Gesellschaft für Krisenintervention und Suizidprophylaxe.

Dagmar Fenner,
Dr phil., lehrt seit der Habilitation 2004 als Privatdozentin an der Universität Basel.

Johannes Fischer,
Prof. Dr., ist seit 1998 ordentlicher Professor für theologische Ethik an der Universität Zürich und Leiter des Instituts für Sozialethik im Ethikzentrum der Universität Zürich. Er ist Mitglied der Nationalen Ethikkommission im Bereich Humanmedizin der Schweiz, der Zentralen Ethikkommission der Schweizerischen Akademie der Medizinischen Wissenschaften (SAMW) sowie der Ethik-Kommission der Universität Zürich und der Kammer für Öffentliche Verantwortung der Evangelischen Kirche in Deutschland (EKD).

Roland Graf,
Dr. theol., ist seit der Priesterweihe 1998 als Vikar in Unteriberg (Schweiz) seelsorglich tätig. Neben der Seelsorge beschäftigt er sich intensiv mit bioethischen Fragen am Beginn und Ende des menschlichen Lebens.

Daniel Grob,
Dr. med. MHA, ist Facharzt für Innere Medizin, speziell Geriatrie und Chefarzt der Klinik für Akutgeriatrie am Stadtspital Waid in Zürich. Er ist Präsident der Schweizerischen Fachgesellschaft für Geriatrie SFGG (der Standesorganisation der Schweizer Geriaterinnen und Geriater) und Mitglied der Europäischen Akademie für Altersmedizin.

Heike Gudat Keller,
Dr. med., FMH Innere Medizin, ist seit 2000 Leitende Ärztin im *Hospiz im Park* in Arlesheim.

Daniel Hell,
Prof. Dr. med., ist Direktor der Psychiatrischen Universitätsklinik Zürich und Professor für klinische Psychiatrie an der Universität Zürich, Chefredaktor der wissenschaftli-

chen Zeitschrift «Schweizer Archiv für Neurologie und Psychiatrie» und Mitglied der Schweizerischen Nationalen Ethikkommission im Bereich Humanmedizin.

Dietrich Hoppe,

Prof. Dr., ist seit 1982 Chefarzt des Instituts für Pathologie im Krankenhaus Düren GmbH. Daneben lehrt Professor Hoppe seit vielen Jahren am Institut für Rechtsmedizin und – als Honorarprofessor – an der Medizinischen Fakultät der Universität zu Köln. Seit 1999 ist er Präsident der Bundesärztekammer (BÄK).

Bernhard Küchenhoff,

Dr. med., nach dem Medizinstudium Zweitstudium in Philosophie und Germanistik, anschliessend Facharztausbildung (Psychiatrie, Psychotherapie und Neurologie). Seit 1989 an der Psychiatrischen Universitätsklinik in Zürich, zunächst als Oberarzt, ab 1996 als Leitender Arzt. Arbeits- und Forschungsschwerpunkte, neben der klinischen Tätigkeit: Geschichte der Psychiatrie; Psychiatrie und Philosphie; Ethnopsychiatrie, Angehörigenarbeit (insbes. Kinder psychisch kranker Eltern).

Margrit Leuthold,

Dr. med., ist seit 1998 Generalsekretärin der Schweizerischen Akademie der Medizinischen Wissenschaften (SAMW). Sie ist Mitglied der Nationalen Ethikkommission für Humanmedizin und Mitglied der Zentralen Ethikkommission der SAMW und der Tierethikkommission SAMW/SANW.

Jean Martin,

Dr med., est Privat-docent de l'Université de Lausanne. Il a été 17 ans médecin cantonal du canton de Vaud. Il est membre de la Commission nationale d'éthique depuis sa création en 2001 et membre d'honneur de la Société suisse de santé publique.

Dick F. Marty,

Docteur en droit, est Conseiller aux Etats, Président de la Commission des questions juridiques et des droits de l'homme de l'Assemblée parlementaire du Conseil de l'Europe.

Alex Mauron,

Prof. Dr, est professeur ordinaire de bioéthique à la Faculté de médecine de l'Université de Genève. Depuis 2002 il est membre de la Commission nationale d'éthique et depuis 2004 membre du Conseil Suisse de la Science et de la Technologie.

Denis Müller,

Prof. Dr, est depuis 1988 professeur d'éthique fondamentale et appliquée à la faculté de théologie de l'Université de Lausanne. Il est récemment devenu membre de la Commission d'éthique du Groupe hospitalier de Reuilly-Croix Saint Simon à Paris.

Eckhard Nagel,
Prof. Dr. med. Dr. phil., ist Ordinarius am Institut für Medizinmanagement und Gesundheitswissenschaften der Universität Bayreuth, Chefarzt des Bereichs Abdominal-, Viszeral- und Transplantationschirurgie sowie Leiter des Chirurgischen Zentrums im Klinikum Augsburg.

Catherine Panchaud,
est l'adjointe du secrétaire général de l'Association Suisse des infirmières et infirmiers (ASI). Après une formation en soins généraux et en psychiatrie, elle a complété ses études à l'Université de Manchester et obtenu un MSc in Nursing. Après plusieurs années d'enseignement dans différentes écoles de soins, elle travaille depuis 1987 au secrétariat central de l'ASI où elle est responsable du développement des soins infirmiers.

Christoph Rehmann-Sutter,
Prof. Dr. phil., dipl. biol., leitet seit 1996 die Arbeitsstelle für Ethik in den Biowissenschaften der Universität Basel. 2001 wurde er vom Bundesrat zum Präsident der Nationalen Ethikkommission im Bereich Humanmedizin gewählt.

Klaus Peter Rippe,
Dr. phil. I, ist Dozent an der Universität Zürich und an der Fachhochschule Aargau sowie Leiter des Büros «ethik im diskurs» in Zürich. Seit 2002 Präsident der Eidgenössischen Ethikkommission für Biotechnologie im Ausserhumanbereich (EKAH).

Elisabeth Spichiger,
Dr. med., arbeitet gegenwärtig zu 70 % als Assistentin am Institut für Pflegewissenschaft der Universität Basel und zu 30 % als wissenschaftliche Mitarbeiterin am Berner Inselspital.

Philipp Weiss,
Dr. med., hat seit 1994 eine eigene kardiologische Praxis in Basel. Er ist seit 2000 Mitglied der Ethischen Kommission beider Basel (EKBB), seit 2003 Mitglied der Subkommission der SAMW zur Revision der Richtlinien zur Betreuung von Patientinnen und Patienten am Lebensende und seit 2005 Mitglied der Zentralen Ethikkommission der SAMW.

Markus Zimmermann-Acklin,
Dr. theol., ist ständiger Lehr- und Forschungsbeauftragter am Institut für Sozialethik an der Theologischen Fakultät der Universität Luzern. Seit 2005 ist er Präsident der Schweizerischen Gesellschaft für Biomedizinische Ethik (SGBE) und seit 2004 Mitglied der Zentralen Ethikkommission der SAMW.

Interdisziplinärer Dialog - Ethik im Gesundheitswesen

In der modernen Medizin und Pflege nimmt der Wissenszuwachs über den Menschen rasant zu und ständig eröffnen sich neue Handlungsmöglichkeiten. Moralische Fragen werden dabei auf der individuellen und sozialen Ebene aufgeworfen: Welche der zur Verfügung stehenden Handlungsmöglichkeiten ist die einem Menschen angemessene? Wie weit soll der medizin-technische Fortschritt gehen, und wie lässt er sich von der Gesellschaft finanzieren und fair verteilen? Antworten auf diese den Menschen und die Gesellschaft in ihrem moralischen Kern betreffenden Fragen zu suchen, ist eine grosse ethische Herausforderung für die Menschen in der Postmoderne im Kontext einer pluralistischen Gesellschaft. Auf diesem Hintergrund ist der interdisziplinäre Dialog aller Betroffenen heute besonders dringlich. Er ist Voraussetzung für verantwortliches Handeln in Medizin und Pflege. Die vorliegende Buchreihe *Interdisziplinärer Dialog – Ethik im Gesundheitswesen* soll zu diesem Dialog einen aktiven Beitrag leisten. Publiziert werden Kongressberichte, Tagungsbände, Dissertationen, Festschriften etc., welche sich interdisziplinär mit moralischen Problemen und Fragestellungen des Gesundheitswesens auseinander setzen. Ausserdem bietet die Reihe Platz für konkrete Handlungsvorschläge zu einzelnen Krankheitsbildern und verschiedenen Problemfeldern des Gesundheitswesens. Theorie und Praxis sollen gleichgewichtig zu Wort kommen. Es werden Manuskripte in deutscher, französischer und englischer Sprache aufgenommen.

Herausgegeben und wissenschaftlich verantwortet wird die Buchreihe vom *Interdisziplinären Institut für Ethik im Gesundheitswesen*, DIALOG ETHIK, das von Dr. theol. VDM Ruth Baumann-Hölzle geleitet wird.

DIALOG ETHIK
Das Interdisziplinäre Institut für Ethik im Gesundheitswesen stellt sich vor.

Angesichts des medizin-technischen Fortschritts kommt es im Gesundheitswesen zunehmend zu ethischen Dilemmasituationen. Die Auseinandersetzung mit diesen Dilemmasituationen ist dringlich und bedarf der interdisziplinären Bearbeitung. Auf dem Hintergrund dieser Problematik wurde 1999 der gemeinnützige Verein für interdisziplinäre Ethik DIALOG ETHIK gegründet, der das *Interdisziplinäre Institut für Ethik im Gesundheitswesen* betreibt. Das interdisziplinär zusammengesetzte Institutsteam arbeitet an einer Kultur bewussten, interdisziplinären, ethischen Urteilsbildung, indem die persönlichen Kompetenzen der Handelnden, der interdisziplinäre Austausch im Gesundheitswesen und der öffentliche Diskurs zu den ethischen Fragen rund um Gesundheit und Krankheit gefördert, unterstützt und begleitet werden. Hierfür macht das Institut verschiedenste Angebote.

Interdisziplinärer Dialog - Ethik im Gesundheitswesen

Verzeichnis der bisher erschienenen Bände:

Band 1: Ethik-Forum des Universitäts-Spitals Zürich (USZ) (Hrsg.)
Medizin, religiöse Erfahrung und Ethik
Leben – Leiden – Sterben
ISBN 3-906765-06-7. 2000.

Band 2: Ruth Baumann-Hölzle
Moderne Medizin – Chance und Bedrohung:
Eine Medizinethik entlang dem Lebensbogen
ISBN 3-906766-55-1. 2001.

Band 3: Medizin-ethischer Arbeitskreis Neonatologie
des Universitätsspitals Zürich
An der Schwelle zum eigenen Leben:
Lebensentscheide am Lebensanfang bei zu früh geborenen, kranken und behinderten Kindern in der Neonatologie
ISBN 3-03910-120-X. 2002; 2. Auflage: 2003.

Band 4: Ruth Baumann-Hölzle, Corinne Müri, Markus Christen & Boris Bögli (Hrsg.)
Leben um jeden Preis?
Entscheidungsfindung in der Intensivmedizin
ISBN 3-03910-380-6. 2004.

Band 5: Max Baumann
Recht → Ethik → Medizin
Eine Einführung ins juristische Denken – nicht nur für Ethiker und Mediziner
ISBN 3-03910-629-5. 2005.

Band 6: Christoph Rehmann-Sutter, Alberto Bondolfi, Johannes Fischer & Margrit Leuthold (Hrsg.)
Beihilfe zum Suizid in der Schweiz
Beiträge aus Ethik, Recht und Medizin
ISBN 3-03910-838-7. 2006.

Band 7: Frank Haldemann, Hugues Poltier & Simone Romagnoli (éds/Hrsg./cur.)
La bioéthique au carrefour des disciplines. Hommage à Alberto Bondolfi à l'occasion de son 60e anniversaire / Bioethik im Spannungsfeld der Disziplinen. Festschrift für Alberto Bondolfi zu seinem 60. Geburtstag / La bioetica crocevia delle discipline. Omaggio ad Alberto Bondolfi in occasione del suo 60° compleanno. ISBN 3-03910-841-7. 2006.